浙江省科学发展观与浙江发展研究中心
SCIENTIFIC DEVELOPMENT CONCEPT &
ZHEJIANG DEVELOPMENT RESEARCH CENTER

构建集约型经济体系

GOUJIAN
JIYUEXING JINGJI TIXI

陈自芳 著

人民出版社

责任编辑:李椒元
装帧设计:文　冉
责任校对:余　倩

图书在版编目(CIP)数据

构建集约型经济体系／陈自芳著.-北京:人民出版社,2012.10
ISBN 978-7-01-011270-1

Ⅰ.①构…　Ⅱ.①陈…　Ⅲ.①集约型经济-研究-中国　Ⅳ.①F12

中国版本图书馆 CIP 数据核字(2012)第 233075 号

构建集约型经济体系
GOUJIAN JIYUEXING JINGJI TIXI

陈自芳　著

人民出版社 出版发行
(100706　北京市东城区隆福寺街 99 号)

北京明恒达印务有限公司印刷　新华书店经销

2012 年 10 月第 1 版　2012 年 10 月北京第 1 次印刷
开本:710 毫米×1000 毫米 1/16　印张:26
字数:410 千字　印数:0,001-3,000 册

ISBN 978-7-01-011270-1　定价:50.00 元

邮购地址 100706　北京市东城区隆福寺街 99 号
人民东方图书销售中心　电话 (010)65250042　65289539

目　　录

绪论:集约型经济是一个体系

推进中国经济转型升级是决定中国未来命运的重大任务,促进经济迈向集约化则是整个进程的关键。本书旨在国内外已有成果基础上,就构建集约型经济体系,从某些特定角度作若干深入探讨。

一、中国——迈向集约型经济刻不容缓

新中国成立以来,尤其是改革开放以后,经济高速度增长的同时,粗放式、高消耗的问题始终突出地存在,而且往往呈现速度越高,增长越粗放的特征。虽然我国早在 80 年代就提出转变粗放式增长方式,确立以经济效益为中心,重视经济质量和降低资源消耗的集约式增长方式。但时至今日,并没有从根本上解决问题。某些领域的粗放式问题进入 21 世纪以后甚至更为加剧。

总体上我国经济仍然主要依靠要素投入获取增长,科技进步对经济增长的贡献率低、经济效益差、资源配置效率低、经济运行质量低;存在"高投入、高消耗、高排放、不协调、难循环、低效率问题,在有些地区、有些行业、有些企业还相当突出"[①]。归纳起来主要有以下六方面问题:

一是依靠高投入支撑高增长。我国经济的快速增长在很大程度上是依靠资金、劳动力和自然资源等生产要素的粗放投入实现的。建国 50 多年来,我国国内生产总值增长 10 多倍,而矿产资源消耗增长 40 多倍。我

---

① 　马凯:《科学的发展观与经济增长方式的根本转变》,《求是》2004 年第 8 期。

国资本形成占 GDP 的比重,1980 年为 34.9%,1995 年为 40.8%,2000 年为 36.4%,2010 年高达 48.6%,大大高于美国、德国、法国、印度等平均 20% 左右的水平。在"六五"、"七五"、"八五"、"九五"、"十五"、"十一五"计划期间,每增加 1 亿元 GDP 需要的固定资产投资分别是 1.8 亿元;2.1 亿元、1.6 亿元、3.49 亿元、3.78 亿元和 5.36 亿元。这里虽然有一些不可比因素,但仍然反映出我国的高增长在相当程度上是靠高投入支撑的。土地和劳动力投入也同样存在粗放的问题。

二是生产建设中的高消耗。我国基本建设和生产过程在很大程度上是靠消耗大量物质资源实现的。我国每吨能源消耗实现的 GDP 仅为世界平均水平的 30%。我国单位产出的能耗和资源消耗水平明显高于国际先进水平:火电煤耗高出 22.5%,大中型钢铁企业每吨钢铁可比能耗高 21%,水泥综合能耗高 45%,乙烯综合能耗高 31%;我国电力、钢铁、有色、石化、建材、化工、轻工、纺织等八大行业主要产品单位能耗平均比国际先进水平高 40%;我国单位建筑面积采暖能耗相当于气候相近的发达国家的 2 至 3 倍;我国主要耗能设备的效率与国外先进水平相比:工业锅炉平均低 15~20 个百分点;中小电动机、风机、水泵系统低 20 个百分点;机动车燃油经济性水平低 10%~25%;载货汽车 100 吨公里油耗高一倍以上;内河运输船舶油耗高 10%~20%。此外,我国农业灌溉用水利用系数是国外先进水平的一半左右,工业万元产值用水量是国外先进水平的 10 倍;矿产资源的消耗强度也比世界平均水平高出许多。①

三是高排放造成环境污染。高消耗换来的高增长,必然是高排放和高污染。小机组发电比例高,消耗煤炭就大,粉煤灰和一氧化硫排放量就多;立窑水泥比重高,矿山利用率就低,废石和粉尘排放量就多;草浆造纸比例高,耗水量就大,废水排放量就多;低效磷肥比例大,磷矿利用率就低,废渣和废石就多。我国废弃物排放水平大大高于发达国家,每增加单

---

① 国家发改委环资司:《建设集约型社会展览会资料汇编》,中国建筑工业出版社 2006 年版,第 2—11 页。

位 GDP 的废水排放量比发达国家高 4 倍,单位工业产值产生的固体废弃物比发达国家高 10 多倍。由于高排放所造成的后果,我国多年来空气污染、水资源污染以及固体废物造成的土壤污染和生活环境污染都比较严重,与发达国家环境的差距不断拉大。

四是产业结构的不协调。根据经济学的"木桶定律",经济结构不协调状态下的增长,会有相当一部分是无效增长。我国经济结构不协调的问题十分突出,严重制约着经济的整体增长和总体效益的提高。从农业来说,我国农业基础依然薄弱,三农问题长期没有得到有效解决,不仅直接影响农民收入水平和消费水平的提高,而且影响农村市场的开拓,进一步制约其他产业乃至整个国民经济的快速增长。从服务业来看,2011 年我国服务业增加值占 GDP 的比重只有 43.1%,不仅低于全世界平均 64% 的水平,而且低于低收入国家平均 45% 的水平。服务业不发达,就不能为其他产业提供便捷、高效、质优、价廉的服务,就难以促进其他产业的专业化分工和技术创新,影响竞争力的提高,并最终降低经济增长的效益。从工业来看,虽然整体水平有了很大提高,但传统产业、低技术含量和低附加值的产业仍然占主体地位,高技术产业发展相对滞后,装备制造业的水平不高,许多关键设备主要依赖进口。工艺技术装备水平落后,能源、原材料消耗就高,产品的层次和附加值就低,产业竞争力弱,增长的代价大。

五是资源消耗和再利用的循环难以建立。从资源流程和对环境影响的角度考察,增长方式存在着两种模式:一种是传统模式,即"资源—产品—废弃物"的单向线性过程;另一种是循环经济模式,即"资源—产品—废弃物—再生资源"的闭环反馈式循环过程。循环经济作为一种新的、符合可持续发展理念的经济模式,在一些发达国家取得了明显成效。目前,全世界钢产量的三分之一、铜产量的二分之一、纸制品的三分之一来自循环使用,一些发达国家在 17 个产业的生产中,已经实现水资源消耗的零增长甚至负增长。我国资源回收率比较低,综合利用率不高,许多可以利用和再利用的资源却成了废弃物。每年约有 500 万吨废钢铁、20

多万吨废有色金属、1400 万吨废纸及大量的废塑料、废玻璃等没有回收利用。①

六是劳动力及自然资源的低效率。高投入、高消耗、高排放、不协调、难循环的增长,必然是低效率的。我国第二产业劳动生产率只相当于美国的三十分之一、日本的十八分之一、法国的十六分之一、德国的十二分之一和韩国的七分之一。资源产出效率大大低于国际先进水平,每吨标准煤的产出效率相当于美国的 28.6%,欧盟的 16.8%,日本的 10.3%。我国人多地少的矛盾十分突出,但土地低效利用问题也十分突出,一些地方盲目兴办各类开发区,省级以下开发区征地后的土地闲置率高达 40%以上。我国煤炭资源回采率为 35%,小煤矿仅为 10% ~ 15%,而国外先进水平为 60% 左右;我国相当多的地方农业灌溉仍然是大水漫灌;我国既有建筑中 95% 以上是高耗能建筑;我国城市供水管网跑冒滴漏损失率高达 20% 以上;单位产品能耗和终端用能设备能耗与国际先进水平比较,目前我国的节能潜力约为三亿吨标准煤。②

面对以上问题,唯一的选择是从根本上改变我国自工业化以来,尤其是改革开放以后经济高速发展进程中始终存在的粗放式增长惯性,全面建立集约型经济体系。其重大意义至少表现为以下四方面:

第一,构建集约型经济体系是改变长期以来经济高增长、低效益的状况,给全体人民带来真实财富的增长,提升幸福指数的需要。我们不能"为发展而发展",更不能为了表面上的强大而拼命追求高速度,而是要给全体人民真正带来美好生活。但是以往的粗放模式是依靠大投入取得高增长,经济效益却很低,甚至是严重亏损。这种增长并没有给人们带来真实财富,更没有给全体人民带来切实的福利增长,相反造成的是全体人民辛苦创造的财富被低效甚至白白消耗掉了,老百姓收入多年未能提高,

① 钱伯章主编:《节能减排——可持续发展的必由之路》,科学出版社 2008 年版,第102 页。

② 国家发改委环资司:《建设集约型社会展览会资料汇编》,中国建筑工业出版社2006 年版,第 2—11 页。

甚至陷入相对贫困状态。只有形成集约式增长,以较少的投入形成较大的产出和较高的效益,才能真正使老百姓的收入水平、生活幸福的程度不断提高。而且,未来人们对于产品的需求主要不是数量问题,而是对于品种、质量、功能有更高的要求,不是靠资源的大投入能够解决,而要靠先进技术、管理等推动的内涵式增长。只有改变单纯追求数量的粗放式生产模式和消费模式,才能将经济增长转变到注重效益、注重质量、注重生活品质的道路上来,实现以人为本的目标。

第二,构建集约型经济体系是缓解经济增长对资源、环境的损害,实现可持续发展的必然要求。如果未来仍然延续大投入、高消耗、高污染的局面,资源开采数量大,而且在运输和使用过程中浪费严重,不但国内的主要资源如土地、水、石油、煤炭等的供给难以为继,甚至全世界也无法保障中国这样一个大国的资源需求。粗放式经济带来更严重的后果是生态环境被破坏,人们生存所需要的空气、水、土地、植物、动物遭受各种污染,已经并且将更严重地损害人们的健康和生命。如果一国的经济增长是以人的健康和寿命为代价,这种增长就是危害人类的增长,必须被彻底摒弃。只有构建集约型经济才能减少对资源的消耗和环境污染,为当代人乃至千秋万代子孙的幸福奠定基础。

第三,构建集约型经济体系是我国作为一个负责任的大国必须履行的职责。在经济全球化背景下,各发达国家为实现本国经济的可持续发展,都实施了资源全球化战略,资源争夺十分激烈。各新兴经济体特别是中国、俄罗斯、印度、巴西等大国增长的加速,更使这种矛盾加剧。我国新一轮经济增长对国际能源的大量进口,已经引起了各国高度关注。同时,我国工业的排放总量已经占到世界各国的第一位,国际社会要求我国必须加强节能减排,要承担必要的国际责任。如果我国继续延续粗放增长,将使国际社会围绕削减温室气体排放等环境责任的矛盾进一步激化,增加我国的外交压力,甚至遭到广泛的抵制。同时,目前发达国家普遍重视高附加值产品的研发和生产,提升核心竞争力以获取较高的收益,乃至建立垄断地位。如果我国仍然维持低附加值的生产方式,不提高产业的技术含量和附加值,就不可能在国际市场上拥有竞争力,更难以占据国际产业链的高端,将长期陷于被剥夺甚至经济侵略的地位。只有建立集约型经济体系,才能使我国真正从经济大国走向经济强国,从而为世界人民所尊重。

第四,构建集约型经济体系是保障和推动我国加快体制改革的强大动力。首先,我国的改革深化需要一个宽松的经济环境。经济、政治体制的改革都将引起经济运行的重大变化和较大震荡,因此对改革环境有一个较高要求。而粗放增长的弊端之一就是容易引起需求扩张、经济过热和通货膨胀,导致经济的"紧运行",各种改革势必无法推行,已经实施的改革也会走样和出现不稳定。相反,经济的集约运行,能够使各方面供给较为宽松,有利于深化改革。同时,推动经济向集约式发展,还可以形成对现有体制的倒逼机制,形成体制改革的强大动力。由于粗放式增长很大程度上是由于我国公有经济的弊端以及偏重于"对上负责"的政治体制所造成,地方政府和企业追求规模化的政绩而不重视效益,导致各种粗放投资和经营行为。如果大力推动对地方和企业的集约化要求,乃至用集约型经济的理念、法律法规、制度规范对现有主体行为形成强大压力,可以较好地起到倒逼作用,促使地方政府和企业转变粗放行为,并将压力转变为对原有不合理体制进行深入改革的动力,无疑可以起到转变增长方式和促进体制改革的双重效应,加快解决那些长期难以解决的问题。

总之,虽然转变增长方式的任务在我国已经提出多年,但至今经济增长的粗放式特征仍然相当突出,与以人为本,全面、协调、可持续的科学发展观要求有很大差距,实现集约式增长的目标还任重道远。为什么实现集约式增长在我国如此艰难?是由于这一问题涉及的范围十分广泛,是一个庞大的系统性问题,很多根深蒂固的因素是长期历史造成的,而现实仍然有其深厚的土壤,使之难以改变,甚至还在不断延伸。问题是系统性造成的,当然也要系统性地解决,正如木桶原理所揭示的,整个木桶就是一个体系,其中任何一个方面问题没有解决,就如木桶的一块短板漏水,整个木桶难以实现功能。因此,必须注重系统地构建集约型经济体系,从各个方面协同解决,才能在集约式增长上切实有所推进。

二、我国构建集约型经济的目标与功能系统构成

1. 我国构建集约型经济的目标体系

由于国情和政治制度的特点,我国走向集约式经济要面对很多特定的问题,其目标体系的构成有着特定的要求。要建立一个集约型增长与节约型社会系统结构(见图0-1)。其目标体系是:以人为本提高收入与生活品质;提升全社会的经济效益;资源环境保护与长期可持续发展。实现这一目标体系所需要的经济与社会运行系统包括四方面,分别为:制度体系与外生条件、生产系统、消费系统和排弃系统,这些系统都分别有他们作为市场化与政府调控管理相结合的运行机制的特征。例如制度体系与外生条件的第一个特征是集约型的产业结构,整个运行体系是在集约型的产业结构上运行,又不断地完善其集约特征。持续的科技进步、人与自然和谐以及集约型社会的制度体系也是主要的外生条件特征;生产系统首先是以满足需求为目的的适度生产而不是盲目追求产值和盈利的过度生产,以及依靠提升全要素生产率实现增长、注重关键环节的价值增值和重视降低成本的减量化投入;消费系统显现的是合理适度的消费和产品的重复利用;排弃系统则是强调以保护环境为目的减少排放和废弃资源再循环利用。该运行系统需要以市场机制为基础,同时又有政府调控的配合,四个方面子系统相辅相成,形成互动共进的格局,达到预期的目的。

2. 集约型经济的功能体系构成

集约式经济是一个完整的功能系统。在这个体系中,其要素可以分为两大类:一是实体要素,二是软实力要素。

实体要素包括:1. 以创新为动力、自我约束机制完善的微观主体(企业和居民户);2. 为创新和集约化增长服务的现代服务业;3. 集约式的城镇体系与综合环境;4. 低消耗和高附加值的产业结构和由最终需求拉

目标体系
以人为本提高收入与生活品质；提升全社会的经济效益；资源环境保护与长期可持续发展

市 场 化 与 政 府 调 控 管 理 相 结 合 的 运 行 机 制

经济与社会运行系统	制度体系与外生条件	集约型产业结构	不断的科学技术进步	人与自然长期和谐的社会氛围	严格的节约型社会与循环经济制度体系
	生产系统	以满足需求为目的的适度生产	重视产品关键环节的价值增值	依靠提升全要素生产率实现高增长	以降低成本为目的的减量化投入
	消费系统	合理适度消费	以减物质消耗为目的的重复使用		
	排弃系统	以保护环境为目的的减少排放	废弃资源再循环再利用		

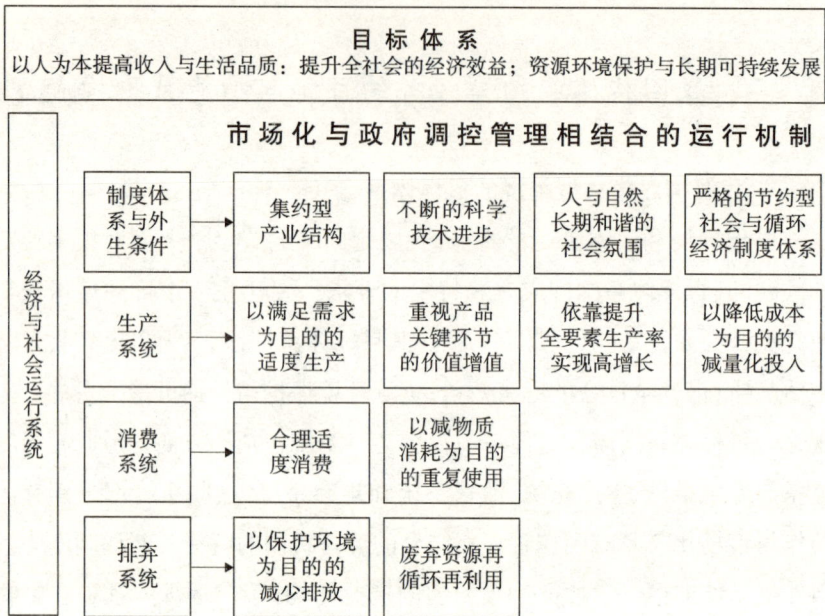

图 0 - 1　集约型经济的目标体系图

动的经济增长结构;5. 节约型和循环利用的资源应用和处理系统;6. 具有集约发展与技术创新带动力的外商投资产业。

　　软实力要素包括 1. 支持集约式发展的法律和体制框架;2. 为集约式发展服务的政府职能和调控理念;3. 促进自主创新的体制机制和内在动力;4. 注重以效益为前提的、资源节约和环境友好型社会的理念、社会习惯、经济机制等非正式制度。

　　根据集约型经济的目标,是要通过较少的物质投入而产生较多的产出和价值。因此,在这个系统中,知识和技术创新及合理的资源配置是核心,因为这两者都是可以在不增加劳动和资本(包括货币形态和工具、设备、原材料等各种物质形态)投入的前提下,通过提高全要素的生产率,形成较多的产出物、较高的附加值,创造较好的效率和效益。从根本上说,集约型经济的系统是围绕着这两个核心展开,所有其他的实体或者软件,都是在这两者的影响下形成其功能,反过来又服务于这两者。

　　围绕着集约型经济,形成内外两个层次(见图0-2中内外两圈)的功能支撑体系,分别包括四个方面。第一个层次(内圈),主要是产业系统,包括经济的细胞——企业、现代服务业系统、循环经济系统以及外商投资的产业4方面。其与核心层的相互关系是:1. 服务业既服务于自主创新,又为资源配置的优化以及规模经济提供人才和知识、技术支持(例如教育和科研产业为自主创新提供人才和技术支持、金融和资本市场对产业结构的调整和规模经济的发展具有重要作用,等等);2. 技术创新和资源配置机制为企业形成创新动力、活力和自我约束能力提供基础,形成集约式的盈利模式;3. 技术创新和资源配置为节约型社会和循环经济的发展提供基础;4. 良好的创新环境和资源配置为外商投资企业的进入创造前提条件和发展环境,优良的外资所带来的先进技术和管理的外溢效应,促进本国创新体系的完善。

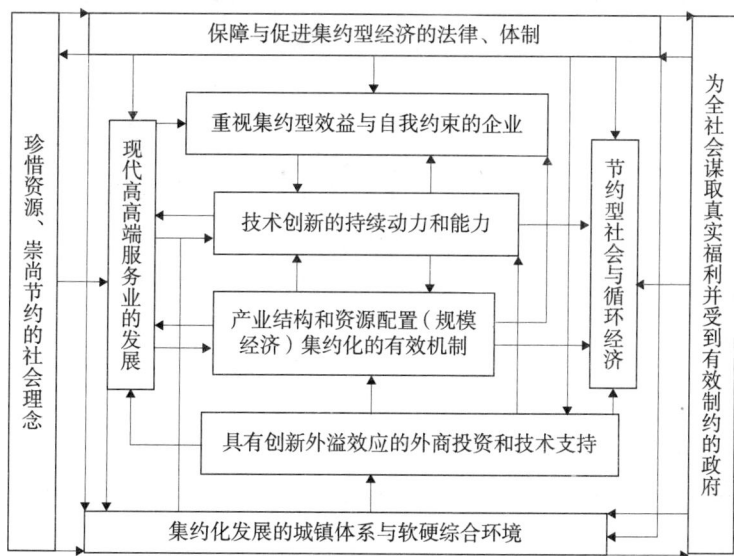

图0-2　集约型经济的功能体系图

　　第二个层次(外圈),主要是环境系统,包括社会理念的基础、法律与体制机制、政府的职能,以及城镇与城乡环境体系4方面。四个方面互相

支撑和联系,形成的有利于集约型经济发展的环境系统。其具体关系是:
1. 普遍的、与集约经济相适应的社会理念是集约式发展的基本前提,全
社会各个层面都必须在经济发展中强化珍惜资源、崇尚节约的集约化理
念,才可能形成相应的法律、体制机制和政府职能等条件。2. 法律、体制
机制构建了集约式发展的基本框架和规则,才能使集约式发展有稳定的
可靠的保障;3. 为全社会谋取真实福利并受到有效制约的政府,是集约
型经济发展的引导、推动和有效调节的基础,在中国这样一个政府主导型
经济体制下,尤其显得重要。4. 完善的城镇体系与软硬综合环境,为技
术创新和资源的合理配置提供硬件和软件的基础保障。

相关条件之间的关系同样呈现着相辅相成的系统联系。例如:1. 服
务业的发展才能构筑完善的城镇体系和综合环境;2. 资源集约型社会和
循环经济的构建需要法律体制和政府职能,以及完善的服务业的支撑,而
其发展又为完善的城镇体系创造条件;3. 注重创新动力和自我约束的企
业以及外商投资集约式发展,离不开法律体制、政府支持、服务业的发展
以及城镇体系与环境等的优化,当然也需要集约型社会和循环经济的支
撑;4. 服务业的发展尤其需要法律体制的完善,以及强大的创新需求、创
新动力和优化的资源配置。图0-1中各方面显示着更多的相关关系,构
筑起一个完整的集约型经济发展体系。

三、本书各章的内容与系统性结构

本书共10章,虽然涉及各个方面,似乎是各自独立的题目,但是所有
各章的主题,都归结到全书的中心,即集约型经济体系的构建,由此展开
论述。

第一章论述集约型经济的理论基础及系统结构,是全书的出发点和
理论基础,也是总领全书内容的纲领性章节。该章论述了集约型经济的
基本属性,是一种以高度的要素生产率为特征的经济,也是依靠知识和技
术发展的经济。工业化后期及后工业化社会是集约经济体系形成和完善

的时期。本章也论述了集约型经济体系各个组成部分各自的作用、地位和相互关联性,概略论证了我国建设集约型经济体系的路径,特别对于工业化概念的理解提出了特定的观点。

第二章论述了构建集约型经济的体制机制问题。首先根据我国的国情研究了促进经济体系向集约式增长转换的动力机制。分析了在现实条件下有利于这种转换的正面效应和不利于这种转换的负面效应。正负面效应都涉及产权制度特征、市场竞争形态、就业压力的影响、企业以及政府行为机制等方面主要因素。在一般性理论论证基础上,重点论述了当前不利于集约型经济形成的负面动力机制的表现及根源,如粗放式的投资冲动、自主创新动力不足、产业同质化的过度竞争,以及农业领域分散化的小农经济阻碍集约化的大生产形成等等。该章特别以调查问卷的结果,实证分析了集约式增长的现实障碍,研究其具体表现和重点问题。在实证分析基础上,针对相应的问题,提出了构建有利于集约化发展的体制机制的对策,例如,强调进一步完善资源及微观主体的产权制度,以增强产权主体对资源效率的负责行为;调整地方政府及干部政绩考核标准,以纠正政府和企业的粗放式行为;进一步完善体现利益机制的法律法规和标准,规范产业竞争,形成区域性协调机制,形成良好的集约式生活氛围和习惯等等。

第三章围绕着集约式增长的核心——自主创新展开。正是由于集约式增长是以提高要素生产率从而实现良好的经济效益为前提,要促使相同数量的要素产生更高的产出效率,最根本的方式是加强知识和科学技术的应用,同时完善资源配置和管理,提升市场竞争力。这一切都需要依赖创新,尤其是自主创新。本章重点论证了我国自主创新领域较突出的机制障碍:包括创新的主体动力机制障碍——企业没有成为创新的主体;创新的运作机制障碍——创新资源配置的无序化和非市场化;创新的评价机制障碍——评价标准和主体的偏颇;创新的服务机制障碍——区域性公共服务及高端服务业发展的滞后;创新的风险机制障碍——创新资本进入、退出及政治风险过大等。针对这些问题,提出克服自主创新的机制障碍的对策:强化倒逼机制,促进企业形成创新动力;尊重创新的科学规律,营造良好的创新运作机制;严格保护知识产权,维护创新者利益;促进现代服务业的发展,形成创新过程的有力支撑;以及构建科学的创新成果评价机制和风险承担机制等。

第四章论证了集约型经济的基本标志——节约型社会建设的规律。在运用数量分析方法揭示物质要素的有效可持续利用基本规律基础上,分析我国及浙江省自然资源利用的现状与突出矛盾,论证资源紧缺和环境污染的严峻形势。在分析资源和环境问题形成的深层原因的基础上,借鉴国际经验,提出促进资源有效利用和集约型社会建设的对策建议。在理论上,揭示资源利用必须协调好经济系统和自然环境支持系统之间的关系,否则将造成严重的生态灾难。在实证上,本章重点分析了浙江省资源供求关系存在长期的突出矛盾,在沿海省份中,资源的供求缺口是最为严重的。在资源供求紧缺的状态下,又存在广泛的资源低效率利用。资源利用上的体制机制和管理方式的不合理是造成资源低效率消耗的重要原因。为解决低效率资源消耗的问题,提出将创造国民财富的方式从"做大"和"变重"向"高值"和"变轻"转变;大力进行浙江省产业结构的调整和产业空间的转移;进一步完善政府及社会公共服务,推进有效利用资源的科技研发创新;运用财政金融、价格和税收等手段支持集约式增长与资源环境保护等方面的对策。

第五章对我国这样一个人口大国同时又是人均资源的小国,如何在宏观上合理地进行各种要素资源的配置,以便有利于资源的集约化利用和可持续发展进行了探讨。从理论上探讨了资源的合理搭配使用以及替代关系对于其有效利用所能产生的作用,分析了其中的数量关系及规律性。尔后深入地分析了根据中国的资源要素禀赋选择合理的要素投入配比的原理:中国极为丰富的劳动力资源造成的就业压力,不利于以资本、技术集约化为特征的产业升级;同时又由于最大程度创造就业机会的需要,大量进行粗放式消耗资源的投资,导致经济运行效率低下。该章论证了应用劳动力与自然资源的替代,以及技术、资本与自然资源及劳动力的替代原理进行宏观层面的资源合理配置,可以起到尽可能少消耗自然资源而又有利于创造更多就业机会,充分发挥我国丰富的劳动力资源的效果。主张大力发展有利于劳动力就业而少消耗资源的产业,同时注重建立资源集约型经济,大力推动"开拓型创新",以形成新的产业、新的增长点和新的就业机会,应用与开发更多能够用劳动力替代资源的生产方式和技术,使过多的劳动力能够替代相对缺乏的资源,既有利于降低剩余劳动力对产业升级的压力,又能够充分地发挥各种要素的潜力和效率,达到经济效益和可持续发展双赢的目标。

第六章对于城市化进程中的集约式发展作了深入研究。针对目前各地城市化进程中,地方政府普遍追求规模化的倾向,本章首先从规律性上研究了城市规模与城市的成本收益变动的关联性,提出城市规模的扩大并非都能带来城市效益和竞争力的提升,城市应该根据其在区域经济中应有的功能以及本地产业结构的特征,追求规模的适度性。过度追求大规模城市化,不但会低效率地大量消耗资源,而且导致城市运行效率的降低,违背可持续发展的原则。我国应该借鉴欧美近年来遵循"新城市主义"和"精明增长理论",从制度和政策上限制那种不顾实际需要,盲目追求城市规模的倾向。应该按照紧凑、节地、高效、便利的要求来建设城市。以市民的生活便利和低成本交往出行为原则,减少个人开车出行的需求,发展公共交通,使城市在节约资源和保护环境的前提下提升功能和经济竞争力。本章对我国及浙江省在城市化进程中的土地利用效率进行了定量分析和研究,揭示了由于盲目扩大城市规模和追求以小汽车出行为前提的城市规划,导致城市土地的过多占用,利用效率较低,也加剧城市的环境污染。本章具体论证了近年来发达国家城市综合体的建设和发展,既能极大地节约土地资源和能源,又使城市区块形成功能强大、规模经济效应明显、工作生活便利的格局。城市综合体符合集约型经济的诸多要求,是我国在城市发展和规划中值得借鉴的一种模式。

第七章研究了构建集约型经济最为基础和关键的环节——产业升级问题。产业层次越高、竞争力越强,对资源的利用效率及产品附加值也就越高,从而提升经济集约化水平。本章针对我国人口众多、就业压力巨大的国情特点对产业升级的影响进行研究。首先从一般规律上论证了我国长期存在的刚性就业制约产业升级的内在机理。最大限度地创造就业机会的社会需求和政府提倡就业优先的政策,与以效率提升以及资本、技术对劳动力的替代为特点的产业升级所带来的劳动力使用减少构成矛盾,同时廉价的劳动力也会对技术应用形成制约效应。进一步,由于就业压力而形成以资源消耗为前提的低层次产业盲目发展,低层次产业和产品会对高层次产业和产品形成替代效应,而廉价劳动力的需求层次偏低、对产品品质要求不高,也会压制对高层次产业和产品的需求,从而造成社会对低层次产业的需求拉动较强,而高层次产业却因需求不足反而难以有效发展的局面。本章论证了这种低层次循环的系统条件,针对性地提出通过有效的就业政策降低就业压力;适度提升劳动力报酬以促进居民消费升级,通过劳动力成本上升倒逼企业转型升级;逐步淘汰低素质、资源消耗型并恶性竞争的落后生产能力;大力推动既运用技术和资本提高生产效率又能开拓新的行业、新的就业机会的开拓型创新;促进城镇化尤其是第三产业发展以容纳更多的劳动力就业,从而减轻对产业升级的压力;以及加强人才培养消除低层次替代效应等方面的对策。

第八章研究了集约式增长的产业基础——现代服务业的发展。为什么集约式经济体系离不开服务业的支撑? 主要是由于集约式经济是一种依靠提升经济增长的质量来获得增长动力、竞争力和经济效益的经济形态,而提升增长质量,靠的是知识、技术等软实力,生产这种软实力的产业就是服务业。整个经济的集约化,包括加强自主创新、转型升级,都需要依靠服务业的引领与支撑。我国产业从低增值环节向高增值环节进军,都要依赖于高端服务业所提供的知识、技术、管理等方面的服务。世界上发达国家实现高度工业化乃至知识经济化,都是由于其服务业的优先发展,在现实经济结构中占据绝对的优势。但是在我国,种种因素仍然制约着服务业发展,主要原因是地方政府和企业追求政绩等短期化倾向,使之对于需要长时期培育才能发展的服务业不加重视;企业自主创新的市场化需求对高端服务业的拉动力不足；服务业领域的市场化改革相对滞后；以及我国现有的人才水平和城市化水平制约了高端服务业的发展等。本章相应提出将服务业建设为转型升级和集约型经济的"推进型产业"的建议。包括：建立有利于服务业发展的体制机制、促进自主创新与高端服务业有效互动发展、高度重视提升服务业的专业化和社会化程度，以及促进现有制造业向具有高附加值的产业链上下游延伸，进入服务业环节，促进服务业发展。

第九章研究了集约型经济的资源运行模式——循环经济的发展机制。核心是通过经济主体的内生利益机制促进循环经济发展。宏观上应该构建以企业、政府、居民户各自的利益为导向，并且与资源环境互利互动的四位一体有效运行机制；微观上要形成以企业的利益追求行为为核心，自主选择的循环经济内生机制。目前主要障碍有：激励和约束经济主体资源利用行为的体制机制不健全；循环经济短期投入大和长期回报慢的矛盾；私人收益与公众利益的不对称；中小企业发展循环经济的能力和效益难以保障；政府的财税和金融扶持政策不够；行业组织协调缺乏；相关技术研发不足等等。本章以浙江省循环经济发展的 75 个实例，分为10 个方面列出表格加以说明：凡是循环经济发展顺利并且不断壮大的，都是在实施后产生显著的经济效益，从而激发企业进一步完善，不断形成良性互动的结果。本章在对若干重点案例进行剖析基础上，特别介绍了有效益的环境成本管理（EOCM）在浙江省的发展情况，认为广泛推广这种管理方式十分有效。本章借鉴国际经验，提出了通过利益机制促进循环经济发展的若干对策，包括运用经济手段增强循环经济发展的盈利效应；进一步调整资源产品价格形成价格导向机制；调整干部政绩考核标准，建立绿色核算制度；构成产业规模经济与循环经济互动发展的机制等。

第十章研究了为促进集约式发展，在引进外资中应该采取的策略。引进外资可以带来高新技术，有利于推动本国产业升级和集约式体系的构建。但我国由于以往在引进外资上的盲目性，引进了一些产业层次低、资源消耗大、环境损害严重的外资企业，值得高度重视。本章分析外商直接投资对东道国产生的直接效应和间接效应，包括模仿效应、产业关联效应、人力资本流动效应和企业竞争效应等，会在多方面影响经济集约化的水平。我国在引进外资策略上，应该从传统的"以市场换技术"变为"以优势换技术"。本章详细分析了为促进外资形成正的外溢效应所需要创造的各方面主要条件，强调营造良好环境和促进内外资的有效结合，是外资推动内资提升集约化水平的重要途径。本章提出营造有利于外资促进本地经济集约化的政策选择，认为首先要注重引进优质外资，前提是要对外资的质量进行合理评价，提出了对外资进行评价的参考标准以及定量的分析方法。引进外资促进集约型经济体系的对策还包括：建立中小型企业利用外资的专门支持系统；鼓励内资企业与外商投资企业有机配套；提高民营企业的素质以增强与优质外资的结合能力；加强知识产权保护以吸引国外先进技术的进入与应用等对策。

以上各章内容总体上围绕着我国构建集约型经济的目标体系展开，形成了针对我国国情、从现实出发、面向未来的集约型经济的功能体系。以上各章的内在联系，可以从上节所阐明的集约型经济的目标体系和集约型经济的功能体系得到体现。

第一章　集约型经济的理论
基础及实现路径

　　所谓集约型经济,就是在经济建设和经济体的运行过程中,贯彻最大程度地有效利用资源的原则,尽可能以最少的投入产生最大的产出和最佳的经济效益,以保障经济在"以人为本"的前提下,健康、稳定、可持续地发展。一个国民经济体系从粗放式向集约型经济发展的过程,就是转变经济发展方式的过程。就此而言,建设集约型经济与转变经济发展方式是高度一致的。但是,集约型经济本身又有特定的内涵、目标、实现的路径和规律,有必要研究其理论基础和系统结构,本章拟对相关问题进行基础性的探讨。

一、集约型经济——依靠知识与技术的经济

　　现代西方经济学发展各个阶段的学者对经济增长问题相当重视,并且有大量的研究成果。主要包括:1. 哈罗德、多马第一次用数学模型的形式来揭示经济增长的机制,认为资本积累是经济增长的决定因素,因而储蓄率就成为决定经济增长的唯一因素;2. 索洛、肯德里克和丹尼森等人从数学模型出发对一些发达国家的经济增长因素进行分解,他们共同认为技术进步是经济增长的主要因素,而乔根生等人则根据大部分发展中国家的情况,得出投入的增加仍然是经济增长的主要因素;3. 舒尔茨等提出人力资本理论,认为"技术决定论"忽视了人的因素,而通过教育等方面的投资可以开发人的智力,开发人力资源,从而促进经济增长并产

生"递增收益";4. 罗斯托等人认为在不同的发展阶段,经济增长具有不同的特征,增长的快慢、产业结构的变化等,与所处的发展阶段密切相关;5. 钱纳里等人利用多国模型得出的结论认为,产业结构变动与经济增长及其效率有密切关系,要促进高效率增长必须促进产业升级;6. 穆勒、杨格等人分析了大规模生产对促进经济增长的作用,揭示了规模经济对提高增长效率的重要性;7. 制度学派强调制度因素对经济增长方式及其效率的作用,例如熊彼特认为经济增长的主要机制和动力来源于企业家的创新,诺斯认为"有效率的经济组织是经济增长的关键";8. 罗默、卢卡斯等人提出的所谓新增长理论,将技术进步内生化,强调专业知识和人力资本积累可产生递增收益,是现代高效率增长的主要推动力。

1. 国内对从粗放式向集约型经济转变的研究

(1)关于"集约型经济"内涵的不同理解

归纳起来代表性的观点有以下三种:

第一种观点认为集约型经济的本质是生产要素的有效配置和使用方式。是指实现经济增长的各种要素的组合方式,及其组合起来实现增长的方式,或可看作是经济增长来源的结构类型。① 有学者提出,一定量的农业资本和劳动可以投在广大的土地上广种薄收,也可以在较小面积土地上精耕细作;可以主要通过不断建设新的效率相同的工厂来实现增长,也可以主要通过改造原有工厂,提高其生产能力和效率来实现增长;因此,如何改进生产要素的配置和使用方法,是研究集约型增长的核心。②

第二种观点认为,研究集约型经济增长主要是重视改善产出的结构,包括不同产品组合结构的优化,产品的档次和附加值的提升,使单位产出能够给人类以最大的净收益、净福利。为此,促进经济增长要把主要力量放在优化产品的种类、提高产品的质量、强化产品的功能上。使相同数量

---

① 郭金龙:《经济增长方式转变的国际比较》,中国发展出版社2000年版,第42页。
② 白津夫:《"十一五"期间我国经济增长中的主要矛盾》,《经济参考报》2005年8月27日。

的产品能够产生最高的价值。[1]

　　第三种观点与匈牙利经济学家科尔奈观点相似,认为经济增长方式是指一国总体经济实现长期增长所依赖的增长路径问题。[2] 按照这种定义来界定粗放型经济增长方式和集约型经济增长方式,其内涵就是在总产出中,依靠要素投入量的增长和依靠综合要素生产率的增长分别占多大比重,其分别所作贡献的主导地位问题。前者的净产出与投入相比往往相对较低,而后者则相对较高。

　　(2)关于粗放型经济的表现及转变增长方式的目标

　　我国杰出的经济学家孙冶芳先生早在上世纪50年代就提出要解决经济运行中的"高浪费、低效率"问题的观点,批评有的企业将生产中"不惜工本"视为似乎是"社会主义建设应有的气魄",提出必须"改进技术、改善管理",使少数落后企业的劳动消耗量(包括活劳动和物化劳动)向大多数中间企业看齐,使大多数中间企业向少数先进企业看齐","要提高劳动生产率,以达到增加物质财富的最后目的"。这可看作关于经济增长方式转变的思想在我国的最早萌芽。

　　在上世纪50年代末至60年代上半期,在关于"大跃进"的教训的讨论中,人们在寻找造成"大上大下"的失误的理论根源的时候,揭示了经济建设中盲目增加基建投资,铺新摊子,忽视原有企业更新改造,只重视增加资本、人力和增加设备的外延扩大再生产,而忽视提高劳动生产率和设备利用率的内涵扩大再生产等问题,试图通过制定《工业70条》等措施以增强经济活力,提高经济效益,使传统体制下的经济运行有所改善。

　　改革开放以后,在国务院财经委员会领导的调研工作中,人们更清楚地认识到过去数十年间采取了一种高指标、高投入、低效率的增长方式,增长率虽然不低,但却缺乏实效。刘国光提出"今后决不可再搞追求数量指标,光靠上新项目、铺新摊子、增加能源和原材料消耗等外延扩大再

---

① 陈毅然:《从三方面推进转变经济增长方式》,《文汇报》2005年7月30日。
② 洪银兴等:《经济增长方式转变研究》,《江苏社会科学》2000年第2期。

生产的方式来发展生产,而要重视质量和效果,主要依靠现有企业挖潜革新改造,充分发挥设备的作用,用提高劳动生产率、节约能源原材料等内涵扩大再生产方式来发展生产",①吴敬琏强调"需要有一个与新战略相适应的新体制,应当对原来不适应现代化建设要求的经济体制进行有领导、有步骤的全面、系统的改革,建立有中国特色的社会主义经济体制。"②

(3)关于从粗放型转变为集约型经济的关键是体制、机制问题

张卓元认为,制约我国经济增长方式转变的难点,一是资源价格由国家定价且偏低,二是产品国内需求量大,使企业热衷于扩大生产,三是政府考核指标注重产值规模;③吴敬琏认为关键在于计划经济体制的残留影响:首先是各级政府仍然保持对重要经济资源的配置权力,其次是以GDP 的增长为各级政府政绩的标志,其三是我国税收来源于增值税,而增值税的基础是产值的增长,因而政府热衷于推动高增长,但往往产品都集中在附加值最低的部分;④厉无为、王振认为我国经济向集约型转变的瓶颈是自主创新能力薄弱,从而产业层次结构较低,技术粗放型。发展集约生产方式的关键在于营造有利于技术创新的制度环境;⑤白津夫认为,我国"十一五"期间经济增长的突出矛盾是经济增长与总量过剩的矛盾,消费结构升级与结构调整滞后的矛盾,高产出与高成本的矛盾,数量增长与价值增长的矛盾,高增长与高失业的矛盾等,这些突出矛盾都制约了经济的转型。⑥ 林毅夫认为我国当前经济的主要矛盾是由于分配体制和机制的问题导致穷人太穷,大量低素质的廉价劳动力的存在与增长方式转

---

① 刘国光:《论经济改革与经济调整》,江苏人民出版社 1983 年版,第 212 页。
② 吴敬琏:《怎样才能实现经济增长方式的转变》,《经济研究》1995 年第 11 期。
③ 张卓元:《深化改革,推进粗放型经济增长方式转变》,《经济研究》2005 年第 11 期。
④ 吴敬琏:《中国增长模式抉择》,上海远东出版社 2006 年版,第 178 页。
⑤ 厉无为、王振:《转变经济增长方式研究》,学林出版社 2006 年版,第 21 页。
⑥ 白津夫:《"十一五"期间我国经济增长中的主要矛盾》,《经济参考报》2005 年 8 月 27 日。

变是矛盾的,穷人太穷又使政府不得不更多地关注社会福利和失业等问题,而难以更多地支持促进效率提升的创新;①陈自芳认为,我国巨大的就业压力容易形成粗放增长,为人口谋生的需要,形成大量粗放生产的小企业,以低效率消耗资源和廉价劳动力为手段,追求低盈利水平下的数量扩张,在传统产业领域往往形成过度竞争,进一步加剧粗放增长。②

(4)关于如何通过体制机制创新,促进集约型经济的建立

厉以宁认为,只有深化体制机制改革才能实现经济转型。必须建立新的发展观与政绩观,将经济增长、环境保护、资源节约三者结合起来,作为地方政绩的考核指标。同时企业改制应当加快,资源价格应加以调整;③马凯认为,实现经济转型必须摒弃传统观念、完善经济核算体系、调整经济结构、发展循环经济、推进科技进步、加快体制创新、强化企业管理、引导合理消费和提高国民素质;④吴敬琏认为建立集约型经济的唯一出路在于政府转型,使政府不会也不可能直接干预经济运行和资源配置;⑤林毅夫认为要通过分配体制创新和城镇化缩小城乡差距,解决穷人脱贫致富的问题来打破制约增长方式转变的瓶颈;⑥林吉双认为为实现经济健康发展,要创新技术、体制和机制,提高资源利用效率,要积极拓展就业渠道,不断提高就业率,要强化政府的分配职能,提高低收入居民的收入,缓解社会分配不公。⑦

2. 提高要素生产率是集约型经济发展的根本

在人类社会经济发展的长期过程中,按照经济增长对生产要素投入

① 林毅夫:《当前经济的主要矛盾是穷人太穷》,《发展》2005 年第 11 期。
② 陈自芳:《刚性就业与我国产业升级障碍及对策》,《社会科学》2002 年第 9 期。
③ 厉以宁:《转变经济增长方式的关键》,《人民日报(海外版)》2005 年 3 月 12 日。
④ 马凯:《树立和落实科学发展观,推进经济增长方式的根本性转变》,《宏观经济研究》2004 年第 3 期。
⑤ 吴敬琏:《中国增长模式抉择》,上海远东出版社 2006 年版,第 178 页。
⑥ 林毅夫《经济发展战略与公平和效率》,《宏观经济研究》2005 年第 10 期。
⑦ 林吉双:《振兴东北经济的制度经济学视角》,《宏观经济管理》2005 年第 7 期。

数量的增加和对要素生产率的提高的依赖程序的发展变化,经济增长方式的演变存在如下规律性:

设 A 为物质生产要素投入数量的增加在经济增长的贡献份额,B 为要素生产率的提高在经济增长中的贡献份额。

(1)高度粗放型经济增长方式(A>90%,B<10%);

(2)粗放主导型经济增长方式(A>60%,B<40%);

(3)二元经济增长方式(A≌B=40%~50%);

(4)集约主导型经济增长方式(A<40%,B>60%);

(5)高度集约型经济增长方式(A<10%,B>90%)。

经济增长方式是与一定经济发展阶段相适应的。在农业经济时期主要的经济资源是土地和劳动,威廉·配第的名言——"劳动是财富之父,土地是财富之母"是对这种经济的简明、形象的概括,它的经济增长方式则是高度粗放型经济增长方式。

人类经济发展的历史证明,在既定的物质生产要素(土地、物质资本和劳动力)投入数量前提下,要素生产力的提高主要依靠技术和管理的发展与优化,而技术和管理的优化又要通过物质生产要素的外在表象得到实现。于是,经济增长的源泉也可以表示为:

经济增长=(技术和管理)×(土地、物质资本和劳动力)

从以上公式可见,技术和管理决定了由土地、物质资本和劳动力所构成的物质要素生产力的高低,从而决定了经济增长的程度。从极端来看,如果物质要素的数量无穷大,但是技术和管理作为系数为零,则生产力或经济增长只能为零。例如完全没有技术含量的物质要素可能只是一堆废铁、一片荒地,而劳动者则是完全没有任何哪怕最简单的技能的人,它们的结合是不可能形成生产力和促进经济增长的。相反,如果物质要素的数量并不多,但是技术和管理的系数非常之高,则完全可以形成高得多的生产力,推动经济高增长。

丹尼森将生产力的发展归结为劳动、资本、技术、资源配置和规模经济五个因素的作用,后面三个因素正是决定前面两个因素的生产力高低的技术和管理因素。

因此在经济增长中,技术和管理等非物质的因素所起的作用越大,物质要素和劳动力所起的作用比重越小,越是体现出集约式经济的特征,反之,则越体现出粗放式经济的特征。

17世纪末发生的工业革命导致了工业经济时代的到来。在传统的工业经济时代,主要的经济资源除了土地和劳动以外,还包括能够表现各种具体经济资源的资本。萨伊"三位一体公式"即"土地——地租、劳动——工资、资本——利息"是对这种经济的实质的归纳和总结。工业经济时期经历了粗放主导型经济(工业化的早期和前中期)、二元经济增长时期(过渡阶段)到集约主导型经济增长时期(工业化的中、后期)。

虽然现在还没有一个国家的经济增长完全依赖要素生产率的提高,但随着科技发展、产业结构升级及社会分工的发展,特别是知识经济的兴起,知识经济时代的到来,生产要素投入数量增加在经济增长中的贡献份额会进一步下降,而要素生产率的提高在经济增长中的贡献份额会进一步上升,最终会在某一个时期,经济增长方式由集约主导型转变为完全集约型。不同经济发展形态与相应的经济增长方式是相互依存、相互统一的,而且这种统一性是动态的。随着社会的发展,经济发展形态由低级到高级的转变过程,也必然要求经济增长方式实现从粗放型到完全集约型的转变。

3. 知识经济是集约型经济的核心

知识经济与集约型经济是内在统一的。集约型经济的基本特征,是以技术、管理、人力资本等非物质要素为主要依托,较少消耗物质资源和简单劳动力的一种经济形态。因此,集约型经济增长方式是与后工业化时代的知识经济的崛起相同步的。知识经济的发展,是集约型经济的核心动力。

第一,从知识经济对经济增长的影响来看,从本质上是应用技术、管理等人类知识,提升单位物质要素的生产力,从而减少人类对物质要素的依赖程度的过程。

知识经济是建筑在知识和信息基础之上的经济,以知识和信息的生产、分配和使用为直接依据的经济,知识是提高生产率和实现经济增长的驱动器。从经济发展与知识变革相结合,即产业革命与知识相结合的视角出发,应用经济学与科学计算相结合的知识,来考察知识经济的涵义和特征,人们发现,知识经济是以知识密集型企业为标志,反映企业发展新动向;以高新技术产业为主导,体现产业发展新途径;以高技术为杠杆,推动传统产业知识化;以现代管理理论和技术为依靠,培植管理创新型经济。知识经济阶段,由于经济增长的基础和动力是知识的创新、扩散和应用,而知识这一重要生产资料又具有无限性、可再生性、快捷性、共享性、高效益性,所以使经济可以持续增长。美国在20世纪末与21世纪初期连续多年经济持续增长,主要得益于知识经济的发展,如知识密集型的高技术产业对美国经济增长的贡献达70%,而传统的汽车业仅占4%。知识以低成本复制和收益递增的事实,使经济增长不再是单纯地依赖资源,知识和信息成为知识时代经济增长之基础和动力。知识经济正在深刻地改变着当前经济发展中各种生产要素的组合,经济的发展不再单纯依靠劳动力、资本和能源,而是更多地建立在知识的生产和创新基础上;人们的发展观念也随之发生变化,从注意增长数量和速度转向注重增长效益、可持续性和生活质量,更加强调人口、资源和环境的可持续发展。知识经济的发展客观上对经济增长方式产生深刻的影响,发展知识经济可以逐步实现经济增长方式的转变,它们之间具有高度的相关性。

第二,知识经济的实现过程就是经济增长方式向集约化的转变过程。

(1)知识经济的实现是推动第一、二、三产业不断升级,迅猛发展的过程。随着知识经济的兴起和发展,第一产业的农业由于科技文化的注入,形成绿色革命,出现了具有第二产业性质的新农业,带来了第三产业性质农工商一体化服务的发展,还产生了第四产业性质的知识农业、智能产品,比如信息农业,基因养殖业等,知识经济推动第一产业的绝对产值不断增长。第二产业不断升值,其科技知识含量不断增加,从而带来第二产业的附加值的爆炸性增长,并且知识经济的发展可以缓解第二产业发展的负面效应。在香港,我国生产的一套 56 件的瓷器售价 420 港币,而日本产的一套 56 件瓷器却售价 5000 港币,原因就在于日本产品的高科技、高附加值。第二产业之所以会产生爆炸性升值和扩张,最主要的原因是高科技知识含量的注入。第三产业也由于知识经济的推动,出现迅猛增长态势,如信息和通讯技术的发展使全球金融出现一体化趋势。

(2)知识经济的实现过程就是推动新兴高技术产业的发展过程。通过发展知识经济不但推动传统第一、二、三产业的升级发展,而且推动了新兴高技术产业的发展。高技术产品对经济增长的贡献率越来越大,高技术产业成为所有产业中产出和就业增长最快的产业。在过去 10 年中,经合组织成员国的高技术产业在制造业中所占的份额和出口比例翻了一番,达 20%~25%,知识密集型产业如通信、信息产业的发展更加迅速。以知识为动力的高技术产业成为 21 世纪的主导产业。

(3)知识经济的实现过程就是社会就业结构的变化过程。就知识经济较为发达的美国来说,第三产业的就业人数所占的比重越来越大。据统计,2008 年美国第一产业的就业人口仅占 1.5%,第二产业为 20.8%,77% 以上的就业人口都集中在第三产业。然而运输业、零售业及批发业的就业人数增加不大,最近 10 年增加的就业人口大多数集中于高技术、信息、广告设计、娱乐及旅游等部门,其中创造"知识和智慧的价值"的行业占很大比重。

(4)知识经济的实现过程就是知识阶级的壮大过程。不同于工业社会,在未来的知识时代里,知识是主要生产资料,拥有知识和智慧的劳动者进行知识价值的创造,出现了劳动者和生产资料一体化的现象。创造"知识价值"的人,既是知识这种生产资料的所有者,又是创造价值的劳动者。随着知识经济的发展、知识时代的到来,这些拥有知识、创造知识价值的人将成为社会的主要阶级。

第三,从发达国家工业经济时期依靠科技促进经济增长情况看知识经济与集约型经济增长方式的相关性。

英国、德国、美国都是依靠科技进步完成产业结构调整、促进经济增长的。英国是工业革命的发源地,蒸汽机的发明和应用带动了工业发展,在 19 世纪相当长一段时间内,英国是世界科学中心和产业革命中心。随着工业革命的普及,世界科技、经济发展的格局发生了变化。德国在 19 世纪中叶,采用了先进的钢铁生产技术和生产体制,促进了钢铁工业的发展,并以有机化学和煤化学研究为方向,发展了合成化学工业,打开了产业技术的突破口,19 世纪 70 年代以后,德国逐渐取代英国而成为世界经济中心。进入 20 世纪,内燃机和电力的普及带动了经济迅速发展,美国迅速成为世界头号经济强国。二战结束后,美国"大科学"开始形成,依靠科技推动各主要产业如汽车、电讯、航空、石油化工等蓬勃发展,在世界市场上具有极强的竞争能力,成为当然的科技与经济中心。二战后至今,虽然不断受到其他工业化国家的挑战,美国仍长期在主要高技术领域保持领先。美国经济处在工业经济向知识经济转变的过程中,并处于世界领先地位。美国知识经济的主要动力是信息技术革命和商业全球化浪潮,美国经济增长的 1/4 以上归于信息技术,而传统支柱产业中的建筑业占 14%,汽车业只占 4%。从数字不难看出,美国的产业结构进行了重大调整,其经济增长方式主要是依靠知识与信息技术的推进。

二、工业化国家迈向集约型经济的特征

1. 工业化国家从粗放型迈向集约型经济的基本进程

任何经济体在其发展初期,经济运行都是粗放式的。突出表现在其增长主要靠生产要素投入的增加,而不是靠技术、管理方式的进步。麦克尔·波特提出的经济增长四阶段的驱动理论,前两个阶段,即要素驱动和投资驱动阶段,都属于相对粗放的经济形态。而只有到创新驱动阶段以后,经济才进入集约式增长状态。我们所谓经济增长要从粗放式转向集约式,就是指推动经济增长的各种生产要素投入及其组合的方式,其实质是依赖什么要素,借助什么手段,通过什么途径,怎样实现经济增长。20世纪 60 年代后期,前苏联发现本国虽然经济增长速度远高于美国,但增

长质量很差,认识到增长方式有问题,提出要转变经济增长方式。但直至苏联解体也未成功转变。我国在上世纪 60 年代后期,由留苏经济学家刘国光、董辅礽引入此概念后,曾有过一段时期的讨论,但在政策上并没有实际举措,直至拟定"九五"计划时国家计委提出,中国经济增长方式要从外延、粗放向内涵、集约方向转化。中央吸取了苏联增长方式难以转变的教训,在制定关于"九五"计划的建议中完善了计委的提法。

集约式经济的成长通常呈现为由单项到综合,由局部到全面,由高度粗放型→粗放为主型→集约为主型→高度集约型的过程。国际范围内,主要发达国家或地区虽然并没有提出转变经济增长方式这一概念,但实际上相继经历了这一转变过程。(见表 1-1)美国大致于 20 世纪 50 年代,原联邦德国于 60 年代,英国、法国、日本分别于 70 年代,新加坡、中国的香港和台湾、韩国于 80 年代至 90 年代,初步实现了由粗放型到集约型增长的转变,显著提升了国际竞争力。

表 1-1 若干国家(地区)从粗放式向集约式经济转变的时序

国别 (或地区)	实现经济增长转变年份	GDP 年均增长速度(%)	对 GDP 增长的贡献(%)		粗放型增长期经历时间(年)
			全要素投入增加	全要素生产率提高	
美国	1950—1960	3.3	47	53	100
原联邦德国	1960—1970	4.4	30.9	69.4	
英国	1970—1980	2	20.5	79.5	200
法国	1970—1980	2	32.8	67.2	
日本	1970—1980	2	28.8	71.2	100
新加坡	1980—1993	6.9	38.0	62.0	20—50
香港特区	1980—1993	6.5	43.5	56.5	
台湾省	1980—1993	7.9	49.4	50.6	
韩国	1990—1995	7.2	38.8	61.2	30—40

资料来源:"世界主要国家(地区)经济增长方式的比较",http://202 "target="_new">http://202</a>121.129..121/courseware/economics/jingpingkecheng/case/an63.htm。转自葛立成:《浙江经济增长方式:转变进程与政策取向》,浙江区域经济与社会发展研究会编:《浙江区域经济发展报告(2005)》。

　　如果定义：当非资本与劳动力要素，或全要素生产率的增长对经济增长的贡献率超过50%属于集约化经济增长的话，那么发达国家的经济增长已经属于集约化增长。当我们考察这些国家经济增长的过程时，发现从粗放式到集约化的转变并不是一跳而就的。在发达国家中这一过程是相当漫长的；在少数后起的发达经济体，这一过程虽然相对较短，但是其转变的前提条件与发达国家存在相同之处。

2. 发达工业化国家迈向集约型经济的特点

　　发达资本主义国家经济运行特征的转变过程同时也是工业化的过程，这一过程大约经历了100年左右的时间。美国、日本、德国和法国等发达国家在相当长的时间里经济增长属于粗放型的，增长的取得主要依靠要素投入的增长。工业经济的增长主要依靠大量投入劳动力、资源和资本等物质要素来实现，全要素生产率增长对产出增长的贡献相对较小。农业经济的增长则主要靠开垦、扩充土地资源等为动力。直到19世纪末20世纪初，主要发达资本主义国家的经济运行特征才开始发生明显的转变。有资料表明，发达国家在20世纪初集约因素对经济增长的贡献率为5%—20%，70年代达到30%—60%，80年代已达到60%—70%，20世纪70年代之后，各发达资本主义国家基本实现了集约化的经济增长。

　　美国是典型的发达资本主义国家，1889—1919年期间，美国国民生产总值年均增长率为3.9%，其中要素投入的增加对经济的贡献为2.6%，要素生产率的提高对经济增长的贡献为1.3%，即要素生产率的贡献率为33%。这一贡献率一直在缓慢上升，在1929—1941年为33.8%，1941—1948年为50.8%，1948—1953年为53.8%，1953—1964年为44.6%，1964—1969年71.9%。此后，美国进入集约化增长阶段。日本是另外一个典型的发达资本主义国家，其经济增长特征的转变也经历了相当长时期，但是日本的这种转变又具有跳跃性的特点。在20世纪70年代之前，日本的经济增长主要是依靠粗放型因素来取得的。在1952年—1971年，全要素生产率的提高对经济的贡献为55.16%；而在

1980—1993 年间,这一比率迅速上升到 68.2%。

从主要资本主义国家来看,它们在实现经济增长方式的转变之前,大多具备了如下条件:

(1)均经历了上百年的粗放增长,不同程度上建立起了各自的近代工业部门,在区域上不再需要向空间拓展,资本的积累已经达到相当规模。此时发展技术密集型工业成为一种客观需要,同时所需要的客观条件也已经具备。

(2)市场经济体制已经相当成熟,各主要资本主义国家产业结构和就业结构发生了重大变化,伴随着经济结构的变化,城市人口在各个资本主义国家人口总数中的比例大大提高。

(3)19 世纪后半期发生了化工技术革命和电力技术革命。技术革命又催生了管理革命,新的组织形式的出现大大提高了生产效率。

3. 新兴工业化国家或地区迈向集约型经济的特点

这里新兴工业化国家或地区主要指东亚以"四小龙"为代表各新兴市场经济国家或地区。20 世纪 60 年代以来,东亚经济增长取得了举世瞩目的成就,其增长速度之高,持续时间之长,在世界范围内是绝无仅有的,从而被称为"东亚奇迹"。

东亚国家或地区经济增长表现出与发达国家和其他地区十分不同的特点。从生产率上来说,全要素生产率的提高对经济增长的贡献比发达国家低,但是比发展中国家高。在这些国家或地区经济的持续增长过程中,较高的资源投入和资源使用效率的提高都发挥了非常重要的作用。以"四小龙"为例,在经济发展的初始阶段,主要靠增加投资和增加生产要素投入。扩大规模,上新项目,铺新摊子,即以粗放经营为主的办法来达到经济增长的目的。70 年代,新加坡经济增长率(8.3%)中靠要素投入增加获得的占 64.5%,中国的香港、中国的台湾、韩国的这一比率分别为:72.2%、66.4%、71.3%。

在基本实现工业化后,这些国家(地区)的经济增长方式开始发生迅速的转变。1980—1993年,新加坡经济增长率(6.9%)中靠要素投入增加获得的比重已降低到38%,集约化程度为62%;中国香港经济增长(6.5%)集约化程度为56.5%,中国台湾经济增长(7.7%)中这一比率为50.6%。此时,新加坡、中国的香港、中国的台湾的经济增长方式均已由粗放为主转变为以集约为主了。韩国在这一阶段增长率(9.1%)中靠要素投入增加获得的比重仍达56.5%。但是,从1990年到1994年,韩国的经济增长率(6.6%)中要素产出率提高所占比重已上升为60.3%,要素投入增加获得的比重已下降到39.7%。由此,到90年代初期,韩国的经济增长方式已经由以粗放经营为主转变为以集约经营为主。

对比于发达国家经济增长方式的转变,这些新兴工业化国家或地区的转变速度是非常迅速的。在实现集约化转变之前,这些经济体已经取得了较高的经济发展水平,资本积累水平也达到相当规模,而这些成就正是依靠粗放式增长取得的。从发达国家的经验来看,经济增长方式与经济发展水平之间存在着密切的联系,新兴市场经济国家也不例外。新加坡、我国香港的经济增长方式在80年代初转变为以集约经营为主时,人均GNP分别为5240美元和5100美元,我国台湾在80年代中期转变为以集约经营为主时的人均GNP为5300美元,韩国的经济增长方式在90年代初转变为以集约经营为主时的人均GNP为5400美元。由此可见,从发达国家和新兴发达经济体的历史经验来说,首先是经济发展的高水平,然后才是集约化的经济增长。或者说,经济增长方式的转变并不一定需要很长的时期,但是经济发展以及资本积累的高水平则是一个必要条件。新兴发达经济体之所以迅速实现经济增长的集约化转变,是因为当时的社会环境条件较发达国家优越。东亚奇迹是在二战之后取得的,此时正是世界经济的恢复与增长时期,社会需求稳定增长。并且自80年代以来,亚洲"四小龙"内部的社会经济环境总体上比较好,政局比较稳定,没有发生大规模的社会动荡。而发达国家在实现经济增长的集约化过程中则遭遇了两次世界大战,社会矛盾相对尖锐,政局动荡。所以,发达国家的这一转变过程明显慢于新兴工业化国家。

三、我国构建集约型经济体系的路径

1. 构建集约型经济体系的基本路径

如图 1-1 所示,实现集约型经济目标系统的路径可分为两大方面,一是创新式发展,即通过不断创新,提高经济增长的质量和软实力;二是资源集约型社会与循环经济建设,这体现了实体经济的生产、消费循环系统集约化、高效化利用资源的要求。就前者而言,按照丹尼森关于经济增长主要推动因素的理论,经济增长除了取决于劳动与资本投入这两个基本要素外,现代经济更大程度上取决于技术进步、资源配置和规模经济这三方面,而有效的资源配置则可以分为产业结构的升级和管理方式的合理化两方面。就后者而言,资源集约型社会与循环经济建设,主要特征是减量化投入、资源再利用和资源化再循环三个方面。

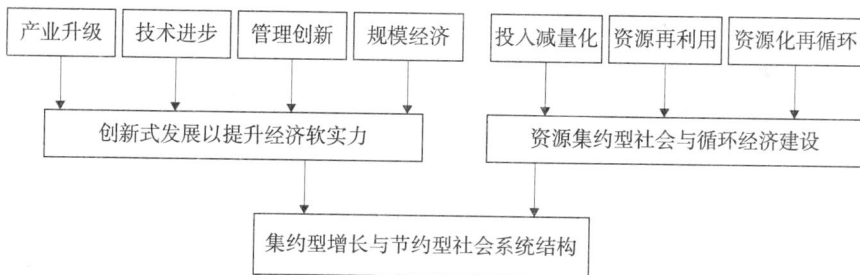

产业升级	技术进步	管理创新	规模经济		投入减量化	资源再利用	资源化再循环

创新式发展以提升经济软实力　　　　　资源集约型社会与循环经济建设

集约型增长与节约型社会系统结构

图 1-1　从粗放式经济向集约型经济发展路径示意图

(1)创新式发展以提升经济软实力

①产业结构的升级。实践证明产业结构的层次越高,同样的经济增长对物质资源消耗的依赖性越低,对环境所造成的不利影响越轻。一个区域产业结构形态与该区域受物质资源性要素制约的程度有明显的相关性,取决于:1. 区域产业结构中第一二三产业的比重,一般是第一、二产业比重越大,受制约越强。农业是受自然资源(如土地、海洋、森林、草原)制约最突出的产业。工业对于土地要素的依赖大大减少,但需要较

多物质形态的原料和燃料的投入。第三产业作为服务业,物质投入相对较少,因而第三产业的比重越大,受制约越轻。2. 对特定产业的不同产品而言,决定于生产加工过程对物质资源性要素消耗数量的依赖程度大小。相对其价值而言,生产该产品所需的物质性消耗越多,越受制于要素制约。比如在建材工业中,水泥的生产比瓷砖生产,瓷砖生产更比建筑涂料生产受制于要素制约。基础材料生产比加工制造组装产业更受到资源要素制约。第三产业中商业餐饮和交通运输业等传统服务业,比科技教育、信息咨询、金融、法律等高层次第三产业所受到的要素制约更强。3. 在同一类产品系列中,决定于深加工、提高附加值的程度,一般越是低加工度的产品越受制于物质性要素制约。产业链的低端比高端更受制于资源性要素制约,例如工业中纺织纤维及面料的生产比服装生产,药品原料的生产比医药成品生产更受制于资源性要素制约。

见图 1-2,每一竖条框代表第一、二、三产业门类中的一个行业。在第一、二、三产业门类中,自左向右,产品生产过程对物质资源性要素消耗的依赖逐步降低,其物质资源性要素的制约度也随之降低;同时,在每一竖条中,其上部是低加工度产品部分,下部是高加工度产品部分。显然,低加工度产品的资源要素制约度高,高加工度产品资源制约度低。

②技术进步。首先,任何产业升级必须要以技术进步为前提,技术进步是推动产业升级的主要动力。同时,在既定的产业结构、产品结构前提下,生产和消费过程中的技术进步,可以使实现同等的产品功能或人类对服务的享受所需要消耗的资源和对环境的不利影响减少,例如光导纤维的发明,使得电缆的材料发生了革命性变革,光导纤维产业的发展,使铜线需求量大大减少。一公斤玻璃纤维光学电缆可以附载的信息比一吨铜线电缆负载的还多;生产同样功率的水泵,运用先进技术可以使消耗的钢材减少三分之二;先进的铸造技术可以使铸造过程中原材料的损耗和能源的消耗减少 50%;能源利用效率好的发电厂要比设备陈旧的发电厂发同样电量所消耗的煤炭降低 30%(例如河南某发电厂陈旧的设备发 1,000 瓦电消耗标准煤 400 多克,而新型发电设备只需要消耗 200 多克);

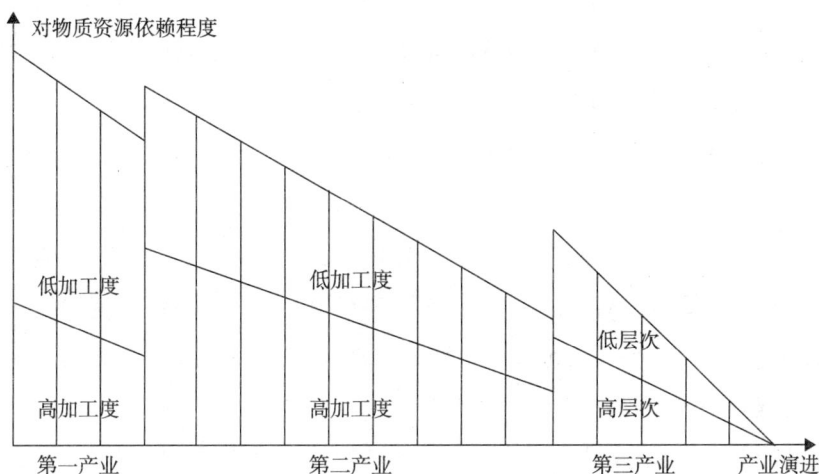

图 1-2 产业对物质资源性要素的依赖度示意

同样的一小时电话通话,用互联网传输与传统的电话相比,综合成本降低 70%。

③管理创新。在微观和宏观管理各个层面的有效管理,都对于降低资源消耗提高效益具有重要影响。我国传统的粗放管理下,不遵循促进要素边际效率最大化原则进行资源配置,劳动力、土地、水资源和能源、原材料等的大量投入并没有达到最佳配置。由于长官意志以及相关管理人员素质低下,资源利用和核算制度缺乏科学性,决策失误造成的损失,以及浪费现象、跑冒滴漏、瓶颈制约等在企业广泛存在。因而转变增长方式克服要素制约,管理创新是一个重要方面。

④合理的规模经济有利于降低单位产品的成本,有利于各种物质要素在一个较大的空间下实现最佳配置,循环经济的发展也需要有规模经济的条件,使资源再利用能够实现较好的效益。

(2)资源集约型社会与循环经济建设

其内涵是生产和消费过程中的资源消耗减量化、资源再利用、资源化再循环的运行方式。资源集约型社会与循环经济建设与技术进步密切相关,但是在既定的产业结构和技术条件下,遵循节约与循环经济的理念、生产模式,实现同样的经济增长和人类福利,可以最大程度地减少资源消耗,尤其是不可再生资源的消耗,而增加对可再生资源的生产和利用,从而最大程度地缓解由于资源枯竭造成对人类生存和发展的威胁。

资源集约型社会与循环经济是一个具有确定特性和功能的有机系统,由人口、资源、环境三大经济元组成,可以看做是广义生态系统的一个子系统。企业或个人在生产和消费时将自己作为该系统的一个要素投入。循环经济所要解决的主要是资源环境保护、促进可持续发展的问题,这些外部性问题必须通过政府行政权力的运作来加以解决,但政府的干预既有效,又是远远不够的。循环经济系统强调资源利用减量化及循环再利用的特征,既是政府解决保护资源环境等广泛的外部性问题的需要,更应是企业及居民户追求自身利益最大化的要求。这是一种内部和外部性兼有的系统,只有在市场经济的前提下形成政府、企业及居民户三位一体的有效运行机制,才能真正成为全社会的自发潮流。

2. 建设集约型经济体系应重新审视传统的"工业化"理念

人类走向近代化和现代化过程中,工业化目标具有重大意义,在很长的历史时期中,我们将工业化视为现代化和经济繁荣的同名词。然而在今天推动集约型经济发展过程中,如何认识工业化的属性、地位和发展方向,明确其和知识经济的关系,又是十分重要的。

在三大产业中,第二产业(工业)对于物质资源和能源的消耗数量是最大的。浙江省为例,2009年全省工业用能占全社会用能的78%,原材料消耗的90%、一次性能源消耗的90%、电力消耗的80%、社会主要污染物和废弃物排放的70%—80%左右在工业领域。因而建设集约型经济的一个途径,是降低工业的比重,提升服务业的比重。如果大力发展服务业并降低工业增长率,能够给我们带来比发展工业更高的附加值、更大的盈利,形成更强的财富效应(包括物质财富和精神财富),在资源能源约束日益增强的今天和未来,我们为什么不采取以服务业发展为重点的长期战略呢?

对这一问题,或许反对者会提出,这种战略是违背人类社会走向工业化的方向的。在发达国家,至今仍然自称为"工业化国家",甚至提出"再工业化"的目标,在我国,近年来形成共识的是走"新型工业化道路",如果为了建设集约型经济和社会,强调降低工业比重,显然与工业化的长期目标是违背的。另一种观点更认为,工业是创造物质财富的主要来源,如果忽视工业,降低工业比重,会导致经济成为无本之木、无源之流,失去根基乃至空洞化。

以上论点看来似乎有道理,但却是片面的。问题的关键就在于:一、如何理解"工业化"的提法,工业化是否就是工业比重的提高;二、如何摆正作为物质生产主要来源和经济基础的工业的位置;三、如何理解当前发达国家的工业发展趋势。

(1)将工业化仅仅理解为工业发展以及工业比重的提高是片面的。

工业化通常被定义为工业(特别是其中的制造业)或第二产业产值(或收入)在国民生产总值(或国民收入)中比重不断上升的过程,以及工业就业人数在总就业人数中比重不断上升的过程。如巴格奇(A. K. Bagchi)在《新帕尔格雷夫经济学大辞典》中认为,工业化是一个过程,其基本特征是:"首先,一般来说,国民收入(或地区收入)中制造业活动或第二产业所占比例提高了;其次,在制造业或第二产业就业的劳动人口的比例一般也有增加的趋势"。[①] 刘易斯(W. A. Lewis)、钱纳里(H. Chenery)、库兹涅茨(S. Kuznets)等人也都持相同或类似的观点。新中国成立以来,我们长期用工业产值在国民生产总值中的比重来衡量工业化水平,为了尽快提高工业化水平,我们主要发展容易提高工业产值的重工业,并采取了低消费、高积累的赶超型工业化战略。

上述对工业化的定义和衡量标准,都是用工业发展来代表工业化。虽然工业发展是工业化的显著特征之一,但工业化绝不能顾名思义地、狭

---

① 参阅 A. K. Bagchi,"工业化"词条,《新帕尔格雷夫经济学大辞典》中文版第2卷,经济科学出版社1992年版,第861页。

隘地仅仅理解为工业发展。因为工业化是现代化的核心内容,是传统农业社会向现代工业社会转变的过程。在这一过程中,工业发展绝不是孤立进行的,而总是与农业现代化和服务业发展相辅相成的,总是以贸易的发展、市场范围的扩大和产权交易制度的完善等为依托的。正如著名发展经济学家张培刚教授所定义:工业化是"国民经济中一系列基本的生产函数(或生产要素组合方式)连续发生由低级到高级的突破性变化(或变革)的过程",①这一定义将农业的机械化和现代化、技术进步、结构变化甚至制度变迁等内容都纳入了工业化范畴。

　　现代经济条件下的新型工业化,是否意味着工业比重不断提升? 回答是否定的。如果在古典时期(18 世纪至 20 世纪前期),对应的是前期和中前期工业化时代,情况确实如此。当时的工业生产主要满足人们的基本物质需求,工业的发展主要体现为物质财富的量的扩大,品种不断丰富。工业化的过程中,农业的比重不断减少,工业替代农业,比重不断提升,而第三产业虽然有所发展,但是在国民经济中的比重远低于工业。例如美国在 1947 年第二产业的比重为 44.2%,第三产业的比重仅为38.9%,但是当经济进入工业化的中后期乃至后工业化时代,第二产业的比重不断地缩小,而第三产业的比重不断地提升,2009 年达到 80.5%,而第二产业的比重降为 18.6%。我国上海市 2003 年 GDP 中第二产业占50.12%,第三产业占 48.40%,到 2011 年两者分别变为 41.5% 和57.9%。虽然第二产业比重在缩小,但是国民经济却进入经济结构不断提升、经济运行质量(尤其是工业发展的质量)不断优化和走向现代化的进程。这时,工业化的深入体现的不是产品数量和表现为物质形态的经济规模的扩大,而是产品附加值的成倍提高,与此同时在很多工业领域,却是物质形态规模的缩小,工业在国民经济中的比重也在缩小。这是因为,在后工业时代,工业发展和结构提升,主要依赖的是技术创新、管理的

————————

　　① 参阅张培刚:《发展经济学通论(第一卷):农业国工业化问题》,湖南出版社 1991年版,第 190~192 页。

优化、信息化的加速等等,即主要依赖的是软实力的提高,而不是依靠反映为物质形态的资本和劳动力的投入。而生产上述软实力的产业,很大程度上不是依靠工业自身的增长,而是依靠非工业的第三产业,尤其是科技、教育、信息服务、金融服务等现代服务业。这一时期,工业的发展主要依靠创新为动力的产业竞争力的提高,因而出现这样的情况:工业越发展,往往表现的不是其自身的扩大,而是其发展所依赖的第三产业的超前发展。高端服务业支撑了以质量提升为主要标志的工业化的深入,国民经济向优质化、高效化、现代化发展。或者从另一个角度讲,只有服务业的发展和比重的提高,才有工业化的深化,工业化的进程恰恰是以工业比重适度让位于现代服务业的比重为必然前提,这就是产业发展的辩证逻辑。

以金属切削机床的生产为例。我国原来只能生产普通的切削机床,价值 5 万元,耗用钢材 0.5 吨,每台机床只能盈利 2 千元人民币;而国际上生产的数控机床,价值 100 万元,同样耗用钢材 0.5 吨,却能盈利 10 万元人民币。但由于我国以往缺乏数控机床的生产技术和人才,长期只能生产普通机床,既消耗大量资源和能源,盈利水平又很低,这就是一种粗放的发展方式。如果我们大力发展科研和教育等高端第三产业,由于科研投入和人才的培养,我国数控机床的技术得到开发和广泛应用,使工业机床的生产进入数控时代,生产水平和盈利达到国际先进水平,不增加资源能源的消耗,实现了增加值和利润大幅度提高,达到又好又快的目标。这时工业和第三产业的关系可能是:技术开发和人才培养的高端服务业的超前增长,例如增长 20%,促进了工业在不增加消耗和排放的前提下,增加值增长了 15%,利润增加了 200%,而工业的这种增长以及盈利的增加,恰恰是依赖于服务业的增长才实现的。虽然工业的比重有所下降,但是工业发展得不但快速而且发展得更好。

在这种趋势下,国内产业的区域分工格局应该有所调整,由于发达地区原有的软实力比较强,因而可以由发达地区重点发展高端服务业,而将一部分工业转移到中等发达甚至欠发达地区,从而出现发达地区服务业比重高,而中等或欠发达地区工业的比重较高。这种分工不仅符合不同地区资源要素配置的不同优势,遵循产业转移的规律,而且有利于区域间的协调发展。

(2)处理好作为物质生产主要来源的工业与提升经济质量的服务业的关系。

在现代经济条件下我们强调工业比重让位于现代服务业的比重,并不意味着否定工业作为国民经济和人民生活的基础性产业的地位,而是强调在多年来工业充分发展,物质财富不断丰富,已经能够比较充分地保证国民经济的物质基础和人民生活的满足的前提下,大力发展现代服务业,首先能够支撑第一、二产业的产业升级;第二能够满足人们的精神文化需求;第三能够提供充分的就业机会,以促进公平分配,保障最大多数人的利益;第四能够在更多的领域拉动消费需求,促进国民经济发展;第五,现代服务业能够更有效地完善资源配置,以集约利用资源,从而应对日益严峻的资源紧缺、环境污染和气候变化的形势。而这些方面,正是现代新型工业化的题中之意。

(3)如何理解当前发达国家的工业发展趋势。

将欧美发达国家称为“工业化国家”的含义,在一定程度上意味着这些国家已经基本完成了工业化进程,进入“后工业化时代”,也就是进入“知识经济时代”的开始阶段。就此而言,笔者认为,如果仍然将发达国家今后长期目标设定为进一步的工业化,无疑并不合适。对欧美发达国家而言,应该是以知识经济时代的标准,不断推动知识和技术创新,提高产业竞争力,在所有的生产和生活领域进一步实现现代化。

当前欧美发达国家提出“再工业化”的口号,是否意味着原来这些国家第三产业的迅速发展和工业比重的缩减是不合理的,因而现在要纠正以往忽视工业发展的错误? 欧美发达国家提出“再工业化”确实是在2008 年开始的金融危机造成经济极大损害以后的一种战略调整,针对其进入后工业化时代以后,过度地将国内的工业、制造业向海外转移,在一定程度上出现了过度依赖工业品进口的局面,由于制造业的萎缩而减少了大量就业机会,造成国内民众的反对;而在注重服务业发展中,又形成了若干泡沫经济过度发展的倾向。"再工业化"的主要目的是保障国内就业。这种倾向并不意味着多年来工业比重下降,服务业比重上升的趋势是错误的,它只是一种量的关系的调整,而不具有实质性、方向性的意义。

工业化是由农业经济转向工业经济的一个自然历史过程,存在着一般的规律性;但在不同体制下,在工业化的不同阶段,可以有不同的发展道路和模式。我国提出走"新型工业化"道路,新型工业化道路主要"新"在以下几个方面:

第一,新的要求和新的目标。新型工业化道路所追求的工业化,不是只讲工业增加值,而是要做到"科技含量高、经济效益好、资源消耗低、环境污染少、人力资源优势得到充分发挥",并实现这几方面的兼顾和统一。这是新型工业化道路的基本标志和落脚点。

第二,新的物质技术基础。我国工业化的任务远未完成,但工业化必须建立在更先进的技术基础上。坚持以信息化带动工业化,以工业化促进信息化,是我国加快实现工业化和现代化的必然选择。要把信息产业摆在优先发展的地位,将高新技术渗透到各个产业中去。这是新型工业化道路的技术手段和重要标志。

第三,处理各种关系的新的思路。要从生产力和科技发展水平不平衡、城乡简单劳动力大量富余等实际出发,正确处理发展高新技术产业和传统产业、资金技术密集型产业和劳动密集型产业、虚拟经济和实体经济的关系。这是我们走新型工业化道路的重要特点和必须注意的问题。

第四,新的工业化战略。新的要求和新的技术基础,要求大力实施科教兴国战略和可持续发展战略。必须发挥科学技术是第一生产力的作用,依靠教育培育人才,使经济发展具有可持续性。这是新型工业化道路的可靠根基和支撑力。

新型工业化道路有四个突出的特点:一是在三次产业的协调发展中完成工业化的任务,而不是孤立片面地实现工业化;二是在完成工业化任务的过程中推进信息化,而不是把信息化的任务推向未来;三是把实现工业化纳入可持续发展的轨道,而不是先污染后治理、先破坏后建设;四是在工业化过程中尽力发挥人力资源的优势,而不是造成大量劳动者失业。

新型工业化道路要求我们必须把工业发展和农业、服务业的发展协调统一起来,使工业化同时成为农业现代化和推进现代服务业发展的基础和动力;把速度同质量、效益、结构等有机地结合和统一起来,使工业真正具有强大的竞争优势;把工业生产能力的提高和消费需求能力的提高协调统一起来,把工业增长建立在消费需求不断扩大的基础上;把技术进步、提高效率同实现充分就业协调统一起来,使更多的人能够分享工业化的成果和利益,并实现人的全面发展;把当前发展和未来可持续发展衔接和统一起来,尊重自然规律和经济发展规律,走文明发展之路,实现人与自然的和谐。

由于工业化的本意是产业化,即工业化是各个产业不断从传统经济中产生、发展和壮大的过程,因而不能片面地将发展工业甚至重点发展部分工业(如重工业)作为工业化,而应将工业化看做是农业、工业和服务业等各个产业协调发展的过程。在政策上应避免将工业产值或收入比重提高作为工业化的主要衡量标准,避免以行政干预方式扭曲产业结构,而要为各个产业的发展创造平等竞争的政策环境。

3. 实现路径的关键是实现五大转变

(1)促进企业从依赖低效益的规模扩张向依靠产品的高附加值提升效益转变。

从集约型经济功能体系的结构看(见本书绪论,图0-2),在内圈的四个方面中,关键在于形成经济体系的基础和细胞——重视集约型效益与自我约束的企业。在传统经济体制下,形成粗放式增长的重要原因在于,构成产业主体的企业大多是缺乏产权约束机制的公有制企业,其主要职责是完成计划经济所赋予的生产任务,只要将产品保质保量地生产出来就是完成任务,至于单位产出消耗资源的多少,似乎并不那么重要。大量高消耗低效益的投资,低效率粗放式的生产能够长期延续,正是在于这种"完成任务就是一切"的生产体系。改革开放以后,民营企业在经济领域越来越成为主体,但是由于民营经济在其诞生之日起就被赋予创造更多就业机会、促进城乡居民脱贫致富的主要目的,同时由于初期大多数生产领域处于供不应求的卖方市场状态,产品生产出来基本不用担心销售,于是就业的压力成为扩大生产规模的动力,供不应求的市场又使这种粗放生产不断延续和扩大。因而无论是公有还是私有企业,都成为粗放式经济的基础。但是,目前情况已经发生根本变化,公有制企业大部分已经改制成股份制和私营等产权明晰的产业组织形式,粗放式经济所依赖的卖方市场状况也已转变为竞争激烈的买方市场,企业要生存和发展,就必须提升以效益为中心的产业竞争力。以最少的投入形成最高的附加值,获得最好的效益,成为企业生存和发展之本。未来经济的发展必然进一步强化以竞争为动力的优胜劣汰机制,使集约化经营的企业不断壮大,而粗放式经营的企业自然退出市场,才能促进集约式经济的基础越来越壮大。

(2)促进政府从政绩取向的数量、规模、速度偏好向重视宏观经济结构优化和社会效益转变。

建国60多年来我国经济的快速增长,在很大程度上是由政府主导和推动的,政府显然功不可没。但物极必反,由于目前干部考核仍然摆脱不了"唯GDP"的标准,各级地方政府追求政绩的冲动,过度甚至盲目地转化为规模扩张和速度偏好上,而政绩追求推动的经济高增长在相当程度上是靠高投入支撑的。土地和劳动力投入也同样存在粗放的问题。高消耗换来的高增长,必然是高排放、高污染和低效率。生产扩张与资源消耗、生产规模与环境恶化、高增长速度与低效率之间的同步关系,不可能通过经济增长得到转变,相反,生产越扩张,就越是激化了这些矛盾。

新型工业化道路的"新",就新在主要靠效率提高,而不是主要靠资源投入实现增长。因此在速度和效益的关系上,必须高度重视效益而不应追求速度。但是由于中国人口众多,就业压力极大,保持较高的速度以提供更多就业机会又应该是我们优先考虑的重要目标。对于这种速度和效益何者为先的两难取舍问题，我们认为应该强调以效益为前提来争取较高的速度，两者不应颠倒。因为如果是按照有的学者所提速度优先、兼顾效率的原则，在现有的政绩考核体制下，完全可能滑到不顾效益单纯追求速度的道路上去。而且政府从财政收入、政绩考核要求出发，必然要搞产值大、税收高、资本有机构成高的重化工业，资源消耗严重而就业容量小，与我们通过高增长要达到的扩大就业的目标并不相符。

（3）技术路线从消耗资源型向节约资源型转变。

几乎任何国家的工业化都经历过粗放式增长的阶段。这是因为，在一定的经济技术条件下，粗放式增长有其历史的原因。①粗放式增长可以利用低价格资源获得产品的成本价格优势。从历史上看，凡是曾经发生"短缺危机"的资源都是地球上储量丰富，而且开采和利用比较容易的物质。利用低价格资源，对于使用者可以提高其竞争力，而对于资源的供应者则是借助旺盛的需求拉动生产的动力。②由一定时期的技术条件所决定。当资源的机会成本很低时，大量使用资源，具有短期的经济合理性。资源产品的价值是经济发展的结果。是经济发展使资源变得宝贵，而不是资源天生具有高贵的身价。③由于开发新技术的昂贵耗时和风险，甚至一定时期内无法创新技术，使得在一定时期内"用资源替代技术"成为获得竞争力的手段。一定意义上，短期的消耗资源是将来高效率利用资源的经济基础。④在某种资源因为长期消耗而枯竭之前，就发现和发明了更经济的替代资源，则尽量多地使用该种资源以获得竞争力优势就成为一种理性行为。

粗放式增长尽管有上述历史的理由，但是为了短期的市场优势而付出巨大的资源和环境代价，必然由于资源，尤其是不可再生资源的逐步减少乃至枯竭，到未来的一定时期将断绝工业发展的可行路径。尤其是在节约资源的经济技术条件已经具备时，却仍然采用浪费资源和破坏环境的方式来进行生产，则是对工业化的反动。

从经济发展的历史看，技术路线总体上是沿着从"耗费资源、损害环

境的技术"向"节约资源、保护环境的技术"升级的方向不断进步的。当
耗费资源技术是竞争力的主要来源,经济发展处于初级阶段。而当节约
资源技术成为竞争力的主要来源时,即节约资源技术比耗费资源技术更
具有竞争力时,则经济发展进入高级阶段。一个国家的经济体系或者一
个经济部门实现了以耗费资源技术为主向以节约资源技术为主的转变,
我们称之为"竞争力突变"。

　　目前关键的问题是:现有的经济和技术条件下,节约资源和保护环境
能不能增强工业竞争力? 如果节约资源能够增强竞争力,那么,实现资源
节约就是一个无需担心的问题,因为追求竞争力的过程将自然实现资源
的节约利用。但是,现实中确实存在这样的情况:即节约资源需要更多投
资和增加更多的成本,反而使单位产品的价格更高。不如耗费资源更具
有"竞争力"。其实质是节约资源的技术具有非经济性,或者替代资源具
有非经济性。因此,摆在中国工业化面前的问题是:中国经济发展的新阶
段,客观上仍然需要在多大程度上依靠资源的低价格高消耗来维持竞争
力? 特别是考虑到经济全球化的背景,中国具有多大的能力,在多大程度
上可以更多采用节约资源的技术来参与国际竞争?

　　耗费资源技术与节约资源技术的竞争力比较,取决于两方面的基本
条件:一是技术本身相对于资源禀赋条件的先进性程度,即是否能够更大
程度地节约稀缺资源,减少对环境的污染和破坏,并且这样的技术在经济
上也是有优势;二是国家关于资源和环境的管制制度,即国家如何调节
(限制和激励)经济个体消费资源和影响环境的行为。因此,竞争力突变
的涵义也有两种:严格意义的竞争力突变是指在技术上已经实现了使用
节约资源技术比使用耗费资源技术更具有竞争力。而现实意义的竞争力
突变则是指,在国家有关资源利用和环境保护的现行管制制度(政策)
下,使用节约资源技术比使用耗费资源技术更具有竞争力。第一种意义
的竞争力(成本比较)仅取决于工业技术本身。第二种意义的竞争力比
较则加入了国家管制制度(政策)对经济个体竞争力的影响因素。从当
前世界经济发展的总体状况看,在大多数部门要实现严格意义的竞争力

突变尚不具备条件。所以,各国都必须实行有关资源开发利用和环境保护的严格的政府管制制度,对浪费资源和破坏环境的行为进行限制和处罚。当然,由于各国的经济发展水平不同,所实行的管制制度和政策的技术标准也不同。通常情况是,经济发展水平越高的国家,有关资源利用和环境保护的标准也越高。

(4)产业升级从重视重化工业发展向重视高新技术产业和高层次服务业转变。

西方过时的产业结构升级理论不适合现代,也不适合中国资源缺乏的国情。萨缪尔森将工业发展分为三个阶段,发展道路和增长道路也分为三种。其中,第一阶段是起飞前阶段,以英国为主。主要是依靠土地投入,局限性很大,易陷入"马尔萨斯陷阱"(即土地资源被完全占用后,经济无法再继续增长)。第二阶段是起飞阶段,19世纪经济起飞后,英国并未陷入"马尔萨斯陷阱",原因是经济增长靠的是物质资本投入,用机器代替人工,发展重化工业。德国经济学家霍夫曼根据19世纪英国、美国工业化初期和中期阶段的增长历程,得出重化工业的发展是一国产业升级的必然途径,并以轻工业与重工业的比重为标准,衡量产业升级的程度,表明工业化后期阶段,重化工业还要发展得更快。但是从20世纪后期的发展情况看,霍夫曼定理并未实现。而现代条件下,经济最发达的现代化国家,增长最快的恰恰都是附加值高而产品分量轻、物质消耗少、体积小的产业,一些几乎没有重量和物质消耗的智力产品是最先进的、附加值最高的产品。萨缪尔森由此得出工业发展第三阶段,经济增长和竞争力的体现主要依靠技术、智力等软要素,促进效率的提高。所谓"绿色GDP"、"轻型GDP"、头脑经济或智力经济、新型工业化道路等概念的提出,都是对这个问题的一些积极思考。但是目前国内相当一部分人士仍然认为中国工业化必须补上重化工业大发展这一课,基本沿袭了过去两个世纪对工业化的理解。这种发展思路与新型工业化道路的内在思想并不一致。值得注意的是,最近国内一轮以重化工业为重点投资热潮,推动了经济高速增长,许多地方都在说中国经济已经进入以重化工业为主的工业化中后期阶段,本地的经济结构也要向重型结构转化。这种观点显然符合政府的偏好。政府作为调整的主体,财政收入、政绩考核,都决定了政府必然要搞产值大、税收高的重化工业。但这是在走旧工业化的老路。

重要的问题在于如何理解新型工业化道路。大力发展重化工业的增长路径不符合中国资源缺乏的国情特点。虽然我国以往是按照发达国家走过的路径发展的,但决不意味着今后仍然要走发达国家工业化的老路。如果我国的重化工业按照传统工业化的思路迅速扩大规模,必然会受到比发达国家严重得多的自然资源要素制约和造成全体人民难以承受的环境破坏,这条路既走不通,更不符合全体人民利益。而我国作为发展中国家的后发优势,恰恰是吸取发达国家的经验和教训,走一条既符合国情,又经济高效、可持续发展的路径。因此我们应该在适度发展重化工业的方针下,以最大的努力发展资源消耗和环境污染小,技术和智力含量高的产业。首先是大力发展高新技术产业和高层次、高附加值的服务业,同时努力提高我国传统制造业的现代化水平,用高新技术武装传统产业,使我国的后工业化进程也走上主要依靠技术、智力因素,低消耗高效益的"轻量化"产业发展之路。

我们"消耗了大量不可再生资源,承受着环境的污染,背负着'倾销'的罪名,可是利润的大头却不在我们手里"。① 这种状况应当努力加以改变。第一,经济学的最大化原则,不是产值的最大化,而是净产值或利润的最大化。第二,这种最大化是在资源和环境约束下进行的,不计成本、不顾环境的增产是不可持续的。第三,我们不是为生产而生产,生产的目的是为了人,为了人的幸福。如果增加了产出和外汇收入却破坏了环境,这是得不偿失的。目前有些地方大肆进行高污染产品生产,破坏了当地基本生存条件,严重危害人民健康,这是不能允许的。

(5)经济增长的要素投入配置从大量消耗物质资源向更多消耗人力

---

① 吴敬琏:《破解增长模式新课题》,《文汇报》2005 年 3 月 9 日。

资源转变。

　　我国资源禀赋的特点是人均资源缺乏而劳动力资源极为丰富。劳动力就业压力形成了以消耗资源为基础的低层次、低盈利的产业竞争，形成粗放式高消耗的经济增长方式，从而造成越来越严重的物质资源要素制约。必须根据我国的要素禀赋特点促进要素投入组合的优化。更多地通过劳动力与技术要素、智力要素的结合，利用丰富的劳动力和人力资本替代物资资源的投入，有利于我国经济的可持续快速发展。在政策取向上，努力形成就业压力的资源节约效应。大力发展多用劳动力、少用资源的产业。更多地采取人力资本投入进行生产，而不用或少用自然资源，应用与开发更多能够用劳动力替代资源的生产方式和技术，促进更多的人力资源投入新资源的研究、开发和资源再生、资源节约的科技和产业发展中。

　　发展多用劳动力、少用资源的产业，包括除交通运输、餐饮业以外的大多数的服务业，尤其是高层次服务业，例如教育、信息、科技、金融、社会中介、咨询业等，主要或完全是用人力资源而较少消耗物质资源。因而大力发展第三产业在未来长时期中应该作为我国的重大战略予以高度重视。对第二产业而言，也要重视发展主要通过人力资源投入增值的产业和产品，除大力发展高新技术产业外，在传统产业方面，如工艺美术产品、高档服装，尤其是采用独特工艺技术、深加工的产品，投入的物质资源较少，而通过人力资本实现高增值的特征明显。此外，在现有技术条件下或较长时间内尚无法用机器设备替代人力进行生产的制造业产品，应注重发展，如相当一部分食品加工、独特的家俱生产等等。罗默等学者认为，在资本短缺而劳动力丰富的国家，劳动密集型投资比资本密集型投资具有更高的资本效率，原因是少量的资本可以推动大量的劳动力。

第二章　集约型经济的体制机制

在市场化条件下,任何经济运行都是以微观主体行为和微观机制为基础的。虽然我们强调推进集约式增长、建设节约型社会等总体上都是从宏观角度来规范经济运行,但毫无疑问必须从微观主体做起。由于一般微观主体均遵循"经济人"行为原则,追求利润最大化,因此我们要实现转变增长方式的目标,也必须按照这种行为准则来构建相应的微观机制和环境条件,才能使集约式增长成为由微观主体的自发动力所驱使、客观市场规律所决定的可持续进程。

一、集约型经济的形成机制

集约型经济是以健全的微观主体为基础、以可持续的健康宏观环境为保障的经济,是企业的内部经济和宏观外部环境形成互动、企业经济效益和社会效益、生态效益并重的经济发展过程。要在全社会形成集约型经济强大的自然发展动力,必须使这种趋势成为符合企业及居民户追求自身利益最大化要求、由"看不见的手"即市场机制所指挥的过程。只有在市场经济的前提下形成政府、企业及居民户三位一体的有效运行机制,才能使集约式增长真正成为全社会的自发潮流。在发达的市场经济国家,随着市场经济的发展及政府职能的适应性调整,上述三位一体的有效运行机制已经比较完善。这种机制的建立是与体制创新密切相关的。在我国,需要我们克服传统计划经济的影响,改变旧体制下企业及政府行为扭曲的问题,按照客观经济规律,形成全社会集约型经济发展的良好氛围。

按照上述三位一体有效运行机制的要求分析相关领域情况和案例,目前既存在有利于这种动力增强的正面效应,也存在不利于这种动力形成的负面效应。如图2－1所示,我们分别形象地显示了其正面和负面效应各五个方面。

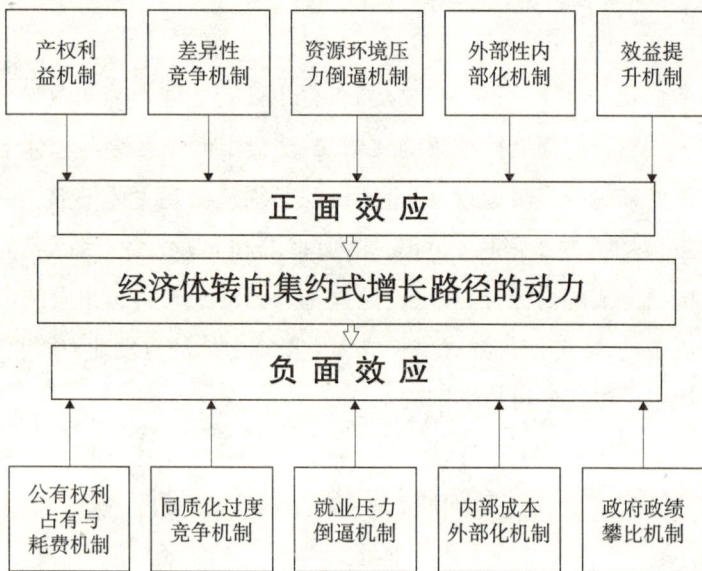

产权利益机制	差异性竞争机制	资源环境压力倒逼机制	外部性内部化机制	效益提升机制

正 面 效 应

经济体转向集约式增长路径的动力

负 面 效 应

公有权利占有与耗费机制	同质化过度竞争机制	就业压力倒逼机制	内部成本外部化机制	政府政绩攀比机制

图2－1　影响经济体转向集约式增长路径的正面和负面效应

从正面效应看:

首先,微观主体的产权利益效应,即在企业的产权明晰的前提下,企业产权所有者会积极地为了自身利益而有效地利用资源,集约式地进行经济活动,并且尽可能地通过资源的再利用来实现自身的产权利益。同样,如果资源环境的产权明晰,产权主体也会加倍地保护,减少对资源环境的损害。

第二,差异化竞争机制,即当企业在一个良性竞争的环境中,决定竞争力的因素主要是产品的质量、技术和档次,提高竞争力的途径主要通过产业层次的提高和集约化生产能力的增强,而不是主要通过降低价格同时扩大生产规模来达到占领市场的目的。这时,一切用于生产过程的资源都会最大程度地加以利用,而能避免过度竞争所导致的企业生产规模过度扩大形成的浪费。

第三,资源环境压力的倒逼机制,即当资源供不应求,形成对企业生产的强大制约,或因外部环境的承受力达到极限,或者资源环境压力转化为社会和政治的巨大风险时,将形成倒逼机制促进企业转变生产方式以维护自己的生存和发展。

第四,外部性的内部化机制,即当由于制度安排导致企业对环境资源的负面影响转变为不利于企业效益的重要因素时,通过节约资源和发展循环经济以减少对环境的负面影响就成为企业追求自身利益的自发行为,从而形成强大的内在动力。

第五,效益提升机制。企业天然地为了自身利润最大化而努力,当企业意识到集约式增长、节约型社会和循环经济有利于其效益提高时,会积极主动地行动。但是这必须以产权明晰和企业拥有不受干扰的真正的自主权为前提。

从负面效应看:

首先,政府政绩攀比机制。我国经济的一个重大特征是政府对企业行为具有较强的影响力乃至主导作用。我国企业的很多投资失误、粗放型生产、追求"大洋全"和搞花架子的面子工程等,都与掌握着社会资源配置的极大权力的政府追求大规模和高增长的政绩攀比有极大关系。政府的政绩目标在这种效应下成为促使微观主体粗放增长乃至放弃效益目标的重要因素。这在缺乏真正自主权的公有制企业行为中表现尤为明显,即使是产权明晰的个体私营企业,也往往在政府的强大压力下导致行为扭曲的结果。

第二,公有权利使用权争夺机制,我国是一个公有制占主导的国家,大规模的国有资产存在着产权主体不明晰的问题,虽然经过多年的所有制改革,这些问题有所改善,但是由于产权主体不明确的问题仍然存在,导致公有资产的滥用和极大的浪费。各级政府、公有制企业乃至一部分有政府背景的私有企业,自觉不自觉地存在这种行为方式。同时由于产权不明晰而形成的各主体之间为了公有权利使用权的争夺,与之相伴的是急功近利式的投资和生产行为,其宗旨和集约式增长、节约型社会是格格不入的。

第三,就业压力倒逼机制。我国人口众多,劳动力无限供应构成了就业的巨大压力,为了尽可能多地增加就业岗位,政府、社会和民众具有投资建设、新办企业、扩大生产规模的强大冲动,往往在技术、人才以及相应的市场需求条件尚未形成的情况下,就以极为粗放的方式投入经济运行,这一过程伴随着的是资源的低效率大规模投入,以及由于低价过度竞争导致大量浪费。过度竞争的不断重演,说到底是过度的就业压力所造成的。虽然我国劳动力资源极为充裕,但是由于生产过程的任何劳动力必须有资源的配套,最终粗放式的就业必然使我国有限的自然资源无法满足就业的需求,从而形成更强的资源制约。

第四,同质化过度竞争机制。在产业层次不高,而生产者众多,生产相对过剩的情况下,生产者为了生存而相互争夺市场,其唯一的手段是降低价格,在盈利水平极低的情况下,只有扩大生产规模才可以维持企业的生存,保障生产者获得维持基本生存的收入。在这种情况下,生产的集约化和对资源的节约利用通常被忽视,相反,消耗性地利用资源成为必然的生产方式。低层次的大规模生产,同时伴随的生产过剩和相应资源的大量浪费,势必加剧我国这样一个人均资源缺乏的国家的资源要素的短缺,形成对经济发展的强大制约。大量的事实证明,凡是同质化的过度竞争严重的地方,也是资源要素制约加剧的地方。

第五,内部性的外部化机制。在一个环境法制尚不够健全的经济体中,企业往往为了自身经济效益的提高,不惜牺牲外部环境。也就是将内部生产所形成的负面效应施加到外部,给全社会带来负面影响。如果这种以损害社会利益为代价获取自身经济效益的企业行为可以通行无阻,而成为众多企业效仿的常态,企业就不会有为消除外部负效应而发展循环经济的社会责任感和经济动力。防止这种结果的唯一方式是使其外部负效应转化为内部经济负效益,由企业自身来承担责任,企业为了避免给自身带来负效应,将有效地形成发展循环经济的动力。

　　然而,目前的现状是,导致粗放式增长及资源低效利用的各方面因素仍然在很大程度上支配着经济运行,形成对集约式增长的负面动力效应,以下作若干重点分析。

二、不利于集约式增长的负面动力机制分析

　　任何微观主体都生存于一个包括宏观、区域及微观层面的综合环境中,微观机制的运行受到这种环境的制约或推动。我国由于长期的计划经济影响及政府职能的错位和缺位,导致多方面制约集约式发展的因素,如表2－1所示,可以从政治、经济和技术等方面来加以分析。这些因素或直接、或间接地影响微观主体的行为。

表2－1　制约集约经济发展的主要机制性因素分析

	政治	经济	技术
宏观	长时期中为实现强国战略而片面追求高增长,而集约式经济通常不具有"短期高增长"特征,故不易受到重视。	政府对资源的低价格控制使社会过度消耗资源,而资源的再利用也因比较成本较高无法盈利而难以发展。	长期不重视资源再生、再利用技术的开发和应用。
区域	政绩标准忽视资源有效利用和环境保护要求;地方官员追求政绩而靠大投入取得高增长;行政分割导致地区间围绕集约经济的协同机制缺乏。	区域内产业过度竞争,而难以形成企业间发展集约经济和循环经济的良好合作机制。	满足于成熟技术的推广而回避资源有效利用上的创新风险。
微观	企业迫于政治压力或在政府支持下的盲目投资生产行为势必忽视集约经济的发展。	大量小企业的规模不经济状况,使以规模经济为重要条件的集约经济效益难以实现。	企业技术层次低,缺乏发展集约经济所需的高新专业人才。

　　以下我们分若干方面对表中所列种种负面的体制机制因素进行剖析

1. 依靠高消耗追求高增长的政府政绩驱动力及非市场化的残余导致粗放式增长

集约经济所产生的效益包括企业内部的经济效益和企业外部的社会、环境、生态效益两方面。一般企业的行为动力主要来自于内部的经济效益。因此，要促进企业积极发展循环经济，就必须具备两个前提，一是企业真正以获取经济效益为基本目标，即追求生产和经营中的低投入高产出，实现利润最大化。二是企业自身具有通过提高技术与管理水平而提升质量、降低消耗，以获取更高的净收益的潜在能力。然而从现实来看，这两方面目前还都存在着缺陷。

就前者而言，目前无论是公有制企业还是私有企业，其运作仍受到政府行政化推动的极大影响，政府的目标函数更多的是追求规模化以及高增长以获得政绩，而不是上述有效运行机制下的综合环境营造，与企业追求最佳的投入产出比和效益最大化在很多情况下存在矛盾。前者的目标往往可以通过权力的运作，集中更多的资源要素投入生产过程就可达到。在没有相应制约的前提下，政治取向的行政官员自然会选择行政运作，以最快捷地达到政府工作业绩最大化目标，作用到企业的结果，往往是生产经营规模的扩大伴随着效益降低的代价。

就后者而言，目前多数企业还没有真正重视通过集约经济发展模式以获得降低成本提高净收益的路径。在长期廉价的自然资源和劳动力条件下，利润率低的企业依靠扩大生产销售规模生存和发展，与之相伴的是物质资源的大量粗放式消耗。但今后这条路越来越走不通。而要提高技术和管理水平，占据产业链的高增值环节，实现经济运行质的飞跃，就必须进行创新活动，既要付出极大成本，又要承担必然的风险。而创新成果在一个缺乏知识产权保护的环境中，却可能被竞争对手模仿，根本无法给本企业带来收益。因此，无论对于中小企业还是地方政府官员来说，与其放弃路径依赖去进行创新活动，不如在现实条件下扩大生产规模，通过量的扩张来实现更多的盈利来得稳当。

2. 粗放型增长的路径依赖使产业升级和自主创新动力不足

从历史角度看,粗放增长模式在新中国成立以来工业化过程中的客观必然性及历史性作用是不可低估的。其主要取决于两个因素:一是经济发展的起点低,二是一直保持着较高的居民储蓄率。罗森斯坦的大推进理论和刘易斯的二元经济论都认为发展中国家的经济是一个资本短缺的经济,其经济发展首先要依赖资本和劳动力等要素的投入。也就是说在经济发展早期,通过增加要素投入促进经济增长具有普遍意义。然而时至今日,支撑粗放式增长的两个因素已经发生变化,转变为集约式增长势在必行。但原有增长方式所带来的惯性仍难以消除。传统的规模和速度的取向仍然具有强烈的驱动效应。就企业而言,同质化竞争下的低价格低盈利模式,需要依靠生产和销售量的维持和扩大,来保持企业生存和基本的效益,就政府而言,政绩攀比的重要标志仍然是经济规模的扩大和速度的提高,依靠不断扩大的投资来维持。这种在低水平基础上的生存和发展模式,无论对企业家还是政府官员来说都是"熟门熟路",至少在目前还是低风险较为可靠的路径。路径依赖的惰性使人们多数习惯于按照原有的方式获得虽然不高但相对稳定的收益,而不愿以速度和规模丧失的代价乃至"全盘皆输"的风险进行产业创新,这是"稳定的"粗放式增长往往难以改变的基本原因。

由于多种因素导致粗放式投入冲动而形成的产业同质性、低层次、规模化扩张,企业和市场的扩张速度远远快于创新周期。企业通常既缺乏产业升级和自主创新的动力,更缺乏产业升级和自主创新的能力。与此同时,由于劳动力的廉价和充裕,在很多领域呈现劳动力替代资本和高效率技术的倾向。从成本核算角度,某种程度上用廉价劳动力来进行许多生产环节的操作所付出的成本,比通过自主创新用高技术的设备形成高效率生产方式所需要的总体成本更低,因为后者既要投入风险较大的创新资本,又要支付运用高技术和高层次人才所带来的相应高成本,以及高层次设备运行所需要的较高的维护成本,同时还可能要承担由于效率提高而减少对劳动力的需求,解雇工人所带来的社会压力。这种情况会进一步压抑企业产业升级和自主创新的动力。

3. 结构调整的高成本及新产业的成长困境阻碍产业升级的进程

结构调整和升级可以通过两种路径实现:一是可以凭借本地区的科技实力和高端生产能力主动地进行产业创新,在新产业形成后,落后的产业逐步被自然淘汰,从而实现新旧替代的过程;另一种是在没有形成新产业的情况下,原有的落后产业在新的国际国内竞争形势下,或在资源环境等要素供应难以为继的条件下面临被淘汰的命运,就形成一种被动条件下的倒逼机制,迫使当事主体进行产业创新,以谋求新的竞争力和新的生存发展路径。浙江原本是一个科技和高端产业基础薄弱的地区,因而走前一种路径的条件并不充分,目前情况下主要还应该依靠强化倒逼机制,推动创新产业的成长,许多高新科技产业和具有较强竞争力的产业就是被逼出来走上成长道路的。但是倒逼机制要真正能够"逼出"新产业的成长,却离不开科技创新能力、人才基础。很多情况下,即使倒逼机制很强,新产业却成长不起来。依赖旧产业的人口为了生存,必然顽强坚守旧产业,避免其被淘汰,而采取一种通过更大程度地降低成本,以低价取胜的办法,从而形成一种更大程度地依靠低质低价产品的生产经营模式。此外,低端的高消耗产业在面临资源环境的严重制约时,则依靠将产业发展空间转移到资源环境容量较大的地区继续发展。以上两种方式都无法实现产业高级化的目标。产业结构调整和升级的关键还是应该有新的高端替代产业的成长,需要培育创新能力。新的增长点没有形成,旧的产业也无法淘汰。

如果结构调整和产业升级的代价过大,企业和地方政府都难以承受。任何结构转变都要淘汰旧的产品或旧的设备,往往要付出极大的更新代价,要形成替代的新产业,则要付出巨大的创新成本。资本、技术、市场和社会的各种不确定性,同样意味着巨大的风险成本。当一个社会经济实力较强时,承担成本的能力也较强。因而结构转换需要在一个经济技术基础逐步增强的前提下,逐步从低成本低效率的转换向高成本高效率的转换有序推进,否则短时期过高的成本会压垮社会经济运转的基础,而出现巨大政治和经济风险。例如传统产业的过快淘汰会造成失业率过高和居民收入的急剧下降,旧设备过快废弃使社会难以承担损失,新产业成长的不确定性会使社会动荡不安,等等。目前一些产业之所以结构转换缓慢,就是由于这种代价过大,因而需要逐步建立更强的经济基础,以承担相应的代价。

4. 构成过度竞争的企业生存方式和盈利模式

粗放式增长与产业间的过度竞争是一对孪生兄弟。由于粗放式增长导致的产业层次偏低使企业只能依靠低价手段扩大市场,排挤竞争对手,必然形成企业间的过度竞争。反之,由于过度竞争造成盈利水平的下降,使企业难以提高技术层次和增强人力资本,最终只能以同质化的低价竞争来维持生存,获取最低程度的利润。我们以浙江比较典型的义乌小商品市场所呈现的过度竞争来加以说明。[①]

义乌小商品市场是中国最大的日用消费品国际交易平台,目前有大大小小各类工业企业 25000 家入场交易,绝大部分是劳动密集型的加工生产企业。市场上商品的批发利润相当微薄:销一颗纽扣挣 2 厘;卖一盒头花只赚 6 分;100 根牙签只能赢利 1 分;1 支吸管利润仅有 8 毫钱;市场上绝大部分商品的毛利润在 10% 以下。近年各种原材料价格涨幅很大,但由于恶性竞争,商品价格并未同步上涨。高额的成本和低廉的售价两头挤压着生产商和经销商,利润变得越来越薄。市场上出口商品占了贸易额的一半左右,人民币低汇率造成了外币巨大的购买力,外商以极低廉的价格从市场上拿走商品,获利巨大。在粗放式的增长方式下,产出效率低,资源的耗费严重。市场上的商品是依靠资源支撑的,2010 年出口总额达 195 亿元,意味着以极低的价格卖掉了大量国内紧缺的资源。

---

① 参见楼玉华:《义乌小商品市场低价竞争的隐患及对策分析》,《中共浙江省委党校学报》2006 年第 6 期。

造成市场低价、利润微薄的直接原因是恶性竞争。

一是产业集群内的聚集性竞争。所谓聚集性竞争是指生产同一类产品的企业聚集在同一地点，由于供给在空间上的集中而形成生产者之间的过度竞争。正如每一件事物有其两面性一样，相对于由聚集而形成的协作互利的正面效应，聚集性竞争则是由聚集而产生的负面效应。产生集群的原因是由于产品生产技术要求不高，进入门槛低，造成了进入企业过多。多必争，竞争的最终结果是，低价成了产业集群与国内外市场竞争中唯一的竞争手段。在这样的产业集群里，同质的企业相互竞争，同质的配套企业之间也相互竞争，相互压价，低价竞争愈演愈烈。沃尔玛采购商到市场上采购五金产品，有的企业竟以低于成本价的方式获取订单。这样的恶性竞争使得大家都没能成为赢家。

二是来自国内外市场的竞争。与义乌对接的国际小商品集散地已扩大至世界各国，如巴拿马的科隆、阿联酋的迪拜等地，与义乌对接的境外小商品市场有柬埔寨的"中国商城"、俄罗斯的"海宁楼"、巴西的"中华商城"、意大利的"中国城"、中东阿联酋的"中国产品交易中心"、南非"中华门"等10多个。义乌市场除了在品种上要胜于别人，价格也要保持优势，否则就无法维持"全球第一"的"美誉"。一大批发展中国家起步时都按同一原理制定劳动力低成本战略。义乌市场上的商品若不能保持低价，则外商就会转向东南亚一带的供货商。

三是过度竞争以及知识产权保护的缺乏使企业产生"创新恐惧症"。由于过度竞争主要是低档产品的低质低价竞争，其产生的效应是产业"逆淘汰"趋势，即高档高质量产品由于其成本较高无法降低价格，在这样的"柠檬市场"中明显缺乏市场优势，销售十分有限。结果是质量差价格低的产品销路顺畅，而那些技术层次较高质量好的企业反而无法生存。例如中国最大的纺织基地——浙江的绍兴县，早在上世纪90年代末就已经完成了设备的引进和技术改造，目前全县拥有德国、意大利等生产的世界最先进的无梭织机，无梭化程度达到90%以上，许多设备甚至比韩国、中国台湾还先进。然而由于过度竞争，企业生产高端产品卖不出去，只能一直靠生产中低端产品获得利润。这种情况使民营企业里产生一种较普遍的思想,认为民营企业难以与跨国公司同水平竞争,与其提升技术水平接近跨国公司,不如靠量的扩张守住地区市场,与跨国公司保持距离,市场的竞争风险更小。

5. 分散化的小农经济阻碍着农业领域集约化生产的发展

分散化的小农经济生产模式在我国仍然占主导地位。如图 2 - 2 所示:由于独立分散的小农往往以小而全甚至半自给自足的生产方式独立进行生产,而排斥农户间的分工和合作。由于小农经济的小规模运作,集约式发展所需要的规模化生产难以形成,从而影响其经济效益。由于小规模运作而使生产主体势单力薄,从而难以进行技术研发和运用,而农户的自主创新能力更为薄弱。因而未来中国农村生产方式和经济制度的进一步变革,要使小农经济向规模化、企业化、商品化经营方式转变,使小而全的独立生产向有效分工和协作的集约化经营转变,使小规模生产向大规模运作转变,使单个农户创新能力不足向规模化企业的强大创新能力转变,从而促使农业领域的集约化、规模化和循环经济生产得以广泛推广。

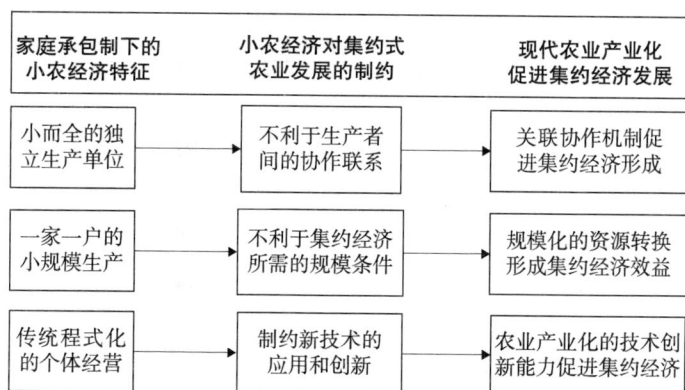

图 2 - 2 发展农业集约经济必须促进小农实现产业化和规模经济

6. 引致粗放式增长的综合互动效应

综合以上各方面,如图2-3所示,企业在内部扩张冲动和外部政府政绩驱动双重动力下的粗放式的投资、产业间的低层次过度竞争以及就业压力倒逼机制下,形成了以追求规模化、高增长为主要目标的经济冲动,而这种冲动又以要素价格的相对低廉、政府的政策支持和内部经济外部化机制为条件,从而形成了对资源要素的大量需求。与此同时,同样由于资源要素价格的相对低廉、大量规模不经济的小企业和内部成本外部化机制,使企业乃至全社会对资源不珍惜和不能有效地循环利用资源,是造成资源要素制约不断加强的重要原因。相反,转变增长方式,建设节约型社会和循环经济的动力在这种机制下受到抑制。

随着国内居民收入水平的不断提升,买方市场的形成,低端市场的空间处于萎缩是必然的趋势。而且低端市场对成本十分敏感,与其他地区相比,浙江的成本劣势必将越来越明显。无论从未来社会对低端市场的需求将缩减,还是从生产成本将不断提高,以及资源要素制约将越来越严峻的角度,浙江经济要想长期停留在低端市场,发展之路会越来越狭窄。

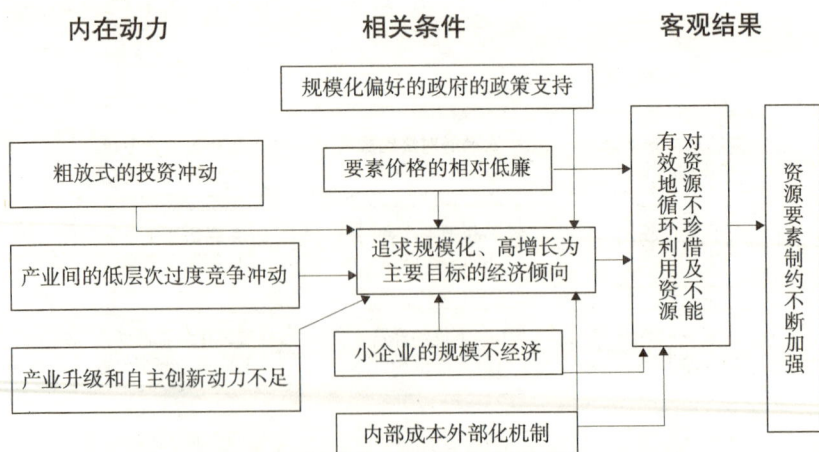

图2-3　企业行为、外部环境与资源要素制约加强的因果分析

三、关于浙江经济集约式增长的
现实障碍的调查问卷分析

为了更切合实际地分析制约集约式增长的主要现实障碍,以便有针对性地研究解决对策,我们在浙江省内的杭州、宁波、嘉兴和温州地区进行了一项问卷调查,对象包括企业生产经营人员和政府工作人员。共发放问卷 500 份,上述两类人员各 250 份。企业方面回收 227 份,政府方面回收 218 份,共回收 445 份。问卷共设 10 个问题,每个问题有 3～4 个选项,填写者只能选择其中最重要的一项打"√"。由于看法不一,因而在有些问题上,不同选择的百分比较为接近,不过这正有利于我们分析不同因素的重要程度的差别。表 2-2 列出的就是根据回收问卷计算的不同回答的百分比(括号内数字)。可以得出以下倾向性看法:

第一,目前较突出的还是体制性尤其是地方政府行为问题。例如对"转变经济增长方式最需要解决的问题",认为在增长速度上各地方政府的攀比,同时靠扩大投资来提高增长速度(52.2)占第一位;认为目前浪费资源最严重的是公有制单位和公共设施部门的运作模式(47.4)也占第一位。在现有的政治体制下,由于干部主要是对上级负责,各区域政府、领导干部之间明里暗里相互较劲和攀比的是谁的增长速度高,谁的经济规模大。为了扩大规模、提高人均 GDP,最简单的办法就是扩大投资,所谓"有大投入就有大产出",造成经济发展的代价很高。可见,传统政治、经济体制的影响仍然是突出的障碍因素,促进政治和经济体制改革创新,是加快增长方式转变的重中之重。

第二,传统的社会观念仍然是影响集约型社会和循环经济发展的重要因素。例如认为发展循环经济的主要障碍是人们习惯上认为资源使用就是一次性的,很难再循环利用(42.6),占第一位。我国发展商品经济以来曾经大力鼓励居民消费。但是鼓励合理的消费却被扩大为鼓励过度消费,变成了"崇尚消耗"。建设者追求"大、洋、全",以彰显项目的重要性和工作成绩;生活中讲排场、比阔气,比"谁花钱大方",而不是鼓励"花得少,实用价值高";目前我国的法律和法规也没有切实体现鼓励节约、惩罚浪费的原则。因而,必须消除社会上种种"崇尚"铺张浪费及铺摊子的观念,调整相关的法律法规。

表2-2 调查问卷各类回答比例统计(%)

1. 你认为转变经济增长方式最需要解决的问题是	
A. 由于技术创新能力不够,只能粗放式地提高增长率	24.7
B. 为了增加就业,各地热衷于扩大投资	10.8
C. 在经济增长速度上各地方的攀比,同时靠扩大投资来提高增长速度	52.2
D. 在观念上不重视最大程度地节约要素投入	5.1
2. 你认为粗放式增长的体制根源是	
A. 在政府主导体制下,各级官员握有过大的资源配置权	40.1
B. 注重对上负责的政治体制使官员热衷于规模偏好的政绩追求	37.2
C. 对干部的评价至今仍然存在"唯 GDP 论"的弊端	5.4
D. 企业尤其是公有制企业仍然承担着保障就业、维护安定等社会责任	24.5
3. 你认为粗放式增长的机制根源主要是	
A. 资源能源要素的价格仍然偏低	9.4
B. 缺乏统一开放公平,要素充分流通的市场,导致要素低效配置	15.4
C. 公有制领域产权不明晰及无人对资产增殖负责的情况仍然存在	28.7
D. 粗放式投资和重复建设耗费国家和人民财富但肥了某些既得利益群体	46.5
4. 你认为自主创新的障碍主要是	
A. 缺乏自主创新的人才	13.9
B. 缺乏自主创新的风险承担机制	34.8
C. 缺乏自主创新的资本支持	27.9
D. 缺乏自主创新的责权利相统一的激励机制	37.3
5. 你认为目前浪费资源最严重的是	
A. 公有制单位和公共设施部门的运作模式	47.4
B. 个体私营单位	5.6
C. 私人消费领域	15.2
D. 公款消费领域	31.8

续表

6. 你认为发展循环经济的主要障碍是	
A. 传统上认为资源使用就是一次性的,很难再循环利用	42.6
B. 目前我省企业普遍规模偏小,很难在企业内和企业之间形成有效的循环经济资源利用模式	10.2
C. 资源再利用技术研究开发不够	34.8
D. 资源再利用的成本比购买一次资源的成本要高	12.4
7. 克服目前我省资源要素瓶颈制约的主要方式应该是	
A. 建设更多的资源能源供应产业	5.4
B. 将对资源消耗较大的产业转移到外省	24.5
C. 最大程度地节约资源和有效利用资源,建设节约型社会	37.2
D. 促进能够降低资源依赖的高新产业、第三产业发展	40.1
E. 寻求与外省的合作从而充分保障我省对资源的需求	7.2
8. 你认为近年来土地过度低效益地被占用,其原因是	
A. 各地以土地低价供应为前提,盲目上项目和招商引资	23.3
B. 一部分企业和个人为了投机的目的占用土地以求增值盈利	37.3
C. 地方政府通过土地占有,增值盈利,以增加财政收入	29.6
D. 目前的建设水平就是如此,难以改变	9.8
9. 你认为我省经济建设和发展中,从长期看,以下哪一方面更重要	
A. 节约投入,降低成本,以保护资源环境	38.7
B. 增加产量、扩大规模,占领国内国际市场以保持我省的产业优势	15.8
C. 提高科技水平,提高产业层次和产品质量以提升竞争力	45.5
10. 你认为浙江是否应该大力发展重化工业	
A. 应该。因为重化工业是工业化的基础	22.8
B. 不应该。因为重化工业发展大量消耗资源,而浙江资源缺乏	31.4
C. 应该适度发展,但重点应该发展高新技术产业和第三产业	45.8

第三,不合理的传统经济体制是导致粗放式增长的重要根源。例如认为粗放式增长的体制根源是各级官员握有过大的资源配置权(40.1)和注重对上负责的政治体制使官员热衷于规模偏好的政绩追求(37.2)分别在选择的第一、二位;认为目前浪费资源最严重的是公有制单位和公共设施部门的运作模式(47.4)和公款消费领域(37.8),分别在第一、第二位。上

述问题不仅需要经济体制改革,更需要政治体制改革来解决深层次问题。

第四,解决机制性问题是人们关注的一个重点。如认为粗放式增长的机制根源主要是粗放式投资和重复建设耗费国家和人民财富,但肥了某些既得利益群体(46.5),占第一位。关于近年来土地过度低效益地被占用的原因,认为一部分企业和个人为了投机的目的占用土地以求增值盈利(37.3)占第一位,地方政府通过土地占有增值盈利,以增加财政收入(29.6)占第二位。可见,投资粗放式增长的重要原因是一部分利益集团可以从粗放式增长中获得利益,不解决利益问题就难以转变。同时,利益关系的扭曲,与目前的土地配置、价格和利益机制上所存在的市场机制不完善问题直接相关。

在自主创新问题上,认为障碍主要是缺乏责权利相统一的激励机制(37.3),缺乏自主创新的风险承担机制(34.8),分别占第一位和第二位。说明要促进自主创新必须系统地解决我国目前自主创新机制不完善的问题,而不是单纯的靠增加资本投入、培养人才以及政府鼓励所能解决的。

第五,对于建立集约型经济、有效利用资源的路径,普遍重视产业结构升级和消耗性产业的调整问题。认为克服资源要素瓶颈制约的主要方式应该是促进能够降低资源依赖的高新产业、第三产业发展(40.1)占第一位;关于浙江是否应该大力发展重化工业,认为应该适度发展,但重点应该发展高新技术产业和第三产业(45.8)占第一位;认为"不应该,因为重化工业发展大量消耗资源,而浙江资源缺乏"(31.4)占到第二位。可见人们普遍重视应该根据浙江的资源禀赋和特定优势发展高新技术产业以及高附加值的传统轻加工业,将其视作未来长期产业结构调整和克服瓶颈制约的战略方针。

第六,人们更关注的一些方面的长期发展趋势,例如针对"我省经济建设和发展中,从长期看哪一方面更重要"的问题,选择提高科技水平,提高产业层次和产品质量以提升竞争力(45.5)占第一位,选择节约投入,降低成本,以保护资源环境(38.7)占第二位。可见人们重视长期的竞争力提高和可持续发展,而不是短期的市场占有规模。因为目前产生的很多资源制约问题,往往是由于短期化行为造成的,同样人们也关注不要用短期化行为来解决根本性的一些问题,而要注重从长期战略眼光出发从根本上解决经济发展中出现的问题。

第七,人们也相当重视转变增长方式克服要素制约进程中技术创新的重要地位。认为转变经济增长方式最需要解决的问题是技术创新能力不够,只能粗放式地提高增长率(24.7),认为发展循环经济的主要障碍是资源再利用技术研究开发不够(34.8),两者均占第二位。转变经济增长方式确实从根本上要靠技术创新。

四、构建有利于集约化发展的体制机制的对策

1. 通过深化改革,进一步完善各类资源及微观主体的产权制度

形成产权明晰、利益机制突出的经济运行体系,是推进集约式增长,有效利用资源的前提。只有在明晰的产权关系下,市场机制才能真正发挥以效率为前提的资源合理化配置作用,使资源切实得到有效利用;只有在明晰的产权关系下,人们才会慎重地作出资源决策,才会真正珍惜并有效利用所取得的资源;只有在明晰的产权关系下,那些任意破坏、浪费资源的行为才会有产权利益的代表者出面加以制止;只有在明晰的产权关系下,那些造成外部负效应的经济行为才会在一定的社会环境下形成对其自身内部的负效应,从而制约其损害社会利益的行为。例如近几年土地滥占滥用现象之所以十分严重,与我国土地产权体系的不明晰有直接关系。在本书关于城市集约式发展的论述中,我们对造成城市土地低效利用的种种直接原因作了分析,大多可以归结到由于土地产权主体缺位和不明晰带来的低效率:一是所有权主体缺位及产权各项权能的不明晰,导致了实践中土地使用者权益不能保障,这就为地方政府低成本、大规模、不规范征地提供了客观条件。二是土地交易中,由于产权各项权能及交易客体内涵的不明确,势必造成土地市场无序,尤其是价格不能真正反映土地的级差收益及稀缺程度,降低了土地流转的效率。三是由于土地产权的不清晰,使得规划工作缺乏产权利益主体直接、有效的约束,一些规划被草率制定,朝夕令

改,重复建设现象产生,直接降低了土地利用效率。

　　除土地以外,目前大量领域的低效率资源消耗,都与产权不明晰有直接关系。例如已形成公有制痼疾的粗放式固定资产投资,与投资决策权是建立在产权主体不明晰基础上密切相关;不少公有制企业内部能源、水、原材料的低效率使用,与公有制产权不清晰有深刻联系;而公有制单位特有的搞花架子、摆阔气、做表面文章以及公款奢侈消费屡禁不止,同样根源于公有产权的不明晰。类似的例子不胜枚举。相反,我们可以看到,凡是产权明晰、市场机制完善、利益机制突出的领域,往往对资源环境的利用和保护都较好。例如在台州,废物利用的循环经济产业发展十分繁荣,因为台州大量的私营企业老板都是以明晰的产权利益为动力来指导他们行为。废物再利用产业每年为台州带来几百亿财富和巨大的社会效益,从而形成了珍惜资源和有效利用资源的良好机制。"过去被废弃而堆积如山的电厂的煤灰(渣),现在一出炉就被民营水泥厂抢购一空,一级尘灰每吨售价高达110元,统灰也要20元1吨。就是早年用去填海的尘灰,如今也'重见天日',又被挖出来卖了个好价钱。"①

　　总之,从微观层面看,必须要在全社会形成产权明晰的自然资源所有制形态,同时要形成产权明晰的企业主体,使全社会在市场经济下以产权利益为动力形成集约化生产和资源有效利用的良好机制。可见,发展集约式生产方式和建设节约型社会,有效利用资源,发展循环经济,必须进一步深化我国的经济体制和政治体制改革,进一步明晰各类资源以及公有制企业的产权,只有当真正能够代表产权利益的经济主体在市场上有效运作时,资源的有效利用和集约化生产才有了根本的基础。当前值得重视的是公共资源产权利益的有效实现。在发达国家广泛实行的资源税,就是通过对开采利用自然资源的市场主体征税的方法,实现国家在资源上的产权利益,同时形成对开采利用当事人的行为制约,避免其滥采滥用资源。应扩大资源税征收范围,将那些必须加以保护开发和利用的资

---

① 台州市发改委课题组:《循环经济:台州的必然选择》,《浙江经济》2011年第1期。

源都列入征收范围;以资源消耗量为计税依据并适当提高单位计税税额,同时制定必要的鼓励资源回收利用、开发利用替代资源的税收优惠政策,使资源税真正成为发挥环境保护功能的税种。

2. 进一步完善地方政府及企业行为的动力机制

目前地方政府对于微观主体仍然有着不可忽视的影响,甚至成为导致微观主体粗放式增长的主要因素。因而必须改变对政府和官员政绩的评价标准,使经济规模和速度指标在政绩评价中的权重降低,与集约化经济密切相关的经济效益指标、竞争力指标和社会发展指标的权重大幅度提高,并明确将资源环境利用效率指标(如目前浙江省一些市县重点推出的工业亩产 GDP、工业亩产利税总额等),以及反映循环经济发展程度、节能减排的指标纳入政府部门的政绩考核体系。

我们试设定一个干部政绩考核指标体系(见表 2-3),共包括经济、资源环境、社会与健康、福利与教育四方面指标,将它们的权重分别设为 0.4、0.25、0.18、0.17。其中经济指标占的权重最大,因为经济发展仍然是全部发展的基础,没有经济实力的增强,社会、人的健康与福利以及资源环境保护等都将缺乏现实基础。其次是资源和环境指标,权重仅次于经济指标。因为资源和环境过去是受到人们忽视的。例如我们曾经广泛采用的英克尔斯评价现代化水平的十大指标①里就没有资源环境指标;

———————

① 20 世纪 70 年代,美国社会学家英克尔斯在前人已经研究的基础上,提出了他对现代化度量的 10 项标准:(1)人均国民生产总值 3000 美元以上。(2)农业产值占国民生产总值比例低于 12%～15%。(3)服务业产值占国民生产总值的比例在 45%以上。(4)非农业劳动力占总劳动力的比重在 70%以上。(5)识字人口的比例在 80%以上。(6)大学入学率在 10%～15%以上。(7)每名医生服务人数在 1000 人以下。(8)平均寿命在 70岁以上。(9)城市人口占总人口的比例在 50%以上。(10)人口自然增长率在 1%以下。上世纪 90 年代后期,该指标体系被广泛用作评价地区现代化水平的标准或作为制定地方标准的主要参考。但是毋庸讳言,英克尔斯标准按照现代化的实质要求有许多不完善的地方。特别是由于他把现代化的门槛定得过低,使发展中国家在快速发展阶段容易从这个纯粹的传统工业化时代指标中得出非真实的结论。同时这个指标没有体现可持续发展的要求,尤其是没有资源环境等方面的指标,更是一个明显缺陷。

与国际标准相比,我国目前这方面显性和隐性的差距也最大,在今后长时期中尤为需要受到重视。资源环境保护是经济可持续发展的基础,也是社会与人的福利改善的前提,有必要设置较高的权重。再者,社会与健康以及福利与教育,所设的权重差不多,由于它们与经济指标有很强的相关性,设置的权重相对低一点,不会影响其实际的受重视程度。

表2-3 地方政府及干部政绩考核参考指标

考核指标及权重							
经济指标 (0.4)		资源环境指标 (0.25)		社会与健康指标 (0.18)		福利与教育指标 (0.17)	
考核指标	权重	考核指标	权重	考核指标	权重	考核指标	权重
人均国内生产总值增长率	0.2	工业固体废物综合利用率	0.15	城镇化率	0.2	国内平均受教育年限	0.25
工业企业增加值利润率	0.1	主要污染物排放总量减少率	0.25	农村劳动力转移人数占农村总劳动力人口比例	0.3	城镇登记失业率	0.3
工业企业资金利润率	0.1	API(空气质量达到好于二级的天数)	0.2	服务业就业比重	0.2	大专以上文化程度人口比例	0.15
服务业增加值比重	0.1	单位国内生产总值能源消耗降低率	0.25	每万人病床数	0.15	居民恩格尔系数	0.15
人均财政收入增长率	0.1	农业灌溉用水有效利用系数	0.15	出生预期寿命	0.15	城市居民人均居住面积	0.15
第三产业增加值占GDP比例	0.1						
农村居民年人均纯收入	1.5						
城镇居民人均可支配收入人	1.5						

每一个方面的分指标都由若干的子指标构成,其中经济指标9个,其他三方面各5个。我们又制定了每一个子指标在分指标中的权重,从而形成复合权重的体系。在整个体系中,虽然人均国内生产总值增长率的复合权重还是最高的(复合权重为0.2×0.4=0.08),但是由于其他多方面指标占比的影响,其权重与以往的各种考核体系比实际上大大降低了。其他如城镇和农村居民收入指标、污染物排放量、单位国内生产总值能耗、农村劳动力转移、城镇失业状况以及受教育状况等方面指标的复合权重也相对较高,因为这些都是关系到可持续发展和基本民生的重要方面。

指标的评分可以本区域各组成单位指标的平均值为基本分(可设置为60分,以最高指标为100分)从指标平均值到最高值分为若干个单位,每单位赋予相当于40除以单位数的商的评分数。将要评分的指标值与平均指标值的差额,乘以每单位的评分数,所获得的成绩加上60分,即可得到各组成单位的得分数。例如某地级市共有ABCDE5个县,主要污染物排放总量减少率分别为5%、4%、3.5%、3%、2.5%。则其平均值为3.6%,最高值为5%(A县),A县可评为100分。从平均值得60分到最高值得100分,以指标值1个百分点为一个单位,就可算出此间每1个百分点的评分数为40/(5-3.6)=40/1.4=28.572(分),可得B县得分为:60+28.572×(4-3.6)=60+28.572×0.4=71.42。由于C县指标是低于平均值的,其差额为负数,故C县得分为:60+28.572×(3.5-3.6)=60+28.572×-0.1=57.14。照此计算,可得到D、E县分别得分为42.86、28.57。这种方法可以计算表2-3中所有指标的得分。在很多情况下,指标偏低的单位可能出现负的得分数,这并不奇怪,从总评分中按照权重扣除,以示对其成绩过低的惩罚。

按照以上方法确定每一个指标的评分数以后,将他们乘以子指标的权重,从而得到每一方面分指标的评分数。而后再按照每一个分指标值权重计算出该单位考核总分。各考核单位的得分最高不超过100分;高于60分为较好的,低于60分为偏低的,如果低于20分则需要加以警戒。具体计算从略。

浙江省应争取在全国率先对地方政府业绩采取"绿色 GDP"的计算方法,既有利于克服浙江突出的要素制约问题,又能在全国树立一个榜样,提升浙江的形象。我们认为可以采取"加减法并行"的"绿色 GDP"计算方法,即可以对破坏资源和环境的行为采取"减 GDP"的方法,也可以在计算经济增长时采取"加 GDP"的方法,对于有利于资源环境保护的增长(如可再生能源建设)加上一个合理的系数计算 GDP 总量,对于地方政府保护资源环境可以起到更好的促进作用。如表 2-4 所列的各方面,其附加增值率的高低主要根据投资项目的风险、难度,尤其是一次性投资规模、赢利的可能性等因素加以确定

表 2-4　可附加增值的绿色 GDP 项目参考增值率

可附加增值的绿色 GDP 项目	可再生能源						资源再利用		排放权交易收益	
	风电	太阳能集热或发电	地热	潮汐能	沼气	生物能	金属	非金属	国内	国际
附加增值率(%)	0.2	0.2	0.2	0.2	0.1	0.15	0.2	0.15	0.1	0.15

3. 为集约式增长和有效利用资源制定地方性法规、标准,加强执法监督

可以从县市这一层次制定地方性法规条例开始做起,自下而上逐渐形成完善的法律体系。地方政府完全可以从本地实际出发探索和制定保障集约式增长和保护资源环境的法律法规。现行的国家法律法规如何在地方上得到有效贯彻,也需要地方政府针对性地制定相关的实施细则和规定,有待区域政府创造相应的经验和做法。地方政府执法监管方面的实践,可以为国家进一步完善法律制度提供有价值的参考。在建设节约型社会方面,浙江省的一些地区和县市创造了较好的经验。宁波逐步建立起适合自身特点的循环经济地方性法规,明确政府、企业、公众在发展循环经济中的权利、义务和责任。编制循环经济考核指标和核算体系,制定鼓励发展、限制发展和禁止发展的产业(环保)政策目录,重点行业产

业市场准入评价标准,发展循环经济技术导向目录等。这些地方性法规针对性强,在实践中便于执行,从而达到了良好的效果。例如东阳市制定《工业闲置土地处置实施办法》,坚决查处企业闲置土地。对圈而他用、圈而少用、圈而不用等违法违章行为坚决查处。严把企业进入工业园区的标准,把"亩产税收"作为最主要条件提高土地利用率。谁的产业方向好,谁的亩产税收高,就安排谁入园。而且每安排一块土地都要采取一定的方式公示,让社会参与监督,使企业增加压力和动力。

浙江省应抓紧制定和完善促进资源有效利用的地方性法规,解决无法可依和法律不完善的问题,并加大执法和监督检查力度。可以借鉴日本政府的"能源使用合理化"法律,强制性地对产业部门的节约措施作出规定,强化经济运行中对资源消耗的标准制约。对高消耗、高污染新建项目,要从能源、水资源消耗以及土地、环保方面提出更为严格的产业准入标准,修订和完善主要耗能行业节能设计规范、建筑节能标准、产品的强制性能耗指标,不合格者不得生产销售。在社会培训拥有执业资格的"能源管理师",对那些能源消耗量很大的单位,应指定为实行"能源使用合理化管理"单位,必须从持有执照的"能源管理师"中选任能源管理人员,负责管理该单位的能源使用合理化有关业务。

目前空调、电脑及其他家用电器用电越来越占重要比重。可加强对民用电实行分容量的价格控制,高容量电价可以比基础容量高50%至100%;也可以做一些地方性的规定,如规定夏天和冬天分别高于或低于一定的标准温度才可以使用制冷和致热空调,并且必须控制温度不低于(致冷)或不高于(致热)规定标准。规定单位电脑以及各种家用电器的使用规则,杜绝目前大量存在的无效开机现象;根据制度对节能者进行奖励,对浪费者予以批评和惩罚等。

在土地利用方面,必须通过立法和行政多重手段,禁止以营利为目的滥圈土地的行为,建立明晰的土地产权制度和真正按照市场机制要求、价格公平透明、充分竞争的土地市场,引入市场机制替代行政机制,抑制和消除对土地不注重效率的规模化偏好。建议通过地方立法设立强制性土地使用效率指标(如容积率、单位土地投资强度和产出水平和开发限期等),凡不能达到高效率利用土地的,即使通过市场获得产权,也不得使用。对农村"以租代征"及乡村集体非法出租土地、变相买卖土地现象,一要加大巡查力度,建立完善村级信息员制度,切实提高对违法行为的及时发现能力;二要加大查处力度,公开处理,严厉追究,充分发挥警示作用;三要加大对村组干部的宣传教育,同时依法规范集体建设用地的流转行为,正确引导新农村建设中的土地利用行为。

要依法依规建立政府绿色采购制度。政府采购应优先购买有利于节约能源、节约用水、节约用材和循环利用等符合循环经济要求的产品和服务,其中购买循环再利用产品应达到规定比例。政府优先采购示范企业和受表彰企业的产品和服务。

4. 制止过度竞争,促进有利于优胜劣汰、产业升级的有序竞争

其一,当前我国的产业集群既有促进协作互利共赢的机制,但是在依靠规模扩张及低价格同质化竞争的前提下,也容易形成产品的品质越来越低、资源消耗越来越大的"产业逆淘汰"机制,产业层次不升反降。集约型生产和循环经济的发展需要差异化有序竞争机制的形成。与同质化的低价格过度竞争相反,如果是以产品的差异化为前提,凭借着产品的档次、质量、特色或品牌,形成良性竞争,这种竞争就会促使企业努力进行技术创新,开拓新的领域,开发新的产品,或通过提升产品的质量和档次,提高产品的附加值来获取更高的盈利。在这种情况下,对资源的消耗将大大降低,开发更多的可再生资源,大力发展循环经济,就会成为企业普遍的选择。

由于过度竞争是市场失灵的表现之一,需要政府运用法制、行政和经济手段规范竞争。通过政府政策"扶优扶强",建立优质产品生产企业的市场优势地位,同时通过制定产品标准、设置市场进入门槛和合理的退出机制,使那些单纯依靠低价格手段以低质产品与优势企业争夺市场份额的企业逐步在优胜劣汰机制下退出市场。对于同是优势企业之间的过度

竞争要促进联合,或通过商会等中介组织制定合理竞争的规范和协议,改变竞争过度的局面。

其二,市场竞争不足也会形成低质产品大行其道的结果。竞争不足的原因往往有两种,一种是由于过度垄断引起,这时垄断者会利用垄断权推行低质产品。另一种是由于本地经济不发达,生产能力不足引起,这时人们无可选择地只能购买低质产品。对于前者必须用法律法规处罚其垄断行为。当然在我国,目前有些企业的垄断,恰恰是由政府出于自身利益和地方保护主义目的实行行政垄断所造成,必须断然废除行政垄断;对于后者,需要从外部引入生产者及其产品以形成竞争,倒逼产业和产品升级。

政府在防止和消除过度竞争上可采取的举措:首先,政府制定政策引导企业发展和规范品牌工作,并帮助企业利用品牌在国际竞争中占领市场。强调不管是企业,还是政府,都必须要转变观念,树立品牌意识,把加强品牌建设作为工作中的重要任务。第二,为企业创新提供良好的制度环境,使企业着力于创新而不是低价竞争。好的制度环境可以促使企业的创新成果不被侵权。政府加大对品牌与专利等知识产权的保护力度,营造公平、公正、公开的市场环境和法制环境。第三,建立与完善行业协会,加强行业自律。恶性竞争的重要原因是行业缺乏组织,内部缺少沟通与合作,不能形成自律的局面。行业协会在行业管理、行业规划、行业自律、维护企业合法权益和市场秩序等方面发挥着不可替代的作用,避免火拼式低价竞争。第四,促进产品差异化,避免低价竞争。低价竞争的重要原因是产品雷同,没有形成差别和梯次,某一商品的降价会引起许多其他类似商品的降价。大力引导有能力的企业推出更别致、美观、新颖、耐用的高档新产品,不断提高产品的附加值,这样不仅可以满足市场需求,还可以避免产品的同质性而带来的竞争。

5. 建立集约型增长的区域协调机制

集约型增长、有效利用资源以及发展循环经济的目的,就是要在全社会确立人与自然和谐共处的最优模式,实现社会、经济、环境协调发展。因此,任何组织、企业和个人都要将上述原则作为指导方针和行为准则,自觉履行相关的责任和义务,形成统一协调的发展与管理机制。

首先必须保证战略、规划的全局协调统一。在集约式发展过程中,必然要对传统路径和规划进行调整,一些节地、节水、节能、节材项目,在实施过程中往往涉及要素共享等利益格局调整问题,往往产生很多矛盾,需要兼顾各方利益加以解决。例如义乌市在实行"零土地招商"过程中,就较好地处理了若干企业共用一幢厂房大楼的利益协调问题;绍兴县在建设多个企业共用的污水处理设施时,较好地协调了"共建共享"基础设施的各主体之间的利益关系。对于那些为顾全大局而利益受损的单位,原则上政府应给予行政补偿,当然这种补偿也可以由受益单位付出,由政府转移支付给受损单位。例如桐乡市在进行水泥企业整顿改造中,全部关停了能源消耗大污染严重的立窑生产企业,这些企业都得到了相应的补偿,而在改造中规模扩大、盈利水平提高的企业则支付了相当一部分补偿金。

其次必须保证紧缺资源使用的协调。土地、能源和水资源的统一调度和调配,能够促使有限的资源在区域内用到最急需和最有效的领域,从而产生最大效用。例如在浙江省严重缺电期间,各地市县政府普遍采取统一调配的应急用电方案。以桐乡市为例,市级有关职能部门和供电部门按照"有序用电领导小组"的统一部署,限、管、拉、查多管并举,切实发挥职能作用,确保有序用电方案的严格实施。各镇街做到领导落实、任务落实、责任落实,严格执行有序用电方案,采取必要的行政手段和经济手段对违规用电单位给予处罚;全市加大宣传力度,做好信息沟通和舆论宣传工作,提高供用电工作的透明度。新闻媒体及时向群众通报用电情况和有关有序用电方案执行情况,使有关部门切实接受群众的监督。

再者,循环经济项目往往涉及企业之间乃至全社会多部门的运作。循环型区域是以资源再利用和污染防治为出发点,以物质循环流动为特征,不能受到行政界线的限制。有关循环经济的区域规划更需要部门、企业乃至行政区之间的协调,而只有统一规划才能避免由于多部门分散决策而产生的"规划打架"现象。促进集约式增长的技术创新更需要多领域多部门的合作攻关,才能取得良好的成果。我国目前总体上还是一种行政区经济格局,哪怕在一个县市范围内各乡镇之间的行政分割现象仍然广泛存在,按照经济区规律应该形成协同合作的,却往往因为行政分割而阻力重重。因此地方政府必须高度重视区域性协调发展与管理机制的建立。部门和地区分割说到底是由于干部政绩以及财政收入等方面的利益关系导致的,因此,协调部门和行政区的利益格局,在目前是促进协同运作的关键。必须真正打破条块分割的体制障碍,在尊重其他主体利益的前提下争取本地利益,或自觉地让渡部分本地利益。应将各地域的环境治理状况与其在循环合作经济中的收益程度挂钩。对于在环境治理方面的"搭便车"行为,要通过完善规则使其付出治理成本,同时获得多于成本的回报,使不愿付出成本的经济主体受到制度的惩罚。

在发达的市场经济国家,多数涉及企业间和外部性的问题是由行业组织和社会中介组织通过市场机制来协调解决,非赢利组织和非政府组织(NPO/NGO)在循环经济的发展中起着联系各方的桥梁作用,如德国知名的"双轨制回收系统"非政府组织和"德国联邦废物处理工业协会"一方面提供相关技术咨询,另一方面提供垃圾回收和再利用的服务,取得很好的社会效益。因而要大力发展地区行业组织、商会和社会中介组织,强化它们在组织宣传、行业自律、共性技术研发等方面的功能,使其在企业间联合发展循环经济的谈判和交易中发挥关键作用。

在微观协调机制方面,值得重视从事资源节约技术创新的企业间协作机制。例如据我们调查,在嘉兴桐乡市较多实行的方式是,拥有资源节约技术和设备制造能力的企业与需要进行集约化改造的企业合作,由前者先期免费投资,为后者进行技术和设备改造,在产生能源和原材料的节约效应后,再将节约改造所获得的降耗增收效益按预先约定的一定比例付给前者。这种合作方式首先有利于打消那些需要进行技术改造,但又担心增效目的不明显的企业的担忧,而大胆参与技术更新改造,又有利于合理协调双方的风险和收益,实现共赢,从而使这种方式成为可普遍推行的合作方式。

6. 重视引导区域公众参与,形成良好社会氛围

建设集约型经济和资源环境保护是一项全社会的事业,通过广泛传播可持续发展的理念,动员公众参与,形成良好的社会氛围,是发达国家普遍的经验。德国公民在可选择的情况下,宁愿以高于普通能源的价格购买绿色可再生能源,这种公众意识和参与精神为全社会可再生能源的发展提供了根本保障。在这方面,政府有营造舆论氛围、加强社会教育以及弘扬优良风气、惩戒浪费行为的责任。例如象山县通过教育、培训和媒体宣传循环经济的知识和理念,社会公众的绿色环保意识大大加强。象山渔民自发组成的"蓝色保护者"全球护海大行动,正在成为国内外日益重视的一个具有特色的发展循环经济行动,并在每年定期举行的中国开渔节上将保护海洋行动推向高潮,国内外报名参加该志愿者队伍的人数已经增加到一万多人,在国内外的影响也在日益增大。同时民众逐步改变消费意识,认为使用"绿色"产品是社会的潮流,开始追求理性消费和清洁消费,从而为经济转轨提供良好的社会基础。本书第九章中关于浙江三狮集团、抗钢集团等企业节约生产经营开支发展循环经济提高效益的大量案例,是在企业内形成资源节约氛围的良好典范,值得推广。

要造成集约型社会的社会氛围,从消费方式和产品功能上挖掘减物质化的微观潜力。如鼓励生产和使用具有耐用性质的生活用品和城市设施,以取代质量差、一次性的产品,延长物质为社会服务的时间。以"用完就扔"为特征的一次性用品大量泛滥,是增物质化经济增长的表现,浙江的未来发展需要大幅度地减少对一次性用品的依赖。再如,要鼓励使用具有共享性质的生活用品和城市设施。在城市公共领域对私人化用品的过多依赖是不利于城市经济的减物质化的。例如在城市中,发展具有共同享用意义的城市轨道交通,就可以比盲目发展私家车更具有减物质化的意义,同时也能真正地提高城市人的福利。

7. 培育内部支撑体系完善，运行机制健全，规模经济显著的微观主体

第一，建立有利于集约型生产和循环经济发展的企业内部支撑体系。

凡是集约型生产和循环经济发展比较成功的企业，通常形成完善的内部支撑体系，包括以装备、流程为基础的硬件体系和以技术、制度为核心的软件体系。这一体系可以归纳为组织运行体系、技术装备体系、全程控制体系三大子体系建设。组织运行体系必须培育集约型生产和循环经济理念。将节能工作与企业降成本、增效益紧密结合，逐步确立新型资源能源管理框架，强化以集约型生产和循环经济为原则的管理。技术装备体系必须以新技术和新装备的应用为基础，以有效利用资源和环境保护为宗旨，用高新技术和先进适用技术改造传统产业，着力打造集约化的生产作业线，形成有效的技术装备支撑。全程控制体系主要抓好"三个控制"：一是源头控制，二是过程控制，三是终端控制，从而真正形成能够有力促进集约化生产和循环经济发展的制度体系和运行机制。

第二，要形成有利于集约型生产和循环经济发展的微观运行机制。从长期看，要形成完整和系统的促进循环经济的政策法规，以及发展循环经济的优先领域和产品目录；行业协会在弥补市场外部性的政策支持体系和投融资机制方面要起到有效作用，改变各企业各自为政，缺乏统一规划和部署的状况，以及部分企业只顾眼前利益和局部利益，对集约化生产和发展循环经济的积极性不高的现状。从"企业—社会"整体循环的角度，要实现特定企业与相关企业及社会大环境的有机整合与接轨。纵向延长产业链，构建生态经济循环圈，实现资源共享。对本企业所需要的资源，要重视从废旧物资回收利用方面获得最大程度的供应，产业链逐步向社会化回收、处理和利用等领域延伸；同时，充分发挥废物交换功能，把生产过程中产生的副产品提供给相关企业和社会作为原料和能源。

第三，要形成有利于集约型生产和循环经济发展的规模经济基础。

对中外企业的考察证明，集约型生产和循环经济发展比较好的企业，多数是规模较大的企业，符合规模经济要求。例如杭州钢铁厂、宁波镇海石化集团、衢州巨化集团等均为行业内的特大型企业,可以在企业内部形成立体式、全方位、多层次的资源再利用和再循环结构。这首先在于,企业产品品种多门类齐全,但又从属于同一大门类,其投入物也是种类繁多,有利于构建完善的原料和产品的循环产业链;其次,由于企业生产规模较大,从而对于废弃物的再利用也能形成相当规模,而产生相应的经济效益;再者,由于循环经济需要较高的技术水平和一次性设备投资能力,一般情况下大企业容易具备这种能力。可见,循环经济在企业内部的发展本质上是一种范围经济的扩大,但这种范围经济需要规模经济为基础,规模经济效益能够促使与其互补的范围经济的形成。就此而言,浙江省需逐步解决企业规模偏小的问题,才能有利于转变增长方式,有效利用资源,提高产业竞争力。

大力构建产业的规模经济与循环经济互动发展的机制。即使是产业集群发展态势良好,也要鼓励发展规模经济,促进小企业的合并,大中型企业组建企业集团。对现有小企业要进一步建设和完善企业集群,创建工业园区,支持企业集群更好地组织和联合起来发展循环经济。在政策上鼓励企业以循环经济建设的合作途径为契机,逐步形成产权联合和兼并机制,变小企业为规模化的大中型企业。形成规模化企业有利于发展循环经济,循环经济又有利于企业联合和规模化重组,从而促进企业规模经济与循环经济的互动机制,既有利于企业经济效益的提高,又有利于宏观领域和外部性问题的解决。

第三章　集约式增长的核心——自主创新

我国面临从粗放式经济向集约式经济转变的攻坚阶段,攻坚的核心是能否促进经济增长的动力从主要依赖规模扩张,转变为主要依靠自主创新以提升产业层次、竞争力和效益。长期粗放式增长的路径依赖,以及现实多方面的体制机制问题仍然制约着产业创新能力的提升,有必要较系统地分析现实存在的自主创新的体制机制障碍,研究相应的对策。本章试作若干探讨。

一、创新驱动阶段需要树立"知识本位"的根本性改革

美国学者迈克尔·波特(Michael Porter)从经济增长推动力的角度把经济增长分为四个不同阶段:第一阶段是"要素推动阶段",依靠生产要素的资源占有优势来推动经济增长;第二阶段是"投资推动阶段"依靠大规模的投资、通过规模经济效应优势来推动经济增长;第三阶段是"创新推动阶段",依靠技术创新占有技术优势,通过提高劳动生产率,提高资源使用效率,降低成本来推动经济增长;第四阶段是"财富推动阶段"。改革开放以后,中国走过了依靠大规模的投资和吸引外资推动经济高速增长的阶段。要解决我国企业目前面临的问题乃至困境,根本途径在于加强自主创新。可以认为,"创新推动阶段"已经提前来临,必须按照创新驱动阶段的要求来面对愈来愈严峻的挑战。

表3-1   经济增长的三个发展阶段的若干主要区别

阶段	主要目标	政治体制	社会条件	价值观点
要素推动阶段	获取维持生存的财富。	较多国家早期是专制政权和集权经济。	全社会动员资源开发和生产。	重视农业、矿业等有新物质产生的领域的产品价值。
投资推动阶段	通过投资经营积累财富。政府追求经济发展的政绩,民众追求就业和增加收入。	民主政治和市场经济体制的发展。	政府主导、服务和推动经济高增长,全社会注重营造良好的投资环境。	重视加工业和商业活动形成的价值,重视硬要素的价值。
创新推动阶段	生产要求更高效率和附加值,社会各阶层追求更新更高质量的生活方式,开拓享受生活的新领域。	更自由的思想和民主宽松的政治格局;知识权威的确立,以便突破旧框架,实现创新。	全社会注重营造良好的创新环境,高度尊重知识和人才的社会氛围,知识和技术领域的独立性,避免受到束缚。	更为重视软要素的价值,重视品牌和产品关键环节的附加值,重视生产和应用知识、技术的高端服务业形成的价值。

　　如表3-1所示,我们对要素推动、投资推动到创新推动这三阶段,分别从主要经济目标、政治环境、社会条件和价值观各方面,归纳了三者的区别。总体上看,在要素推动阶段,较多国家早期是专制政权和集权经济,整个社会主要围绕着基本自然资源的开发和利用,营造良好环境,从价值观来看,更为重视农业、矿业等有新物质产生的领域的产品价值。在投资推动阶段,注重生产量的扩张,增加就业,创造财富,形成价值增值,重视硬要素的价值,但软要素的重要性已经开始显现。而在创新推动阶段,人们的生活目标主要是提高生活质量,因而量的扩张取向被质的提升取向所代替。政治上更趋于民主和自由,营造良好的创新环境,尤其是树立知识的权威,自由发挥创造力。价值观更注重软要素的价值,以及高端服务业的价值。

　　从技术上看,投资推动阶段主要是在已有的知识和技术基础上通过投资扩大再生产,应用成熟技术进行模仿性生产。虽然拥有创新技术的企业能获得较好的效益,但是单纯依靠模仿进行平面扩张的企业同样能够快速增长,甚至在某种体制条件下(例如缺乏知识产权保护),后者可能比前者扩张得更快。虽然同质化竞争盛行,但由于一般性需求的旺盛,这种竞争不会带来实质性的损害。而到了创新驱动阶段,由于一般产品出现广泛的过剩现象,缺乏创新的投资大多难以有效扩展。只有通过创新,推出新的更高层次的技术和产品,才能满足人类新的需求。差异化的高层次竞争,取代同质化的低层次竞争,以软实力表现出来的创新能力将比规模巨大的资本更具有决定性意义。

显而易见,在投资驱动阶段,由于同质化平面扩张可以取得较好收益,握有巨大资源控制权的政府,通过推动强有力的投资,形成较高的经济增长率。官员和企业都可以取得较好的经济和社会发展业绩。我国改革开放 30 多年来很多地区的高增长,政府功不可没,就很说明问题。但是到了创新驱动阶段,政府的外生推动将可能无济于事。由于发展突出地表现在质的提升上,经济动力主要靠经济主体内生的创新能力和创新动力,取决于知识和人才,这种独特资源是要依靠市场竞争和优胜劣汰的机制产生的,通常难以用行政权力加以集聚和控制。知识和技术创新必须通过人的独立思考和知识的权威地位实现,权力本位与这种机制是冲突的,并可能成为极大的障碍。行政力量集中资源进行大投入、形成大产出的模式显然对于推进创新进程难以奏效。如果权力还像以往控制所有的要素那样去控制人才和知识主体,权力所支配的资本仍然按照长官意志来进行投资,而不能真正与知识的权威主体相结合,创新活动要么被权力所扭曲,要么无法与必要的资本相结合,难以正常展开并产生作用。

因而,在创新驱动阶段即将来临时,必须进行一场迈向知识经济的革命,树立知识和人才的权威,将权力本位代之以知识本位,经济发展由以往靠政府权力推动变为以知识和技术创新为标准的优胜劣汰所推动,真正形成一个能够民主和自由地发挥创造力的环境,才能使创新驱动的动力不断地增长并产生应有的成果。

二、我国自主创新领域较突出的机制障碍

按照创新驱动阶段的要求,要形成自主创新的完善机制,首先必须有建立在市场机制基础上的健全的创新主体,并且主体的内部和外部环境有利于形成创新的动力机制、有效的运作机制、公正的创新成果评价机制,合理的投资进入、退出及风险承担机制,有力的支撑体系形成机制等。只有当完善的市场化机制及支撑体系建立起来,才能真正使创新探索者有动力,创新成功者有利益,创新失败者有保障。以此衡量我国目前在相关领域的现状,至少有以下体制方面的障碍和问题是值得我们重视的。

1. 创新的主体动力机制障碍:企业没有成为自主创新的主体及其原因

当前制约自主创新能力提升的一个关键问题,是作为市场主体的企业尚未成为科技创新的主体,在发达国家,技术创新主要的是由企业进行,并且在企业层面直接转化为生产力,从而形成强大的创新动力,形成创新投入和经济效益增长的良性循环。但目前我国企业创新的动力、实力和能力明显不足。科技创新仍然主要依靠政府的投入,而政府更多地鼓励国有科研机构等供给方,缺乏对以企业为主体的需求方的激励。技术供给的成本往往由政府买单,导致供给方热衷于迎合政府兴趣,由于政府的目标取向具有较强的行政性,与企业和市场的要求往往有差异,导致政府的主导下的科技成果或脱离现实经济的需求,或通过政府组织的鉴定后藏之保险箱,政府"买单"的成果无法通过企业转化为生产力。

同时,目前已有的为创新服务的高端服务业往往也是依托于政府产生,缺乏市场化经营的动力机制和成熟经验,有些仍然具有行政垄断的特点,缺乏与企业结合、为企业服务从而取得盈利的主动性和积极性。导致企业创新所需的支撑体系不完善。正如只有从依赖政府的计划经济转向依靠市场化推动的市场经济,才形成发展的强劲动力一样,我国的自主创

新也必须从原来依靠政府推动和支持,真正转向依靠市场化动力和市场化的创新服务业支撑,才能形成持久的自发机制及供需双向互动的均衡状态,真正成为具有不竭动力的潮流。

问题的关键是,如果企业在市场机制推动下有强烈的自主创新动力,则政府自然可以退而成为辅助者,然而在目前的内外环境下,企业的自主创新动力不强。据浙江省统计局课题组 2009 年对全省 500 家制造业企业抽样问卷调查,普遍认为自主创新困难,企业人才缺乏,而且企业规模越大越感到人才紧缺。大、中、小企业认为人才紧缺的分别为 47.2%、46.5% 和 26.7%。从国内看,浙江自主创新人才队伍的数量规模处于全国各省前列,但人才密度相对偏低。2009 年,浙江 R&D 人员数量仅次于广东、北京、江苏,居全国第四;但从人才密度看,每万名劳动者科技活动人数北京 153 人、上海 143 人、天津 103 人、江苏 60 人、广东 50 人,均比浙江的 48 人高。从国际看,浙江自主创新人才密度与发达国家和新兴工业化国家比均存在较大差距。每万名劳动者从事 R&D 活动人数日本(2003 年)、法国(2003 年)、德国(2003 年)分别为 132 人、123 人、122 人,韩国目前是 66 人,浙江人才密度为韩国的三分之二。① 影响浙江企业增强自主创新动力的原因主要有:

第一,粗放的增长方式惯性不利于形成创新动力。

浙江多数企业是在一种粗放式增长的环境中形成和发展的,其盈利模式就是在进入门槛不高的条件下,消耗曾经十分低廉的资源和劳动力,在低利润率基础上,依靠生产数量的扩张获取必要的利润。就浙江省占大多数的民营企业而言,则更是在一种"村村点火、户户冒烟"、遍地开花的突飞猛进工业化进程中成长起来的。浙江民企之所以在全国发展最快,一个很重要的原因是得益于民企的发展模式:产业集群。但是产业集群内的创新动力需求远弱于模仿性的规模扩张需求。在集群内由于企业

---

① 浙江省统计局课题组:《浙江省科技创新发展研究》,2010 年 12 月,浙江省统计局网站,http://www.zj.stats.gov.cn/art/2010/12/28/art_281_43614.html。

上下游之间、配套企业之间同在一个不大的区域里，配套产品的物流成本低，配套企业之间比较熟悉，诚信度高，交易风险也就很低。这容易使一个不起眼的产品和企业，在很短的时间内做得很大，不仅在国内，甚至在国际上也很快能占有一席之地。规模化冲动遏制了企业的研发能力、创品牌的冲动和自主知识产权的创立。一个企业或通过模仿或自主开发出一个新产品，如果市场销路好，整个产业集群的同类企业会蜂拥而至，这导致产业集群规模越来越大，形成巨大的产能规模。规模化冲动遏制了企业的研发能力、创品牌的冲动和自主知识产权的获取。整个产业集群内的创新能力越来越弱。例如台州飞跃集团的缝纫机 50% 已经打入欧美日等发达国家。集团通过多年艰难的技术创新，终于达到了 41 亿元的资产规模，但是那些原来根本排不上号的企业，通过仿冒性的规模扩张及房地产经营等，产值规模迅速超过 100 多亿元，收入也令飞跃集团望尘莫及。① 一部分企业依靠仿冒先进企业的创新成果为生，生产规模和盈利不断扩大，相反一些着力于创新的企业却无法取得应有的收益。当仿冒成了企业之间竞争的一种习惯后，谁还会花大量的人力、物力，承担巨大的风险去搞创新呢？

第二，长时期的低价要素供应使民营企业缺乏创新冲动。

由于长时期要素价格低，供给充分，使得企业不需要自主创新，仅依靠数量扩张就能获得可观利润。在土地方面，由于很多民营企业受到当地政府的支持，土地可以通过行政划拨或者用相当低的市场价格获得，从而得以低成本扩大生产规模；我国国内的煤炭、电力、水、石油价格长期由政府以低水平加以控制，有些名牌企业还得到当地政府的优惠，资金的供应也往往越是大的企业越能得到银行的青睐，劳动力成本更是低廉，这些要素供应的低成本使企业扩大规模的冲动难以受到有效制约。随着目前生产要素的日益紧张以及利润的快速下降，经过多年粗放型发展的民营

---

① 浙江省工商联课题组：《对我省民营企业创新能力的调查分析》，《浙商》2006 年第 1 期。

企业已经从"不想创新"的梦中醒来,但现实的"创新遏制症"使得民营企业"不敢创新",严重影响了企业的技术创新和产业结构的提升。

第三,过度竞争遏制了企业的创新动力。

由于多种因素导致粗放式投资冲动而形成的产业同构化、低层次、规模攀比的竞争,产业的扩张速度往往远快于创新周期。巨大的同构化产能规模,势必形成过度竞争,主要是"低质低价"竞争,这时那些低端产业和产品,甚至有些"傻大黑粗"的产品因其价格较低,反而有一定的竞争力。而高档高质量产品由于其成本较高无法降低价格,在市场中往往难以销售,致使那些技术层次较高、具有创新成果的企业反而无法生存,其产生的效应是产业"逆淘汰"趋势。例如绍兴县的纺织设备甚至比韩国、台湾还先进。然而由于过度竞争,企业生产高端产品反而卖不出去,只能一直靠生产中低端产品获得利润。民营企业里产生一种较普遍的思想,认为民营企业与其提升技术水平,不如靠低价产品的规模化营销守住地区市场,竞争风险较小,这种思潮导致了"技术过剩",导致"一流的设备"生产"二流的产品",只卖"三流的价格"。

第四,小企业规模不经济的固有弊端影响技术创新的效益。

我国企业绝大部分是小企业,虽然有其灵活适应市场变化的优势,并且往往以产业集群的方式形成分工协作的组合,但是规模不经济的固有弊端不利于技术创新和循环经济。一是小企业的技术创新能力比较低,企业宁愿低水平增加生产能力,却吝啬于技术和人力资源的投入。因为即使企业能够成功地获得创新成果,其在小企业中产生的创新报酬总量也较低,创新不容易形成规模效益。这导致民营企业往往注重物质的投入而忽视智力、技术因素尤其是人力资本的投入,使增长的全要素生产率偏低。

第五,知识产权保护的缺乏往往使企业因创新而遭受损害。

由于民营企业从事的大都是传统产业,加之目前对知识产权保护不够,一旦有新产品出来,其核心技术较容易被仿冒,企业享受高额利润的时间很短。在绍兴中国轻纺城,只要新的产品一出来并且好销,某些企业仅需买手绢那么大的一块布就可仿制,第二天市场上就会出现大量这样的布。而当仿冒成了企业之间竞争的一种习惯后,谁还会花大量的人力、物力,承担巨大的风险去搞新产品研发呢? 由于创新需要大量投入,而投入又得不到应有的回报,因此认为"不创新慢慢死,一创新快速死",在民营企业里面,这种心态相当普遍。

2. 创新的运作机制障碍:创新资源配置的无序化和非市场化

(1)技术领域的权力本位现象制约着专业层面的深入创新

专业领域的技术创新的普遍规律是:越是到高端——需要进行艰难突破的阶段或领域,越是需要高度专心致志的研究,以便集中力量进行冲刺性的突破。另一个特点是,如果说在前期很多问题的解决需要或者可以运用团队的力量奠定基础,或进行整体突破,在这一阶段就需要更强大的个人突破能力。因为在此时所需要的解决的问题往往并不是平面上的诸多问题,而是纵向的体现为深度和难度的少量的关键性难题。需要依靠个人或个别人间的合作(我们可以称之为"个别人单位")的突出智慧,深入思考和集中攻关解决问题。这时,在团队中,因为各个人有不同的思维方式和观点,有效组合、协调会出现较多困难,难以将力量集中在狭小的问题上加以解决。现代科技虽然很多成果是广泛的团队运作的结果,但是顶尖的、最关键的研究创新却仍然是"个别人单位"集中研究的成果。当然也不可否认他们的研究需要有团队共同讨论、互相启发的基础,但是实质性的突破往往是某一、两个人的成果。正如相对论这样的难题,只有通过个别优秀科学家的头脑思维加以解决才是可行的,很难想象依靠几十人组成的团队来"合作攻关"可以解开这样的难题。而这样的难题的解决往往是一项大的研究工程得以突破、取得成功的关键。诺贝尔奖获得者为什么通常是一个或最多是几个人合作,而不是某一个研究机构团队,正验证了这一特点。当然,以"个别人单位"进行研究,却并不排斥可以有很多这样的个别人单位同时展开研究,而最终是由一个"个别人单位"首先探索成功,其他人的不成功恰恰是那个"个别人单位"成功的必要代价。

目前一些科研部门或企业保持权力本位做法的一个理论根据是,现代科技发展均需要依靠团队力量,成功的关键是有效的团队组织与运作,而不是靠顶尖的科技精英的创新。由此而得出能够组织好研究团队的人才是最重要的。因此,通常的做法是将那些在个人研究上已经冒尖的人物,转化为能够组织团队进行运作的领导者,认为是一种合理的配置,使其发挥最大的作用。这也正是近年来往往将优秀的学者赋予科研机构和大学行政领导的角色,认为这是一种最合理的对科技精英的使用,一定比这些人进行专心的个人研究的结果要强。而大量的事实显示,一些在个人研究领域作出一定贡献的人,当他承担一个双肩挑的(既是个人的专业研究人员,又是一定的行政领导角色)的任务时,其个人研究工作的深度往往明显受到影响,本来在其已有研究基础上已经可以进行"最艰难的突破",但是一旦出现这样的角色转换时,其工作的方向发生某种偏移,可能的"突破"就被搁置下来。

科技领域的另一种权力本位现象则更为甚之,就是干脆用行政官员作为学术研究领域的业务掌控者,这些在学术单位的行政官员,虽然几乎没有什么个人的研究成果,但却往往以单位的学术领军人物的身份出现,在确定重大研究方向、安排研究项目、进行关键性的人财物资源配置、评价研究成果等方面起着决定性的作用。于是资深的专业人员在很多领域只能听命于几乎没有专业背景的行政官员,没有技术专长的单位领导可以当教授云集的学术委员会主任的现象不足为怪。虽然我们认为外行并非完全不能领导内行,但是在专业化要求很高的研究单位,尤其是在专业化工作领域,外行领导内行确实会导向误区,至少可能是应有的学术研究能力不能真正实现其价值和做出应有的贡献。

(2)创新行为与制度及市场化激励的紧密联系尚未切实形成

其一,对于创新者尤其是在创新过程中作出决定性贡献的创新行为,还没有切实的制度保障其得到应有的价值肯定。

改革开放前期,我国一些地区和部门曾经对杰出的创造发明者给予个人的重奖,但并没有形成切实有效的制度体系,使这种重奖还是局限于偶然的、行政性的行为,而对于科研工作者往往还是强调"淡泊名利、不图回报"以及"淡化个人,强调团队贡献"等信条,虽然对于鼓励高尚的奉献精神有明显作用,但是在市场化条件下,就像利润是生产经营的动力一样,"名利"是创新激励机制的基础。如果对所有人要求奉献精神,事实上并不利于创新行为的稳定激励。由于创新既需要付出极其艰巨的劳动,又要承担较大的个人风险,如果仅仅是依靠精神激励和道德促进,必然导致创新动力的不足。以杂交水稻专家袁隆平为例,其所培育的杂交水稻已经在全国乃至全世界产生了数千亿元经济价值,但是其个人并没有获得由于所拥有的知识产权所应得的市场化收益,以至于某省在列出财富排行榜时,只能将其列为名誉首富,赋予其1,000亿元的名誉财富。当然作为品德高尚的个人,即使没有获得个人的物质激励,也会全力以赴地进行创新活动,但是在一个完善的社会制度下,应该有健全的普遍适用的对创新活动的利益激励制度,而不是仅仅依靠特殊的"名誉财富"之类的精神激励来肯定其成绩。我国必须进一步完善在发达国家已经广泛通行的创新激励机制和知识产权收益制度,才能使自发的创新活动持续展开。

目前侵犯知识产权的违法成本仍太低。在一些人看来,一定量的经济处罚只是他们做生意的成本而已,他们会选择更大规模地违法以收回成本。欧盟法律规定对有组织地仿冒音乐、电影、药品等专利商品,处罚的上限不得低于30万欧元罚款和4年监禁;美国法律规定,盗版音乐、电影和软件者,最高可处以100万美元罚款和10年监禁。只有使侵犯者受到严惩,才能对那些生产优质产品、具有创新能力的企业形成强大动力,使其真正通过创新获得良好收益。

其二,市场化的高端服务业对自主创新的拉动效应和服务功能不足。

在发达国家,技术市场、专利代理机构、风险投资公司等各类从事技术创新的市场化运作的机构,也对企业的技术创新形成极大的推动和支持作用,他们会激发起企业创新的潜能,同时也能帮助企业取得创新的支持和利益回报。但我国目前由于知识产权保护及技术创新的产业化水平不高,市场化进程缓慢。技术创新中介机构和服务体系薄弱,这种市场化动力明显不足。不少企业认为智力产品和服务的定价过高,难以接受,很大程度上还是缘于原有的外延式发展的思维定势,重视"硬实力",并没有真正重视人才、技术、管理、信息等"软实力"的巨大作用,或者没有运用从市场中获得的"软实力"取得高回报的经验,往往舍不得去寻求市场化的创新服务。

（3）不同领域资源的无序替代制约创新能力的充分发挥

任何一个社会的全面发展都需要多个不同部门以不同方式发展,各领域所依赖的资源、发展的标准、所需的能力和取得业绩的途径是各不相同的,并且是无法替代的。虽然在很多情况下可以凭借某一种资源和能力,来取得另一种资源,或者是为了取得某一种进展,必须依赖于另一种进展,但是如果用一种资源直接替代另一种资源,就可能造成资源错误配置,压抑正常的发展。

表3-2　不同领域的评价标准和取得业绩的途径

	评价的标准	业绩标志物	取得业绩途径	能力
权力运作及行政管理	权威性和管理的有效性	政治等级或行政职位	获得上级赏识与群众认同相结合（中国以前者为主,西方以后者为主）	执行上级指令及组织指挥协调管理能力
技术创新及学术研究	学术的科学性和技术的先进型	技术和学术成果及学术职称	吸收科学技术知识和刻苦研究创新	突破现有知识成果,创造性地分析、探索,独立思考与创新能力
生产经营及企业管理	盈利能力	金钱	科学投资和经营,低成本、高收益的管理	市场的敏感性,有效配置要素、控制进程的能力

如表3-2所示,我们列出在现代社会三种主要的领域的发展,包括数量扩展和质的提升所遵循的标准、取得业绩的途径和所要依靠的能力等。可以看到,各个方面所依赖的资源和路径有极大区别,尤其在能力方

　　面甚至是有冲突的。例如在行政管理方面,其创造业绩的过程必须要认真执行上级指令加以落实,而在技术创新能力及学术地位方面,却恰恰需要突破现有知识成果(包括上级指令所依据的知识)才能创造性地进行分析和探索,也就是需要独立思考的创新能力;另一方面,在商业经营和企业管理方面,需要市场的敏感性及生产经营管理能力,所需要做的大量工作是适应现实,在现实市场之中进行资源配置以获取收益,这种活动虽然也需要经营管理方面的不断改进,但本身多数情况下并不是创新活动。

表 3 - 3　　不同领域无序替代的现象与后果

序号	替代现象	现象举例	互补性或排斥性	表现普遍程度
1	行政管理权替代技术创新能力及学术地位	行政权事实上掌控学术大权,在课题评审、技术论证、评奖和学术职称评定方面起决定性作用,担任实质性重要学术领导职务,行政标准影响学术标准	互补性很小排斥性很强	很普遍
2	行政管理权替代企业经营	行政官员到相应"级别"的国有企业担任董事长、总经理等职务,掌控经营大权	两者相当	很普遍
3	技术创新能力及学术地位替代行政管理权	在专业技术方面有了一定成就后被任命担任行政领导,忙于行政事务,学术荒废,行政也不一定能做好	互补性较小排斥性较强	普遍
4	技术创新能力及学术地位替代企业经营	企业技术人员担任管理职务	两者相当	普遍
5	企业经营替代行政管理权	企业经营者转而担任行政官员	互补性较小排斥性较强	很少
6	企业经营替代技术创新能力及学术地位	企业经营者转而担任学术领导	互补性很小排斥性很强	很少

　　但是,目前广泛存在的情况是,利用一种资源和能力、地位,通过某种符合法律制度和规则,但却是极不合理的途径,达到对另一种资源、能力和地位进行替代的目的,形成三者之间的无序替代。较多的情况,如表3-3所示:这种现象存在的动力多数情况下是当事者为了获得新的地

位,从而取得更多的利益,而形成这种替代的途径。在大多数的情况下,是在一种地位能够控制另一种地位的前提下,某些人利用这种控制权达到占有另一领域的资源,以及取得相应的名利的过程。另一种情况是一种资源和地位通过正当或非正当的交换手段,获得另一种资源和地位。(其中正当的,如商界大亨因其资助学术团体运作而当上学术团体负责人;非正当的,如某些腐败官员卖官,商人出钱买官当上官员等)

3. 创新的评价机制缺陷:评价标准和主体的偏移

其一,是评价的标准。创新成果应以创新的程度作为评价的主要标准,结合其应用价值作出综合评价。但目前在很多评价工作中,却以应用价值作为主要标准,而忽略创新程度的评价。应用价值是指把现有成果应用于实践中而产生经济和社会效益;而创新价值则是其突破前人成就,而有新的内涵和意义的成果。在自然科学领域:前者是能够直接应用于生产和服务领域,产生经济效益的成果,后者是有明显的创新价值,对科技发展具有长期意义,但可能短期内不能够产生效益的成果;在社会科学领域:前者是能够直接产生教育、宣传效果,促进社会主体行为改善的成果,后者是深入揭示社会经济规律、具有理论创新意义,但可能没有短期直接应用价值的成果。应该说两者是在不同的层面显示其不同的价值,因而必须区分开来用不同的标准加以评价。但是目前在评价中往往混淆在一起,而产生不合理的评价结果。能产生实际经济或社会效益的过程或成果当然应该予以肯定,但这种肯定不应该是对创新的评价,而是应归结于对某个主体的贡献大小的衡量,就像一个普通人工作努力成绩大应该受到嘉奖一样。但如果将应用价值替代创新价值的评价,不但会使很多真正的创新成果得不到应有的肯定评价,更会使人们因为这种指挥棒而放弃艰难的创新过程,而热衷于在现有成果的"应用"上下功夫。

产生重应用价值而忽视创新努力的根源,除了因对创新的知识产权保护不力的环境所致以外,还在于很多部门(包括政府和企业)的短期化行为取向。由于创新成果不但存在创新风险,而且投资回收期较长,而应用成果则不但风险较小,而且在短期内能够产生看得见的政绩和经营业绩,导致人们重视应用价值而忽视创新价值的取向。但是应该看到,发达国家的政府或是成功的企业,无不高度重视创新价值,尤其是致力于长期的创新努力,敢于承担长期风险,最后形成具有真正长期领先优势的创新成果,这正是他们能够始终保持强大的国际竞争力的原因。

其二是评价的主体。既然是对创新成果的评价,就应该是由处于该领域研究前沿的专业人员来进行评价,才能真正衡量出创新的程度。但是目前不少科技、人文科学成果以及人才资格(如职称)的评价,却主要是在行政领导主导下进行,虽然他们涉猎广泛,但并不一定是真正的内行,他们往往仍然以行政的视角和标准来判断学术成果,因而也容易产生将应用性标准取代创新性标准的情况,更有很多将行政性的标准作为主要的判断依据。例如经常出现对一篇在国家权威刊物上发表的论文的学术评价,远不如一份被某个领导人批示肯定的调研报告。虽然目前实际的应用价值,前者可能比不上后者,但是真正的学术创新评价,不应该是仅以短期标准和应用程度进行衡量的,否则必然影响长期创新。

4. 创新的服务机制障碍:区域性公共服务及高端服务业发展滞后

(1)有利于自主创新的区域性公共与社会服务缺乏。

首先是区域技术支撑体系缺乏。转变增长方式的关键是技术创新,而影响产业竞争力的关键就是技术创新能力偏低,这与企业规模普遍偏小、产业集中度较低有直接关系。虽然发达的产业集群的内部分工,能够在一定程度上克服小企业在生产过程中缺乏规模经济的问题,但却很难解决技术创新所需要的规模化实体支撑问题。也就是说规模化的大企业的技术创新能力无论从技术条件、人才支撑、资金实力还是抗风险能力等方面都是小企业所不能比的,大企业在技术创新成功以后将其转化为产品和盈利能力的可能也大得多。产业集群中的众多企业虽然可以有效分工合作进行生产和销售,却不易聚合起来进行技术创新活动,这是因为集群中产权各自独立的企业,共同承担技术创新风险和共同享受技术创新成果的机制较难以建立。因此,对一个小企业众多的区域来说,尤其需要社会化的技术创新支持平台。

在先进的工业化国家,区域性的技术创新支撑体系比较发达。例如在德国,遍布全国各地的200余个"技术中心",在政府支持下,专门承担为中小企业技术创新服务的功能,将企业、研究机构、大学、金融部门与政府部门连接起来,共同协作,共担风险,从事各种研究开发项目,其成功率相当高。但是从我国各地现实看,这类机构数量很少,层次不高,技术和经济实力较弱,多数处于自生自灭的状态。而且由于产业过度竞争的存在和知识产权保护的缺失,更不利于技术服务机构的发展。目前,政府在创新中还起着主导性作用,但政府的科技创新组织管理较为分散,各部门和各单位相互封闭,很多科技资源未能面向社会开展服务,造成重复建设、资源利用率低和管理无序。科研经费分配仍不尽合理,对重大课题的组织攻关能力不足,存在着因信息不畅和部门分隔所造成的低水平的重复劳动。

其二是区域人才支撑体系比较薄弱。有利于节约型社会和循环经济发展的专业人才相对缺乏。由于以往政府缺乏重视这方面的人才培养,或者由于企业不重视,即使有这方面的人才也得不到合理使用。

其三是资金支撑相对有限。发展循环经济面临着财政资金紧张、民间投资渠道不畅、招商引资力度不足和直接间接融资困难等问题,金融系统为了保障资金安全,往往对于创新风险采取回避态度,而宁可将资金贷给粗放式生产但赢利有一定保障的企业。

(2)高端服务业的缺乏。

自主创新需要高端服务业的支撑,因而高端服务业能否有效发展就成为创新强省的重要条件;而且应该看到,高端服务业的壮大,本身就是产业升级的重要内涵、条件和标志。

其一,高端服务业能否有效发展,很大程度上决定了第一和第二产业能否进一步实现产业升级。尤其是当制造业已经达到一定的规模和技术水平基础上,服务业为其进一步走向先进性和高技术领域提供基础。其二,服务业极大地扩大了消费领域,并且形成大量的开拓性创新,从而创造出巨大的需求,这在工业化中后期需求不足成为经济发展的重要制约的条件下,能够有效地扩大需求从而拉动经济的发展。其三,服务业相比第一和第二产业是就业弹性最高的产业领域,这对于在工业化中后期由于第二产业就业弹性大幅度降低,就业成为极其尖锐的社会矛盾的情况下,能够缓解就业矛盾,减少为了增加就业机会而制约效率提高和产业升级的倾向。其四,服务业对于资源的依赖性较低,生产过程较少污染物排放,符合节约型社会的要求,从而能够有效可持续的发展。

未来由于第一和第二产业逐步从投资驱动向创新驱动转变,要素投入的重要性逐步为知识、技术、人才、信息等方面的投入所取代,经济发展更加取决于软实力,在这过程中,生产"软实力"的第三产业中的高端服务业越来越突出地显示其重要性。在发达国家这些产业的比重大幅度地超过了第一和第二产业的比重总和。例如美国在1960年包括农林牧渔业、采矿业、建筑业和全部制造业在内的国民收入比重为39.9%,而高端服务业的比重为10.93%;到2004年,前者的比重降为21.20%,而高端服务业的比重上升到24.66%,超出了前者。① 而我国和浙江省2009年的相应高端服务业的比重分别仅为7.2%和8.7%,第一、二产业的比重则分别高达56.6%和56.8%。

多数高端服务业作为一种市场化条件下形成的以营利为目的产业,不可能单纯依靠政府扶持、推动得到良好发展,而主要是依靠市场化的需求拉动而得以发展的。最重要的是企业进行技术研发、人才培养、管理改进、风险投资等方面的创新需求拉动这些服务产业的发展。企业通过这些自主创新增加了盈利,这些高端服务业自然也能获得高额回报,从而刺激其得以高速发展。

---

① 中国社会科学院美国研究所:《美国年鉴(2006)》,中国社会科学出版社2007年版。由于统计口径不尽一致,这里高端服务业指在第三产业中除交通运输、通讯、电力、燃气、卫生等各类公用事业、批发与零售业、金融保险不动产及政府服务以外的教育、科技、信息、文化娱乐、咨询、技术、专业服务等各类服务业。

目前企业自主创新的市场化需求对高端服务业的拉动力明显不足。其主要原因:首先,较多中小企业仍然采取依靠资源和劳动力消耗和低水平规模扩张维持有限盈利的模式,在低质低价的同质化竞争面前,自主创新而形成的高端产品可能反而缺乏市场占有能力;创新成果的知识产权保障机制的缺乏,使努力创新的企业难以享受创新成果,相反却可能因无法补偿巨大的创新成本遭受损害,而一味依赖模仿的企业反而可能取得高盈利,这种效应势必遏制企业的创新动力。其次,在政府主导技术创新的体制机制条件下,很多企业养成了依靠政府来获得技术创新的支持的思维定势,而不习惯于从市场化的服务业寻求技术创新的帮助,对于智力产品的定价也往往难以接受。再次,即使有一些企业有从市场获取创新支持的要求,但由于需求主体与供给主体之间的信息不对称,产业平台与技术平台之间缺乏有效的沟通渠道,导致供给单位成果过剩与需求单位成果缺乏的现象长期并存。

5. 创新的风险机制障碍:进入、退出及政治风险制约创新

(1)进入与退出机制的不健全。

推动风险投资发展,形成有利于自主创新的资本进入的良好渠道,对促进自主创新具有决定性作用。而风险投资又必须首先解决退出机制问题。从国外的经验看,只有借助资本市场才能建立起市场化的退出渠道,并促进风险投资不断循环增值。目前,境外风险投资机构在国内非常活跃,内资风险投资却呈现低迷态势。造成以上现状的主要原因,除管理机制方面因素外,很重要的一点是外资的运作方式大多采取投资于成长期或成熟期的企业,而后快速在境外上市,达到股本退出获利的目的。而内资风险投资机构由于我国资本市场的缺陷,没有建立起适合不同企业融资的多层次的资本市场,不能为风险投资的退出提供多渠道、高效率的股权交易平台,造成其投入的资金无法及时变现退出,使境内风险投资机构的资金流动性严重下降,而产生行业萎缩。

(2)创新的政治风险也成为我国独有的创新障碍。

　　在我国,由于政治具有过强的支配性及价值标志作用,因而很多技术型和生产经营型的成果,往往都会对创新者产生政治上的影响。如果有成绩,就会在政治上得到认可(尤其是行政领导),一些人可能得到提拔。但如果创新失败,其损失不仅仅是投资等方面的损失,而且可能面临政治上的失落,无形之中影响其政治前途,有行政职务者会遇到职务踏步不前的遭遇。可见在我国,由于存在创新失败的政治后果,其风险成本比西方国家高。公共选择理论认为,官员是最不愿意冒政治风险的,①因为只要不犯错误,往往凭资历也可以逐步被提拔上去。专业技术人员因有创新成果而被提拔为官员后,却可能因其官员身份转而采取尽可能避免风险的态度,宁可墨守成规完成上级的任务,也不会为了可能的成功而去冒创新的政治风险。

三、克服自主创新的机制障碍的对策

1. 强化倒逼机制促进企业形成创新动力

　　自主创新需要经济驱动力。这种动力可以是主动的,也可以是被动的。主动的动力来自于新理念、新目标、新的技术基础等,顺理成章地孕育创新。主动的创新当然是最理想状态。而被动的创新动力往往是在环境条件、资源供给发生不利于现有生产过程的情况下,生产者为了生存和发展而被迫进行的创新。被动的创新虽然一开始并非由创新者主动进行,但是其动力大小、创新的规模和成果往往比主动创新毫不逊色。这是由于被动创新的背后往往是生死存亡的压力,所以很多情况下恰恰会产生人们所意想不到的创新成果。近几年,每当新一轮宏观调控政策出台后,有不少人不理解、困惑甚至牢骚满腹,但是随着时间的推移,资源要素和环境约束的"倒逼"带来的新技术、新举措的应用,产生人们始而未觉

---

① 　[美]布坎南:《自由、市场和国家》,吴良健等译,北京经济学院出版社 1988 年版,第 281 页。

的进展,甚至解决了多年未能解决的问题,使更多的人意识到,这是在经济领域引发一场"创新革命"的历史性机遇。自主创新需要动力或压力,要素供给和制度环境的变化会"逼迫"人们加快自主创新,谁先抓住这个倒逼的机遇,谁就在发展中赢得先机并赢得未来。

(1)强化资源有效利用标准和环境保护标准,遏制低效消耗资源和损害环境的投资和生产行为,促使企业创新以实现集约和可持续发展。对资源的利用效率低,或对环境的负面影响大,这是落后而缺乏创新的企业较普遍的标志。因此采用更强有力的手段提高全社会对资源有效利用的强制性标准很有必要。例如对单位产出的能耗、对单位土地、矿产(或其转化的原材料)、水资源等,都要规定更严格的有效利用标准。低于此标准的不得进入生产领域和进入市场,从而对落后企业形成一个"釜底抽薪"的机制。同样也要制定更严厉的减少有害排放、保护环境的标准,实行环境损害"一票否决制"。标准的严格实施必然会对企业形成更强的倒逼压力,促使其在生产技术、管理和人员素质上进行创新,否则就难免被淘汰的命运。真正使创新者壮大、落后者淘汰,优胜劣汰的机制会切实促进创新氛围的形成。

(2)以资源要素价格及资源税的调整,遏制那些依靠低成本要素供给维持低水平规模扩张的行为,促使企业通过创新提高产品附加值取得赢利和发展。资源的低价和低税政策助长了靠"低赢利—规模扩张"的生存和发展模式,但有一点是无法回避的,就是要消耗大量资源。如果资源成本提高,这种模式就无法维持。因此提高各类生产要素的价格和相应的资源税费,实际上就意味着对这些低水平规模扩张的生产形成严厉制约。在这种压力面前,那些不事创新而仍然维持粗放模式的企业就面临淘汰的命运,而那些愿意创新并且有能力创新的企业反而面临前所未有的机遇,因为这将使他们解除不堪承受的低层次竞争压力,其投入较多成本进行创新所创造的附加值能够在市场上得以实现,而赢利水平的提高会更进一步提高其创新能力,从而实现在自主创新上的良性循环。

(3)大力保护知识产权,遏制侵害他人知识产权、仿冒先进企业创新成果以营利的行为,促使企业自主创新以求生存和发展。建立最严格的制度保护知识产权,加大违法行为的惩治力度。对于恶意侵犯知识产权的企业和个人必须依法惩治,而不能以罚代刑。在经济处罚的同时加大刑事处罚的力度。因为在一些人看来,一定量的经济处罚只是他们做生意的成本而已,他们会选择更大规模地违法以收回成本。欧盟法律规定对有组织地仿冒音乐、电影、药品等专利商品,处罚的上限不得低于 30 万欧元罚款和 4 年监禁;美国法律规定,盗版音乐、电影和软件者,最高可处以 100 万美元罚款和 10 年监禁。只有付出高昂的人身成本和经济成本,才能断绝那些靠盗取他人创新成果为生的企业的营利诀窍,同时对那些具有创新能力的企业形成强大动力,使其真正通过创新获得良好收益。

2. 尊重创新的科学规律,营造良好的创新运作机制

(1)确立知识本位的创新机制,改变权力控制的各种无序替代状况

必须明确划分企业经营、行政管理、知识创新三个独立领域各自的标准、动力、发展模式,相对独立但又能够相互协调,防止混淆界线、相互支配、无序替代状况。创新阶段形成知识本位,就是要在全社会,包括行政管理部门和企业经营的各领域,都要用知识和技术等标准等进行取舍,使知识的生产、应用和创新始终处于全社会各领域的核心地位,用知识的标准衡量一切,用技术创新的理念推动所有进程,才能在创新驱动阶段真正形成卓有成效的经济发展。

(2)将激励个人创新和鼓励团队创新相结合

任何团队的创新都是建立在个体的创新努力基础上的。因此我们在一些综合项目上重视团队合作创新的同时,也要切实对于独立个体从事的创新活动加以有效的支持,允许专业技术人员保持个人的独立性和个体的兴趣,鼓励他们围绕着个人专长的领域进行独立的研究,给予必要的资金和各种条件的支持。要承认知识分子通过创新活动追求"名利"的合理性,就像打破市场经济发展初期对于个人生产经营赚取利润的行为的贬低和禁锢一样,对于出于个人名利的要求而进行的研究和创新活动,

只要是和国家人民利益相一致,都应该给予充分肯定和支持。

（3）从注重物质财富转化为重视知识和精神财富

从物质积累式的发展转化为创新提升式的发展,从保护物质产权转化为更注重保护知识产权。与投资驱动阶段经济发展的外在表象是物质财富的不断积累不同,创新驱动阶段经济发展的表现往往并不反映在物质外延的增长上,而是反映在质的提升上。因此在对于业绩进行评价时,必须以偏重质的评价取代以往偏重量的评价,应重视知识和技术含量的指标,对于那些功能和品质不高并且消耗资源损害环境的同质化产品要加以限制,通过政府和社会多方面遏制这类产品的同质化过度竞争。目前我国对于高新技术产业有一系列的优惠,但如果能对于所有产品根据创新程度给予有区别的政策,其作用可能广泛得多。如税收政策对创新程度不同的产品予以无级的不同税率,而不必人为划界确定一部分高新产品予以特殊政策。

（4）从外生性推动转化为人的内生性推动

因为创造力是无法靠外生性强制推动的,必须内生地调动技术人才的积极性。脑力劳动尤其是专业技术人员工作的特点,一是工作方式是无形的,表现为工作者头脑中的运动;二是工作努力程度包括工作时间和强度难以测定(例如一个技术人员上班无所作为却可能通夜未眠考虑自己的研究方案);三是业绩较难测定,因为任务本身的难度有极大区别,单看结果就很难评价;四是简单的外生推动力往往并不能激发起创造力,相反可能因为过度的压力而遏制创造的激情,不利于创新的成效。大量实践证明,对于从事脑力劳动的知识分子,只有给予真正的尊重,同时赋予必要的利益激励,创造良好的创新环境,从而形成内在的创新活力,才可能产生较好的创新成效。邓小平同志早就提出,重要的是"尊重知识,尊重人才",多年来在这方面已经实行了大量有效的政策和措施,取得了良好的激励知识分子努力工作和创造的成效。但是当前由于"官本位"现象以及在科技领域的不合理的制度仍然束缚着专业技术人员的工作积极性和发挥才能的条件,必须要按照自主创新的要求进行新的改革和调整。

3. 促进自主创新与高端服务业的紧密互动

（1）增强企业从高端服务业获得创新支持的需求动力

要促进企业积极从市场化的服务业寻求技术创新的帮助。现在不少企业认为智力产品和服务的定价过高，难以接受，很大程度上还是缘于原有的外延式发展的思维定势，重视"硬实力"，并没有真正重视人才、技术、管理、信息等"软实力"的巨大作用，或者没有运用从市场中获得的"软实力"取得高回报的经验，往往舍不得去寻求市场化的创新服务。因此需要加强对企业家及企业管理人员的培养，增强其适应知识经济时代依靠软实力取得竞争优势的理念，大力宣传通过市场化的创新服务取得企业经营业绩的典型经验，造成市场化创新服务的良好形象和社会氛围，真正将这方面需求"做大做强"。

（2）促进为创新服务的高端服务业健康有效发展

应进一步促进各类高端服务业的市场化进程，形成自主经营、自负盈亏机制，建立为企业服务获取盈利，促进自我发展的动力机制。大力发展民营高端服务业，改变很多领域仍然是国有制一统天下，或者行政垄断的局面，充分鼓励服务组织与企业紧密结合，了解企业需求，积极主动为企业服务，将高端服务业的成果在企业转化为生产力，将企业的创新需求转化为高端服务业的良好服务和适销对路的优良产品，转化为确实产生经济效益的创新产品。

发展高端服务业的切入点可以是以中小企业为主要对象的创新服务产业。由于大企业有资本、人才及规模经济优势，可以建立内部化的创新服务机构，其创新成果的应用效益比较有保障。但是中小企业为数众多，资本相对薄弱，对于创新风险的承受能力有限，因此中小企业的创新迫切需要社会化的、为所有中小企业共同服务的创新服务产业，这可以从德国分布广泛的技术中心主要为中小企业提供优质服务，并且不断取得良好效益就可见一斑。保持服务的低成本和较低价格是满足中小企业创新需求的重要条件。针对中小企业所急需的共性技术、适用性强的先进管理方式、企业共享的专业技术人才、共同需要的中介服务等,形成普遍性和规模化的创新服务,既可降低服务成本,又可以激励中小企业形成更强的服务需求。加强创新服务需求和供给的信息平台建设,形成供求双方交易的便捷通道和低成本的交易手段,真正使高端服务业的市场能满足企业的创新需求。

（3）政府努力营造自主创新与高端服务业互动发展的良好环境

地方政府招商引资应该注重引入高端服务业,利用国内和国际已积累的成功经验发展高端服务业,不仅有利于以较短时间和较低成本实现跨越式发展,而且还能比较有效地带动本地区相关高端服务行业的发展。

发展高端服务业关键在于专业人才的支撑。要建设国际化的社会人才中介机构,积极培养和引进服务业人才,实施柔性引才的鼓励性政策,形成高端服务业人才聚集和流动的格局。对服务业高端紧缺人才甚至可以考虑实行一定额度的个人所得税免征。

努力营造总部经济,以总部经济促进高端服务业的形成和集聚。纵观国际上总部经济发达的城市,无一不是以资本、信息、技术、教育、管理等高端服务业控制了世界经济的特定领域,并且能够营造不断创新的动力和能力。浙江建设总部经济的过程,也就是促进自主创新和高端服务业互动发展的过程。

要把政府有关部门、科技中介组织的功能和市场配置科技资源的作用有机结合起来,企业的科技研发活动也可以分离出来,按照专业化、社会化要求独立经营,既为本系统服务,也可以为全社会提供有偿服务,使科技研发和应用成为服务业中一个新的增长点。通过科学规划、政策引导和市场激励,不断提高科技资源的使用效益。

4. 形成科学的创新成果评价机制和创新风险承担机制

完善创新成果的评价、奖励以及创新失败的退出机制,从而使创新成功者得到利益,创新失败者得到保障。首先,对创新成果的评价应由处于该领域研究前沿的专业人员来进行评价,才能真正衡量出创新的程度。

必须改变目前不少地方由行政领导主导评价的情况。专业技术人员在评价组织中应能决定评价的标准、评价的程序和评价的结果。当然,评价的最终结果应该得到行政的最高领导的肯定,或经过行政的最后批准程序,但这只能是监督和审核性质的,而不能够产生左右结果的实质性作用。必须杜绝行政领导随意改变评价结果的现象。其二,评价标准上,应该将创新价值放在主要地位,同时结合企业应用价值进行综合评价,而不是相反。如果从实际工作角度,确实要把应用的效果作为主要标准来衡量当事人的贡献,可以专门针对应用价值进行评价和奖励,以鼓励人们积极将创新成果付诸应用,并创造经济效益。但是,在进行创新成果的评价时,必须要杜绝功利主义的片面重视应用成果的倾向,不能将创新价值和应用价值混同,用应用价值取代创新价值。很多情况下创新的过程不但不直接产生效益,而且在经济上可能是亏损的,但是其对于长期的创新和应用过程却有决定性作用,如果不能够在创新评价中给予必要的肯定,将使创新动力更加受到抑制。

要完善创新投资的进入和退出机制,使风险投资能够有相对的安全保障。通过资本市场,风险投资者可以便捷地投资于创新型企业,为创新过程增添源源不断的资本投入;同样通过资本市场,可以采取股权转让、股份回购、产权交易所挂牌上市、管理层回购、清盘等方式达到股本退出的目的。必须给创新者有失败的权利,容忍创新的失败;不应以政治方式评价创新者的失败,并使他们不会因失败而在职务、政治和生活待遇,以及未来人生前景上受到损害。

第四章　集约型经济与建设节约型社会

　　集约型经济的实质是优化要素配置和有效利用资源,因此有必要探讨物质资源利用的客观机理,进而明确有效利用资源的方式,进一步解剖目前中国特定的国情条件下的生产方式在资源利用方面的特征和存在的问题,寻找改变粗放生产以及粗放利用资源方式的途径。资源节约型和环境友好型社会是集约型经济的基本特征,它既是当前人类面对资源日益紧缺和环境遭受破坏的严峻挑战的必然选择,也是人和自然和谐相处、经济与社会长期可持续发展的重要保障,更是提高国民经济和区域经济竞争力的重要前提,对于浙江这样的资源缺乏省份尤其显得意义重大和十分紧迫。

一、自然物质要素的有效可持续 利用规律及配置失灵

1. 与资源、环境紧密相关的人类生存发展系统的构成

　　传统的经济系统模型单独把人类社会经济看作一个系统,在该系统中有两个基本的行为主体:居民户与厂商,两者由产品市场和要素市场连接起来。而现代经济系统在上述系统模型的基础上,把资源环境看作整个经济大系统不可缺少的一部分,是提供生产所需要的物质要素和各种服务的财富基础。(见图4-1)

　　这种财富的特殊性在于,它提供人类从事经济活动的生存支持系统。同其他财富一样,我们需要防止这一财富的过快折旧,以便为人类提供持

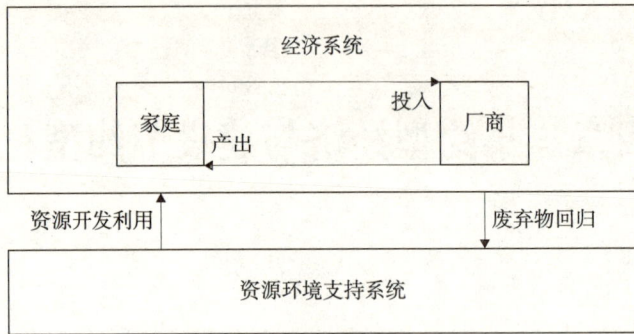

图4-1　经济与资源环境大系统的构成

续的资源和服务。

资源环境向经济系统提供:

(1)能源。包括不可再生能源,主要是化石能源,如地下的石油、煤炭等;可再生能源,如太阳能、潮汐能、风能、水能、生物质能、海洋能、地热能等可再生能源。能源在生产过程中释放能量,发挥作用。多数不可再生能源如石油、煤炭等化石能源经生产过程和消费,会产生废弃物返回自然环境,对环境造成不利影响;相反,多数可再生能源在利用过程中不会产生废弃物,不影响自然环境。因而可再生能源多数是绿色能源,理论上既是取之不尽的,又不会造成环境污染,有必要大力发展可再生能源。

(2)土地。任何生产和生活都必须占用一定面积的土地。由于土地的有限性,在一定情况下会成为制约人们经济活动的重要因素。由于人类的基本生存资料如粮食、蔬菜和畜牧产品供给还离不开农业生产,而农业生产必须以足够的耕地保障为前提。如果由于经济社会发展占用了过多的耕地,使农业生产得不到保障,就可能使人们的基本生存发生危机。因而对土地尤其是耕地的保护至关重要。

(3)水。是一种可补充但可耗竭的资源,人类生存和各种经济活动所不可缺少的。地球上水的重复更新供应由水文循环所支配,每年只有一部分经循环的水为人类所使用。水的可行性供给来自两类不同的资源——地表水与地下水。地表水由流淌在地球表面的河(湖)水及水库中的淡水汇集而成；地下水则汇集在岩石下方，我们称之为含水土层，可被渗透的层面之中。一部分地下水通过雨水和融化的雪水渗透得以补充，但大部分则是通过地质上的时间积累而形成。这些水一旦耗尽，则再也不可能得到补充。虽然从全球角度看，可利用的淡水供给量与消费量相比十分充裕，但是人类对水的需求增长极快以及水的分布极不均衡，在许多地方水资源贫乏的状况极为严重。

（4）生物资源和矿产资源。生物资源包括森林、鱼类以及各种植物资源；矿产资源包括各种金属和非金属矿产，提供人们生产所需要的初级原材料。生物资源多数是可再生的资源，而矿产资源则多数为不可再生资源。

经济系统和自然环境的关系受两条定律约束。其一，在一个封闭系统中，能量和物质是不能产生和消灭的。根据这一定律，从环境进入经济系统的原材料和能量，或在经济系统中积累起来，或作为废弃物回归到自然环境中。这样，过度消费就会引起资源环境的过度贬值。当对资源环境的消费超过自然界的供给能力和吸收能力时，资源环境所提供的要素和服务就会减少。其二，任何能量转换过程中都有一部分不工作的能量，在转换过程中失掉了，即任何转换都不是完全有效的。如果没有新的能量从外部投入，一个封闭系统最终会耗尽其能量。因为生命需要能量，能量耗尽生命也就停止了。当然，地球并不是封闭系统，地球从太阳得到能量。从长远来说，地球的发展受到太阳能多少的限制。

2. 不同资源的有效可持续利用规律

作为生产建设投入的物质要素，在根本意义上是指存在于自然环境中，与人类经济社会发展密切相关、能被利用来产生使用价值并影响劳动生产率的各种自然要素。自然资源是生产过程中不可缺少的物质要素。自然资源具有有限性、区域性等特点，开发和利用自然资源对经济增长有极大影响。

非再生资源的存量是固定的，今天开采的越多，明天可供开采的就越少。对于非再生资源来说,问题不是可持续的开采和取得收益,而是以什么样的速率来开采和消耗资源。而对于可再生资源来说,同样有一个消耗程度与保护和再生速度的关系问题。如果消耗的程度过大,资源的再生速度跟不上消耗的程度,同样可能产生供应危机,给社会生产和人民生活带来不利影响。

(1)非再生资源的有效可持续利用

非再生资源的开采犹如一个初始量给定的、只能流出不能流进的水池,人们追求如何最合理放水才能使总的利益最大化。由于非再生资源总量是固定,开采一吨资源总量就会减少一吨,因此,当前的开采量影响未来的可能开采量,未来的可能开采量就是目前非再生资源开采利用的机会成本。

可以把资源的市场价格和开采成本之差称之为"租金"。所有者的目标是:给定时间偏好和对资源的需求函数,使各时期的租金总和最大化。约束条件是:1. 资源存量随开采过程而减少;2. 资源初始存量给定;3. 开采成本随资源存量的减少而上升;4. 资源价格不能超过由替代品价格决定的一个价格上限。在资源由所有者垄断的情况下,上述模型可以数学地表述为:

$$\frac{\max}{Ty(t)} \int \left[P(y(t),x(t)) - c(x(t)) \right] y(t) e^{-rt} dt ,$$

其约束条件为:

$$Xx = -y(t)$$

$$x(0) = x_0$$

$$dc(x)/dx < 0$$

$$p(y(t),x(t)) \leqslant p, \forall t \in [0,T]$$

公式中,$x(t)$、$y(t)$为t时刻存量和开采量,p、c 分别为价格和单位成本。两个控制变量为:中止开采时间 T 和时间 0 到 T 之间的开采量$y(t)$。

对于可再生资源,基本定律一般可以表述为:

$$g+k = r$$

公式中:g为资源的生物学或地质学的增长率,k为资源作为资本的价值的增长率,r为贴现率。

由于非再生资源总量固定,生物学或地质学增长率为0,其消耗的最优路线必须遵循以下定律:开采的资源价格的增长率必须等于贴现率,才能促使人们有序及效用最大化地逐步利用资源

即有:

k=r

其中k是资本价格的增长率,r是贴现率

该定律称为简单的霍特林定律。由数理经济学家霍特林(Hotelling)1931年在《政治经济学评论》上发表的经典论文《可枯竭资源经济学》中提出。之所以称为简单的霍特林定律,是因为假设开采成本为零。

霍特林定律的基本思想是,把埋藏在地下的资源看做是特殊形式的资本财产,即把全部资本财产分为资源和其他财产。一方面,如果把资源开发出来出售,所有者购买其他形式的资本财产并按资本利率取得收入。另一方面,如果把资源保存在地下,在资源价格随时间增长的情况下,所有者可以预期资源作为资本的收益增加。如果资源资本收益的增长率等于其他财产的利率(贴现率),所有者就会在"保存资源"和"立即开采出来"这两种选择上没有偏好。这种情况下,资源就会以最优路线来消耗。因此,合理的最优价格(从而合理的资源资本收益)给所有者合理保存(从而合理开采)资源的激励。

在现实中,能不能形成资本的收益,决定了资源所有者利用资源实现总效益最大化的行为,而这又取决于未来资源的价值或价格能否不断增值,也就是说市场能否形成对资源总量逐渐稀缺的预期,并且在这种预期下由供求关系所决定而不断提高资源的价格。在有效的市场机制作用下,这种预期和这种价格的上升是可以形成的,但如果市场机制和人们的心理预期不甚健全,或者是在政府的价格控制下,价格难以反映资源的稀缺程度,则据于增值预期的适度开发和保护资源的行为就很难形成。

(2)可再生资源的有效可持续利用

　　可再生资源是其存量可以持续地补充的资源。可再生资源"自己在生产自己"。鱼、森林以及其他许多动植物都是可再生的资源。表面上，可再生资源是取之不尽的资源，但实际上如果不用可持续的方式来管理，也是可能枯竭的。用水池比喻，不仅有流出还有不断的流入，但如果流出持续大于流入，就可能使水池枯竭。以下我们用鱼类资源来分析可再生资源的有效可持续利用问题。

　　鱼类是一种重要的可再生资源。美国学者莱斯特·布朗早在70年代之前就发出警告：世界捕鱼量已经开始下降，一个鱼类资源短缺的时代已经开始。尽管后来事实证明捕鱼量下降只是暂时现象，但是布朗的警告还是向世人提出了鱼类资源有效管理的问题。鱼类资源的问题之所以有意义，不仅是由于鱼类是人类的一个重要食物来源，而且是由于对渔业资源的分析具有代表性。对渔业资源的分析可以大体上应用于其他生物性公共财产资源。

　　鱼类存量的增长率

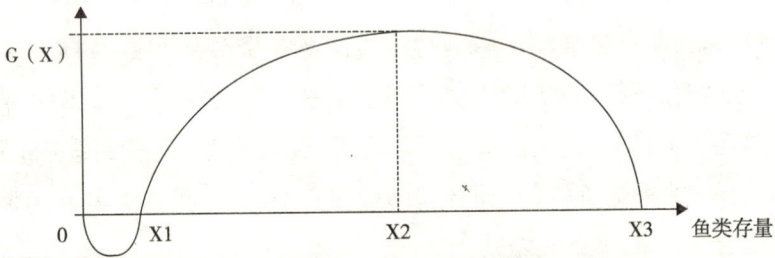

图4-2　鱼类存量增长率与鱼类存量的关系示意图

　　可再生资源的存量随着资源的自然增长率和消耗量的变化而变化，例如渔业资源的存量就是随着鱼群的自然增长率和捕捞量的变化而变化的。见图4-2，当鱼群数量很少时，有一个最低可生存量（X1）。在这一点上鱼群数量的增长率为零。低于这一存量，存量的增长率就将为负，死亡和向外迁移将超过出生和向内迁移，当高于这一存量时，由于群体环境随着鱼群数量的增多而改善，鱼群的出生和迁入不断增强，鱼群存量的增长率不断提高,直至最高增长率 G(X)(鱼类存量为 X2)后,群体环境状况又趋于不利,存量的增长率开始降低,直至存量的增长率为零(鱼类存量为 X3),这时达到最大自然规模存量。因而在最低可生存量和最大自然规模存量之间,渔业资源处于自然增长状态。在这期间进行适度捕捞,可以保持和提高鱼群数量的水平。当捕捞量等于增量时,存量保持不变,我们称这一捕捞量为可持续捕捞量。最大可持续捕捞量应该等于最大的自然增长量,显然,这是一种由自然生态规律所决定的最大可持续捕捞量。

　　显然,如果符合经济原则的实际捕捞量等于最大可持续捕捞量,是一种最为理想的状态。但是在事实上,两者多数不相一致。这是由于捕捞者出于经济目的而形成的最大捕捞行为,与由自然生态状况所决定的最大可持续捕捞量并不一致。

　　首先我们研究静态有效可持续捕捞量,这是一种不考虑未来资源价值增值的情况下的有效可持续捕捞量。为了简化分析,假设:(1)鱼价固定,不随供求量的变化而变化。(2)单位捕捞活动的成本固定不变。(3)单位捕捞活动的捕鱼量与鱼类存量的大小有关。鱼类存量越多,单位捕捞活动的捕鱼量越多。

　　在图 4-3 中,横轴从左向右运动,捕捞努力不断增加,捕捞量和总收入也不断增加,这时捕捞的成本也不断提高,在 E1 点单位捕捞活动的边际净收益最大(即收益率最大)。因为在这点上边际收益(总收益曲线在该点的斜率)等于边际成本(总成本曲线的斜率)。超过这一点,单位捕捞量需追加的成本超过边际收益,收益率将下降。因而 E1 为经济上最有效的捕捞努力水平,或最佳经济捕捞量。但是当捕捞者并不单纯追求单位受益最大,而是出于维持生存的需要,或有强烈的规模偏好的时候,为追求总收益最大,捕捞量将不断增加,一直到 E3 即经济极限捕捞量,这时单位捕捞的成本与收益相等,捕捞活动净收益为零。如果超过这一点,总成本大于总收益,发生亏损,将不会从事捕捞活动。在 E1 至 E3 区间的 E2 点为最大生态可持续捕捞量,即在以渔业资源存量不减少为前

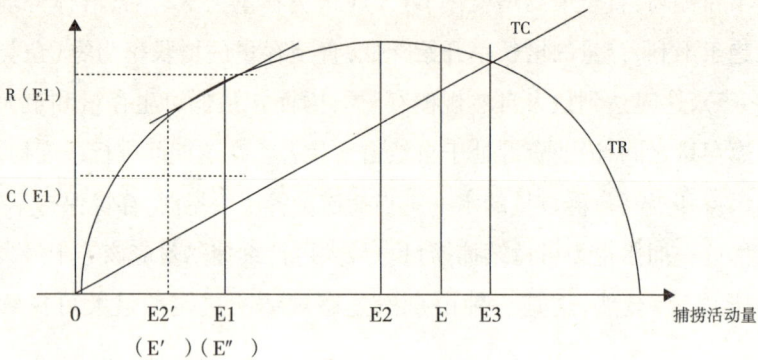

图 4-3　鱼类捕捞的成本收益与可持续捕捞量的关系示意图

说明:图中 C 为捕捞成本,R 为捕捞收益;TC 为捕捞总成本,TR 为捕捞总收益。E1 为最佳经济
捕捞量;E2、E2'为最大生态可持续捕捞量,其中 E2 为通常的位置;E2'为资源趋于枯竭状
态下的位置,可逐步恢复。E3 为经济极限捕捞量。E、E'、E"为实际捕捞量的可能位置。其
中 E 为目前的位置(反映中国渔业历史发展中的实际捕捞量),E'为资源枯竭或趋于枯竭
状态下致力于逐步恢复的位置;E''为兼顾经济与生态效益的位置(最佳经济与生态捕捞
量)

提同时又能获得最大捕捞量的要求下的捕捞活动量。当然事实上,最大
生态可持续捕捞量将会处于实际捕捞活动量的哪一点,即 E2 点与 E1、E3
点的相对位置是不确定的。随着可再生资源开采、利用技术的提高,成本
将更低,收益将更高,从而使单位开采利用活动所能开采利用的资源量不
断增大,因而当资源总量不变而技术提高时,E1 和 E3 点将不断向右移
动。相反,当开采利用技术不变而渔业资源趋向衰退时,则 E1 和 E3 点
会向左移动。而 E2 点因其自然属性,一般不会有大的变化。正因为如
此,当人们的可再生资源的开采利用技术不断提高的时候,尤其必须加强
保护资源和可持续利用的理念。但根据目前我国的技术条件和渔业资源
变化的实际,E1 和 E3 分别位于最大可持续捕捞量 E2 的左侧和右侧,即
最大生态可持续捕捞数量是介于最佳收益率和最大总收益之间的捕
捞量。

　　进一步我们考虑动态有效可持续捕捞量。一定强度的捕捞将会减少
下期的资源存量而减少下期的净效益,因而每一时期的捕捞都是有机会

成本的,这个机会成本就是因为现在的捕捞而损失的未来的捕捞所带来的收益。如果下期的收益高于资源的贴现率,保存资源就是值得的,相反如果贴现率高于下期的收益率,人们就不会保存资源。因此贴现率也决定了保存资源的机会成本。贴现率越高,保存资源的成本也就越高,人们越趋向于现实的捕捞。克拉克(Clark 1976)①证明贴现率上升时,动态有效捕捞努力水平也上升,当贴现率为无穷大时,未来配置就没有任何价值,人们就会尽最大可能增大捕捞量,直至边际成本等于边际收益,效益为0。因此,要促使人们从可持续的目标出发有效地保存资源,就要增强人们对于未来收益的预期,即现实保存的资产未来将不断增值的收益预期;同时控制对资产进行现实开发利用的贴现率,要使未来的资产收益大于该期限内的复合贴现率。从图4-3中可以看到如果人们对资源未来增值的预期大于贴现率,则点向左移动,人们会减少资源的开发力度;而如果对增值的预期小于贴现率,则点向左移动,人们将过度开发资源,不但超过可持续开发量,而且可能到达图4-3中E3的位置。

　　总之,从我国的现实情况看,历史上实际捕捞活动量是在E点;但如果结合经济性和自然生态的要求考虑动态有效可持续捕捞量,最合理的位置应是在单位捕捞活动的净收益最大,即最佳经济与生态捕捞量E1点(实际捕捞量E''点应该与此点重合);如果出于一定时期经济社会的需要而增大捕捞量,也应该不超过最大生态可持续捕捞量。此外图4-3的E2'表明,在资源枯竭状况下,最大生态可持续捕捞量小于最佳经济捕捞量,因而表示最大生态可持续捕捞量的E2'点移到了E1点的左面,这时实际捕捞量E'应该与该点重合。

　　资源产品价格的人为控制,是资源的开采和消费偏离最优路线的重要原因。价格管制的主要方式是规定价格上限。由于资源储备量减少时价格的上升是资源所有者保存资源的动力的主要来源。市场定价没有考

---

　　①　Clark, colin w. , Mathematical Bioeconomics: The Optimal Management of Renewable Resources, New York: Wiley-Interscience,1976.

虑外部效应是低估资源价格的主要原因之一。在价格管制下过低的价格会使人们过多地消费资源,从而刺激生产者即使因低价而导致盈利水平降低的情况下仍然大量生产以寻求总收益最大化。导致资源配置显著地偏离有效配置。

3. 资源配置上的市场失灵

人类对资源和环境的使用和消耗过程主要由市场机制支配。正常工作的市场通常是资源在不同用途之间和不同时间上配置的有效机制。大多数环境恶化和低效使用资源是由于市场机制不健全、扭曲或根本就不存在市场。就资源使用和管理来说,最严重的市场失灵包括:

(1)资源产权不完整或不存在。

市场机制正常作用的基本条件是明确定义的、单一的、安全的、可转移的和可实现的,涵盖所有资源、产品、服务的产权。产权是有效利用、交换、保持、管理和对资源进行投资的先决条件。在市场经济条件下产权必须明确界定,否则就会引起法律纠纷,使所有权产生不确定性,从而打击人们对资源投资、保存和管理的积极性。例如农村土地产权如果不明确,就可能引起农民的短期行为从而过度使用资源。产权必须是专一的和排他的,即如果某人拥有某资源的产权,而他人对同一资源就不应具有同样的产权。多重产权会打击所有者对资源投资、保存和管理的积极性。产权必须安全。如果存在政治经济上的不稳定,如果产权随时可能被剥夺,即使再明确的产权也是不稳定的。产权必须是可实现的,比如国家宣布大片森林资源属于国有,如果难以有效实现,而只是说说而已,就没有多大意义。这种实现包括有效监督和处罚违背产权主体利益的活动。产权还必须是法律上可转移的。如果不能转移,就会打击所有者投资和保护资源的积极性。如果所有权不能转移,所有者就可能不愿进行长期投资。例如从地域上看,如果投资者离开原投资的地区,投资就作废了,人们就不愿进行长期投资。而且有效的市场机制要求稀缺资源能够自由地投向最有效的途径,而产权的自由转移是保障这一点的前提。

自然资源的产权与人类物质产品的产权又有极大的不同。由于自然资源通常是天然形成的,最初多作为全社会共同拥有的财富而存在,目前最大量的潜在自然资源是由国家、政府作为其所有权的代表。这种公共属性,往往会导致对自然资源产权的模糊和不稳定,从而产生对资源滥用和过度消耗的行为。这正是我们对自然资源的产权必须高度重视、明确界定和有效实现的原因。

(2)无市场、薄市场(Thin market)和市场竞争不足。

如果在有些资源配置领域,相关的市场还没有发育起来,或根本不存在,这些资源没有相应的市场价格,因而被过度使用而导致日益稀缺。其实,有些资源(例如渔业资源)的市场虽然存在,但如果价格偏低,只反映了劳动和资本成本,没有反映资源耗费的机会成本(例如渔场的潜在成本和使用者成本)同样会形成滥用和过度消耗的现象。我国一些地区的地下水和灌溉用水是无价的,因而被大量浪费就是其例。此外,一些资源的市场上,买者和卖者的数量很少,从而市场竞争很弱,这种市场成为薄市场,不能起到有效配置资源的作用,薄市场也是一种市场失灵。资源产业往往由于竞争不完全而形成垄断,垄断者通常是具有规模经济效应的企业,垄断者在市场上的行为是减少产量提高价格,因而损害了其他生产者和消费者的利益。这时资源的价格和配置形态都由于垄断的形成而发生扭曲,从而出现资源过度消耗或不能有效利用的各种问题。竞争不完全的其他原因包括基于法律、政治原因的进入障碍、高信息成本、市场规模狭小等等。

(3)外部效应和交易费用。

外部效应是企业和个人的行为对其他企业、个人乃至全社会的影响。外部效应造成私人成本和社会成本的不一致,导致实际价格不同于最优价格。正外部效应的例子是,上游农民种树和保护资源环境,下游农民得到灌溉用水而增产。负的外部效应则是上游滥伐森林对下游的生态造成坏的影响,导致洪水泛滥和水土流失,但上游居民不承担这一成本。也就是说,市场机制往往无法解决由于外部效应对经济主体造成的伤害。这是由于资源环境的成本通常在市场关系之外,起源于技术关系。有效市场的一个基本假设是经济活动主体通过他们对价格的影响相互发生联系,技术关系是被排除在外的。当然如果技术关系是产权明晰条件下的私人关系,则可以通过私人之间的交易,由一方支付给另一方相应的补偿或承担相应的损失而得以解决,从而改变外部负效应。市场机制发生作用的前提是在明确的产权界定基础上进行交易。在资源环境领域,许多会产生外部性的问题,在明确的产权基础上可以通过交易得以解决。通常,交易费用与市场交易的好处相比是微不足道的。但是当交易费用超过交易收益,或买者和卖者太少时,市场就难以建立。同样,建立和执行产权也有成本。如果这些成本高于产权带来的收益,产权和与之相联系的交易也不会产生。例如,为了通过建立产权保护渔业资源,一种可能的方案是把大海分割给居民使其获得相应的产权,但这样做成本太高。在一些情况下,找到外部效应的来源和大家都同意的解决办法成本也太高。同时,当参加交易的个体数量增多时,市场难以将外部效应内部化。因为损失由很多人造成,不容易分清责任,达成协议的难度大大增加,交易成本可能非常之高,如果交易费用超过通过市场解决问题的收益,就不可能求助于市场。在市场没有可能解决外部效应的情况下,唯一的办法是政府干预,制定对造成外部负效应的所有主体行为同样的强制性标准和激励机制,以及外部成本内部化的制度,从而使外部负效应得以消除。

(4)公共物品。

与外部效应相联系的是公共物品。公共物品通常是以解决外部效应为目的的产品。自由市场不能提供公共物品或者提供过少的公共物品和过多的私人物品。因此,提供公共物品就成为政府干预的理由。资源环境所提供的服务包括很多公共物品,例如用作公共活动和生活享受的土地、大自然清洁的水、清洁的空气、物种的多样性、高质量的社会环境等。使外部效应内部化的服务也是公共物品。因为不能把任何人排除,公共物品最应该由政府提供,某些情况下也可由非政府组织通过捐赠来提供。另一方面,资源和环境的破坏可以被看做坏的公共物品。

（5）不确定性和短视计划

自然资源和环境保护涉及未来。未来存在不确定性和风险。不确定性和风险的区别在于，不确定性是不知道可能的结果所产生的概率。风险指知道可能的结果产生的概率。一个行为的结果如果不止一个，就存在不确定性。不确定性有两种：一是由决策者不能控制因素，例如天气引起的不确定性；二是由市场失灵不能提供价格信息引起的不确定性。时间越长，不确定性越大。自然环境受不确定性的影响往往是最大的。自然资源的保护意味着为未来的不确定性牺牲当前的消费。未来不确定性越强，人们越趋向于减少当前的消费以应付未来的生存和发展要求，但是当前利益十分巨大，并且被一部分人所独占性拥有时，这部分人受利益支配而形成短视计划，可能不顾长远的公众风险而破坏性地消耗资源和环境，从而产生市场失灵。一般来说，不确定性使人们对自然资源的开发更加谨慎，这有利于资源的保护。

4. 资源配置上的政府干预和政府失灵

市场在有效配置资源上的失灵为政府干预提供了理由。但市场失灵是政府干预的必要条件而不是充分条件。政府干预的充分条件还需要两方面：第一，政府干预的效果必须好于市场机制的效果。第二，政府干预所得到的收益必须大于政府干预本身的成本，如计划、执行和所有由于政府干预而加予经济其他部门的成本。

理论上，政府干预的目的在于通过税收、管制、建立激励机制和制度改革来纠正市场失灵。例如如果由于土地产权不清，市场在有效配置土地上失灵，政府在收益超过成本的前提下，可以通过授予地契来保障土地产权的安全。如果上游乱砍滥伐森林造成下游洪水，政府就应该向上游林业和下游农业征税，来补贴上游森林的再种植。

然而，政府干预往往不能纠正市场失灵，反而会把市场进一步扭曲。其中原因包括：第一，政府的行为目标往往包括很多非经济的因素，例如国家安全、社会稳定、社会平等和协调。许多部门和地方干部的行为往往带有显示某种政绩以取悦于上级和部分民众的目的,而这些目标恰恰和经济、生态目标相冲突。第二,政府干预常有难以预料的副作用。例如对土地市场的干预可能影响土地的合理配置,或者由于带有促进土地增值而增加财政收入的目的,促使房地产价格不正常的过度上涨,侵害普通居民利益。第三,政府作用的对象是有理性的个人,政策的效果取决于人们对政策的反映。有些政策(例如补贴和对竞争的保护)由于影响人们的预期和财产价值而产生利益集团,这些利益集团对政策产生影响,并使改变这些政策在政治上变得困难。第四,不同的政府政策干预相互影响,使利益机制发生扭曲。第五,与资源环境无关的政府政策往往比资源环境政策本身对资源环境的影响更大。例如对木材工业投资的补贴刺激了对森林的过度开发,这时资源环境状况的恶化不仅是市场失灵的结果,更是政府政策扭曲的结果。

政府失灵可以分为四种类型:

第一,把原来可以正常工作的市场机制扭曲。

第二,有些方面的政府干预在该领域是成功的,但对环境产生外部效应。例如对煤炭价格的补贴有助于鼓励人们生产煤炭,但可能造成大量无序的开发而对资源环境产生不利影响。

第三,政府干预的结果比市场失灵的结果更糟。有时政府不做比做更好,做得不对比不做更糟。如政府对林业放任自流造成过度采伐。但政府以许可证和高收费制度来限制砍伐,反而造成企业加剧滥砍滥伐以弥补上交政府的监管成本。

第四,当市场失灵需要政府干预的时候,政府却没有干预。例如相当一部分投资和生产行为造成了资源消耗和环境损害,但因为有利于政府的政绩,使政府不积极进行干预,或者假干预真保护,后果将会更糟。

例如政府实行价格管制是一种寻租行为,因为如果没有政府对价格的控制,生产者不但能够通过控制生产量使价格高于政府控制价而获取稀缺租,同时可以因资源得以有效保护而形成资源在未来的增值。因此政府进行价格控制的结果其实是把未来资源的稀缺性而导致的增值收益转化为当前的消费者收益。稀缺租作为一种机会成本其特殊功能是保护未来的消费者。政府通过价格管制降低这种稀缺租,表面上是把收入从生产者转移到消费者,实质上是从未来消费者转移到当前消费者。而在根本上则是政府自身的利己行为。因为在一般情况下,当前消费者有投票权而未来消费者在当前无投票权,所以取悦于当前消费者在政治上是有吸引力的。有利于巩固政府在政治上的地位。但是由于未来消费者的损失大于当前消费者的收益,这种做法长期看是无效率也是不公平的。

　　反观中国的情况,第一,中国建国以后历史上没有形成资源价格随稀缺度而提高的机制,很难形成对未来资源增值的预期;中国政府为了保持工业化的动力、社会的稳定以及维持低效率的国有经济的正常运行,长期实行对资源产品价格的控制。第二,人们(尤其是追求政绩的地方干部)往往追求的是就业机会、收入和短期业绩,在巨大的城乡人口就业压力下,人们为了生存而不断地不顾后果和效益开发消耗资源。地方政府表现为短期行为,注重现实财富而忽视未来财富,社会贴现率居高不下。人们即使估计资源有增值的可能,往往也不加重视。因为消耗资源所付出的机会成本与短期现实的收益(高贴现率)相比较可能是微不足道的;即使是对于可再生资源,也广泛地产生过度消耗的问题。例如上述有关渔业资源的捕捞量问题(见图 4-3),我国在很长时期中,渔业企业及渔民没有在理论的最佳收益率点上($E1$)减少捕捞,也未能在最大可持续捕捞量($E2$)上停止捕捞,而往往是到达总收益盈亏均衡点 $E3$ 点才会被迫停止捕捞。第三,由于中国资源高度国有化而产生的产权虚置状况,人们几乎很难考虑对资产的增值负责。在上述三方面情况影响下,滥用资源获利就成为共识,不考虑资源的时间效益最大化的粗放式增长就必然形成。

二、我国和浙江省工业化进程面临
日益严峻的资源与环境约束

　　从 20 世纪 70 年代末进入工业化快速发展阶段以来,我国经济持续

快速增长,综合国力显著增强。但是应该看到,我国经济的高速增长是以
资源的巨大耗费为代价的,以致目前资源约束对经济发展构成严重影响,
环境保护的压力也极大。我国有关工业生产主要不是依靠生产效率的提
高,而是依靠包括资源在内的生产要素的扩张实现,属于较典型的粗放式
增长。

1. 我国及浙江省在资源利用上的粗放特征

有比较才有鉴别。为了研究浙江在资源利用上的粗放型特征,我们
对一些基本经济指标进行国际、国内与浙江省之间的比较。表4-1列出
了三方面的指标:一是人均资源拥有量指标,例如人均耕地面积、人均水
资源的指标;二是国民经济运行结构特征指标,由于不同的经济结构尤其
是产业结构对于资源的需求以及环境的影响极不相同,从而构成了一个
国家对于资源环境的依赖性以及消耗状况的极大影响,例如第一、二、三
产业的比重,产业中消耗型的工业的比重等。三是国民经济运行的资源
消耗指标,反映对资源环境的消耗程度,即使在同样的产业结构下,由于
经济运行方式的区别,资源环境状况的演变和结果均有极大区别,则同样
表现在单位国内生产总值能源消耗、土地消耗和水资源消耗等方面的指
标上。

从表4-1所列人均资源拥有量指标来看,我国与国际平均水平以及
发达国家水平比较,多数指标都是偏低的。一些主要指标不到世界人均
的一半,有的甚至仅十分之一。例如人均石油资源储量仅为11%,人均
铝矿资源仅为7.3%,人均耕地仅为33%,45种主要矿产资源仅为
48%等。

从所列国民经济运行结构特征指标来看,最为突出的是我国及浙江
省的二、三产业比重与国际水平的差异,我国及浙江省第三产业比重比国
际平均水平低23个百分点,而我国第二产业比重则高出近16个百分点,
浙江省高出22个百分点,第二产业比重名列世界各国之前茅。第二产业
由于主要是物质生产领域,对资源的消耗和环境污染比较突出,使我国和

浙江省产业结构显示出十分突出的消耗型结构的特点,这是造成经济运行中资源和环境要素制约的一个基本原因。

从所列国民经济运行的资源消耗指标,更反映出经济运行中粗放式的特点,单位产出的资源消耗和污染物排放都高于发达国家乃至世界平均水平,例如单位国内生产总值的能源消费量(标准煤当量)浙江要比世界平均水平高出75%以上,比发达国家高出1.5倍以上,每万元国内生产总值消耗的水资源、矿产资源比世界平均水平要高出3~9倍。相反,我国的资源回收再利用率则低于发达国家的水平20~50个百分点。这是造成经济运行中资源和环境要素突出制约的关键原因。

表4-1　我国及浙江资源拥有和资源消耗指标的国际比较

序号	指标	国际先进或平均水平（未标国别者为平均）	我国平均水平	浙江省水平
人均资源拥有量指标				
1	人均耕地面积	3.53亩	1.4亩	0.54
2	人均水资源拥有量	8800立方米	2070立方米	2004立方米
3	人均探明石油可采储量	25.7吨	1.8吨	—
4	人均森林占有面积	9.5亩	1.9亩	2.0亩
5	人均铁矿石储量	108.8吨/人	45.7吨/人	0.03吨/人
6	人均铜矿资源储量	267公斤	48公斤	6.86公斤
7	人均铝矿资源储量	23.9吨	1.75吨	—
8	森林蓄积量立方米	58.1	9.421	2.99
9	人均煤炭探明可采储量	141吨	88吨	1吨
国民经济运行结构特征指标				
10	第一、二、三产业比重(GDP)	5.2:31.4:63.4(1998)	10.3:46.3:43.4(2009)	5.1:51.8:43.1(2009)
11	资本形成占国内生产总值的比重	19.9%左右	42.3%	48%
12	GDP增量/固定资产投资	0.36(美国2004年)	0.31	0.267

序号	指标	国际先进或平均水平 （未标国别者为平均）	我国平均水平	浙江省水平
13	工业全员劳动生产率	32.48 万美元/人	1.083 万美元/人	0.659 万美元/人
国民经济运行的资源消耗指标				
14	农业灌溉用水利用系数	0.8	0.4	0.5
15	万美元工业增加值用水量	170.2 立方米	1623.48 立方米	2287.5 立方米
16	每亿美元国内生产总值的能源消费量（万吨标准煤当量）（2000 年）	平均4.48，高收入国家2.90	15.11(2004 年)	7.70
17	每亿美元 GDP 废水排放量	87.50 万吨	349.99 万吨	239.04 万吨
18	每万美元工业增加值产生的工业废气	3.24 万标立方米	31.33 万标立方米	19.8 万标立方米
19	每亿美元工业增加值产生的固体废弃物	1.51 万吨	14.32 万吨	3.74 万吨
20	能源综合利用效率（%）	43	33	36
21	工业用水重复利用率(%)	80	55	36.4(2003 年)
22	矿产资源总回收率（%）	50	30	
23	木材综合利用率	80% 以上	60% 能左右	
24	煤炭资源综合回收率(%)	50	30	
25	钢铁工业废钢利用占粗钢产量比例	43%	26%	
26	再生铜占铜产量的比例	37%	22%	
27	再生铝占铝产量的比重	平均40%,美国52%,日本99.5%,	21%	
28	翻新轮胎占新胎产量比重	10%	4%	

续表

序号	指标	国际先进或平均水平（未标国别者为平均）	我国平均水平	浙江省水平
29	小排量轿车百公里油耗	4—5 升	5—6 升	
30	火电供电煤耗（克/千瓦时）	309	379	340
31	每吨标准煤的产出效率（GDP/吨）	平均 2232 美元，美国 2744 美元	785 美元	1758 美元
32	每吨标准油当量产出效率	3226 美元	1162 美元	2273 美元
33	单位土地面积能源消耗量（吨标准煤/平方公里）	74	205	700
34	万元 GDP 消耗全社会用电量（千瓦时）	4243.9	11275.5	10144.3

资料来源：国际数据根据世界银行发布的各种统计数据或推算。全国数据根据各年的《中国统计年鉴》；浙江省数据根据各年的《浙江统计年鉴》及浙江省统计局发布的《浙江 GDP 增长中的代价分析》（2003—2005 年），美元计算的数据是按当年平均汇率换算的。除注明者外，世界或国外为 2004 年数据，我国及浙江为 2005 年数据。

2. 浙江产业结构的资源消耗特征

说明一个区域产业结构的特征，最好的办法是进行区域间的横向比较，尤其是国际、国内的比较。表 4－2 列出我国及浙江省第一、二、三产业的结构与美国的比较。可以看到，1980 年至 2009 年，美国的第一、二产业分别由 2.77% 和 33.65% 降低到 1.0% 和 18.5%，第三产业则从 63.57% 提高到 80.5%；而浙江在第一产业大幅度下降的同时，却是第二产业比重的大幅度提高，从 46.8% 提高到 2010 年的 51.9%；第三产业比重虽然增加到 2010 年的 43.1%，但仅为美国的一半稍强。美国 2009 年第三产业比重达到第一、二产业总和的 4 倍。

从第二和第三产业内部的结构看，美国制造业的比重从 24.0% 降低到 11.5%，而浙江则从 41% 提高到 46.2%。美国金融保险不动产的比重从 12.0% 提高到 20.0%，而浙江在 2010 年仅为 10.1%，比重不及美国的一半。总之，与美国相比，浙江第三产业的发展，尤其是那些不依赖于物质消耗的服务业的发展远远比美国滞后,而作为资源小省,那些大量需要依靠物质资源供给的工业产业发展很快。2000 年以后,浙江进入工业化后期,发展主要应该体现在产业升级、质量层次的提高上,但是工业的发展仍然突出地表现为量的扩张和比重的上升。第三产业虽然比重不断提高,但仍然与产业升级的要求不相适应。

表 4 - 2 美、中、浙历年三次产业结构对比(%)

产业	国家或地区	1980	1990	1995	2000	2009(美) 2010(中,浙)
第一产业	美国	2.7705	1.9299	1.4819	1.3824	1.0
	中国	29.9	26.9	19.8	14.8	10.2
	浙江	36	25.1	15.9	11	5.0
第二产业及其中的制造业或工业所占百分点	美国第二产业	33.6567	27.0594	25.5482	23.6141	18.5
	其中制造业	24.008	19.061	18.051	15.761	11.5
	中国第二产业	48.2	41.3	47.2	45.9	46.8
	其中工业	43.9	36.7	41.1	40.3	40.2
	浙江第二产业	46.8	45.4	52	52.7	51.9
	其中工业	41	40.5	46.3	47.7	46.2
第三产业及其中金融保险不动产所占百分点	美国第三产业	63.573	71.011	72.97	75.003	80.5
	其中金融保险不动产	12.611	16.014	17.283	19.174	20.0
	中国第三产业	21.9	31.8	33	39.3	43.0
	其中金融等		8.39	8.35	9.07	7.86
	浙江第三产业	17.2	29.5	32.1	36.3	43.1
	其中金融等		6.8	5.5	5.4	10.1

资料来源:各年份的《中国统计年鉴》、《中国国际经济统计年鉴》、《浙江统计年鉴》等。

浙江作为加工制造业的大省,原材料和商品市场两头在外,产业构成对物质资源投入的依赖性很强,然而省内的物质资源供给产业却相对较薄弱。我们可以采用定量的方法,测算区域已有产业对物质资源的依赖程度,同时测算区域能够实现物质自然资源自我供给的程度,将对物质资源的"依赖度"和物质资源的"自给度"相比较,据此判断其产业发展的物质资源要素供求的均衡程度(即供给对需求的满足度),以利于产业结构的战略性调整。

产业对物质资源要素的依赖程度,可以运用投入产出表进行计算以作出判断。根据《浙江统计年鉴2011》所列浙江省43个部门投入产出直接消耗系数表,计算在一个省内对不同产业的投入中,物质资源性产业所占的比重。关于所有产业投入中,哪些是物质资源性产业,目前并无明确规定。我们认为,在"投入产出序列表"中,农林牧渔业、煤炭开采和洗选业、石油和天然气开采业、金属矿采选业、非金属矿及其他矿采选业、石油加工、炼焦及核燃料加工业、化学工业、非金属矿物制品业、金属冶炼及压延加工业、电力、热力的生产和供应业、燃气生产和供应业、水的生产和供应业共12个产业为资源性产业。我们可以考察三次产业的各行业对这些资源性产业投入的依赖性程度。

第一步,根据投入产出表计算各部门的资源型消耗占本部门全部中间投入的比例,并分别就这些部门对11个资源型产业的直接消耗新系数进行加总,计算出各部门对于资源型产业的总体消耗系数(A),进一步分别计算其占本部门所有中间投入的比重(E),有:

$E = A/B$(B为部门的全部中间投入系数)

第二步,考察省内各产业部门实际对资源的消耗占全部产业中间投入的比重。其方法是:

先依据《浙江统计年鉴》中各产业部门的中间投入价值量(总产值—增加值),分别计算出该部门中间投入占全部产业中间投入价值量的比重:

$H = G/L$

(以上:H为某部门中间投入占全部产业中间投入价值量的比重;G为某部门的中间投入价值量;L为全部产业中间投入价值量)

进而计算本部门实际资源型消耗占全部产业中间投入的比重 I,有：

I=E·H

最后,将各部门的上述比重加以合计,即得出全部产业实际的资源性投入占全部产业中间投入的比重,即表4-3中的合计项。它反映了产业对资源性投入的总体需求程度,我们将该合计的比重称为"资源需求系数"。

表4-3　浙江、江苏、广东及全国产业对资源性产业的消耗程度的计算结果(2010)

地域	全国	浙江	江苏	广东
农林牧渔业	0.0230	0.0075	0.0109	0.0086
煤炭开采洗选业	0.0065	0.0000	0.0008	0.0000
石油天然气开采	0.0038	0.0000	0.0002	0.0016
金属矿采选业	0.0043	0.0003	0.0004	0.0009
非金属及其他矿采选	0.0011	0.0014	0.0007	0.0016
食品制造及烟草加工业	0.0313	0.0073	0.0168	0.0179
纺织业	0.0108	0.0220	0.0196	0.0043
纺织服装鞋帽皮革羽绒及其制品	0.0031	0.0054	0.0031	0.0062
木材加工及家具制造业	0.0037	0.0063	0.0041	0.0044
造纸印刷及文教体育用品制造业	0.0050	0.0036	0.0049	0.0068
石油加工、炼焦及核燃料加工业	0.0277	0.0199	0.0102	0.0220
化学工业	0.0638	0.0979	0.0910	0.0567
非金属矿物制品	0.0173	0.0143	0.0132	0.0188
金属冶炼及压延加工业	0.0695	0.0408	0.0728	0.0328
金属制品业	0.0122	0.0199	0.0190	0.0151
通用、专用设备制造业	0.0194	0.0255	0.0293	0.0076
交通运输设备制造	0.0109	0.0195	0.0125	0.0076
电气机械及器材制造业	0.0206	0.0325	0.0353	0.0243
通信计算机及其他电子设备制造	0.0090	0.0052	0.0171	0.0183
仪器仪表及文化办公用机械制造	0.0015	0.0031	0.0031	0.0017
工艺品及其他制造	0.0025	0.0048	0.0015	0.0057
废品废料	0.0001	0.0004	0.0000	0.0006
电力、热力生产和供应业	0.0266	0.0400	0.0186	0.0331

续表

地域	全国	浙江	江苏	广东
燃气生产和供应	0.0017	0.0019	0.0014	0.0037
水的生产和供应	0.0005	0.0007	0.0003	0.0006
建筑业	0.0630	0.0812	0.0277	0.0336
交通运输仓储业邮政业	0.0140	0.0072	0.0172	0.0076
信息传输、计算机服务和软件业	0.0007	0.0007	0.0002	0.0005
批发和零售业	0.0025	0.0009	0.0017	0.0005
住宿和餐饮业	0.0051	0.0076	0.0021	0.0074
金融业	0.0007	0.0012	0.0010	0.0003
房地产业	0.0008	0.0014	0.0010	0.0001
租赁和商务服务	0.0022	0.0026	0.0006	0.0065
科学研究、技术服务和地质勘查	0.0019	0.0017	0.0016	0.0004
水利、环境和公共设施管理业	0.0007	0.0006	0.0003	0.0001
居民服务和其他服务业	0.0024	0.0010	0.0010	0.0012
教育	0.0020	0.0006	0.0010	0.0027
卫生、社会保障和社会福利业	0.0091	0.0042	0.0026	0.0050
文化、体育和娱乐	0.0006	0.0003	0.0003	0.0004
公共管理和社会组织	0.0025	0.0017	0.0012	0.0020
合计	0.4842	0.4925	0.4461	0.3693

注：原始数据来源于全国及浙江、江苏、广东的统计年鉴（2011年），限于所公布的统计数据，本表均为规模以上企业指标。

用上述方法，我们计算了全国及浙江、江苏、广东省的数据，表4-4列出了计算结果。根据计算，2010年全国及浙、苏、粤三省全部产业的资源需求系数分别为0.4842、0.4925、0.4461和0.3693。进一步测算本地资源型产业的产出强度，可以用本地资源性产业的总产值占本地全部产业总产值的比重来反映，称之为"资源供给系数"。根据计算，全国及浙、苏、粤三省的资源供给系数分别为0.3335、0.2630、0.2705和0.2146。

最后，我们计算资源供给系数相对于资源需求系数的比值，即资源供求均衡系数。需要明确的是，单纯以这一系数的绝对值大小，并不能表明一个地区物资资源供求平衡的程度。但是却可以用这一系数来进行不同地区之间的横向比较，来判断其受到物质资源供给的制约程度的高低。经计算得出浙江全部产业的资源供求均衡系数=0.2630/0.4926=0.5340。

表4-4　浙江、江苏、广东及全国产业资源供求均衡系数的计算

	资源需求系数	资源供给系数	资源供求均衡系数	资源供求均衡指数
全国	0.4842	0.3335	0.6888	1
浙江	0.4926	0.2630	0.5340	0.7753
江苏	0.4461	0.2705	0.6064	0.8804
广东	0.3693	0.2146	0.5810	0.8436

根据以上方法，我们计算了全国和三省的资源供求均衡系数。在此基础上计算"资源供求均衡指数"。其方法是将全国的资源供求均衡指数设为1，而各省的资源供求均衡指数根据该省的资源供求均衡系数与全国的资源供求均衡系数的比值关系得出。计算结果见表4-4。

从计算的资源供求均衡指数看，浙江为0.7753，不仅比全国低得多，而且比江苏、广东也明显偏低，浙江产业对资源需求是最高，而资源自我供给的水平则偏低。广东省虽然资源自我供给水平低于浙江，但其对资源的需求远低于浙江（需求系数0.3693）。而江苏近年来产业转型升级成绩较为显著，有利于其降低对资源的消耗。例如化学工业是比较典型的资源依赖型产业，江苏和广东的化学工业全部中间投入价值分别为8655和5377亿元，比浙江的5350亿元要大，但由于生产技术水平或产品附加值较高，对资源的依赖度也就较低。江苏、广东和浙江化学工业对资源性产业的直接消耗系数分别为0.6122、0.5813和0.6323，浙江明显高出苏粤两省，从而资源性投入占全部产业中间投入比例（0.0979）也高于苏粤两省（0.0910和0.0567）。据我们计算，类似这样的行业还有不少；如木材加工及家具制造业、石油加工、炼焦及核燃料加工业、金属冶炼及压延加工业、金属制品业、交通运输设备制造、通信设备计算机及其他

电子设备制造、仪器仪表及文化办公用机械制造,这些行业在浙江的资源性消耗全部高于全国平均值及江苏、广东省。同时,浙江省的电力、热力生产和供应业、燃气生产和供应、水的生产和供应业的资源消耗也全部高于全国平均及江苏、广东省,说明浙江的资源消耗付出是昂贵的。这种昂贵的,既源于生产过程中由于技术和管理等原因导致消耗较大,也由于浙江所获得的资源成本较高。我们将各行业对资源性产业的消耗系数予以加总,即可测算出一省产业总体对资源供给的技术性依赖程度,其结果是:全国及浙、苏、粤的系数总和分别为 11.001、11.279、10.828 及 9.998,浙江是最高的,作为资源小省,浙江具有这样的高资源依赖度特征显然不合理。①

　　可见,对浙江而言,如何在战略上调整产业结构,转变增长方式,以克服物质资源的制约,就显得尤为重要。浙江与江苏省均为经济较为发达的省份,在经济环境比较良好时,两省经济都会呈现较快的增长态势,在全国居于领先地位。但是在经济形势不利的条件下,两省经济发展局面会发生较大差别:浙江由于更偏重依靠民营经济和中小企业,而江苏的公有制经济和大中型企业相对发达;浙江产业受到自然资源要素制约更为严重,而江苏则相对宽松。这两方面的差别都使浙江在外部经济环境不利,尤其是能源、资源等供应紧张、成本上升时,经济出现较大波动。相对于江苏省,浙江经济回落的幅度更大一些。统计资料显示,2005 年浙江和江苏国内生产总值分别比上年增长 12.4% 和 14.5%,相比上年增幅,浙江回落了 2.1 个百分点,而江苏仅回落 0.4 个百分点;全社会固定资产投资,浙江增长 15.1%,比上年回落 5.1 个百分点,比全国低 10.6 个百分点,而江苏在投资结构调整中继续保持 28.0% 的较快增长速度;同样,在 2008—2009 年期间,当面临国际金融危机严重冲击时,浙江经济增速跌至全国省市的倒数第二位,两年地区生产总值增长率分别为 10.1% 和 8.9%,但是江苏仍能够保持

---

　　①　上述结果均根据全国及相关各省统计年鉴(2011)中的产业部门投入产出直接消耗系数表计算所得,具体过程因篇幅所限恕不详细列出。

12.7%和12.4%的增长率,在全国名列前茅。

同样的宏观调控,同样的发展环境,浙江经济的发展面临着更为严峻的考验。究其原因,一是浙江资源极度匮乏,人均占有资源包括土地、能源等都低于全国平均水平,浙江目前仍然较为粗放型的增长方式必然受到资源和环境的极大制约,而江苏的能源相对比较丰富,受制约的程度就比较低。二是浙江产业层次偏低,产业高度化不足。浙江的产品结构以纺织品、服装等轻工业为主,其次为机电产品、小五金等下游产品。近几年上游产品价格上涨较快,使得以生产下游产品为主的浙江企业的发展遇到了巨大的压力。浙江以民营经济为主,近年来的宏观调控主要手段是银根紧缩,金融机构对民营企业的贷款尤为严格,影响了以民营经济为主的浙江经济的发展。针对浙江经济面临的困难和问题,浙江省委省政府及时采取一系列措施以促进经济持续较快发展,同时提出工作的"重中之重"是推进经济转型升级,加大结构调整力度,转变对于能源和自然资源过度依赖的局面。事实证明已经取得了良好效果。

三、体制机制和管理方式的问题是形成资源
低效率消耗的重要原因

建国以后,我国对经济增长及自然资源的管理长期采取计划经济的做法。改革开放以后,虽然市场机制在经济工作中发挥了越来越大的作用,但是旧体制的影响仍然在广泛的领域制约经济发展。尽管在土地、水等领域实施了使用权交易等市场化的办法,但由于自然资源所有权主体的"虚置",自然资源交易限于表面化,自然资源基本上被当做公共资源开发和使用。可以说,体制性浪费是制约我国节约型社会发展的重要原因。

1. 资源环境的产权不明晰以及要素市场不健全导致资源低效率配置

产权是交易的前提,也是有效利用财富的关键。现代产权理论认为,

在一个因资源的稀缺性而竞争的社会,必须有某种竞争规则和标准来解决这方面的冲突。这些规则的基础是产权,它是由法律、规章、习惯或等级地位予以确定的。与此相对应的是,使用公共产权的权力是没有界限的,任何人无法排斥其他人使用它,人们都可以为使用这一财产而自由地进行竞争。由于缺乏排他性的使用权,人人竞相使用公共财产,会使公共财产的租金价值和财富净值为零。按照我国的法律,我国的大多数自然资源属于国家所有,但其使用权、受益权乃至处置权实际上主要掌握在地方政府手中。比如土地,地方政府出于政绩及可支配资金最大化的需要,倾向于对不同用途土地采取不同出让方式和定价策略。例如,对于商业、住宅用地倾向于采取招标、拍卖、挂牌出让的方式追求一次性收益,而对于工业、仓储用地,政府更看重的是工厂建成之后给本地区带来的 GDP、税收、就业等政绩利益和长期利益,倾向于采取零地价甚至负地价的方式招商引资,由此必然导致土地的过度占用。又如森林资源,根据现行法律法规规定,国有森林资源产权属国家所有。但是,具体的产权主体一直未在法律法规上作出明确的界定。在产权变动时,地方政府、林业部门和国资部门都认为自己是国有森林资源产权主体,导致实际上国有森林资源产权处于谁都可以管,谁都可以不管的状态。由于产权主体的不明晰,常常导致国有森林资源资产被地方政府、主管部门以种种名义随意平调和征占,甚至无偿出租、出卖,造成国有森林资源资产流失。以加快增长为目标的政府计划配置使能够取得配置份额单位的资源成本降低,从而使他们忽视了对资源的有效利用。这也可以用日常生活中一句话来解释:即轻而易举得到的东西,人们往往不会珍惜它。有的企业将土地购买到手后,并不进行开发活动,而是待价而沽,等土地增值以后再以各种方式出售,以获取收益。这种非市场化低成本取得土地产权的方式,是城镇中出现大量土地闲置及低效利用现象的重要原因。对于环境产权,当前我国的环境保护法律体系中也还未明确界定。发达国家已经普遍展开的排污权交易制度,在我国还处于摸索实验的阶段。浙江省排污权交易制度目前仅在嘉兴市作为试点展开,其操作成效尚未得到明显体现,还需拭目以待。而全省范围内的排污权交易制度和市场，目前还并未形成，这就使得浙江省企业通过治污节约排污指标很难体现出经济效益。

资源要素的有效利用有赖于区域内各生产要素流动的有序性和合理性，从而在市场供求关系和价格、竞争机制的作用下，使要素的配置能够产生边际收益最大化的效用。保障区域要素有序流动的重要因素是区域要素市场的发展与完善。目前我国要素市场的建设远滞后于商品市场的发展，一是市场层次偏低。很多物资交易市场如行业内全国最大的瞿溪牛皮市场、浙南鞋料市场等仍以摊位式市场和集市式市场为主，高档次、现代化的物质要素市场，特别是大型物流中心、专业市场园区和虚拟的网络要素市场等新型流通业态不多。二是政府过度管制和介入市场资源配置。在要素市场上，政府的管制还过多，如政府完全控制着土地要素的配置权，导致土地的产权主体缺位，阻碍了土地要素市场的形成。政府支配要素市场的运行扭曲了要素市场价格机制，如由于工业土地审批操作的不规范和土地二级市场运行规则的欠缺，使得以地牟利、炒买炒卖土地等情况时有发生。三是交易成本高昂和缺乏有效的产权制度。要素市场产权的缺失或产权界定不清加大了交易成本，制约着要素市场的发展。加之区域内中介组织发展的滞后、不平衡及浓厚的官方色彩，都导致要素交易成本的提高，阻碍了要素市场的发展，同时也阻碍了要素的有效配置。

2. "鼓励消耗"而不利于节约的观念及社会氛围

根据我们的调查，无论是政府、企业还是民众，在提到不利于节约型社会建设的种种因素时，几乎都不约而同地强调目前社会上种种"崇尚"铺张浪费及铺摊子的观念是阻碍节约型社会建设的重要因素。新中国成立以来，在物资紧缺的计划经济年代，政府曾经大力提倡勤俭节约的风气，我国传统上也有不少鼓励节约的信念。改革开放以后尤其是大力发展市场经济以来，国家为了促进消费需求的扩大，曾经大力鼓励居民消费。但是鼓励合理的消费往往被扩大为鼓励过度消费乃至浪费的行为，鼓励消费变成了"崇尚消耗"。在经济建设中，建设者追求"大、洋、全"，以彰显项目的重要性和工作成绩,却往往轻视真正的实用价值;在生活中讲排场、比阔气在城乡还相当有市场,人们往往以"谁消耗的多"为荣,以花钱多为荣,而不是鼓励"花得少,实用价值高"的经济行为;出手大方,不讲实效的往往受到好评,而精打细算、处处节约被视为"小气";在法律上,目前我国的法律和法规还没有切实体现鼓励节约、惩罚浪费的原则;在体制上,由于地方利益和部门利益分割而导致的重复建设、内耗所造成的浪费相当多;干部考核体制重视 GDP 攀比,结果通常是鼓励消耗。很多情况下高投入、高消耗提高了成本,同时也提高了 GDP 总量,而这正是地方政府所追求的。例如某地为了使当地盛产的某种原材料有销路,有意不计成本地增加其在其他生产过程中的投入,或者本来可以对现有生产线进行技术改造就可扩大生产能力的,却进行新的投资,建设新的生产线。这样增加了生产和经济发展的成本,却有利于地方 GDP 数字的扩大。高消耗不利于经济效益,却往往被扩大了 GDP 总量的政绩所掩盖。各地政府在展示工作成绩时,往往谈的是当年搞了多少投资项目,开辟了多少面积的工业园区,总投资多少,新增生产能力多少等等,多为投入方面的"业绩",而忽视对这些投资究竟产生多少效益,给经济社会带来多少实际福利进行比较。这是导致投资膨胀同时伴随大规模损失浪费的重要原因;在政策上,包括财税的法规、政策在内,也还没有全面体现鼓励节约,限制和惩罚浪费的指导。对于循环经济发展问题,一是部分政府部门认识不到位。仍有一些政府部门认为循环经济是经济发展到一定程度才能推广的发展模式,需要高科技和资金投入支撑,缺少发展循环经济的紧迫性和责任感。二是部分企业认识不端正。由于污染的违规成本过低,部分企业认为实施清洁生产,虽然减少污染,但要增加大量设备投入,会加大企业运营成本,降低企业竞争力,缺乏推进循环经济的自主性和积极性。三是部分社会公众认识有偏差。有些人节约意识、环保意识不强,认为节电、节水无关紧要,从而增加了资源消耗和环境污染。

3. 制度缺陷条件下的内部成本外部化

在粗放式投资冲动下的规模扩张,通常伴随的是对自然资源,尤其是不可再生资源的大量消耗,由于大量的资源转换过程必然会形成大规模的废弃物排放,对自然和社会造成损害。这种由企业生产经营所引起的外部影响,按照市场经济的公平规则,应该由企业内部承担,即需要增加企业在这些方面的成本,包括消耗不可再生资源而应该向社会支付的费用,减少和消除废弃物排放则要付出的无害化处理或资源再生的生产成本。但是,由于我国在环境保护方面存在的制度缺陷、企业道德缺乏以及政府监管人员的不作为等方面的原因,这些本应由企业承担的资源环境成本,企业却可用种种方式逃避、减少或转嫁到社会。这些方面的问题主要有:

一是某些地方政府出于扩大投资和规模化生产的政绩需求,不顾资源和环境方面的社会利益,容忍或支持企业损害资源环境的负面行为,甚至以经济发展可以采取"先污染后治理"以及"边污染边治理"的模式,导致大量低水平、高消耗、高污染企业的扩张。浙江省东阳市画水镇严重的废水废气污染、平阳县水头镇严重的制革业污染以及衢州市衢江区沈家经济开发区化工企业污染,都是在政府的不合理规划和不当推动下形成的。

二是在资源和环境监管上,目前企业实际承担的外部性成本往往远低于其造成的外部负效应,对资源消耗和排污所征收的费用标准过低,而要由政府来承担外部负效应事实上是很难保障的。同时,目前通行的对排污采取浓度控制方式,事实上浓度控制不能解决污染物排放总量随经济发展而日益增加,与有限的生态系统自净能力之间的矛盾。因而,实行排污总量控制,即以控制一定时段、一定区域中排污单位排放污染物的总量为核心的环境管理方法体系势在必行。

三是企业由于损害资源或违法排污所承担的罚款,远低于企业运行环保设施所需付出的成本,以至于出现一些企业已建成的环保设施不运行,却违规大量排放的事例。而采取末端治理、分散治理的方式,往往使很多污染排放难以有效监测,更使企业存在严重的机会主义行为。

保护资源环境理应是企业的一种社会责任,但为什么不能成为所有企业的自觉行动？一个重要原因是它需要较大的投入和运行成本,但往往并不能给企业带来净收益。而投资的回收期通常较长。于是便有不珍惜环境和资源的企业行为。而这对于那些重视控制能源消耗和环境保护的企业而言,是一种不公平竞争。因此,不断加大损害公共利益行为的成本,真正让重视者得利,轻视者受损,才能提高企业的责任意识。

4. 地方政府以政绩为目标的经济增长动力导致对自然资源的低效率过度消耗

目前区域经济的运行仍然是一种政府主导型的机制,在现有的政治体制下,由于干部主要是对上级负责,而上级对下级进行考核时,把增长速度作为衡量干部"政绩"的主要标准的老习惯和老做法并没有根本改变。大量消耗资源或加剧环境污染,不仅不会减少 GDP 的数值,反而可能加大其增长。而且目前干部轮换、调动较多,短视思维容易左右一些干部的立场,并推动他们采取透支环境促进 GDP 增长获取政绩的做法。在这种机制下形成恶性循环,导致投入的实际收益越来越低。

再从企业角度看。目前无论是公有制企业还是私有企业,其运作仍受到政府主导及政府行政化推动的极大影响。政府加快发展经济的目标一般应该通过经济调控和市场化的运作来加以推动,但也可以通过权力的运作,争取更多的资源要素投入生产过程来达到。在没有相应制约的前提下,政治理性取向的行政官员自然会选择行政运作,以最快捷地达到政府工作业绩最大化目标。长期低成本的资源要素也使这种以更多地取得资源消耗权为基础的投资冲动得以实现。

各级政府继续保持着过多的资源配置权力和对企业微观经济决策的干预权力,是上述"政绩推动效应"形成的前提。虽然我国已初步建立了社会主义市场经济体制,但市场在资源配置中的基础性作用仍然发挥得不够,土地、矿藏、税费收入等重要资源的配置权力仍然在很大程度上掌握在各级政府官员手里,或者受党政领导决策的影响,这就使各级政府官员有了运用这种动员和支配资源的权力来实现自己"政绩"目标的可能。

以生产型增值税为主,在中央预算和地方预算之间按 75∶25 的比例分成的财税体制,使各级政府官员有动力和能力进行大规模投资,努力运用手中的资源配置权力集中力量营建产值大、税收多的加工工业和重化工业项目,包括营建"改变城市面貌"的形象工程、政绩工程。此外,诸如九年制义务教育的责任和财源也均下放给地方政府,使各级地方政府都要努力扩大经济规模以取得更多的收入来弥补日益增大的支出。

四、利用倒逼机制推进集约型经济的国际经验

从历史角度看,我国提出转变经济增长方式已有多年,但为什么至今成效仍然十分有限?固然有着多方面原因,但传统计划经济所造成的强烈的路径依赖,以及人口众多、就业压力大的国情,使得粗放式增长的观念、体制和机制难以改变,全社会上下都会习惯地沿着能够维持温饱的轻车熟路式的发展模式继续走下去。除非遭受到外力冲击,传统模式难以保障旧路径继续有效,人们确实无法再沿着旧路子走下去的时候,真正的改变才可能发生。严峻的物质要素制约可能正是这样的条件或者说是"机遇"。从国际上看,许多发达国家例如德国、日本、韩国等,也都是在面临某些时期资源严重制约,不可避免地威胁其基本的生存和发展条件时,人们才产生强烈的改变旧模式的冲动,从而使发展的基本理念发生真正改变,产业升级、集约式生产、节约型社会和循环经济成为人们挽救经济、避免崩溃、保障生存和发展的唯一选择。利用物质要素制约的"倒逼"机制,将压力转化为增长方式转变和产业升级的动力,既是客观形势所迫,也是国际上成功实现经济转型国家的宝贵经验。

1. 在资源紧缺的倒逼机制下促进产业升级,加强科技应用和人力资本培育

（1）日本的经验

日本国土狭小,资源贫乏,上世纪 70 年代之前奉行"加工贸易立国"的

战略方针,即一方面引进外国先进技术,促进本国经济技术革新;另一方面又进口大量的资源和能源,利用技术革新的成果生产出竞争力很强的工业品,扩大出口,从而获取进一步发展本国经济需要的资源、能源和外汇。由于当时国际市场的初级产品价格被压得很低,日本利用这种有利条件,比较成功地实现了重化工业化。在 1970 年至 1980 年的 10 年间,农产品、金属材料、矿物性燃料、天然橡胶等原料进口分别增长了 4.7 倍、2.1 倍、16.9 倍和 3.2 倍。尤其是 1973 年第一次石油危机的爆发,使一向依靠大量进口廉价石油的日本受到极大打击。日本经济陷入国际收支恶化、物价上涨和经济衰退的所谓"三重困境",彻底暴露了日本经济结构的脆弱性。日本政府意识到,要素制约的问题,根本上是由于高消耗的产业结构与日本资源贫乏的矛盾造成的,必须从治标和治本的多方面解决这一问题。

为了缓解资源要素的制约,日本加快由商品输出转向资本输出和技术输出,实行产业转移。将能源、资源、劳动力消耗大的产业向发展中国家转移。国内大批高消耗的制造业持续不断地将生产基地转移到其他发展中国家,但国内仍然保持对生产过程的控制,掌握着技术、管理、品牌和营销渠道等方面的优势和控制权。因而生产基地的转移不但没有影响国内生产总值的增长,反而大大提高了制造业的经济效益。

从根本上改变资源、能源消耗过多的重化工业化的结构,从以往的"加工贸易立国"战略转向"科学技术立国",从"模仿和追随的文明开化时代"迈向"首创和领先的文明开拓时代",强调发展资源和能源消耗小的知识密集型工业技术。由此明确提出了以发掘"头脑资源"来克服"资源小国"的弱点的基本战略思路。所谓"头脑资源"战略的基本内容是产业结构的知识密集化,日本报刊称为"软化"和服务化,突出"软化经济"的新概念。①

日本的以上战略是成功的。其单位 GDP 能耗多年仅为中国的七分之一,正是长期实行节约型社会战略的结果,其经验是值得我们借鉴的。其一,日本当时处于工业化中后期面临的矛盾,与浙江省现实情况有极大

---

① 日本《东洋经济》周刊 1983 年 4 月号《软化》专辑。

的相似性,所不同的是,其面对的矛盾是国际间的要素与商品交换,而浙江省很大程度上可以通过国内的交换来加以解决,更容易采取相应的对策;其二,日本充分发挥了其原有的相对优势,实行从模仿向以创新为动力的产业升级转变,抓住以技术为中心的价值链高端环节,实行"头脑资源"和"软化经济"战略,既提升了其优势和效益,又将高消耗的低端环节转移至国外,无疑是一举两得的良策;其三,其在物质资源"开源节流"方面的对策详尽周到,低消耗技术的开发和运用,细化到方方面面的每一个环节,可谓竭尽全力。相比之下,要改变我国目前的粗放式生产方式,确实有待于企业和政府部门下最大的决心去落实。

(2)德国的经验

德国的国内市场狭小,自然资源较为贫乏,原料供应和能源方面很大程度上依赖进口,2/3 的初级能源需进口。二战后,德国产业结构不断升级,由劳动密集型到资本密集型,再到技术密集型产业的转变。

德国在战后成功实现产业升级的启示主要有三:一是有远见的产业政策。德国的产业政策是在充分尊重市场机制的基础上,以经济增长、物价稳定、就业充分和国际收支平衡为目标进行间接宏观调控,实现一定程度的国家计划化。在不同时期,对重点扶持的产业采取了不同的具体政策。80 年代以来,为克服物质要素制约,转向发展信息电子、通信、自动化、生物工程、航空航天、核电技术等新兴产业,全球最大的企业管理软件及协同商务解决方案供应商、全球第三大独立软件供应商 SAP 公司就在这个时期发展起来。二是重视科技进步。德国科学研究具有较长的历史和优秀的传统,属世界科技大国之一。德国拥有一整套结构完善、分工明确、协调一致的科研体系。高等院校、独立研究机构、企业科研机构是德国科研体系的三大支柱。德国政府非常重视科技投入,R&D 活动经费主要来自政府、经济界、私人非营利科研机构、基金会。1999 年德国研究与开发经费总额为 926 亿马克,占 GNP 的 2.37%,仅次于日本和美国。新兴产业是德国重点科技领域。三是发达的教育与高素质人力资源。德国成为经济高度发展和科技领先的国家,一个重要原因就是德国政府高度重视教育。发达的教育不仅提高了整体国民素质,也为经济发展提供了一批高水平的科技人才和高素质的职业工人。德国的职业教育独具特色,实行劳动者终身职业培训制度。在15—18岁的青少年中,有60%以上接受过高素质的职业训练,政府为此制订《职业教育法》、《青少年劳动保护法》和《职业教育促进法》来保障这一制度的发展和顺利运转。职业教育是德国提高就业率、促进技术进步、提高劳动生产率的重要途径,造就了企业员工的高素质,这也是德国产品享誉全球的重要原因之一。

(3)韩国的经验

韩国矿产资源极度贫乏,主要工业原料均依赖进口,一些重要的能源如石油、煤、铀等,对外依赖程度甚于日本。韩国经济从朝鲜战争后迅速发展,据世界银行统计,2009年韩国的GDP是9666亿美元,居世界第11位。20世纪70年代韩国的产业结构开始由劳动密集型向资源、资金密集型转变,但是以高消耗为基础的重化工业发展受到物质要素的严重制约。进入80年代,韩国的产业政策目标向知识和技术密集型产业转变,大力发展电子、通讯、新材料、生物工程等新技术产业。据韩国信息通讯部统计,1998—2001年韩国IT产业附加值的年均增长率达16.4%,远高于同期的经济增长率4.0%;IT业占GDP比重从1997年的8.6%增长到2000年的12.3%;韩国科技产业对外贸易顺差列日本和爱尔兰之后位居世界第三。

韩国经济的快速发展和成功实施产业升级,给我国经济发展提供了经验借鉴。一是"以技术为主导"的发展战略。1982年,韩国提出了"以技术为主导"的战略,先后制定和实施数项5年科技发展计划。据韩国科技革新部统计,2002年R&D经费在GDP中所占比例为2.5%,达到了美国等发达国家2.5%的平均值,研究人员数量、国际专利等达到国际一流水平。2002年,韩国企业投资在研发总投资中的比例占73%,其中尖端科技产业的投资比例占52%,高于美国等发达国家40%的平均值。韩国政府计划到2015年,R&D经费占GDP比重达到5%。二是奉行教育优先战略。韩国政府非常重视教育的投入和人力资源开发,据韩国教育部统计,1975年后的30年教育经费一直占财政支出的20%左右,即使金融危机严重的1998

年,经费预算也占总体预算的23.3%,占GDP的比重超过5%。韩国的职业教育重视岗位培训,努力提高高级技术工人的比例。发达的教育体系大大增强了韩国经济的竞争力。三是政府主导型的"政策经济"。"政策经济"是韩国及东亚经济取得成功的一个重要因素,即政府在充分发挥市场机制的基础上,对经济的干预程度达到了最大,在市场、政策法律、资金税收等方面对符合本国产业政策目标的产业进行扶持,通过大力培育生产要素市场,建立完善的市场体系,为经济发展提供良好的市场环境和条件。

(4)印度的经验

与中国走经典式的制造业发展道路不同,印度实现经济起飞,走的是以服务业为基础的发展道路,从而较少地受到资源要素的制约。从1990—2003年,印度服务业在国内生产总值中的比重从40.6%上升到50.8%,服务业的增长占13年经济累计增长的62%。促使服务业发展的因素包括:技术开发与管理人才丰富、劳动力成本低、英语优势突出、法律、会计体系与欧美接近、政府对承接服务外包给予大力支持。

中国和印度在结构上正好相反,中国主要依靠制造业的发展,而服务业比重仅为43.4%(2009年);相反,印度主要靠服务业发展,而制造业则一直徘徊在27%左右,这种结构正好有利于摆脱消耗型产业结构的要素制约。我们要学习印度大力发展服务业,充分发挥我国在某些服务项目上拥有的比较优势。发达国家由于资本丰富,在国际投资、国际运输服务、金融服务、专业服务等项目上拥有比较优势;而我国由于人口众多,劳动力资源丰富,工资较低,完全可以发挥人力资源的优势,学习印度发展服务业的办法。

2. 大力促进节约与有效利用资源,建设环境友好型社会

(1)将大量生产、大量消费和大量废弃的生产消费方式转变为最合理生产、最合理消费和最少废弃的生产消费方式

日本的整个节约导向的法律体系贯彻的是在产品生产和消费过程中应减少废物排放,促进资源的合理循环利用;在废物的处理上实行减量化、再利用、再循环的基本方针,以减少资源的消耗,实现环境的低负荷,

其目标是将大量生产、大量消费和大量废弃的生产消费方式转变为最合理生产、最合理消费和最少废弃的生产消费方式(见表4-5)①

表4-5　大量生产、大量消费、大量废弃型社会与最合理生产、
最合理消费、最少废弃型社会的比较

序号	大量生产	最合理生产
1	单纯追求最大的生产利润	追求利润与环境保护相结合的可持续发展生产
2	不考虑节约资源的过度生产	合理生产与可持续的资源利用相结合的生产方式
	(1)生产量超过了需求量 (2)产品的更新换代快,生命周期过短 (3)过度开采廉价的天然资源	(1)削减资源的投入量 (2)将天然资源转变为再生资源 (3)抑制废物产生和对废物进行无害化处理
3	忽视消费后的产品废弃对环境造成的破坏	通过完善修理制度,设计开发可再循环利用的产品延长产品的生命周期
	大量消费	**最合理消费**
4	追求方便性产品的消费,造成废物的过剩化	在满足方便性消费的前提下,力求减少环境负荷
5	普及一次性使用产品	通过产品的修理及长期循环利用实现消费的合理化
6	重视个人所有的价值观,缺乏消费会造成环境破坏的认识	降低个人所有意识,重视产品功能利用的社会价值观
	大量废弃	**减少废弃物**
7	废物的大量排放造成资源的浪费和高环境负荷	通过最合理生产、最合理消费和废物资源化的循环利用,达到抑制废物的产生和对废弃物进行无害化处理的目的
8	缺乏对废物排放会造成环境破坏的认识	彻底实施废物排放者责任制度

(2)实行节约能源和发展可再生能源

在资源要素制约加强的严峻时期,采取针对性措施促进节约与有效利用资源,是减少资源消耗总量缓解要素制约的必要举措。各国同样采取多种手段促进节约型社会建设。

① 李海峰、李江华:《日本在循环社会和生态城市建设上的实践》,《自然资源学报》2003年第2期。

第一,全面实行节约能源的措施

①健全法律法规。美国 1975 年颁布实施了《能源政策和节约法》,核心是能源安全、节能及提高能效;日本 1979 年颁布实施了《合理用能法》;1993 年制定了《合理用能及再生资源利用法》;1998 年修订《合理用能法》,核心是促使企业、机动车辆、耗能设备必须遵守更为严格的能效标准;尤其是《关于能源使用合理化的法律》,对产业部门的节能措施作了特别详细的规定,如对那些能源消耗量很大的工厂,由通商产业大臣指定为实行"能源使用合理化管理"工厂,必须从持有执照的"能源管理师"中选任能源管理人员,负责管理所属工厂的能源使用合理化有关业务。

②财政政策支持。美国联邦政府用于节能和新能源的投资预算逐年增加,2001 年为 11.8 亿美元,2003 年增加到 13.1 亿美元。日本资源能源厅 2001 年度财政预算 1300 亿日元(约 10 亿美元),其中,用于节能和新能源为 520 亿日元,占资源能源厅预算的 40%。法国环境与能源控制署管理的预算经费约 30 亿法郎,其中用于可再生能源 5 亿法郎、节能 7 亿法郎、环境治理 18 亿法郎。

③税收政策调节。法国征收汽车燃料税和新的环境污染税,同时实施税收减免政策,主要包括对家庭保温和供暖设备以及高效锅炉的安装减免所得税;工业领域能源效率技术投资第一年实施加速折旧制度,并少征商业税;对节能进行投资的公司在节能设备使用和租赁中的盈利免税。英国在 2001 年共征收能源税 10 亿英镑,其中 20% 用于节能;企业可以与政府签订节能目标和二氧化碳减排目标,凡完成目标的企业可以减免 20% 能源税;对太阳能、风能等新能源发电实施税收减免。

④建立能源效率标准和标识制度。国际上有关节能的强制性标准一般是由法规设置一个最低的能耗数值,达不到这一数值的产品禁止入市。一方面,通过强制性的最低能效标准作为新建建筑和新增设备市场准入的最低门槛,另一方面通过能效标识方法来鼓励生产厂商生产更加高效的产品,同时引导用户购买节能产品。

⑤其他激励措施。2001 年美国 40 个州级政府部门和公用事业单位

共提供 1.33 亿美元开展现金补贴项目,鼓励用户购买经"能源之星"认证的节能电器和照明产品;鼓励推广乙醇汽油,对每吨乙醇补贴 1400—1500 美元。英国对节能设备投资和技术开发项目给予贴息贷款或免(低)息贷款,2002 年节能基金的 2 亿英镑预算中,25% 用于贴息贷款,其中 1000 万英镑是无息贷款;对公布的节能设备目录,实施加速折旧政策。

第二,大力支持可再生能源建设,改善能源供应

一些发达国家早在 20 世纪 70 年代已在政府支持下大规模地开展可再生能源的研究开发和广泛利用。

法国政府采取的措施有:1. 对可再生能源的社会投资者,推动金融系统给予相应的贷款支持,包括由政府对银行贷款予以某些贴息支持,以鼓励企业积极行为。2. 对符合要求的可再生能源投资主体的税收给予相应的减免。3. 对以可再生能源方式生产的电力,保证其相应的销路,要求电网公司以规定的价格购买可再生能源发电商生产的电量。并且通过社会舆论鼓励民众在公益性道德理念驱动下购买可再生能源产品(即使其价格相对较高),在社会舆论上对这样的公民予以表彰。4. 可再生能源的价格采取政府定价和市场机制相结合,以政府定价为主的方式,保障投资者能够还本付息并有必要的盈利。

日本在 20 世纪 70 年代以后遭遇石油危机,国内能源极度紧缺的局面促使政府大规模增加对节能技术和新型可再生能源的开发研究。到 80 年代节省能源和资源的技术开发投入占开发总投入的比例从 50 年代的 7% 提高到 80 年代的 36%,其中可再生能源的技术开发增长了 8 倍,是发展最快的。在政府主持下加强企业、大学与科研机构、政府三位一体的科研组织体制,官民联合开发成为普遍的方式。通常以某种技术的"研究组合"的形式出现,既发挥政府的主动性,也能够动员私人企业的积极性,成为"日本式开发方式的新方向"。

德国新能源公司向全国电网供电比常规电厂电价高,这是政府支持可转换能源发展政策的一部分。许多德国风电公司投巨资建设大型沿海风电场,政府的支持是其敢于积极投资的重要原因。

国际社会发展可再生能源的经验可归纳为：

①经济激励政策，包括对可再生能源补贴和税收减免政策。

②通过法律、法规和政府规定，强制可再生能源占有一定的市场，其增量成本以公平的方法转嫁给消费者。具体有：

可再生能源配额制。这是一个以数量为基础的政策机制，要求可再生能源发电量在总发电量中占一定的比例。

统一上网。这是一个以价格为基础的政策机制。它要求电力公司以规定的价格购买可再生能源生产商生产的电量。

招标制度。政府发标并管制竞争性招标过程，以有利于可再生能源供应。

③支持可再生能源和传统能源的成本竞争，主要是减少对石化、煤炭能源的补贴和内部化其环境成本。

④采用新技术：通过攻关和示范，降低成本，扩大市场，使生产能力达到规模化的水平。

以上各国在资源约束的倒逼机制下促进集约型经济发展的事实给我们的启示是：目前的要素瓶颈制约确实给经济带来暂时的困难，但未尝不是好事。它可以使企业和政府更清醒地认识经济的固有矛盾，下决心转变增长方式，促进结构调整和产业升级。这恰恰是遵循工业生命周期和梯度推移的必然之路。如果没有这种制约，许多领域可能还会在粗放式增长和低层次结构平面扩张的模式下继续走下去。把资源要素制约的压力看作是一次机遇，就是面对困难，把主要力量放在产业结构调整和经济增长方式转换上，当产业结构转变为低消耗、低排放、高效益的结构时，既可以从根本上解除要素制约带来的困难，又能实现我们多年提出的产业层次和经济增长质量上一个新台阶的理想目的。在面对要素制约时，把力量放到千方百计增加相关要素供给上，当然是必要的，但如果仅仅注重大幅增加要素供给，而不注重从根本上转变结构和运行方式，很可能就意味着一次通过结构调整促进产业改造、升级的机遇被放弃，显然不利于长期竞争力的提高。例如在电力问题上，如果不是着眼于产业升级以减少电力消耗在产品增值过程中的比重,而是单纯地强调扩大电力建设规模,有可能导致各地在政府推动下过多地上马电力项目,不但高消耗有增无减,而且可能导致未来新一轮电力过剩,或者使电力供求的峰谷差距过大,形成生产能力浪费,同样不符合集约式增长和经济效益的原则。

五、促进集约式增长,建设节约型社会的对策

1. 创造国民财富的方式从"做大"和"变重",向"高值"和"变轻"转变

要在我国资源环境制约日益突出的前提下取得可持续高增长,就必须降低经济增长、消费和社会福利对物质要素投入的依赖程度。传统的增长概念单向度地强调 GDP 的"变大",对 GDP 的物质消耗和污染负荷缺少关注。只要是经济规模扩张了,即便资源大量消耗也认为是成功的。没有看到,如果 GDP 的创造是以更为大量的自然资源损耗和环境生态破坏为代价,其实创造的是负值的 GDP。以往我国有些时期的高增长恰恰是依赖于大量消耗性的资源投入才取得的。相反,基于当代可持续发展战略的绿色竞争力概念,则强调要把 GDP 的"变大"和"变轻"结合起来,只有大幅度减物质化的经济增长才是有竞争力的。GDP"变大",就是 GDP 的总量规模和人均水平要增大;GDP"变轻",就是与 GDP 增长相关的物质消耗总量或人均物质消耗要变小。GDP"变轻"可以从两个方面进行衡量,一是从经济活动输入端的物质消耗水平来衡量,即经济规模增加的同时,要让以总量或人均计的水资源、能源、土地、材料消耗等能大幅度降下来;二是从经济活动输出端的污染排放情况来衡量,即经济规模增长的同时,要让以总量或人均计的废水、废气、垃圾排放等能大幅度降下来。1990 年代以来,发达国家及其城市已先后把"减物质化"的经济增长作为提高自己国际竞争力的目标,提出在促进经济增长的同时要成倍降低物质消耗和污染排放。例如,欧洲国家提出了在 21 世纪要实现经济增长比现在增加 1 倍,而物质消耗比现在要减少一半的总生态经济效率为

"倍数4"的发展目标。

近年来,我国的 GDP 大大地增加了,但 GDP 的"重量"还没有得到充分的减轻。经济增长明显地伴随着水资源、能源、土地资源、原材料等物质消耗和生活垃圾、生活废水等的高速增长。我们未来的经济增长需要在规模增加和重量减轻两个方面同时做出艰苦的努力。只有用较少的物质增量消耗,甚至从远期来看用零增长乃至负增长的物质消耗,来成倍成倍地获得经济规模和经济水平的提高,才能说我国的未来是有国际竞争力的,才能保持我国经济的可持续发展。

必须改变市场化初期为了刺激国内需求拉动经济增长,而形成的"鼓励消耗"而不利于节约的观念、法规、体制和政策。要把"减少消耗也是重要的贡献和政绩"作为口号,只要能够少消耗一度电、一公斤煤、一平方米土地,都应该花大力气去实现。真正转变旧体制下长期形成的只重视经济规模,盲目追求高增长的传统思维和区域惯性。

正确的理念必须落实到卓有成效的实践上,必须制定、实施符合集约型增长和节约型社会要求的区域经济发展战略和总体规划。因为从改革以来的发展进程看,即使微观主体有着强烈的集约型发展的要求,但如果缺乏区域性的总体部署和配套条件,依靠分散的企业的力量很难实现其预期目标。首先,在发展指标上要改变片面重视国内生产总值总量和增长速度指标的旧传统,而应突出效益指标、人均收入指标、社会发展指标、单位产值的能耗和资源消耗指标以及环境质量指标等。中央"十二五"规划在评价经济发展的指标设置上都已经作了明确规定。其二,战略和规划都应将围绕有效利用资源和节约资源的技术开发、发展可再生能源、开发和可持续利用新资源,以及循环经济发展进行重点部署。尤其是循环经济在企业集群和社会层面的发展涉及众多市场主体以及极强的经济外部性,需要社会各领域各部门和空间的协同运作,有效地统一规划更是不可缺少的。

2. 浙江低消耗、高增值的产业结构选择

以劳务或高端服务为导向的第三产业发展,既是就业弹性较大的,又

是有利于减物质化的"轻量 GDP"，在产业结构发展中需要持续不断地提升"无重量"或"轻重量"的第三产业的比例。美国今天的 GDP 比 50 年前增加了 5 倍，但 GDP 的物质重量没有增加多少，其中的主要原因就是第三产业的比例增加。未来长时期中，浙江第三产业的发展速度必须更快些。要坚定不移地将提高第三产业比重作为基本方针，避免强调建设先进制造业基地而忽视扩大第三产业比重的要求。对于那些高层次的知识型第三产业，它们既是减物质化的高增值产业，又是国际性城市的支柱产业，无论花多大的力气推进都不为过。

当然，浙江经济增长在未来长时期仍然高度依赖于第二产业，但我们在关注降低工业投资进入浙江的商务成本的同时，也要充分考虑降低浙江工业发展的物质消耗成本。在浙江发展的工业，既需要有更高的经济效益，也需要有更少的物质消耗，发展资源消耗小的知识密集型工业技术，提高产品的附加值，形成智力型的先进制造业基地。要从消耗性、低附加值生产转变到依靠科技创新提升产品档次上来，形成高附加值、高收益的优势，从比较优势转化为竞争优势，逐步走出依靠低附加值、消耗性的产品勉强谋生的老路，迈入具有中小企业特色的差异化、高附加值的发展道路。如果说正向的生产和消费过程中的努力是具有"节流"意义的减物质化，那么逆向的物质还原和生态修复过程则是具有"开源"意义的减物质化，两者都是浙江实现进一步减物质化的经济增长的宏观保障。

目前浙江省大部分传统制造业仍然是高能源、原材料消耗，占用较大量土地，污染环境的产业。未来必须尽可能回避较多消耗浙江紧缺的能源、原材料、土地、水资源的产业。对于现有这类产业应设法将其生产基地转移到相关资源丰富的外省市地区，而将其总部保留在浙江。尤其是充分运用品牌资源，进行品牌经营，将生产浙江品牌的优势产品的企业遍布到全国各地。作为在各地新投资的母体，这些产业既能够有效利用当地的优势资源，又促进了当地经济发展和就业，自然会受到当地政府和民众的欢迎。浙江可以集中力量放手发展有更高附加值的产业。这种转移与现在国际间的产业转移具有类似的性质。

浙江产业结构的调整,可以从降低资源消耗、提高产业附加值和经济效益,以及长期发展前景三方面进行战略选择:

(1)从降低资源消耗角度的产业选择

为了构建低资源消耗的产业结构,我们可以采取"排除法",即从现有产业的各行业中,确认哪些是高资源消耗的行业,从而在产业选择时加以排除。这就需要计算现有各行业对物质资源性产业的消耗程度,通过排序可以大致作出选择。

表4-6 浙江各行业对资源性产业的依赖程度及效益排序(2010)

(比重:% 金额:元)

行业	(1)(技术性)资源性投入占本行业中间投入的比重(E)		(2)实际资源性投入占全部产业中间投入的比重(I)		(3)规模以上工业百元主营业务收入实现利税	
	比重	排序	比重	排序	金额	排序
批发和零售业	4.1	1	0.08	12		
金融业	4.4	2	0.06	7		
公共管理和社会组织	4.9	3	0.08	11		
信息传输、计算机服务和软件业	6.2	4	0.07	8		
租赁和商务服务业	7.6	5	0.14	15		
教育	9.1	6	0.05	6		
废品废料	9.2	7	0.04	4	3.42	24
交通运输及仓储业邮政	10.1	9	0.19	16		
文化、体育和娱乐业	10.1	8	0.03	2		
纺织服装鞋帽皮革羽绒及制品业	12.1	10	0.52	24	**8.54**	**12**
居民服务和其他服务业	15.8	11	0.08	10		
通信设备、计算机及电子设备制造	18.4	12	0.51	23	7.67	17
造纸印刷及文教体育用品制造业	24.3	13	0.35	20	**8.74**	**10**
房地产业	25.7	14	0.12	13		

续表

行业	(1)（技术性）资源性投入占本行业中间投入的比重（E）		(2)实际资源性投入占全部产业中间投入的比重（I）		(3)规模以上工业百元主营业务收入实现利税	
	比重	排序	比重	排序	金额	排序
纺织业	26	15	2.18	34	6.68	21
水利、环境和公共设施管理业	26.7	16	0.05	5		
仪器仪表及文化办公机械制造业	31.3	17	0.3	19	**10.63**	**5**
科研、技术服务和地质勘查业	35.5	18	0.19	18		
农林牧渔业	36	19	0.59	25		
住宿和餐饮业	36.2	20	0.71	28		
卫生、社会保障和社会福利业	36.5	21	0.42	21		
通用、专用设备制造业	37.2	23	2.48	35	**9.79**	**6**
交通运输设备制造业	37.2	22	1.9	31	8.31	14
工艺品及其他制造业	40.1	24	0.47	22	7.59	18
木材加工及家具制造业	40.2	25	0.62	27	7.9	16
食品制造及烟草加工业	44.8	26	0.72	29	**19.95**	**2**
电气机械及器材制造业	45.9	27	3.2	36	**8.69**	**11**
煤炭开采和洗选业	50.7	28	0	1	8.96	9
水的生产和供应业	**58.6**	**29**	0.07	9	5.81	22
医药制造	**59**	**30**	0.62	26	19.19	3
非金属矿及其他矿采选业	**61.9**	**31**	0.13	14	**11.26**	**4**
金属制品业	**62.8**	**32**	**1.96**	**32**	7.39	19
非金属矿物制品业	**66.9**	**33**	**1.37**	**30**	9.43	7
金属矿采选业	**68.8**	**34**	0.03	3	6.99	20
建筑业	**70.1**	**35**	8.03	39		
金属冶炼及压延加工业	**74.6**	**36**	4.03	38	4.77	23
化学工业	**74.8**	**37**	9.18	40	9.28	**8**
电力、热力的生产和供应业	82	38	3.91	37	8.4	13
石油加工、炼焦及核燃料加工业	94.1	39	1.98	33	**25.48**	**1**
燃气生产和供应业	**94.8**	**40**	0.19	17	7.91	15

　　表4-6列出了浙江省一、二、三次产业的40个行业的投入产出指标（其中医药制造统计上属于化学工业，但我们认为有必要单独列出①），系根据表中第1栏"（技术性）资源性中间投入占本行业中间投入的比重"自小到大排序，资源消耗比重越大排位越后。这项指标是从技术层面对投入产出关系进行考察形成的。表中第2栏列出实际的资源性投入占全部产业部门中间投入的比重，则是将技术性的资源消耗指标与实际生产过程的产值规模指标结合计算得出的数据，同样列出这项数据的40个行业排位。

　　考察第1栏"（技术性）资源性投入占本行业中间投入的比例"，排列在该栏前面，即比重比较低的行业基本都是服务业。而在后面，则是从技术上看对资源性产业产品消耗比较大的行业，多数都是工业尤其是重工业。我们以资源性中间投入的比重高于55%为标志，将该栏名列后位（即第29—40位）的12个行业界定为"技术性高资源消耗行业"（序号用黑体加粗显示）。再看第2栏即实际的资源性投入占全部产业部门中间投入的比重，上述12个行业中，有的虽然技术上资源消耗比重较大，但由于实际产值不大，从而对全省的资源消耗影响也较小。例如金属矿采选业、燃气生产和供应业、非金属矿及其他矿采选业、医药制造业。反之，12个行业以外，有的行业虽然技术上资源消耗比重较小，但实际产值较大，从而对全省的资源消耗的影响也较大，如纺织业虽然其技术上资源性中间投入比重仅为26.0%，排第15位，但由于产值规模很大，其实际资源性投入占全部产业部门中间投入的比重达到2.18%，在所有产业资源节约程度上排第34位，即倒数第7位，对全省资源消耗影响是居前的。

　　综合考虑以上两个指标，从第1和第2栏中选出同时符合居于后12

---

　　①　医药制造产业是浙江传统优势产业。虽然所属的化学工业整体资源消耗较为严重，但据我们计算，医药制造业的资源性消耗远低于化学工业整体，技术性消耗指标（E）分别为59.0%和74.8%。（医药制造业消耗系数见《中国2007年投入产出表》，中国统计出版社2009年版）。浙江医药制造业每100元主营收入利税为19.19元，效益位列本省工业行业的第三位，可见医药制造的产业层次和附加值均较高，资源消耗相对较低，故单独作为一个行业进行比较和选择。

位的行业,有石油加工、炼焦及核燃料加工业、电力、热力的生产和供应业、化学工业、金属冶炼及压延加工业、建筑业、非金属矿物制品业、金属制品业共7个行业(表中第2栏用黑体加粗显示),作为未来应加以限制和转移的行业。但其中有的行业,如电力、燃气、供水、建筑、采矿业等,产品对地域的依赖型很强,生产必须是本地化的,显然难以限制和转移。除此之外,应加以限制和转移的行业,按照自然资源依赖度由大到小排列为:化学工业、金属冶炼及压延加工业、建材及非金属矿物制品业、金属制品4个行业,如果我们选择加以限制发展或者推动产业外移,可以对这些产业加以考虑。

而对优先在本省发展的产业,则应尽可能在资源消耗少的行业中选择。从表4-6中可以看出,最突出的就是服务业,几乎全部排在资源消耗低的行业之列。在(技术性)资源投入占本行业中间投入的比重指标栏中,服务业全部都排在第21位之前,并且低消耗的前六位全部是服务业。浙江要降低产业结构的资源消耗程度,必须大力发展服务业是确定无疑的。至于工业的发展,也要尽可能在符合经济效益原则与产业战略发展前景的前提下,在资源消耗指标比较低的产业(例如表4-6中1.2两个资源消耗指标排前30位的工业产业)中加以选择。

(2)从提高产业附加值及经济效益,并结合资源消耗标准作出的产业选择

从长期战略前景的要求综合考察,有必要通过比较确认经济效益比较理想的行业加以发展。但目前由于统计部门提供数据的局限性,只能获得工业的经济效益指标,缺少第三产业的数据。表4-6第3栏列出了"规模以上工业百元主营业务收入实现利税"指标,应可以帮助我们作出最需要的判断。该栏的23个行业指标中,我们首先选择"百元主营业务收入实现利税"在8.5元以上的前12位行业(表4-6第三栏的指标和序号均用粗黑体标出)。

这12个行业中有8个行业不属于前面所选的7个资源消耗型行业范围,即食品制造及烟草加工业、医药制造、非金属矿及其他矿采选业、仪

器仪表及文化办公用机械制造业、通用专用设备制造业、造纸印刷及文教体育用品制造、电气机械及器材制造业、织服装鞋帽皮革羽绒及其制品。但由于"非金属矿及其他矿采选业"属于表 4-6 第 1 栏"(技术性)资源性投入占本行业中间投入的比重"后 12 位的行业,再加以排除。剩下 7 个行业符合既是经济效益较好,又是低资源消耗的行业,可以首先考虑它们为浙江省应优先发展的行业。

表 4-7　浙江省可优先选择发展的工业行业的资源消耗及
经济效益指标排序(2010)

行业	(技术性)资源性投入占本行业中间投入的比重(E)		(2)实际资源性投入占全部产业中间投入的比重(I)		规模以上工业百元主营业务收入实现利税		总排序
	比重(%)	排位	比重(%)	排位	金额(元)	排位	
仪器仪表及文化办公用机械制造业	31.3	6	0.3	7	10.63	5	1(18)
造纸印刷及文教体育用品制造业	24.3	4	0.35	8	8.74	10	2(22)
纺织服装鞋帽皮革羽绒及其制品业	12.1	2	0.52	11	8.54	12	3(25)
食品制造及烟草加工业	44.8	11	0.72	14	19.95	2	4(27)
通信设备、计算机及其他电子设备制造业	18.4	3	0.51	10	7.67	17	5(30)
医药制造	59	15	0.62	13	9.28	3	6(31)
通用、专用设备制造业	37.2	7	2.48	20	9.79	9	7(33)
电气机械及器材制造业	45.9	12	3.2	21	8.69	11	8(44)

注:本表仅在工业的 24 个大行业范围排序。前 2 项资源消耗指标按小者排前、大者排后原则,以体现资源消耗少的产业优先选择的原则。后 1 项经济效益指标则以高者排前。总排序系将各项目排序的序号相加得出,数值较小者较理想。

（3）从长期发展的战略前景要求作出的产业选择

有的行业尽管从上述两个方面看可能并不是最佳的,但其具有长期发展的战略前景和主导产业作用,是不可忽视的。我们认为最为突出的是电子信息产业(即通信设备、计算机及其他电子设备制造业)。其不属于高资源消耗性产业,但由于资本和技术密集型的特点,其百元主营业务收入的利税为 7.67 元,略低于前述高于 8.5 元的 12 个行业,排在工业行业第 17 位。但电子信息产业具有极为广阔的前景,对于以信息化推进现代化具有重大意义:从技术角度,信息技术创新潜力极大;从市场角度,信息产品具有极高的需求弹性和潜在发展空间;从产业支撑角度,信息产业对于武装和提升传统产业产生举足轻重的影响。浙江在上世纪 90 年代就已将电子信息价为主导产业,经过多年发展已经具备相当的基础。因此当前将电子信息行业列为重点发展行业是必须的。

总之,立足于浙江发挥既有的产业优势,遵循行业发展前景,从回避高资源消耗产业和鼓励发展高效益产业的角度,除了应该大力发展各类服务业尤其是高端的现代服务业以外,我们提出可重点发展的有八个工业行业,又可以归纳为四大领域,即:1. 电子信息领域(包括通信设备、计算机及其他电子设备制造业)、装备制造领域(包括仪器仪表及文化办公用机械制造业、通用专用设备制造业、电气机械及器材制造)、生活消费品领域(包括医药制造、食品、纺织服装皮革及制品等)、文化产品领域(造纸印刷及文教体育用品制造)。表 4-7 列出了其主要指标。所有指标都在工业领域排序,我们将各项目指标的排序数值相加,得出各产业自小而大的总排序。可以确定:首先,排列 2、3、4 位的行业都是浙江的传统产业,充分发挥既有产业优势仍然十分重要;其次,排第 5、6 位的是两大科技含量较高的电子信息和医药制造产业,高科技及新兴产业是结构调整的方向;再者,排列第 1 位及 7、8 位的是三大装备制造产业,是国家政策鼓励的高附加值产业,如果能够不断提升装备生产的竞争力,可以给全省带来强大的产业关联效应。

3. 进一步完善政府及社会公共服务,推进有效利用资源的科技研发创新

技术创新是转变增长方式的关键。集约式与粗放式增长的根本区别,就在于有较高和新的技术支持,从而能够形成质量、档次、附加值较高,同时成本又相对较低的产品。技术创新就是产业竞争力,这一点已形成共识。然而由于传统的粗放式增长已经形成在低技术基础上靠量的扩张来获得有限赢利的路径依赖,同时技术创新需要较高的要素供给条件,承担较大的风险,因而多数企业往往在技术创新上止步不前。而从外部环境看,很多地方支持技术创新的外部环境并不理想,例如知识产权难以得到有效的法律保护、企业间的过度竞争、缺乏强大的风险投资资本支持、缺乏相应的人才支持和财政税收政策的支持等等。因而区域政府必须将原来注重规模扩张,转变为注重支持技术创新。一方面要促进企业充分认识粗放式增长的路是不可持续的,增强企业进行技术创新的动力。另一方面要创造良好的技术创新的外部环境和支持平台。例如嘉兴市充分发挥邻近上海的区位优势,依托清华长三角研究院、工信部第36所和高校的优势,坚持产业载体、创业平台、人才支撑一起抓的经验;温州市政府全力支持建立区域创新服务中心的经验;东阳市采取"人在他处,干在此处"的横店模式和"东阳博士大会"等形式广泛吸引高技术人才、"招贤借智"的经验都是各地值得借鉴的。

从克服物质资源制约方面看,特别要注重有利于节约资源、有效利用资源和保护环境的技术的研究和开发,使技术创新成为集约式增长和克服要素制约的强大武器。积极开展有关集约利用土地、节能技术和替代能源的方式和技术的研究,加强有利于环境保护、节约能源和资源的产业的建设。浙江省一些县市针对土地紧张的现实,注重提高土地的容积率,增强单位土地面积上的投资量,增加单位土地面积的产出,提高土地的回报率。这方面的技术如高度集成的建筑设计、土地整理与集约利用技术、提高单位土地农牧渔业产量的技术等都十分值得研究。在节约能源电力方面,要积极开发磁流体发电、高效率汽轮机等节能技术,煤炭液化技术、

深海石油钻探技术、重质油利用技术以及食品制造工程和建筑业方面节省能源的技术,汽车的低消耗燃料技术等。可以借鉴日本政府于1979年6月颁布的《关于能源使用合理化的法律》,对产业部门的节能措施作特别规定,要求工厂实现使用能源的合理化;燃料燃烧的合理化;加热、冷却及传热的合理化;由放射、传导引起热损的防止;废热的回收利用;热动力转换时的合理化;由电阻等引起电损的防止和电的动力及热转换时的合理化。要做到这些,必须更多深入地在耗能、耗水、耗材的领域设立研究项目,投入研究经费。由于传统上我们比较重视能够增加产量和提高质量档次的技术,而忽视那些有节约效应的技术,因此今后应更多地对能够有效利用资源的研究项目给予立项,重视这方面的成果,以调动科技人员的积极性。

加大对循环经济领域的科技投入比例,重点围绕区域内循环经济的科技示范工程,重点解决区域内高能耗、高电耗、高水耗、高排放、高污染的产业、企业和产品生产过程中突出的技术问题,组织科技攻关。在关注循环经济领域的原始创新、集成创新和引进、消化、吸收再创新工作的同时,更应该重视国内外已有的成熟适用的循环经济共性技术的应用和推广工作。许多节能、节水、节材、节地和资源综合利用等方面的关键、共性技术的推广是投资少、见效快、效益好的工作。政府部门要组织有关方面的专家提炼和梳理一批循环经济成熟适用的共性技术向社会和企业推广。组织专家帮助企业和单位搞好节能、节水、节材、节地和资源综合利用的技术指导。

4. 培育高效率的要素市场

培育能够真正反映资源稀缺性,促进资源有效流动、合理配置、高效率应用的要素市场,以及能为本区域产业提供必需资源的供应地。目前尤其要重视建立和完善不可再生资源以及资本、产权、技术、信息、人才等要素市场和无形市场。集约式增长和节约型社会的题中之意就是最合理有效地配置资源,避免资源的低效或无效使用。市场这一无形的手以其供求和价格机制,能够有效地根据资源利用效率最大化原则,将资源配置到最合理的领域,当然其前提是要有规范健全、信息透明、交易便捷的要素市场。因而对要素市场及其价格,政府不应进行人为干预。但是由于资源环境的外部性特征,政府对价格应根据资源的稀缺性适当征收资源的特定税费,防止不计后果的资源开发利用和流通行为。

以土地为例。土地具有资源和资产双重属性。作为资源,土地的开发利用应该符合生态要求,实现可持续利用;作为资产,我们应充分挖掘土地的利用价值,实现土地利用的效益最大化。市场作为资源配置的基本方式,主要是通过价格机制、竞争机制影响下的供求关系实现资源在各种用途之间的合理分配以及开发利用程度的调节。(1)我们应运用价值规律和市场机制,通过土地市场来调节城市土地的供求关系,合理配置土地资源,提高土地效益,达到集约用地、积累资金、促进城市经济发展的目的。这就要进一步深化土地使用制度改革。(2)我们要充分发挥"土地交易有形市场"的作用,将所有土地交易行为均纳入阳光下操作。(3)按照国家要求各级地方政府对土地一级市场垄断和控制、对二、三级市场进行规范和搞活的基本政策,依靠经济调节作用优化土地配置,变资源优势为经济优势。(4)要严格按照国家法规的要求:对经营性用地、工业用地一律采取招标、拍卖、挂牌的方式公开出让;对可以协议出让的项目用地,如有两个以上意向用地者,也应采取公开出让方式;对协议出让和原行政划拨土地,改变为经营性用途的,应由政府收回,实行招标、拍卖、挂牌出让。既做到公开、公正、公平竞争,又优化土地资源配置。

在全国各地构建区域产业共享的资源供应源及资源生产基地,对浙江这样一个资源小省十分重要。例如温州民间资本在新疆原油开采领域投资总额在18亿元以上,拥有油井120口左右;在新疆棉花重要产地拥有约300家轧花厂,投资额在30亿元以上。这些投资的成功证明,浙江企业走向全国,投资于资源开发以解决浙江的资源供应问题,是一个十分值得借鉴的经验。政府要在基于市场规律的基础上,利用公共行政资源,为民营资本进入资源性行业提供政策和法律保障;政府应引导和鼓励民营资本扩展"全国资源直供浙江模式",这对于饱受资源之困的浙江区域经济意义重大。

5. 运用财政金融、价格和税收等手段支持集约式增长与资源环境保护

为了使政府促进集约式增长和资源环境保护的产业政策、规划、地方性法规以及公众参与得到有效实施,比较直接有效的措施就是应用财税、价格和金融等经济手段直接调控。

(1)加强财政金融激励。用好财政补贴、生态环境基金、加速折旧等政策,加强银企合作,引导金融部门对节约型项目实施信贷支持、优惠利率。一是广泛、深化实行节能奖励制度。我们目前的节能经济政策绝大多数不是专门为节能制定的,而是在鼓励开发和推广、科技创新等优惠政策中,设置了涉及节能降耗、环境保护的内容,这些节能经济政策向节能倾斜的力度不强,降低了节能项目的吸引力和与其它项目的竞争力,因此必须制定、颁布专门针对节能的节能基金、财政补贴、贷款优惠等经济激励政策,提高企业单位节能的积极性。二是增加节能专项资金额度,实施财政贴息和补助政策,用于节能示范项目、节能宣传以及节能监测工作;用于引导产业结构和企业产品结构、技术结构调整,开发能耗低、附加值高的高新技术产品。三是对技术创新项目及所有能够形成节约资源的投资行为给予财政补贴或低成本的资金供应,增强节能项目的吸引力,提高节能项目的投资竞争力,事实证明所起到的效果是十分显著的。例如永康市传统五金业十分发达,但是以往粗放式特征极为明显,产品多为低档次的手工工具、小电器、金属保温杯和滑板车之类的产品,技术含量低,能源及金属资源消耗量大,环境污染也十分突出。虽然目前产品销售还不成问题,但是电力能源原材料等要素制约问题近几年已到了严重影响正常生产的地步。为促进永康五金业向集约式生产方式转变,市委市政府进一步强调发展"科技五金产业",通过建立科技五金产业园区,鼓励企业提高产品的科技含量,达到一定标准的,可以进入园区,在园区内则实行一系列扶持政策,如凡是技术创新项目政府均给予银行贷款的贴息支持,减轻企业负担;对属于科技新产品生产的,予以一定的减免税待遇。通过这些政策的实施,极大地激励了企业技术创新的积极性,产品附加值的提高,为缓解物质要素制约创造了决定性的条件。

(2)运用价格杠杆促进集约式发展。价格杠杆作为重要的经济利益调节手段,是优化资源配置的基础性工具。重点要在清洁能源开发利用、废物处置和生态保护等领域建立起比较完善的价格激励和约束机制,为循环经济发展、建立资源节约型和环境友好型社会提供良好的价格政策保障。我们的不少资源能源价格水平已基本上与国际能源价格接轨,采用单纯的提高价格的手段实现节约的潜力已较小,必须寻求其他适合我国目前经济发展阶段,符合可持续发展战略的经济手段。一是合理制定促进可再生能源发电价格政策。对符合国家规定标准的生物质发电项目(包括垃圾焚烧发电、沼气发电)、太阳能发电、海洋能发电和地热能发电项目上网电价按照合理成本加合理利润的原则制定。二是进一步理顺和调整各类水价,使价格体系能够真正反映水的再生、净化成本和供求关系。改变原来过度考虑社会承受能力而较少考虑资源供给能力的情况,适度提高全社会用水的成本,要使水的价格能够充分反映用水的外部成本,使资源水价和环境水价在总水价中占有更大的比例;要改变原有水价的比价结构过于单一的情况,形成有利于调节水资源供求关系的灵活价格体系。

(3)强化税收调节,用足用好税收政策。进一步增强资源税的资源环境保护功能。一是扩大征收范围。在现行资源税的基础上,将那些必须加以保护开发和利用的资源也列入征收范围,如土地、海洋、森林、草原、滩涂、淡水和地热等自然资源。二是调整计税依据。由现行的以销售量和自用数量为计税依据调整为以产量为计税依据,并适当提高单位计税税额,特别是对非再生性、非替代性、稀缺性资源征以重税,以此限制掠夺性开采与开发。三是将现行其他资源性的税种如土地使用税、耕地占用税、土地增值税等并入资源税,并将各类资源性收费如矿产资源管理费、林业补偿费、育林基金、林政保护费、电力基金、水资源费、渔业资源费等也并入资源税。四是制定必要的鼓励资源回收利用、开发利用替代资源的税收优惠政策,提高资源的利用率,使资源税真正成为发挥环境保护功能的税种。

按照国家的有关规定,实施减免关税、减免增值税和所得税等税收优惠政策鼓励集约式生产和循环经济发展;对节能产品的开发和生产给予扶持;对高耗能企业进行强制性征收税费。对利用"三废"的生产行业和产品进行减免税;对生产环保产品的产业给予政策倾斜;对单位及个人在环保领域的投资、再投资、捐赠予以退税或所得税税前扣除等;对从事资源综合利用的企业以全免税的特优待遇;利用城市生活垃圾生产的电力免征增值税;符合新型墙体材料目录要求的产品减半征收增值税,等等。政府要把所征收的资源税费用于相关方面的生态环境和自然资源的补偿。企业用于循环经济技术开发和生产的审核与培训的费用,可以列入企业经营成本,对企业经营过程中使用无污染和可能减少污染的机器设备实行加速折旧制度。实行水、矿产、林业、渔业等各种资源有偿使用收费政策,逐步建立反映资源稀缺程度和机会成本的资源性收费政策,充分利用资源性收费政策促进资源保护、节约和合理开发利用。

第五章　人口大国集约型经济的
资源配置战略
——兼论劳动力资源、自然资源和技术资源三者的配置关系

资源配置是资源在不同用途、不同使用者以及不同时间段之间的分配状况,也是不同的资源之间进行合理搭配使用,以获得最佳使用效率和效益的途径。经济活动的基础是生产活动和消费活动,这两种活动都需要各种资源要素的优化组合,其实质就是资源的合理配置。在经济增长过程中,资源总量是相对固定的,利用这些资源生产出来的物品和提供的服务,与人们不断增长的需求相比是有限的。因而如何配置有限的资源,使其最大限度地满足人们的物质文化需求,也就成了集约型经济运行的重大基本问题。

一、优化资源配置对于集约型经济的重要意义

经济增长是一个应用资源进行各种经济活动,从而生产出物质和非物质的财富,提供给人类进行消费的过程。其过程包括资源的开发过程、资源的使用或消费过程、资源的废弃或再利用过程。在这些过程中,都存在着资源合理配置的问题,美国经济学家丹尼森把决定增长和效率的因素归结为劳动、资本、知识和技术、资源配置和规模经济五个方面,资源配置对于资源的利用效率起着前提性的甚至是决定性的作用。如果资源配置结构本身就不合理,即使在资源利用过程中有再高的技术,其资源利用效率也不可能达到理想程度。例如一项错误的投资决策,把资本、自然资

源和劳动力配置到错误的领域,造成严重的投资损失。即使投资领域合理,但是各种资源的搭配比例不合理,都会造成投资的失败。在资源错误配置的前提下,生产效率越高,技术越先进,可能造成的损失越大。集约式增长与粗放式增长的根本区别,首先在于集约式增长以资源合理配置为前提,如果加之以先进的技术和规模经济,就可以产生良好的效益。而粗放式增长往往从一开始就出现不合理的资源配置,从而使经济运行的效率和效益难以实现。我国经济多年存在的投资盲目上马、重复建设、产业结构失衡、经济运行中的瞎指挥,其实质问题都在于资源的错误配置。

1. 资源合理配置对效率具有重要作用

不同的经济体制有不同的资源配置方式。在现代社会,无非是两种方式:行政配置和市场配置。行政配置通常采取行政命令、指标分解、调拨分配等手段,我国在计划经济时期就是主要采取行政方式配置。另一种是市场配置,即顺应市场机制,由价值规律以及市场供求变动决定的价格涨落,引导资源流向,通常价格越高,越能体现资源的价值,购买者也就越可能有效地利用资源,发挥资源的效能。

资源配置有时间分配和空间分配两方面。时间分配反映了资源具有时间价值。通过比较不同时期使用资源的成本和收益,可以对资源利用进行时间上的修正,不同时间使用等量资源具有不同效率,这或是因为资源利用技术的变化导致资源产出率的变化,或是因为资源的禀赋条件以及获得资源的成本发生了变化,也可能是因为资源本身的需求及社会心理因素变化的结果。

资源的空间分配包括三方面:一是同种资源在不同用途方面的配置,例如资源用在不同的投资项目和生产的产品上;二是资源在不同地区的配置,即产业的空间布局问题;三是资源之间的不同搭配利用,其产生的效率会有很大差别。

资源配置的数量具体包括存量和增量。资源存量的平均利用效率较高,并不意味着有增加资源投入的必要,更不意味着继续增加投入的效益也必然好。有可能在新增资源投入的同时,边际效果却是零,甚至是负值。经济分析不仅广泛使用平均的数量分析,更重视增量和边际的数量分析。资源的边际生产率是真正决定资源合理投向的指标。

如图5-1所示:资源的配置分为3个方面:一是资源的用途的分配,即资源用到什么方面,或者以什么方式加以使用而产生对应的用途。二是资源的搭配使用,即一种资源和其他的资源(包括其他自然资源、人力、生产能力、技术等)的组合应用,从而产生最有利的结果。三是资源的时间分配,即资源的开发和利用在时序上(短期、中期和长期)如何协调,以最大程度地发挥资源的效率并满足人类的福利要求。资源的三种配置方式表现在资源为人类所利用的全过程,即开发或生产过程、使用或消费过程,以及废弃或再利用过程。图5-1以3条不同的线型显示了3种配置方式分别对于3个过程的作用,并且以煤炭资源的全过程为例,说明三种资源的配置如何在资源开发利用的三个过程中体现的,图中9个箭头分别编号,说明在煤炭开发利用中的资源配置的实质性表现。可以看到,这9个方面对于资源的有效利用程度,以及其对于人类社会福利的总体影响,无论从空间和时间的角度都具有重要意义。

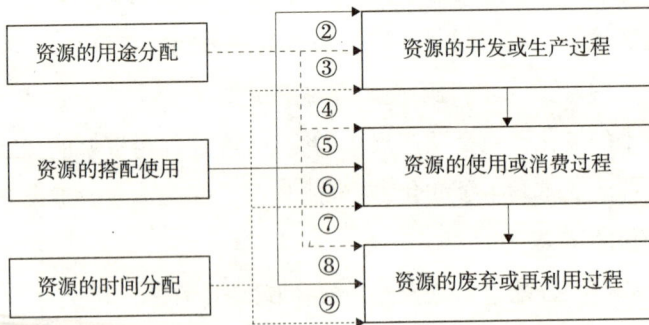

图5-1 资源配置在资源开发利用全过程中的作用示意图

以煤炭资源的全过程为例(根据图5-1中的箭头编号):

1.采用系统、有序的大矿开发方式还是无序的小煤矿开采方式。

2.煤炭开采中资金、劳动力和设备、土地等资源如何按照先进的技术和管理方式配置以提高效率。

3. 地下的煤炭资源如何在代际之间有序有效的开发和可持续利用。

4. 煤炭资源如何采取最有效益的利用方式(低消耗高附加值的生产和满足社会福利最大化的消费),实现经济、社会和环境效益的同步增长。

5. 煤炭资源如何与其他能源资源的有效结合,例如用最佳的生产方式达到节能,实现低碳的工作和生活方式。

6. 已开采的煤炭资源如何合理使用,以保障煤炭市场在时序上的供求平衡和效用最大化。

7. 煤炭资源使用后的排放物如何实现无害化处理和形成新的应用。

8. 煤炭资源使用后的排放物如何与其他资源相结合实现循环经济方式的再利用。

9. 煤炭资源使用后的排放的处理及环境损害的恢复任务如何在短期、长期及代际之间合理承担。

2. 资源的优化配置

(1)资源在用途上的配置

资源在用途上的配置的实质,是资源在不同产业(产品)部门之间,在某一产业部门内部各主体之间以及资源在地区之间的配置。

资源在不同产业(产品)部门之间的配置。社会发展要求整个社会各个产业之间的比例关系和产业结构合理化,部门之间资源配置协调有序,以使生产真正能够适应社会多样化多层次的需求。在市场经济条件下,这种配置主要通过产业和部门之间的竞争实现。市场上各种商品的供求和价格的变动引起资源在部门之间的流动,有利于实现资源的合理配置和部门结构的合理设置。在这种情况下,市场是合理配置资源和优化生产要素组合的调节器。但是这个调节器也有滞后和失灵的时候,使得政府的宏观调控十分必要。恰当的产业政策会使资源在部门之间的配置更加合理。

　　在生产适应需求的过程中,由于多种因素的影响,不同产业和不同部门具有不同的收益。收益的差别,使资源从受益低的部门流出,流入收益高的部门。收益低的部门由于资源流出而供给减少,在需求变动不大的情况下供给减少将使价格上升,价格上升使本部门收益增加,而达到与其他部门水平相当时,资源的流出将停止。与此同时,资源的流入使得收益高的部门的产品供给增加,从而使本部门的产品短缺得到缓解,在需求不变或增长放慢的情况下,价格将趋于下降,结果使收益减少,一直到本部门的收益与其他部门的收益大体接近时,资源的流入将停止。这标志着资源配置达到的相对平衡。然而这种平衡是暂时的,旧的平衡被新的不平衡打破,再经过市场调节,向新的平衡转化。此外,在经济发展过程中,一部分高收入者的超前消费,会把一部分资源吸引到新行业的开发和新产品的生产,使产业结构和产品结构更加多样化和复杂化。在这种复杂的经济系统中,产业和产品结构与社会需求结构相适应,使各种需求都得到相对满足的过程,也就是资源的合理配置得以实现的过程。对于微观层次的生产单位而言,要实现供给与需求相适应,使生产结构适应需求结构,企业必须根据市场需求的变化,不断调整自己的生产经营方向和生产规模,不断进行资产存量和增量的调节,必要时进行大的行业调整,最终实现资源的合理配置和有效利用。

　　消费者对商品的购买倾向,决定生产者对资源的使用方向。在为交换而进行社会化生产的条件下,消费者的选择和消费者的权益,决定了生产者的选择和收益。生产者必须根据消费者的需求安排生产,消费结构的变化引导生产结构的变化。消费者的选择和需求结构的变化是通过市场需求的变化表现出来的,市场需求的变化表现为价格的变化。市场价格既调节需求也引导生产,在市场的引导下,生产者的理性行为,可以使资源向优化配置和合理使用的方向发展。再辅以政府的宏观管理和调节,以弥补市场的缺陷,促进国民经济实现微观的高效、宏观的平衡和整体的健康发展。

　　资源在部门内部的配置。总的原则是由社会对本部门产品和服务的需求总量决定本部门的生产供应总量。资源的稀缺性决定了有效需求和实际供给的有限性。在社会上,对某一产业的需求是既定的,由此决定该产业供给也是既定的。在这种情况下,部门内部各个厂商为争夺既定的供给量而展开竞争。为了在竞争中处于有利地位,各个厂商都千方百计地改进生产技术、加强经营管理、降低生产成本,生产效率的提高促进了社会劳动和其他资源的节约。竞争中出现的优胜劣汰,使规模小、效益差的厂商不断被淘汰,实现资源的集中使用,形成规模经济,有效利用资源。资源的节约和资源的优化配置是相同的,资源的节约会导致资源重新配置,而资源的重新配置并不断趋于合理化的过程,也就是节约资源的过程。

资源在地区间的配置。资源在地区间的分布不均匀,必然导致地区间的资源流动。地区间的发展不平衡,又加大了地区间资源流动的幅度。地区间资源流动的规律是,资源总是流向报酬率相对较高的地区,在现实条件下,由于决定竞争力的关键性要素是人才、技术、信息、市场发达程度等反映软实力的要素,这些软实力要素往往都是发达地区拥有的强大优势,因而发达地区能给资源带来较高的报酬,而自然资源丰富的后开发或欠发达地区则缺乏竞争力。因而现实情况是,无论是自然资源还是人才等软实力资源,往往都是主要流向发达地区以获取较高报酬。在"累积因果效应"作用下,往往导致经济发达的地区更加发达,区域经济发展呈现两极分化的"马太效应"。资源在地区间配置的这种规律,虽然对于欠发达地区的资源而言,有利于其提高自身效益,但是由于欠发达地区相对优质资源的不断流出,造成经济条件恶化以及贫穷的积累等状况,不利于区域和人口的协调发展,也造成欠发达地区大量未能流出的资源由于没有相应的生产条件而闲置,或者不能充分发挥其效率,从总体看造成极大的浪费。所以地区间的资源配置除了遵循市场规律以外,必要时需通过政府的干预,促进发达地区的优质资源流向欠发达地区,与欠发达地区的自然资源优化组合,促进本地区的发展。虽然这种干预的代价可能是在短期内降低了资源的产出,但是从宏观和长期看却是集约式增长所必要的。

(2)资源在相互搭配上的配置

不同资源的合理搭配、优化组合,本身就是资源发挥其效用的前提,是资源产生效益的来源。例如煤炭和蒸汽机的搭配,使蒸汽机发出动能而在生产中发挥效用;阳光资源和硅晶片的结合,能产生光伏电流,同样在生产中发挥动力作用。蒸汽机所使用的煤炭既是不可再生资源,在未来长时期将趋于枯竭,而且燃烧对环境造成的污染将对人类造成长期危害。太阳能发电的资源是可再生的,取之不尽,并且对环境没有污染。显然后者的搭配所产生的作用要优于前者。同样是煤炭的使用,如果各种机器设备所需要的能源是直接燃烧煤炭所取得的(例如早期使用蒸汽机的工厂),不但能源的效率极低而且造成的污染是广泛而严重的,但如果将煤炭用在大型发电厂,并且采用低污染甚至无污染的先进技术,不但热效率能够充分发挥,而且对环境的损害可降到最低。而发电厂所发的电可以广泛地应用于生产和生活消费,例如用于电动汽车的运行,既有极高的效能又是十分清洁的能源使用方式。又如在资源的废弃阶段,如果能够以循环经济的资源搭配方式(企业内部和企业之间的循环经济模式,事实上就是资源的一种搭配方式),就可以实现减量化、再利用和废弃物资源化的效应,其所产生的效益也是无穷无尽的。

资源的合理搭配首先取决于技术的进步。就交通工具而言,正是由于技术进步而使人类从煤炭与蒸汽机的搭配到汽、柴油和内燃机的搭配,再到电力与电动机的搭配,以及未来走向太阳能与太阳能电动机的搭配。又如循环经济的构建,使制药厂的废水提炼出化工原料,可以用到化工厂作为重要的原料投入生产新的产品,同样是靠技术创新形成了新的资源组合,而创造出新的生产能力。资源的合理搭配也取决于体制的创新。要在市场机制的前提下,打破一切束缚资源的壁垒,让资源要素充分流动,才能集聚出有竞争力的资源组合。

值得重视的是资源之间的搭配关系可以由于资源的替代而改变。例如人们在生产过程中,由于某种资源的稀缺,而用另一种比较丰裕的资源

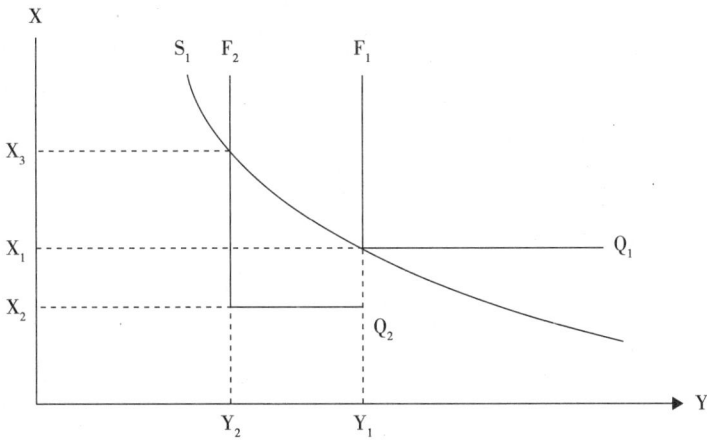

图 5-2　资源搭配与替代所产生的资源有效利用示意图

来代替其功能,其前提是经过替代确实能够实现相应功能,当然在数量关系上会发生改变。可以借助等产量曲线图来加以分析。

图 5-2 画出了三条等产量曲线,所反映的是在既定的产出水平下所有可能的投入组合。二条直角等产量曲线(F_1,F_2)描述了固定比例情况,在这种情况下,没有任何投入替代的可能。曲线 F_2 的产出水平(Q_2)低于另一条等产量曲线 F1 的产出水平(Q_1)。如果生产过程是由 F_1 表示时,因为投入必须按固定比例使用,在 Y 的数量为 Y_1 时,X 的数量应该为 X_1,超出 X_1 的任何 X 资源投入都是多余的,不会带来任何额外的产出;同样当 X 的数量为 X_1 时,超出 Y_1 的任何 Y 资源投入也都是多余的。当 Y 的数量从 Y_1 减少到 Y_2 时,必然使产出水平从 Q_1 下降到 Q_2,不存在任何用 X 替代 Y 从而保持原有产量的可能性。

第三条等产量曲线 S_1 允许投入要素之间相互替代。从图形上看,S_1 与 F_1 有相同的产出水平。假设 Y 资源投入数量由 Y_1 减少到 Y_2 时,就可以通过将 X 资源的数量由 X_1 增加到 X_3 来维持固定不变的产出水平(Q_1),X 资源的数量由 X_1 增加到 X_3 补偿了 Y 资源的减少,使得产出水平保持不变。

一般来说,投入的不同资源之间的替代组合越多,特定资源要素对产出的影响就越小。某些资源日益严重的稀缺性和价格上升对生产过程的制约,会通过技术创新,实现充裕资源对稀缺资源、或低成本资源对高成本资源之间的替代而得以解决。

一般来说,资源要素的替代存在良性替代和不良替代两种情况。上述有充裕或低成本资源替代稀缺和高成本资源的情况,可称作良性替代;而如果在某种低成本资源稀缺的情况下,人们不得不用更为昂贵的资源来替代原有低成本资源,或者由于体制机制性原因而产生不合理的替代,都可以视为不良替代。在技术上,应该努力研究开发更多能够实现良性替代的技术,同时在管理方式上,要为良性替代创造更好的管理条件。

二、资源禀赋与中国经济增长的要素投入配比选择

中国是一个自然资源紧缺的国家。土地总面积居世界第三位,但人均土地面积仅为 0.777 公顷,相当于世界人均土地的三分之一;2010 年中国耕地面积 12172 万公顷,人均耕地面积 0.091 公顷,为世界人均耕地的 40% 左右。中国水资源总量约 28000 亿立方米,居世界第五位,但人均占有量不及世界人均的 1/4,且分布不平衡。我国 45 种矿产资源人均占有量不到世界平均水平的一半;铁、铜、铝等主要矿产资源储量分别为世界平均水平的 1/6、1/6 和 1/9。主要矿产资源的对外依存度从 1990 年的 5% 上升到目前的 50% 以上。

与资源紧缺并存的是我国资源利用率低,从资源投入与产出看,2009 年我国国内生产总值按现行汇率计算占世界的 8.2% 左右,但消耗了全球 8% 的原油、10% 的电力、19% 的铝、20% 的铜和 31% 的煤炭。能源利用效率低。目前钢铁、有色金属、电力、化工等 8 个高耗能行业单位产品能耗比世界先进水平高 40% 以上。单位建筑面积采暖能耗相当于气候条件相近的发达国家的 2—3 倍。工业用水重复利用率、矿产资源总回收率比国外先进水平分别低 25 和 20 个百分点。中国矿产资源总回收率只

有30%,城市水的回用率也仅为30%左右。

与人均资源的相对缺乏相反,中国的劳动力极为丰富,劳动力总量供大于求。城镇每年需要安排就业的人数多达2400万人,按经济增长速度保持在7%左右,在现有经济结构状况下,每年能够安排就业的只有1100~1200多万人,年度供大于求的缺口在1400万人左右。同时,农村劳动力转移就业和失地农民的就业问题日益突出。据估计,目前已经通过打工等方式转移出来的农村劳动力为1.5亿左右,未来10年还将有2.5亿农村劳动力转移出来,进入城市。而城市自身压力就很大,2010年全国有失业人员1483万人;当年新增劳动力、复员转业军人、高校毕业生等需要就业人员1500万人(其中高校毕业生613万人)。部分行业、地区和群体职工安置难度加大,且连年来经济增长的就业弹性也呈明显下降趋势。

在以上资源禀赋状态下,突出显现的是巨大的劳动力就业需求对自然资源消耗所构成的强大压力。

1. 就业压力的资源消耗效应

就业压力要求经济必须保持高增长,在创新能力不足时,只能通过不断扩大投资和生产规模,才可能保持新的就业岗位的持续供给,从而容纳更多的劳动力。巨大的就业压力在很多领域使粗放式、消耗性的高增长成为一种社会需要和必然趋势。无论在城市和农村,大批劳动力为自谋生路,以低廉的劳动力价格与一部分社会资本相结合,兴办起技术和资本含量都较低的小规模、低层次产业。这些企业以粗放式地利用各种自然资源为代价,依靠模仿生产低附加值的物质产品。并通常以维持生存为目标底线,因而其产品价格和利润水平可以降到仅仅保住就业岗位的最低限。这些企业在需求已经饱和的生产领域内,以其可承受的最低价格顽强地参与市场价格竞争,包括与高层次企业竞争。所形成的过度竞争的实质是就业竞争,是众多要生存的低层次劳动力要素,与技术及资本要素的竞争。

由于这种竞争不是建立在产品差异化基础之上的效率竞争,而是建立在产品同质性基础上的价格竞争,使企业之间陷入相互残杀乃至自我扼杀的低效率循环。一些在技术上有优势的企业由于资本和劳动力支出较大而不具有成本优势;在我国目前价格竞争仍居主要地位的市场状态下,那些技术落后的企业可以保留下来,而一部分技术上先进的企业却可能面临困境,对产业发展极为不利。

第一,成本竞争的结果使企业产生用低价的不熟练劳动力替代高价的熟练劳动力的倾向,并使劳动雇佣合同短期化,形成"流水型"的劳动雇佣机制,不利于劳动力素质的提高;劳动力价格被压低确具有明显的降低成本作用。但低素质的劳动力意味着创造同等产值需要更多的能源、原材料消耗却只有更低的附加值,难免陷入消耗型、粗放式增长方式。

第二,成本竞争也使企业产生用低质的原材料和生产工艺替代高质的原材料和生产工艺的倾向,不断降低产品的功能和品质(例如取消原有的较高功能、降低质量标准、改用质量档次较低的原材料等)以降低产品价格,从而争取更多的买主。企业争相依靠更大程度的低质低价和更高的产量来扩大市场销售。[①] 但是,低质量产品并不会降低资源、原材料的消耗,相反,技术低下和粗制滥造,正是以不经济和更多的资源损耗为代价。

第三,在产业内部,过剩劳动力的就业压力,会形成低层次技术对高层次技术的替代效应。政府官员从社会稳定的特定目标出发,往往默认乃至鼓励企业冗员的存在,并且为了回避由于运用高效率技术和生产方式而大量减少劳动力导致的就业矛盾,而宁可选择低技术生产方式,这就使企业更加依赖于物质消耗,粗放式生产难以改变。

---

① 这种情况在我国传统中、低端产品生产领域近年相当普遍。以节能灯及灯具生产为例,据国家质量监督检验检疫总局抽查显示,全国市场上节能灯产品46.8%不合格,不少企业还生产假冒产品。正规节能灯厂的产品价格一般为20元以上,而这些低质产品价格仅5至6元,其寿命则仅为合格产品的五分之一。这些产品多数是不规范的小型企业所生产。

2. 粗放式、消耗性经济与低国民收入水平下的供需循环

在一个收入水平总体不高,人们在选购商品时还往往将低价格视为主要标准的市场上,低层次企业生产的低质低价产品多能赢得上风,以至出现"产业逆淘汰"趋向。整个生产方式就可能被带入低层次、粗放式产业循环。在能够容纳较多的简单劳动力就业的同时,必然要以每生产单位的增加值要耗费较多的物质资源为代价。在消费拉动方面,由于粗放式生产以质量低、数量大为特征,需要更多的消费来消耗其生产出来的产品,而其产品的低价格又使更多的低层次消费成为可能。粗放式生产和低层次消费成为一种社会氛围,说到底都与巨大的就业压力相关。

如图 5 - 3 所示,由于城乡劳动力的相对过剩,所形成的就业压力使社会自发产生大量从事粗放式和资源消耗型的企业以容纳就业。因为主要依靠消耗资源进行简单的生产是最不需要技术的,投资门槛也是最低的。政府为了缓解就业压力,在政策上往往也支持这类企业的建立和运转。粗放式生产企业在微观层面形成了三种替代效应:低层次劳动力替代高层次劳动力;低层次物质投入及产品替代高层次投入及产品;低层次技术替代高层次技术,同时又对从事集约式生产的高端企业构成强大的竞争(主要是同质化的低价竞争),导致高端企业难以有效扩大规模并提升竞争力。以上效应的结果是:一方面粗放式生产使资源环境受到破坏,另一方面由于这些企业走的是低成本、低质低价路线,多数劳动力的收入很低,从而压低社会平均收入水平。两方面结果反过来对经济系统的循环运行产生不利影响:在供给方面,由于资源环境制约的加强,使生产难以持续扩大,最终影响就业;在需求方面,由于劳动者的低收入状况,使社会缺乏高收入需求的拉动,尤其是以高收入为基础的第三产业难以发展,限制了就业空间,从而难以缓解就业压力。

3. 就业压力与资源环境制约的双重矛盾与两难选择

显然,为生存以求就业,使广大劳动力具有强大的自发动能进行任何形式、力所能及的生产活动,经济在粗放前提下的高增长具有可能性。虽

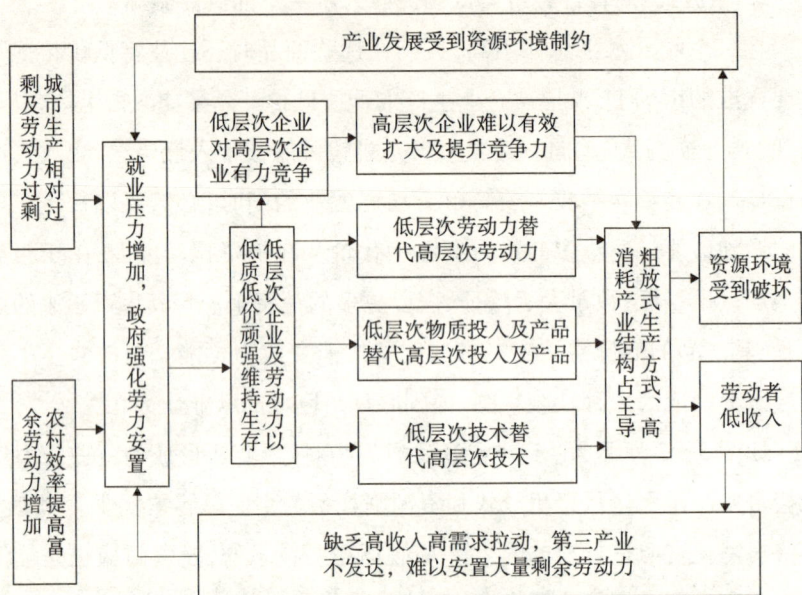

图 5－3　就业压力与粗放式、消耗型产业供求循环示意图

然能够在一定程度上缓解社会生存压力,但是另一方面,这种社会需要和趋势所面临的一个不可调和的矛盾,是任何生产都离不开自然资源的投入,例如土地、矿产资源、能源、生物资源、水资源等等。正如威廉·配第的名言所说,"劳动是财富之父,土地是财富之母"。这里的土地可以推广为所有自然资源,亦即每一个劳动力的就业都必须有相应的自然资源相配套,才可能从事生产,而中国恰恰是劳动力众多,而自然资源缺乏,两者不成合理比例。当然,不同的产业和不同的生产方式(粗放的或集约式的),劳动力和自然资源的配比关系会很不一样。中国从促进就业的要求出发,如果每个劳动力的就业只需要较少的资源相配套,相应的矛盾就比较小。然而现实中国就业压力的释放恰恰是以大量建立粗放式、消耗性产业为其路径的,其对于物质资源投入的要求特别巨大。

考察我国历史上的资源投入与劳动力投入,可以看到,改革开放以后,在经济发展中固定资产投资的增长速度非常之快,而劳动力投入的增长则十分缓慢。因固定资产投资中除包括用于增加劳动力的工资的投入外,其余部分主要是物质资源或其转化物的投入。因而我们如果将固定资产投资的增长与劳动力投入增长的情况作一个对比,可以看出我国在两方面资源投入配比上所显示的特征。图 5-4 显示的是我国固定资产投资增长与劳动力投入增长的比较。从 1981 年到 2009 年,我国固定资产投资从 428.1 亿元增长到 56612.3 亿元,增长到 132.2 倍,而劳动力投入从 42361 万人增长到 77995 万人,仅增加到 1.84 倍。可见我国在要素投入配比上的特征:由于劳动生产率的持续提高及就业弹性的降低,我国最丰富的劳动力要素投入增长十分有限,而物质资源投入增长却异常迅速,是形成目前就业压力大与资源紧缺并存局面的重要原因。

　　造成的现实矛盾就是,大量的劳动力就业需要源源不断地投入物质资源,会使有限的物质资源难以有效供给,就业的增长乃至这种生产方式本身也就难以为继。近几年中国各地在经济高速增长中出现的资源要素制约越来越强,已显示了这种矛盾的尖锐性。与此同时,劳动力就业的压力则有增无减。现实告诉人们,转变增长方式,调整优化生产要素投入配比,更多地利用我国丰富的人力资源,更有效利用自然资源,减少资源消耗,成为保障我国可持续发展,并有效地解决就业问题的必然选择。

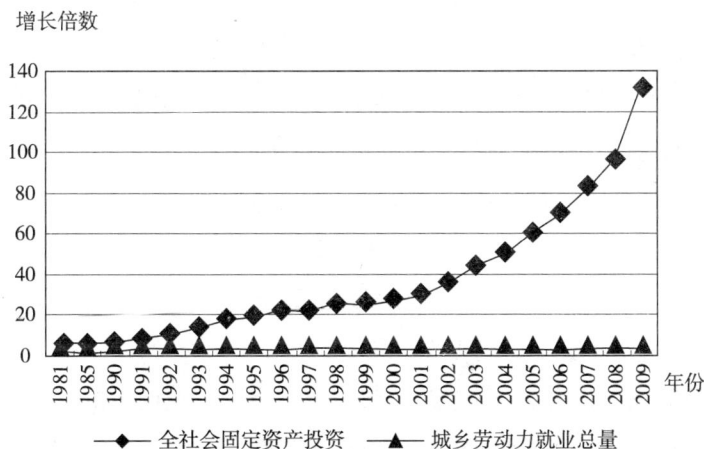

图 5-4　我国资本投入与劳动力投入增长的历史比较(1980—2009)

三、劳动力与自然资源的替代
及要素投入组合的优化

应该看到,廉价的、几乎无限供给的劳动力既是中国参与经济全球化的优势,也是中国在经济全球化中利益分配弱势地位的基础。中国的劳动力价格是低廉的,中国劳动者没有得到与全球劳动力市场平均价格相对称的收入,但这又是由于中国劳动力大量剩余,供过于求所形成的必然结果。中国参与要素合作型国际分工中的劳动力弱势分配地位因此而形成。

为了在既有的要素禀赋前提下最大可能地充分利用各种要素,增加对劳动力的需求并产生相对高的效益,有必要研究要素间的替代效应规律,从而遵循这种规律形成要素投入组合的优化方案,以利于中国经济的长期可持续发展。

首先我们考察各类要素利用度与经济增长的相关性。如图 5－5 所示,在一般情况下生产系统存在着资源总量的限制和劳动力总量限制,制约着对相应要素的利用程度。而在人均资源相对缺乏而劳动力总量充裕的我国,主要存在着资源总量的限制,而劳动力总量的限制尚未到来。图中的两条水平横线反映了这两者限制程度的区别。在经济发展过程中的不同阶段,其对各种要素的利用度是动态变化的。在经济发展初期,经济增长主要依靠消耗资源和增加劳动力的投入形成高增长,但发展到工业化中期,由于资源消耗量的增大,开始受到资源总量不足的限制,当然,这种限制只是一种相对限制。即在假定资源供给量总体不变的前提下形成的对经济发展的约束。这时资源消耗程度必须受到严格限制,在 P 点以后,资源消耗线开始向下;劳动力利用线则呈现快速向上的趋势,这是由于劳动力就业压力本身要求加大劳动力的使用,在资源消耗被迫减少的情况下,以提高劳动生产率为前提,加强劳动力的利用以形成对资源的替代效应,保持经济的增长态势。同时,科技创新和人力资本提升必须持续加强。科技创新不但能够有效地利用和节约资源,降低资源制约的程度,也能够形成节约劳动力的效应。但在目前就业压力仍然较大的状况下,更应重视资源节约而不是压缩劳动力使用。同时转变原有粗放的增长方式,促进产业升级。但一个国家的劳动力资源终究也是有限的,在进一步的发展中,长期来看,仍将面临劳动力总量的制约,这在发达国家早就已经面临的问题。因而劳动力利用线在到达劳动力总量限度(Q 点)之前也将走向平缓和向下。此后,在资源和劳动力双重制约的情况下,经济的增长在更大程度上依靠科技的投入和创新,以及人力资本的壮大过程。

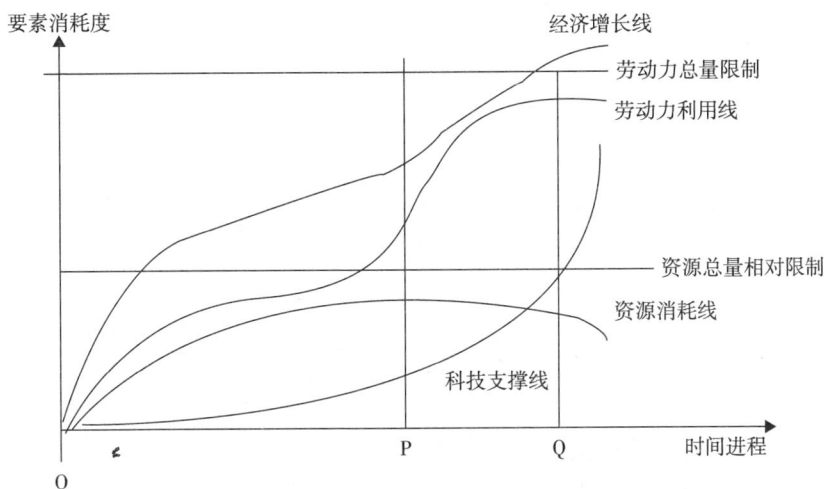

图 5-5　各类要素利用度与经济增长的相关性

进而考察在资源的刚性约束下,怎样进行要素的替代性配置有利于实现最佳的经济增长。如图 5-6 所示,XY 线表示经济增长的趋势,与经济增长同步,资源与劳动力的使用也不断增加。右边反映经济增长程度的纵坐标以一定规模的增长单位的量表示,例如 200 表示增长到有 200个单位规模的程度。在经济增长的每一阶段点上,由于资源与劳动力具有一定的替代关系,两者的利用量即各自所占的比例可以有多种选择。例如在 G 点上,与之相交的 AB 线就是两种要素在这一增长水平上配置的无差异曲线。当然这只能在一定范围内具有替代关系,即无论是资源

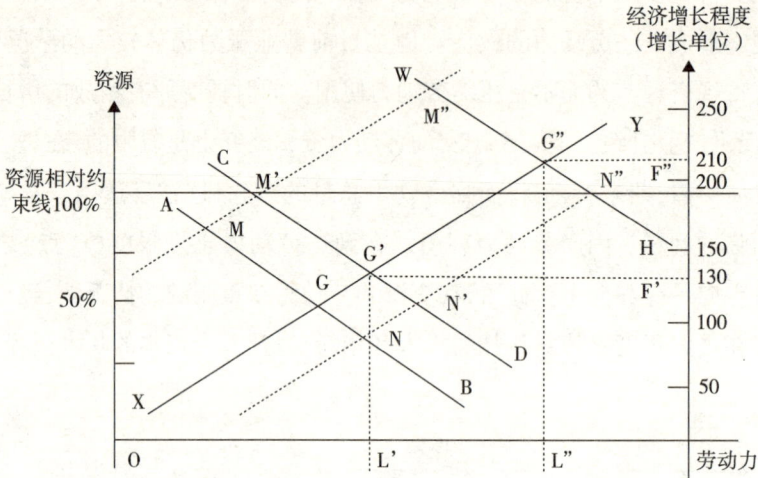

图5-6　资源与劳动力要素的配置与经济增长的相关性

还是劳动力至少要具有最低数量,低于这个数量,替代关系就无法成立,经济也无法增长。根据我国资源缺乏而劳动力丰富的要素特点,我们尽可能使用劳动力而少使用资源,即尽可能选择无差异曲线的右下方所反映的配置比例,例如在 AB 线上,我们选择 N 点而不选择 M 点的配比。因为这样显然能够满足两种需求:既有利于劳动力的充分就业,又有利于尽可能减少资源的消耗,并促进经济在一定资源约束下的最大程度增长。例如,我们如果选择 M 点的配比,则经济增长到 G'点时,其对资源的需求为 M',而该点已经与资源约束线相交,由于受到资源的刚性约束,经济就无法增长,其对的增长程度 F'约为 130 个单位。同时劳动力由于得不到充分利用,将会产生严重的失业现象。相反如果选择 N 点的配比,经济将增长到 G"点其要素配比 N"才会受到资源约束线的刚性约束。其对应的增长程度 F"可达 210 个单位。显然第一种要素配比下的经济增长的程度 F",要远高于第二种要素配比下的经济增长程度 F'。可见,根据国情采取有利于经济增长和就业的合理要素配比具有重要意义。

再进一步考察在科技创新条件下对要素配置与经济增长的影响。图5-7是在科技创新条件下的要素配置与经济增长。科技的应用可以产

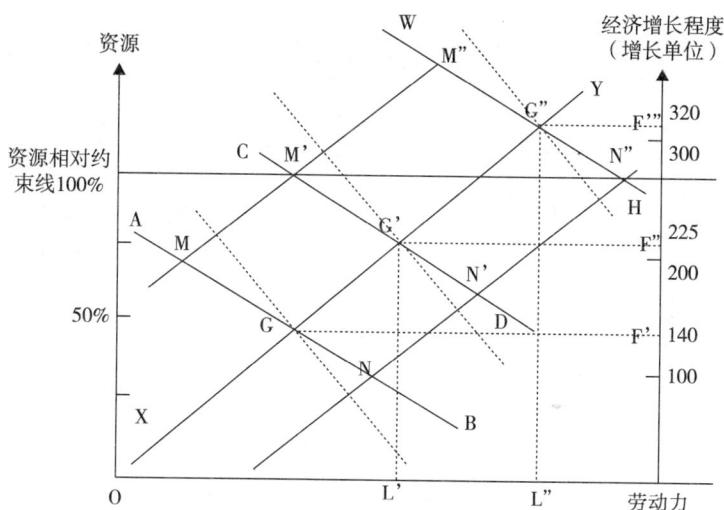

图5-7　科技创新条件下的要素配置与经济增长

生两方面作用:一方面使经济增长所需要的资源和劳动力要素减少,也就是消耗同等的资源和劳动力可以实现更高的经济增长。图5-7与图5-6相比,同样长度的增长线(XY)所代表的增长程度(以一定规模的增长单位的量表示,例如300表示增长到有300个单位规模的程度)要明显提高和扩大规模。经济增长的G'和G"点所分别对应的经济增长程度都得到提高:F"'(320)>F"(225)>F'(140)。另一方面,科技应用也可以改变同等经济增长所需投入要素的配比状况,图5-7的无差异曲线AB、CD、WH比图5-6更趋于水平状况(与该三条线分别相交的虚线分别表示其在图5-6的位置)。科技应用更倾向于减少资源的消耗而不是减少劳动力,或体现出以劳动力替代资源的要求。适应于中国劳动力丰富而资源紧缺的情况,这种配比的改变,可以使国民经济在原有资源约束条件下实现更高的增长。G"所对应的增长点达到F"',就体现了这样的要求。F"'是在出现资源相对约束时候的增长程度,达到320个单位,与图5-6的F"相比,同样是出现资源相对约束时的增长程度,F"'则高得多。

四、中国劳动力过剩、资源紧缺条件下的发展对策

如何解决上述两难问题,基本思路是努力形成缓解就业压力基础上的资源节约效应。即在尽可能创造更多的就业机会缓解就业压力的前提下,转变增长方式和转变消耗性的产业结构,在同等劳动力就业的要求下,能够更多的通过劳动力与技术要素、智力要素的结合,更多地采取人力资本投入进行生产,而不用或少用自然资源,即用较多的人力(应是较高素质的)与较少的自然资源相配比来组织投资与生产,是缓解乃至消除上述尖锐矛盾的有效途径。

第一,大力发展多用劳动力、少用资源的产业。前者包括除交通运输、餐饮业以外的大多数服务业,尤其是高层次服务业,例如教育、信息、科技、金融、社会中介、咨询业等,主要或完全是用人力资源而较少消耗物质资源。因而大力发展第三产业在未来长时期中应该作为我国的重大战略予以高度重视。对第二产业而言,也要重视发展主要通过人力资源投入增值的产业和产品,除大力发展高新技术产业外,在传统产业方面,如工艺美术产品、高档服装,尤其是采用独特工艺技术、深加工产品,投入的物质资源较少,而通过人力资本实现高增值的特征明显。此外,在现有技术条件下或较长时间内尚无法用机器设备替代人力进行生产的制造业产品,应注重发展,如相当一部分食品加工、皮革服装生产等等。罗默等学者认为,在资本短缺而劳动力丰富的国家,劳动密集型投资比资本密集型投资具有更高的资本效率,原因是少量的资本可以推动大量的劳动力。

人们担忧的是,强调更多地使用劳动力是否会导致劳动力价格被进一步压低,劳动密集型产业的盈利水平更难以保证。事实恰恰相反,我们强调更多地使用劳动力可以增加对劳动力的需求,从而提高劳动者的工资水平,而减少对紧缺的资源要素的使用,增加供给充分的劳动力的使用,实现资源的合理配置,则还可能提高产业的盈利水平。更进一步,可以通过提高劳动力投入的质量,即通过教育和培训,促进同等数量的劳动

者掌握更多的知识和技术。知识可以使资源和劳动力的投入更有价值。更多使用人力资本的投入,本身是知识经济发展的条件。通过人力资源的积累促进增长,使单位生产总值中的资源消耗不断减少,则可以从根本上提高经济增长的质量和生产率水平,转变增长方式,恰恰是保持高效稳定增长的前提。

第二,要将转变增长方式,形成资源集约型经济作为决定生死存亡的关键。粗放型产业的基本特征是产品的技术、智力含量较低,主要依靠我国历史上形成的相对低价的资源要素投入维持生产,例如行政划拨的土地、国家严格控制价格的水、能源、重要原材料,成为粗放式、消耗性生产的前提。然而随着目前已经出现,并且未来更将加剧的资源的供不应求,以及国家对资源价格控制的进一步放开,粗放式生产的资源供给必将难以维持;而且,虽然粗放生产的低价、低档产品在目前全社会总体收入水平较低的情况下,还能有相当的销路,但未来随着全社会收入水平的不断提高,对低档、低价产品的需求逐步被对高档、高质、高价产品需求所取代时,粗放式生产的产品销路也将日渐萎缩。因此无论从要素供给还是产品价值实现的角度看,粗放式生产在我国历史中只能是短暂的现象,在未来可预期的时间内势必被逐步淘汰。现有企业必须转变增长方式才能生存和发展。发展循环经济,有效和重复利用有限的资源是必然的选择。

第三,大力推动能够形成新的产业、新的增长点、新的就业机会的"开拓型创新"。为了支持更多剩余劳动力的就业,就必须形成更大的生产规模并且能满负荷生产。相对于仅仅提高劳动生产率或减少工作时间的效率型创新,"开拓型创新"不仅可以大量增加对劳动力的需求,有效扩大社会总需求,而且是产业升级的强大动力。比较突出的具有开拓性创新效应的产业有:信息产品生产与服务,医疗保健领域;高等教育及文化产品生产领域;大宗消费领域(如家用轿车等),家庭及个性化服务业领域;住宅建设领域;环境保护领域,以及所有能推出新产品、激发新需求的领域。要支持相对大规模的生产,就必须有较高的消费拉动。我们要求生产是多投入劳动而少投入物质资源的生产,因而在消费领域也应该鼓励多消费包含较多活劳动所创造价值,而包含较少物资资源转移价值的产品。鼓励人们尤其是高收入人群大量消费服务业产品应该是首要的选择,例如大力促进旅游业和文化娱乐业的发展,鼓励人们接受家政服务、接受更多的职业教育和高等教育、参与各类研究工作、接受社会咨询、接受各类金融理财服务。在制造业产品方面,鼓励人们消费更多资源投入少的产品,例如工艺美术产品、深加工高增值的日用消费产品等等。

城镇化和第三产业的滞后,已成为制约我国非物质消费需求(主要是服务需求)的扩大、就业容量扩大和产业升级的瓶颈。瓶颈的解除既可同时推进就业和产业升级的进程,又能最大程度上化解消费需求不足、就业压力大和产业升级存在的矛盾。城市化将激发大量投资,并将为第三产业创造良好的环境,为创造更多的就业机会奠定了基础。服务业的就业容量大,空间广阔。人们的消费越来越向享受服务转变,服务业劳动的市场价格也将不断提高。对我国而言,它们的发展无疑具有强有力的开拓效应。低层次服务业的发展初期可能主要是低收入的人为高收入的人服务,但随着高层次服务业的发展,服务业从业者的收入将超过第一、二产业的从业者,既改变第一、二产业中的刚性就业机制,又通过创造新的就业机会和收入的再分配使全社会共同受益。尤其在服务业的生产和需求领域,目前还存在种种制度和环境的制约,因而必须在长时期中,打破服务业的垄断性,降低进入门槛,推进其加速发展。

第四,应用与开发更多能够用劳动力替代资源的生产方式和技术,使过多的劳动力能够替代相对缺乏的资源,例如:

1. 劳动力替代土地:(1)进一步发展集约型农业,即在单位土地上更多地进行精耕细作,使土地的产出能够成倍的增加,达到与扩大土地同样的目的;(2)以更多的劳动力从事将荒山变良田,沙漠变绿洲等工程,达到以劳动力的应用扩大可耕土地的目的;(3)以更多的劳动力发展建筑业,使单位土地的容积向空中发展。

2. 在一定的时期内更多地采用劳动密集的生产方式,适当控制机器设备和能源的投入替代劳动力使用的进程,例如清扫马路采用人工清扫而不用扫路机,既可以减少机器设备又减少能源的消耗和污染,而两者都是需要自然资源投入的。

3. 鼓励更多的企业和劳动力投入资源再生事业,使资源能够更多地被循环利用,被作为废物和污染物抛弃而破坏环境的物质重新资源化,例如废旧物资回收和再生过程,物资变废为宝再利用,即是通过劳动力的投入形成了新的可利用资源。

4. 投入更多的劳动力从事新资源的研究、开发产业,例如新材料的研究开发和生产、新的矿产资源的勘探和开发、水资源的开发利用、新材料的研究和生产等等。例如竹资源替代木材、金属和塑料的使用等。

5. 投入更多的劳动力从事可再生资源和清洁能源建设,例如植树造林,扩大森林面积,大力发展水力发电、太阳能利用、核能、潮汐能、地热、生物能源等"替代能源"。

6. 投入更多的劳动力从事节约资源和能源的科学技术研究和管理研究,达到最大程度地有效利用资源,尤其是节能技术、资源管理手段的改进等等。例如通过核燃料浓缩再处理技术,可以重新利用燃料,用作替代石油等能源。此外还有煤炭液化技术、重质油利用技术以及食品制造和建筑业方面节省能源的技术,汽车的低消耗燃料技术等。在管理上,加强工厂使用能源的合理化;燃料燃烧的合理化;加热、冷却及传热的合理化;由放射、传导引起热损的防止;废热的回收利用;热动力转换时的合理化;由电阻等引起电损的防止和电的动力及热转换时的合理化。

当然,以上设想必须正确处理若干方面的矛盾:一是与企业经济效益的矛盾。即当企业从其增进效益的要求出发,能够用机器设备、自然资源和能源的投入使生产过程提高效率,但会减少劳动力的使用时,如果我们要求企业从全社会利益出发,避免或限制这种过程,事实上会影响企业经济效益的提高,这是一个两难的选择。二是与产业升级的矛盾。一般来说,经济技术发展的过程,基本是与资本的投入替代劳动力的过程同步的,它使劳动力的平均物质装备水平不断提高,劳动生产率不断提高,人们的收入也不断提高。如果限制这样的替代过程,势必与产业升级产生矛盾,过度推行这样的政策,有可能影响产业升级和经济素质提高的步伐。这同样是一个两难的选择。

　　解决以上矛盾的根本方法是,在强调更多地利用我国充裕的人力资源的同时,必须同时强调提高我们所利用的人力资源的素质。也就是说,只有更多地利用有更高素质的人力资源,才能既克服我国经济发展中资源配比不协调的矛盾,又能够在多使用人力资源的同时,避免由于劳动力的就业刚性压力过度地产生劳动力替代技术和资本,从而影响经济效益和产业升级的矛盾。应重视以人才培养消除低层次替代效应,促进高新技术及产业的发展。目前我国的就业问题中,重要的方面是结构性的失业,产业升级的重要障碍也是人才结构上的低层次特征。相比而言,适应新兴产业的就业需求和产业升级的人才远远不够。因此,通过人力资源开发和人才培训,以实现就业和产业升级双重推进是重要途径。事实上,就业结构并不完全处于被动状态。如果能通过调整教育结构和职业培训、技能开发政策,引导就业结构调整,将对产业升级起重要作用。大量新型的科技和管理人才的成长,将直接引致高新技术产业的相应发展,以及更大范围的传统产业的高层次改造。这些人才不仅自身扩展了就业门路,而且将给更广泛的人群创造出大量就业机会,实现就业和产业升级的"双赢"。

第六章　城镇体系的集约式发展

如同经济增长一样,城市化及城镇体系的壮大,同样有着遵循集约式发展还是粗放式发展的问题。由于城市是区域经济的龙头,城镇体系发展的集约化程度,甚至对于整个经济增长模式具有决定性作用。城镇体系的集约式发展体现在城镇建设和城镇运作两个方面:

一是城镇的规划、建设和发展进程的集约化。表现为城市建设投资和城镇规模的扩大过程都具有集约式的特征:投资的效率较高、要素的投入能够产生较高的附加值,从而能够以较少的土地、能源消耗产生理想的城市化效应(包括城市规模的扩大和功能的加强)等。与集约化对立的是城市扩大过程中大量的低效甚至无效投资,例如盲目的摊大饼式的城市面积扩张,低效和无效的占用土地;城市建设的短期化,城市建筑及公共设施使用时间短,出现建了拆、拆了建的重复建设;城市建设过程中对于原有资源环境的破坏,以及历史人文价值的损失,例如对于城市水资源的破坏,自然水系和水环境的改变,导致生态失衡,城市有价值的历史建筑文物被破坏等。

二是城镇体系的常规运作的集约化,表现为城市运行的高效率和低消耗特征,在同等的条件下,城市的格局能够使城市企业和居民的生产、工作和生活在单位时间内进行更多有效的活动,并且同等的投入能够形成较大的产出,环境损害最小化。与集约化要求相对立,当前的问题表现在:一是由于城市面积的过度扩大,城市内部运作的交通距离拉大,城市各单位和人群之间的关联效率下降,成本上升;二是由于城市格局的不合理,例如过度地进行功能分区,生活区和工作区的过度分割,导致居民上下班所付出的时间、精力和交通成本上升;三是由于城市扩大以及格局不合理导致城市道路、管道过长,造成运作成本上升,城市的能源消耗高,尤其是汽车使用的大量增加,不但过度消耗石油等能源,而且造成城市空气污染日益严重。

一、城市规模及布局合理化与城市集约发展

在城市发展进程中,城市的规模及规划布局是不断变动的,这种变动离不开要素投入。由于城市是一个高度集中的经济体,在规模经济与特定布局规律作用下,城市的大量投入,反而可能带来的是城市功能(竞争力)、经济性(经济效益与社会效益)、宜居性(人的生活舒适度与便捷性)的下降。很多城市规模的扩大及规划布局的改变,出现城市病越来越严重就是典型的现象。

1. 城市规模与城市的成本收益变动的关联性分析

(1)不同角度的最优城市人口规模要求

在最优城市规模理论中,经济增长的极核理论具有重要地位,该理论表明:在城市集聚规模较低时,随着集聚程度的提高,经济效益和社会效益都不断地提高,但是提高到一定的程度时,效益不会再持续提高,而是保持平稳状态。若集聚规模继续增大到一定限度时,经济效益和社会效益都将下降。因此,城市规模并不是越大越好,而是存在一个由城市规模经济到规模不经济的临界点,即最佳城市人口规模。

在实践中,很难确定一个普遍适用的绝对最佳城市规模的存在。这不仅因为城市最佳规模与城市性质和本身所处的环境有关,而且由于经济发展水平的多样性,区位条件的差异,发展目的不同等,都会导致衡量最佳城市人口规模的尺度迥然不同。多大的城市规模是最佳规模,迄今为止仍是学术界不断争论的问题。人们从不同的角度得出不同的结论。

①行政管理最佳城市人口规模

从行政管理的角度分析,最佳城市人口规模应具备行政组织便利、管理高效有序、居民人均服务支出费用最低的要求。从居民人均支出行政管理费用变化趋势分析,不同城市发展阶段差异较大。在城市发展的初期,由于人口总体规模小,人均支出管理费用高;随着人口增长,聚集效益增大,人均支出管理费用下降;当城镇人口过度增加,导致"城市病"产生,管理难度和费用急剧上升,居民人均支出管理费用也相应上升。居民人均支出管理费用曲线呈"U"字形分布,"U"字形的两端均不是合理的规模。在"U"字形的底部,人均费用最低时的城市规模,才是理论上的最佳规模。但实际上,由于种种因素,人们对行政管理最佳城市人口规模的认识极不一致。表6-1就是国际上不同的研究者和机构对行政管理最佳城市人口规模的看法。

表6-1　行政管理最佳城市人口规模

提出作者或机构	最佳人口规模(万人)
贝克(Baker,1910)	9
马尼特住房调查委员会(Barnett,1938)	15—25
落马克斯(Lomax,1945)	10—15
克拉克(Clark,1945)	10—20
邓肯(Duncan,1956)	50—100
赫希(Hirsch,1959)	5—10
大伦敦地方政府皇家委员会(1960)	10—25
斯韦美兹(Svimez,1967)	3—25
英国地方政府皇家委员会(1969)	25—100
纽兹(Neutze,1965)	20—100
大维多维奇(1970)	5—40
吉布森(J. E. Gibson,1977)	80—120
世界银行(1984)	15

资料来源:俞燕山:《我国城镇的合理规模及其效率研究》,《经济地理》2000年第2期。

②稳定增长中心的最优城市人口规模

增长中心至少有一个合理的最小规模(人口或腹地面积),其原则是要能保证增长中心自身的生存和发展。美国学者汤普森称此规模为"城市规模棘轮"。他根据美国小城镇的资料统计,认为增长中心的这个合理规模为 25 万人。只有达到这一规模,增长中心才有能力抵御来自内部和外部的各种冲击和风险,才能建立起有多个部门组成的、有应变能力的产业结构,并建立起规模合理的城市基础设施。这样才能提供增长中心自身生存和发展的条件,也才能指挥和推动腹地经济的发展。增长中心规模越小,则生命力越弱,在自身难保的情况下,很难对腹地的发展起到多大作用。

③城市公用事业费最省的最优城市人口规模

城市人口规模与公用事业费之间存在一定的函数关系。即使是一个规模最小的城市,交通、通讯、水、电、医疗、教育等基础设施都不可缺少。因此,如果城市规模太小,致使每一项公用事业都达不到规模经济最低要求的水平,必然会提高城市的人均公用事业费。同样,城市规模过大,同样也会造成规模不经济,提高人均公用事业费,如垃圾处理、交通运输等的费用都会上升。美国的调查资料表明,根据城市的不同属性,人口规模为 20 万—50 万时,人均城市公用事业费最低,多数城市为 20 万—30 万人。

以上述增长中心的稳定性和城市公用事业费最省作为确定最优城市人口规模的依据,看法基本一致,即 25 万人左右,但也存在着不同意见。一些人认为,这两个准则只考虑了人均成本费用因素,未考虑规模扩大,人均收益也增加。如果既考虑成本,又考虑收益,则最优城市人口规模可以很大。相反,另一些人认为较小的城市规模也可以是最佳的。如实践证明,只要增长中心与腹地人口加起来超过 25 万,增长中心内有 6 万—15 万人,仍具有自我发展能力。为覆盖广大的农牧业区,还应在增长中心以下扶植一批小城镇作为增长点,在小范围内起增长点的作用。可见,对于一些经济不发达地区,增长中心的最优城市人口规模还可以小些。

④企业效益取向最优城市人口规模

从企业角度分析,能获得最大利润的城市人口规模为最佳。这实际上是一个外部规模经济效应即聚集经济规模大小的问题,一般来说,所在城市越大,聚集的规模也就越大。但是由于不同产业、不同类型、不同经营方式的企业对所在城市规模大小要求并不相同,所以很难作出一般性的结论。但可以肯定其变化曲线也呈"U"字形分布。

(2)城市规模变动的成本与收益动态规律

为了判断城市扩大过程中效率的动态变化情况,区域经济学家 N. W. 理查森提出了按四项指标综合论证确定各个城市最优规模的方法。这四项指标是平均收益、边际收益、平均成本和边际成本。这四项指标的意义及其对城市规模的影响主要体现在以下几个方面(见图 6 - 1):

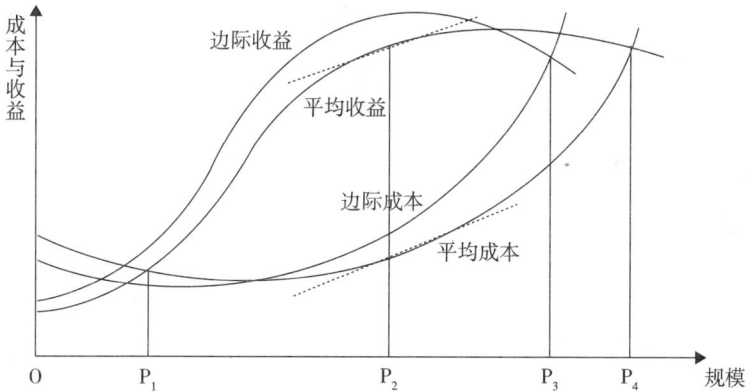

图 6 - 1　城市规模与成本收益图

边际成本,反映城市当前新增加一个单位规模所新增的成本。

边际收益,反映城市当前新增加一个单位规模所新增的收益。

平均成本,表示此前每扩大一个单位的城市规模所花费的成本的平均值。

平均收益,表示此前每扩大一个单位的城市规模所获得的收益的平均值。

表6-2 城市规模扩大的不同阶段的效益状况

不同规模区	效益状况	边际效益趋势		平均效益趋势	
		正负	变动趋势	正负	变动趋势
0~P1	不经济	正	增大	负	改善
P1~P2	最小~最佳	正	增大	正	增大
P2~P3	最佳~最大	正	减小	正	减小
P3~p4	最大~极限	负	增大	正	减小
P4以上	不经济	负	增大	负	增大

图6-1中四条曲线的四个交点反映各个城市在不同规模上的效益与成本。

我们可以根据四个交点所对应的城市规模,将图6-1的横坐标分为五个规模区,分别分析每一个规模区的边际效益趋势和平均效益趋势,以及总体规模效益状况(见表6-2)。

①在O~P1区域,处于负效益运用状态,这时城市的平均成本高于平均收益。但是在这一阶段,每增加一个规模投资,其边际收益都是大于边际成本,投资的边际收益是递增的,从而使平均净收益的负值随着规模的扩大逐步变小。平均收益曲线与平均成本曲线的交点所对应的城市规模为P1,这表明只有达到P1规模,居民平均收益与平均成本才能相等,过了临界点P1后平均净收益由负变正。

②在P1~P2区间,如果城市规模继续扩大,则居民平均净收益(即平均收益与平均成本之差)会继续增大,直至达到P2点。这时平均成本曲线的斜率正好等于平均收益曲线的斜率,居民平均收益达到最大。这时,如果从单纯的城市投资的规模效益角度看,再追加投资的净收益已经下降,因而可以确定P2点是城市的最佳经济规模。但在这一规模基础上再增加单位人口,居民的边际收益仍大于边际成本,只不过是净收益在缩小。在这种情况下,如果从国家或区域整体要求出发,必须促进该城市提供更多的产出,进一步扩大城市规模仍然是可行的。

③在 P2~P3 区间,当城市规模继续扩大,达到 P3 点时,边际成本曲线与边际收益曲线相交。这表明,如果再增加一单位的城市人口,增加的收益就不足以抵消增加的成本。从图 6-1 可以看出,当城市规模超过了 P3 时,边际收益曲线降到了边际成本曲线之下,也就是说每一个单位的新增投资,其效益都已经是负数,单纯从边际投资收益的角度,再扩大规模明显不合理。但这时平均收益曲线仍高于平均成本曲线。说明城市的规模仍然能够维持城市运行具有净收益的状况,因此,在经济全局必要并且可能的条件下,城市仍然有扩大规模的空间。但从经济性的角度看,P3 点是城市的最大经济规模

④在 P3~P4 区间,当城市规模扩大到 P4 点时,平均收益与平均成本已相等。再扩大规模将导致城市经济运行的整体收益已经为负数,难以长期维持,城市规模的扩大也就达到了极限。因此,P4 点是最大极限规模。

⑤在 P5 以后,如果城市继续扩大,其边际效益和平均效益全部变成负值,这时城市由于规模过大,又处于负效益运行状态。

图 6-1 所反映的各条曲线变化的总趋势反映了大多数城市的普遍情况。但具体到特定区域的一个特定城市,则由于城市功能和发展条件等方面的差异,这四项指标升降变化的程度可以大相径庭。因此它们的最优规模也不可能一样。

但必须注意的是,在实践上,对城市规模的确定,首先要从国家以及区域整体的长期发展要求出发,对城市的功能进行科学定位,特定城市的规模定位要服从于全局性的科学定位。例如上海这样的特大城市,国家对其的定位是成为全国经济的龙头,国际经济、金融、贸易及国际航运中心,在亚洲乃至世界上具有举足轻重地位。要实现这样的功能,城市的规模就必须较为庞大,例如达到 1000 万人以上的规模,如果用简单的成本收益分析来确定城市规模显然是不合理的。反之,如果一个县级市,总人口不过四、五十万,则其县城也不可能达到如 25 万这样的理论最佳规模。

2. 人本主义理念下的城市集约化理论——"新城市主义"及"精明增长"观点

城市的盲目扩大对"城市病"的形成及居民生活环境的损害,是全球城市化进程中较普遍的现象,人们对此都提出了众多质疑,也进行了大量研究。降低城市建设的消耗,同时又维护人的适宜生活环境,实现人的利益与城市化的完美统一,是近年来学术界和政府普遍重视的问题。对此,新城市主义和精明增长理论构筑了一个相对完整的思想体系。

第二次世界大战后,伴随着小汽车的普及和公路的大规模建设,美国率先步入了郊区城市化加速阶段。对于崇尚自由的美国人来说,"拥有一辆小汽车和一栋位于郊区并带有花园草地的独立住宅、享受明媚的阳光和清新的空气",在当时被称为"美国人的梦想"。在这种梦想的驱动下,大量中产阶级流向郊区。尤其在20世纪70年代之后,以小汽车交通工具为主导的郊区化现象极大地加剧了就业和居住的低密度扩散,出现了所谓"城市蔓延"。人口涌向郊区建房,"吃"掉大量农田,城市越"跑"越远,导致能耗过多、上班路程太长等城市病接踵而来。布切尔(Burchell)等将"城市蔓延"总结为以下8方面:低密度的土地开发;空间分离、单一功能的土地利用;"蛙跳式"或零散的扩展形态;带状商业开发;依赖小汽车交通的土地开发;牺牲城市中心的发展而进行城市边缘地区的开发;就业岗位分散;农业用地和开敞空间消失。

针对城市蔓延带来的诸多问题,"新城市主义"(New Urbanism)及其后形成的"精明增长"(Smart Growth)理论应运而生。这两种城市发展理论均是针对美国几十年来的城市蔓延所带来的一系列弊端而做出的切实回应。

"新城市主义"理论形成于20世纪80年代,安德瑞士·端尼(Andres Duany)等学者是新城市主义的主要创始人。其观点主要针对第二次世界大战后美国城市空心化,原来完整的城市结构、城市文脉、人际关系、邻里和住区结构被打破,人们的居住离开了熟悉的环境,都市概念和都市感淡化以及过分依赖汽车,造成严重的能源浪费、环境破坏等城市问题而提出的一种新的城市规划和设计指导思想。在 1996 年第四届新城市主义大会上形成了《新城市主义宪章》。

新城市主义的基本主张可概括为以下几点：①

1. 以人为中心，强调建成宜人的环境以及对人类社会生活的支持。提倡创造和重建丰富多样的、适于步行的、紧凑的社区。其两大组成理论为：一是传统邻里社区发展理论：注重保护或重构传统而紧密的城市结构、城市文脉、人际关系、邻里和住区结构；建设充满人情味的宜人社区，多样化的住宅类型和价格层次可以使年龄、种族和收入多样化的人群每天交流，采用人性化的设计手法，以表示对各阶层和个人的关心。二是公共交通主导型发展理论：注重大部分依靠步行即可到达的社区服务网络，主要依靠公共交通（而不是私人汽车）的居民出行方式。适当的建筑密度和土地使用应该在公共交通站点的步行距离内，使得公共交通成为机动车的一个可行替代物。

2. 尊重历史与自然，强调自然、人文、历史环境的和谐。对建筑环境进行有效整合，形成有效利用土地、空间紧凑、联系便捷、基础设施利用率高的城乡结构。鼓励城市中的填空式开发，而不是依赖向边缘扩张。限制城市边界，建设紧凑型城市，建立有边界——城市发展的生态极限的城市发展模式，实现城市的多样性、共生性、地域性等。简·雅格布认为"多样性和混合功能是城市的天性"，否定延续上百年的单一功能分区思想；尊重自然，回归自然，强调应将城市和它的邻区及其自然环境视为一个经济、社会和生态相协调的整体。

3. 重视集约式的城市规划。基本原则有：紧凑性、多样性、适宜步行、珍视环境等。具体有五大特征，即：一个或几个城市中心；5 分钟路程的邻坊；细密格状及多用途的街道系统，商店、办公楼、公寓、住宅、娱乐、教育设施，以及邻里、街道和建筑内部的功能混合；公共交通系统及在街坊水平上更多地融入不同类型的土地使用；市政、机构和商业活动置身于

---

① 王慧：《新城市主义的理念与实践、理想与现实》，《国外城市规划》2002 年第 3 期。

社区和城区内,而不是在遥远而需要花费数小时前往、单一用途的建筑综合体内与世隔绝。

新城市主义的主张也可以简略归纳为 8 个原则:限制城市增长边界,建设紧凑型城市;继承传统,复兴传统开发;以人为本,建设充满人情味的新社区;尊重自然,回归自然;公众参与城市规划;提倡健康的生活方式;回归传统习惯性的邻里关系;实现社会平等和公共福利提高。总的来说,都是为了达到同一目的,建造合理集约的城市环境,提高整个社区居民的生活质量。

新城市主义不仅是城市发展方向的理论变革,从其诞生之日起就与实践紧密结合,其提出理念就是从微观角度对宏观政策给予落实,通过市场运作将理论付诸实践,因而有其鲜明的务实风格与行动能力。新城市主义的主要行动包括:向公众宣传普及集约理念;向专业设计师提供 TND 与 TOD 设计培训与咨询;亲自参与主持实施规划设计项目。从 1980 年开始,美国已进行大量新城市主义新型社区试验,包括兴建小镇、填充式社区改造和内城复兴项目等。最早最著名的是佛罗里达州的"海滨社区",一直作为新城市主义的样板工程。其他比较知名的区域规划项目有:"波特兰 2040 年"、芝加哥都市区"面向 21 世纪"区域规划项目、纽约都市区"拯救危机中的区域"、盐湖城区规划项目和西雅图皮吉特湾区域规划等。这些社区实验和规划项目对我国目前城市发展和土地集约利用都有积极借鉴意义。例如西雅图的改造就包含了新城市主义的很多集约思想:通过确定其增长边界来遏制城市的无序蔓延,建造密集混合型、多功能复合的社区以方便生活工作,制定开发高速公交连接城市中心轨道的公共交通网络等。新城市主义在其他国家也得到了推广和实践,这些案例都或多或少包含了城市土地集约利用的思想。

20 世纪 90 年代,继新城市主义之后形成的"精明增长理论"进一步提出:用足城市存量空间,减少盲目扩张;加强对现有社区的重建,重新开发废弃、污染工业用地,以节约基础设施和公共服务成本;城市建设相对集中,密集组团,生活和就业单元尽量拉近距离,减少基础设施、房屋建设和使用成本。2000 年,美国规划师协会(APA)联合 60 家公共团体组成了"美国精明增长联盟"。

精明增长的 10 条原则包括:①混合式多功能的土地利用;②垂直的紧凑式建筑设计;③能在尺寸样式上满足不同阶层的住房要求;④建设步行式社区;⑤创造富有个性和吸引力的居住场所;⑥增加交通工具种类的选择;⑦保护空地、农田、风景区和生态敏感区;⑧加强利用和发展现有社区;⑨做出可预测、公平和产生效益的发展决定;⑩鼓励公众参与。①

3. 借鉴"新城市主义"观点看我国城市化中的若干问题

新城市主义在美国获得极大的成功。目前,美国有三分之二的州在规划中选择了新城市主义以及"精明增长"理念。其规划思想也受到英国、法国等欧洲国家城市的重视,产生广泛影响。虽然新城市主义理论本身及其对我国的适用性目前还有不少争议,但还是值得我们重视和引起深刻反省的。近年来我国和浙江省城市化过程中所出现的一些问题不容忽视:

1. 城市空间的扩张过快。各地政府出于营造政绩的需要,急于将城市"做大",在行政性推动下,往往以扩张为优先目标进行超前规划和建设,破坏了城市各类要素的自然组合规律,不利于要素有机整合和利用效率的提高。过度的单一功能区划分,居住区与功能区的分离过度,工作空间与人居环境的空间阻隔既降低了人的生活质量,又使功能区设施利用效率降低。例如各地频出的大学大规模集中搬迁,确实显著壮大了大学的硬件规模,然而对学术资源的有效利用并非有利。国外著名大学一般都是围绕着传统校区历史地、自然地扩展壮大,教师、学生和学校的教学研究资源设施有机结合,相互产生的功能和效率都很高。而一旦大学在城市蔓延过程中被空间分割,造成了对三者均不利的后果。比如当校区

---

① 王国爱、李同升:《"新城市主义"与"精明增长"理论进展与评述》,《规划师》2009年第 4 期。

和教师住宅区接近的时候,教师随时可以到图书馆利用图书资源,既为教师提供方便,又能充分发挥图书馆资源的效率。但一旦校园搬迁到远离教师住宅的新区以后,不但教师上下班的时间和交通成本大大上升,而且使教师对图书馆的利用也极不方便,资源利用率下降。

2. 在人为因素下,城市过度向外扩张蔓延,占用大量农田,而造成土地的低效率使用,空地、农田、风景区和生态敏感区受到不应有的侵害和腐蚀。过快的人为的空间扩大,将未来长时期(甚至子孙万代)的发展空间过早地占用,对于生态环境和可持续发展产生不利影响。

3. 交通距离拉大,造成城市人流车流的剧增,城市运作的钟摆效应更加突出,更多的土地被道路占用,道路拥堵和交通工具的空气污染问题不断加剧。同时,在交通和基础设施建设中,首要的指导思想是拓展城市范围和拉动周边房产、促进土地升值,而不是首先考虑人的需要。例如地铁和公交线路规划时,首先着眼于为新楼盘增值提供条件,营造所谓"地铁概念"楼盘,而不是首先着眼于解决上下班人流和车流的严重拥挤问题,结果有些城市,建成的地铁线路乘客并不多,营运亏损,另一方面某些区块积弊已久的道路拥堵问题却得不到解决。

4. 过强的功能划分,使传统的城市街区和人际关系无形中遭到破坏,社区邻里模式、历史积累的城市文化失去了持续发展能力。基础设施的布局更加分散,单位基础设施所服务的人群规模缩小,改变了原有城市自然发展中形成的合理的规模经济,由于空间距离的扩大,各类城市服务设施的服务效率下降。例如邮局、银行、车站、医院等等需要建设得更多,但其规模经济及服务效率却在降低,原有高效集约的服务方式不再延续。

对于上述问题,可以归结为"过度扩张性城市化",既不利于城市集约式发展,也不利发展低碳经济:其一,由于扩张性城市化着力于拉大城市框架,相应也增加了相互关联的建筑物和基础设施的距离,就需要建造更多的道路、管线、输变电设备等等,人流、物流运输距离不断拉大,为了保持城市的有机联系,就需要耗费更多的能源,形成更大量的碳排放。其二,由于城市扩大导致相关主体距离的拉长,更多人的工作与生活居住场所间的距离拉长,使整个城市中需要用汽车出行的人数不断增加,势必增加汽车的使用量和行驶里程,而汽车使用的增加势必形成更大量的碳排放。

　　近年来,以北京为代表,城市的不断扩大带来的就是城市病的加剧。"首都变'首堵',房价成金价",许多市民为此抱怨。交通拥堵之外,房价高企、生活成本提高、空气污染、无处不在的噪音……特大型城市集中暴发的城市病,让越来越多的人发觉,城市似乎并没有那么美好,一些人开始逃离"北上广"。城市病是城市化的畸形产物。特大城市功能高度集中,而周边中小城镇功能很不健全,从推动经济发展和提高效益来看,特大城市有许多优势,也正因如此,人、财、物等生产力要素不断向城市集聚,导致城市规模越来越大,各种城市病随之产生。城市病的对立面是城市的宜居性。每个人都希望城市既是繁华现代的又是宜居舒适的。宜居的标准有很多,但根据学术界普遍的观点,城市是否宜居,有一条"红线":环境承载力。在人类活动强度超出城市环境承载能力之前,人类活动强度越大,城市宜居性越高;但在人类活动强度超过城市的环境承载能力之后,人类活动强度越大,城市的宜居性越低。北京、上海、广州等特大型城市人口过度聚集,人类活动强度均超过了环境承载能力,从而导致资源短缺、生态恶化等诸多"城市病",离"宜居"越来越远。城市投入越大,城市的功能、效益和宜居性越差,这就是与集约式背道而驰的城市化。

　　城市人口的过快增长抵消了基础设施发展的效果,公共交通就是最明显的例子。据测算,北京市每增加1人,日交通出行量就要增加2.64次,"十一五"期间北京轨道交通运营里程增长了一倍,客运量则翻了两番。另一方面,城市基础设施配置不合理、管理不科学导致利用率不高。比如,北京的汽车保有量低于纽约、东京,但堵车现象却比它们严重得多。城市基础设施的便利度和舒适度是宜居城市的重要指标。城市病并非不可治理。随着城市居民对宜居期望的增高,城市发展应当由规模扩张向质量提升转型。国家应当控制特大城市规模的恶性膨胀。即便按7亿人居住在城市、人均100平方米标准估算,城市用地也只需要7万平方公里。而目前我国城市建设规划用地和开发区规划用地已经远远超过这个数字。即便不再新增城市建设用地，只要盘活现有土地，优化利用，就能满足未来城市化的需要。

当前在我国的城市规划和城市管理领域，理想和现实最大的矛盾就是资源承载力与"唯 GDP 论"的冲突。长期以来，GDP 是我国评价考核城市发展的重要指标，也是考核城市管理者工作成绩的重要指标，"唯 GDP 论"直接导致城市发展走上规模扩张之路。科学合理的规划是城市管理的基础和关键。

区域不平等的文化基因对"城市病"的形成也发挥着一定作用，中国是一个中央集权制的国家，政治、经济、文化资源及权利中心绝大部分集中在北京、上海等一线特大城市。一个人进入这些城市，无论是事业发展的机会，还是同等努力所能取得的成效，都比在其他中小城市多得多，促使人们涌进这些特大城市，推动了这些城市的盲目扩张。这种心态就是区域不平等的文化在作祟，在一定程度上导致特大城市人口不断膨胀。要防治特大型城市的"城市病"，实际上就是要解决区域发展不平衡问题，因此，宣传区域平等的理念，尽可能避免区域不平等理念在法律、法规以及区域发展规划的制定中作祟，对于防治"城市病"也具有一定的现实意义。

总结国际上许多特大型城市规划管理的经验和教训，城市规划应当完善周边区域功能，尽量减少职住分离现象，减少"钟摆式"通勤；城市规划应当疏散主城区功能，尽量减少人流、物流在中心城区的高度集中；应当按照人口比例等合理配置公共资源，促进高品质公共资源的均衡配置。城市规划缺乏严肃性和稳定性，许多城市往往是一任领导一个规划，也是导致城市管理混乱、'城市病'加剧的原因之一。我国有明确的"城乡规划法"，必须强化它的法律严肃性，不能随着领导的更换而随意改变规划；规划的出台也要吸收公众参与，广泛征求各方和各阶层的意见。

4. 借鉴"新城市主义"理论，促进集约式城市化的建议

1. 遵循城市适度分区和混合功能相结合的原则。城市的适度分区

是必要的,但是要防止过度大范围分区的倾向。在一定的区域功能划分基础上,要以"人的需要"为中心,形成相对紧密的城市多样化要素结合,以人的工作和生活高效化、便利化为目标,同时达到城市各类资源的低成本高效率运用。近年来我国一些大城市已经形成较大范围的功能区划分,应该在此基础上,在功能区内部加强互补性的功能和要素配置,形成其内部的自我运作和发展能力。例如在办公区和学校区周边重点建设配套的住宅区和商业设施,发展自给性的各类服务业,使工作人员或师生不出区域就可以满足大部分基本需求,形成和谐稳定的工作区与社区组合发展模式,便利人的工作和生活,促进事业发展和人的发展的互动共进。

2. 强化城市土地的集约利用,积极开展城市土地内涵挖潜。用地紧张是我国许多城市的现状,解决的办法首先应该着眼于提高现有市区土地的利用效率,而不是一味依靠向郊区扩展、占用更多农田。对城市中的空旷地宜进行"填空式"开发,以及适当提高容积率和紧凑度,不仅可以提高土地的利用效率,有效利用公用设施,还有利于建立各阶层混合居住的多样性社区,有利于社会和谐,而这正是城市规划经济目标与社会目标的体现。

3. 城市规划与交通系统规划应将尽可能减少交通流量为重要准则,摈弃或减少以"小汽车出行"为前提的功能区和社区设计,能够步行到达的就不用汽车,需用交通工具的应倡导"公交优先"。土地资源短缺是我国的基本国情,这决定了我国不可能效仿美国城市"在汽车轮子上"的发展模式。"新城市主义"所倡导的发展有机的公共快速交通系统,倡导"公交优先",居民基本需求的满足尽可能做到"步行到达",促进城市的紧凑发展恰恰适应了我国的国情。

4. 与地域文化相结合,提倡建立公众参与机制。新城市主义和精明增长理论都强调对城市原有历史文脉、特色和传统的延续,新与旧、现代与传统要有机结合,一脉相承,同时还要有所发展和创新。另外,新城市主义提倡规划决策的科学性、民主性,建立完善的规划决策体系,为公众参与决策并享有公共利益提供多种渠道,保证规划决策的科学性和合理性,避免造成失误,真正体现以人为本的建设理念。

二、城市化进程中的土地利用效率与对策

城市的集约式发展最基本的要求是有效利用资源,其中最重要的是不可再生的土地资源。如何提高城市土地的利用效率,尽可能减少土地的占用,增加单位土地的产出和就业,是集约式城市化的重要目标。

1. 我国城市化进程中土地利用低效率状况分析

（1）城市化进程中的城市扩展与占地浪费状况

改革开放30年来,我国在城市建设与城乡协调发展方面取得了辉煌成就,但近10年来,由于各地政府片面追求高投资、高增长,对土地的过度占用十分严重,主要有三个方面表现:一是在我国现有体制下,各级政府及其官员为了创造更大的政绩,在城市建设中具有极强的规模偏好,热衷于将自己所管辖范围内的城市做大,盲目扩展城市规模。除了城市规模扩展有利于提高自身地位以外,城市建设工程的大量上马,往往也能给政府部门或个别官员带来巨大的灰色收益。二是城市发展的合理规模一直未能界定,规划政策与财税政策上未能合理地调控城市本身的外延扩张,在房地产开发"泡沫"助推下,造成用地失控。三是我国的城市空间扩展,普遍缺乏"精明增长"的理念,某些政府官员对城市无序蔓延造成的社会成本、生态环境成本、市政投资的成本缺乏精确计算。在这种情况下,城市空间无序蔓延,导致市场失灵,造成建设投入浪费的情况相当普遍。中国科学院南京地理与湖泊研究所姚士谋研究员归纳了近年来我国占地浪费、失控情况的一些现象,并以国内外的正负面例子进行比较(见表6-3)。可以看到,开发区和大学城建设的滥占土地,以及一些城市为了搞政绩工程不顾实际需要,修建大马路、大广场,成为当前城市盲目扩张,低效利用土地的主要表现。

表6-3　若干类型占地浪费、失控情况的现象比较

项目	全国性问题	土地效率差的典型例子	土地效率好的典型例子
①开发区占地面积大而产出低	6866 个开发区;规划 3.86 万 km²,有些开发区已突破规划限制	内地很多开发区产出很低:普遍低于 350 万美元/km²;有些县城、乡镇的开发区甚至低于 200 万美元/km²	苏州开发区 980 万美元/km²;上海开发区 1400 万美元/km²;新加坡开发区 1860 万美元/km²;马来西亚开发区 1500 万美元/km²;台湾省新竹开发 1950 万美元/km²
②大学城、新校区占地过大	全国 40～48 个,平均占地 2500～4500 亩,师生 3.5 万～4.2 万人	浙江大学占地 4500 亩;东南大学占地 3200 亩;临沂师院占地 5600 亩;山东师大占地 3100 亩;广州大学占地 2600 亩;南京大学仙林校区占地 4100 亩	北京大学 950 亩/4 万人东北财大 980 亩/3.5 万人美国伯克利大学 1050 亩/4 万人;日本京都大学 950 亩/4 万人;德国科隆大学 1100 亩/4.2 万人
③大马路过宽,大广场占地过大	大城市路宽 60～80m;中、小城市 30～40m	苏北、鲁东、川北、皖北、豫中等一些中小城市	应调整为:大中城市路宽 40～60m,小城市路宽 20～30m

注:引自姚士谋等:《中国城市用地集约化的路径选择》,《上海城市管理》2010 年第 5 期。

表6-4　我国设市建制的城市规模扩展情况

年份	城市(个)	县级(个)	城区人口(万人)	建成区面积(km²)
1981	226	2144	14400.5	7438
1985	324	2046	20893.4	9386.2
1990	467	1903	32530.2	12855.7
1995	640	1716	37789.9	19264.2
2000	663	1674	38823.7	22439.3
2002	660	1649	39219.6	25972.6
2004	661	1636	41147.4	32520.7
2006	656	1636	42288.7	33659.8
2009	655	1635	42577.0	35469.7

注:城区人口指城镇常住居民。资料来源:住房和城乡建设部综合财务司,2009 年,住房和城乡建设部网站,http://www.mohurd.gov.cn/hytj。

表6-4 反映了我国改革开放以来设市建制的城市规模扩展情况。

可以见到,2000 年至 2009 年,我国城镇的数量以及城区常住人口并没有很大增加,如人口仅增加了不到 10% ,但是城市建成区的面积从 2000 年的 22439.3 平方公里扩大到 2008 年的 35469.7 平方公里,扩大了 50%以上。

(2)我国主要城市土地利用效率的实证分析

表 6－5　全国 25 个城市主要年份土地利用效率指标

（单位:万元/平方公里;万人/平方公里）

年份		1995 年			2000 年			2005 年			2009 年		
指标		单位土地生产总值	单位土地从业人员	建成区面积(平方公里)	单位土地生产总值	单位土地从业人员	建成区面积(平方公里)	单位土地生产总值	单位土地从业人员	建成区面积(平方公里)	单位土地生产总值	单位土地从业人员	建成区面积(平方公里)
200 平方公里以上(A类)城市	北京	2712	0.071	477	1439	0.064	488	5551	0.040	1182	2163	0.010	1311
	上海	9574	0.272	390	5498	0.157	550	13844	0.066	820	11964	0.056	592
	天津	1712	0.089	359	1390	0.032	386	4587	0.025	530	4831	0.015	641
	广州	6206	0.166	259	2528	0.065	259	7419	0.066	262	4492	0.021	329
	大连	1936	0.016	218	2001	0.033	234	6621	0.151	248	11485	0.021	258
	武汉	1110	0.062	200	4486	0.048	203	25363	0.085	713	20398	0.004	788
100—200 平方公里(B 类城市)城市	沈阳	1699	0.017	186	1460	0.034	217	5200	0.026	310	4855	0.017	370
	太原	1363	0.024	168	1138	0.056	177	5331	0.047	197	4210	0.020	238
	兰州	1117	0.077	163	1658	0.030	163	3082	0.032	161	3858	0.010	183
	南京	4508	0.165	151	4788	0.088	201	4732	0.019	513	3383	0.012	592
	西安	2441	0.155	148	3991	0.062	231	6975	0.044	396	5791	0.020	428
	成都	2865	0.014	129	1732	0.052	187	3202	0.032	231	1552	0.010	273
	济南	1480	0.079	114	1977	0.031	120	4353	0.142	238	2808	0.007	326
	郑州	1983	0.130	108	2664	0.044	431	12471	0.049	735	7311	0.035	895
	青岛	3356	0.115	104	3333	0.048	119	10435	0.055	179	9031	0.035	267
	昆明	1190	0.050	100	1198	0.017	148	2041	0.014	193	1141	0.003	275

续表

年份	1995 年			2000 年			2005 年			2009 年		
指标	单位土地生产总值	单位土地从业人员	建成区面积(平方公里)	单位土地生产总值	单位土地从业人员	建成区面积(平方公里)	单位土地生产总值	单位土地从业人员	建成区面积(平方公里)	单位土地生产总值	单位土地从业人员	建成区面积(平方公里)
石家庄	6909	0.340	97	7062	0.193	112	15970	0.123	166	23275	0.046	191
杭州	8374	0.239	96	9372	0.089	177	7633	0.028	314	5839	0.033	367
深圳	3939	0.121	88	630	0.017	210	2635	0.017	220	5693	0.023	461
合肥	2421	0.169	86	2836	0.076	125	11311	0.054	225	7376	0.023	280
南宁	664	0.035	81	483	0.020	100	797	0.007	170	501	0.001	179
苏州	3786	0.155	70	23778	0.077	86	9882	0.028	195	9312	0.057	367
福州	2318	0.088	68	3848	0.044	92	6856	0.200	170	4449	0.026	197
宁波	2132	0.098	62	5725	0.033	69	5409	0.019	121	4877	0.039	280
厦门	3790	0.108	58	1693	0.033	82	6415	0.031	127	5201	0.040	197

（左侧纵栏标注：100 平方公里以下(C 类城市)）

注:1. 表内均为市辖区范围数据。2. 城市分类系按 1995 年建成区面积,200 平方公里以上城市 6 个,100—200 平方公里城市 10 个,100 平方公里以下城市 9 个。

表6-6　不同面积城市的土地利用效率平均值比较

（单位:万元/平方公里;万人/平方公里）

年份	1995		2000		2005		2009		4 个年份平均	
指标	单位土地生产总值	单位土地从业人员	单位土地生产总值	单位土地从业人员	单位土地生产总值	单位土地从业人员	单位土地生产总值	单位土地从业人员	单位土地生产总值	单位土地从业人员
A 类城市	3875.0	0.113	2890.2	0.067	10564.5	0.072	9222.2	0.021	6637.9	0.068
B 类城市	1942.4	0.083	2394.0	0.046	5782.1	0.046	4394.1	0.017	3628.1	0.048
C 类城市	3814.8	0.150	6158.6	0.065	7434.3	0.056	7391.3	0.032	6199.8	0.076

注:以上城市面积以 1995 年建成区面积数据为准;数据系各城市的算术平均值。数据来源:各年份《中国城市统计年鉴》。

为了弄清我国近年来城市发展中土地利用的效率状况,我们在列入中国城市统计年鉴数据范围的全国 300 余个大中小城市中,选择 25 个特大和大型城市,主要是直辖市、省会城市和计划单列市,既有沿海地区,也有中西部的省会城市,由于沿海地区在我国经济中的权重较大,我们选择沿海地区城市的比重相对较多,中西部城市则具有一定代表性。通过对这些城市 1995 至 2008 年涉及土地的单位产出和容纳就业等指标的分析,大体能够反映近年来我国城市发展中土地利用集约程度。随着规模扩大,城市单位土地面积的生产总值也发生变化,有必要研究不同规模的城市在规模扩大过程中的单位土地生产总值变化的特征。表 6－5 列出了全国 25 个城市主要年份土地利用单位产出和容纳就业指标,表 6－6 根据表 6－5 数据列出了不同规模城市的平均数。我们按照 1995 年城市建成区面积数据分为三类,将 200 平方公里以上 6 个城市列为 A 类,100—200 平方公里的 10 个城市列为 B 类,100 平方公里以下 9 个城市为 C 类。可以看到,C 类城市中,土地单位产出呈现稳定增长,从 1995 年的 3814 万元/平方公里提高到 2008 年的 7391.273/平方公里,平均数为 6199.76。而 A 类城市呈现不稳定增长:从 1995 年的 3874 万元降到 2000 年的 2890 元,又上升到 2005 年的 10564 元,再降到 2009 年的 9222 元,平均数为 6637.95/平方公里,其单位产值较高,主要是因这些大城市在国家经济格局中重要地位,在中国这样一个政府主导的体制下,对于这些大城市集中了国家主要的创新性产业和科技力量,单位土地面积上的投入也要大于一般城市,政府支持的力度很强,因而能够保持土地的产出效率的领先地位,但是正因为其受政策影响较大,也就容易产生不稳定状态;至于 1995 年土地面积在 100—200 万的 B 类城市,单位产出明显较低。四个年份的每平方公里产值分别是 1942 元、2393 元、5782 元和 4394 元,平均数是 3628 元,在三类不同规模城市中是最低的。可见,如果排除政策等特定因素的影响,合理的城市规模应该是相对较小的 C 类城市。C 类城市随着其规模的扩大,面积平均值从 78.4 平方公里增加到 244 平方公里,每平方公里产出增加将近一倍(从 3814 万元—7391 万元)。从历史看,各种规模城市每平方公里产出在 2005—2008 期间都是缩小的:A 类城市和 B 类城市均缩小了 1300 万元,但 C 类城市缩小仅 43 万元。

如果从单位土地上的就业容量看,也是 C 类城市较高。1995 年至 2009 年,全部城市每平方公里土地的从业人员数整体是下降的,如 A 类城市从 0.113 万人降至 0.068 万人,C 类城市从 0.150 万人降至 0.032 万人,其基本原因可以解释为由于产业升级而使劳动生产率提高,从而在单位土地产值增长的同时,从业人员却是下降的。但是比较不同规模的城市,可以看到,C 类城市的平均就业容量也是最高的,为 0.076 万人,而 A 类城市平均为 0.068 万人,B 类城市为 0.048 万人。可见在省会级的城市中,无论从单位土地的 GDP 产出还是就业容量看,相对较小的城市,其土地利用效率比较高。

表 6-7 列出了全国主要的 25 个大城市和特大城市的市辖区在 1995 至 2009 年的各主要年份之间,国内生产总值变动的土地弹性系数(国内生产总值增量/土地增量)。计算三个时期弹性系数的平均值可以看到,从 1995 年—2000 年间的 1.678,到 2000 年—2005 年期间的 1.667,降到 2005—2009 年间的 1.655。从整体上看,我国上世纪 90 年代中期以后,城市土地的利用效率是有所下降的。从三类不同规模的城市弹性系数的比较,A 类城市平均为 1.64,B 类城市平均为 1.63,C 类城市平均为 1.72,也是 C 类城市比较高。

根据以上分析我们可以得出基本结论是:按照一般的规律,城市规模应该适度。例如我国省级城市建成区范围在 100—200 平方公里上下是比较合适的,从我国情况看,这类城市的增长较为稳定,单位土地面积的产出及土地产出的弹性系数也比较高。如果没有特定的城市功能的要求,不宜建成 300 平方公里以上的特大城市。如果过度扩张城市,单位土地的产出效率、就业容量及土地产出的弹性系数就可能下降,我国 1995 年以来的情况已经表明的这种趋势。由于这些年城市的迅速扩张,我国土地产出和就业的效率有所下降。中国是一个人口众多,人均耕地缺乏的国家,未来的发展,不但不能与美国这样人多地少的国家相比,甚至难以与法国、德国这些欧洲国家相比。我们这一代如果不能有效地利用土地,将会使土地紧缺乃至无地可供的情况越来越严峻,最终可能因为土地的制约导致经济停滞不前。如果将子孙后代的"土地饭"都吃光用光,不但是一种罪孽,而且在不久的将来自身就会遭到惩罚。

表 6-7　各年份 GDP 总量变动的土地面积弹性系数

	1995—2000	2000—2005	2005—2009	平均
北京	1.32	1.55	1.53	
上海	1.38	1.95	1.74	
天津	1.28	1.13	1.18	
广州	1.48	2.64	1.65	1.64
大连	1.58	1.94	1.88	
武汉	1.69	2.02	1.73	
A 类城市平均	1.45	1.81	1.67	
沈阳	1.09	1.33	1.90	
太原	1.68	0.63	1.54	
兰州	2.26	1.15	1.67	
南京	1.19	0.77	1.62	
西安	1.98	1.28	1.69	
成都	2.12	2.20	1.29	1.63
济南	1.92	1.54	1.55	
郑州	0.85	2.00	1.55	
青岛	2.11	1.39	1.59	
昆明	1.39	2.24	1.72	
B 类城市平均	1.56	1.71	1.64	
石家庄	1.71	2.18	1.70	
杭州	2.30	1.85	1.52	
深圳	0.94	2.14	1.58	
合肥	2.17	2.97	1.58	
南宁	1.77	0.68	1.82	1.72
苏州	1.25	1.05	1.69	
福州	1.89	1.48	1.80	
宁波	1.01	1.70	1.38	
厦门	1.48	1.86	1.43	
C 类城市平均	1.96	1.53	1.67	
全部城市弹性系数平均	1.678	1.667	1.655	

注:根据相关各年份《中国城市统计年鉴》数据计算。

（3）浙江省主要城市土地利用效率的实证分析

浙江省自从上世纪90年代末期加速推进城市化以后，全省城市规模迅速扩大、实力增强，对于全省城乡现代化进程产生了重大推进作用。然而，在城市扩大的同时，负面效应也在积累。杭州、宁波、温州等一些大城市，随着市区面积扩大和人口的增多，城市病日益凸显，就连嘉兴、绍兴这样原来并不拥堵的区域城市，也出现了城市病日益显著的症状：交通拥堵、房价高企、生活成本提高、空气污染、无处不在的噪音……，除这些市民们日常就能深切体会的"城市病"外，特大城市还面临着不同程度的资源短缺、环境污染、城市生活垃圾以每年约10%的速度增长、生活和工作的空间距离人为拉大、街区发展失衡、绿地被侵蚀、生态恶化等"城市病"。

"城市病"与"拥挤"有关，按理应该减少人口对土地的占用程度。然而，与"城市病"相伴随的，却是非农用地的更多占用及土地利用效率的降低。

表6-8　浙江省地级以上城市的建成区面积与人口容量的变化（1995—2009）

城市＼指标	建成区面积（平方公里）			市辖区人口（万人）			市辖区人口密度（人/平方公里）	
	1995	2009	扩大（%）	1995	2009	增加（%）	1995	2009
全省	451	1328	194.5	878.33	1479.02	68.4	1546	1062
杭州市	96	367	282.3	143.53	424.3	195.6	3338	1383
宁波市	62	242	290.3	114.25	220.12	92.7	1106	894
温州市	74	170	129.7	113.29	143.82	26.9	1047	1212
嘉兴市	31	77	148.4	76.76	82.55	7.5	793	853
湖州市	38	72	89.5	105.15	108.52	3.2	671	693
绍兴市	25	90	260.0	30.63	64.9	111.9	3033	1793
金华市	23	70	204.3	31.45	92.38	193.7	1045	452
衢州市	19	48	152.6	24.67	81.83	231.7	1028	348
舟山市	33	50	51.5	67.78	69.58	2.7	686	677

续表

指标\城市	建成区面积(平方公里)			市辖区人口(万人)			市辖区人口密度(人/平方公里)	
	1995	2009	扩大(%)	1995	2009	增加(%)	1995	2009
台州市	41	115	180.5	137.63	152.75	11.0	896	995
丽水市	9	27	200.0	33.19	38.27	15.3	221	255

注:数据来源:根据《中国城市统计年鉴》(1996;2010)计算。

表6-9   浙江省城市单位土地面积的GDP产出与
建成区规模变动的关联性(1995—2009)

时间区间\城市指标	1995—2000		2000—2005		2005—2009		单位土地GDP产出的建成区面积弹性系数		
	每平方公里GDP产出的增长倍数	建成区面积的增长倍数	每平方公里GDP产出的增长倍数	建成区面积的增长倍数	每平方公里GDP产出的增长倍数	建成区面积的增长倍数	1995—2000	2000—2005	2005—2009
杭州	1.19	1.84	0.77	1.77	1.62	1.17	0.64	0.43	1.38
宁波	1.98	1.11	1.28	1.75	1.69	2.00	1.78	0.73	0.85
温州	2.25	1.46	1.85	1.31	1.50	1.21	1.54	1.42	1.25
嘉兴	1.73	1.39	2.39	2.37	1.56	0.75	1.24	1.01	2.07
湖州	1.70	1.42	1.69	1.69	1.59	0.79	1.20	1.01	2.01
绍兴	0.70	1.28	2.04	2.56	1.47	1.10	0.55	0.79	1.34
金华	1.68	1.48	0.55	1.97	1.57	1.04	1.14	0.28	1.50
衢州	1.54	1.32	0.35	2.04	1.74	0.94	1.17	0.17	1.85
舟山	1.52	1.52	2.50	1.04	1.74	0.96	1.01	2.40	1.81
台州	1.99	1.68	1.83	1.67	1.52	1.00	1.18	1.10	1.52
丽水	1.50	1.00	2.70	2.78	1.65	1.08	1.50	0.97	1.53
全省	1.82	1.49	1.54	1.73	1.60	1.14	1.23	0.89	1.40

注:1.数据来源:根据《中国城市统计年鉴》(1996;2010)计算。2.单位土地GDP产出的建成区面积弹性系数=该期间单位土地GDP产出增长比例/建成区面积增长比例。

表6-8列出了1995—2009年期间,浙江省地级城市的建成区面积与人口容量的变化数据。可以看出,浙江省11个地级市的建成区面积均

有较大规模的扩展,总面积从 1995 年的 451 平方公里扩大到 2009 年的 1328 平方公里,面积扩张了 194%,人口从 878.33 万人增长到 1479.02 万人,增加了 68%。人口增长的倍数明显低于建成区面积扩大的倍数。城市市区人口密度是下降的,从 1995 年的每平方公里 1546 人下降到 2009 年的 1062 人。其中特大城市尤为明显,例如杭州市建成区面积从 1995 年的 96 平方公里扩大到 2009 年的 367 平方公里,宁波市从 1995 年的 62 平方公里,扩大到 242 平方公里,均扩大近 4 倍,但人口的增长,杭州市从 143.53 万人增长到 424.30 万人,增长不到 3 倍,宁波从 114.25 万人增长到 220.12 万人,增长了不到 2 倍。人口密度,两个城市分别从每平方公里 3338 人和 1106 人,减少到每平方公里 1382 人和 894 人。这意味着土地城镇化的速度快于人口城镇化的速度,而且几乎快了一倍。

表 6-9 列出了浙江省地级城市单位土地面积的 GDP 产出与建成区规模的关联数据,可以看到,在 1995 年至 2009 年的三个阶段中,单位土地 GDP 产出的建成区面积弹性系数波动很大,其中 2000—2005 年间弹性系数仅为 0.89,这一期间正是浙江城市规模扩张最突出的时期,工业园区、城市新区、新建住宅区向城市周边快速延伸扩张,但土地利用效率并不高。以至于国务院不得不出台极为严厉的土地冻结政策,遏制城市土地的过度占用。此后几年,土地占用情况大为好转,弹性系数也上升为 1.4,但是离国家要求的弹性系数标准为 1.5 仍有距离,离国际上弹性系数标准为 1.8 差距更大。①

城市是否宜居,有一条"红线":环境承载力。在人类活动强度超出城市环境承载能力之前,城市规模及人类活动强度越大,城市宜居性越高;但在人类活动强度超过城市的环境承载能力之后,城市规模及人类活动强度越大,城市的宜居性越低。人类活动强度均超过了环境承载能力,从而导致资源短缺、生态恶化等诸多"城市病",离"宜居"越来越远。一方面是因为城市人口的过快增加消化了基础设施发展的效

_____

① 建设部:《城市用地分类与规划建设用地标准》(1990)。

果,公共交通就是最明显的例子。据测算,大城市每增加1人,日交通出行量就要增加2.64人次,而且城市越大,这种交通出行的乘数效应也就越大。"十一五"期间北京轨道交通运营里程增长了一倍,运输强度却翻了两番。另一方面,城市基础设施配置不合理、管理不科学导致利用率不高。比如,杭州的汽车保有量远低于纽约、东京,但堵车现象却比它们严重得多。在服务设施方面,大城市也不能只有大超市、大商场,城市是一个多阶层群体共同维护的系统,城市规划应当考虑不同群体的生活需求,尤其要考虑低收入、弱势群体的生活需求,保障其生活空间和生活条件。当前在我国的城市规划和城市管理领域,最大的矛盾就是资源承载力与政绩工程及土地财政的冲突。长期以来,城市的GDP产出及财政收入规模是我国评价考核城市发展的重要指标,也是考核城市管理者工作成绩的重要指标,"唯GDP论"直接导致城市发展走上片面追求规模扩张之路。

2. 土地产权缺陷是我国城市化进程中土地利用低效率的重要根源

我国土地制度改革的最终目标是要实现以市场机制配置土地资源,而市场机制能否有效发挥作用则取决于完善的产权制度。因为产权制度是市场机制的存在基础,市场交易的本质是当事人之间对产权的相互让渡。同时市场经济对产权制度有着深刻的要求,只有当产权制度保证并满足产权明晰等必要条件时,①经济资源的配置才可能以市场机制为基本方式。目前土地资源不合理配置的状况在很大程度上与我国土地资源的产权现状和配置机制存在缺陷有关。

(1)土地所有权主体事实上的缺位

①城镇土地所有权主体缺位

虽然我国宪法和有关法规明确规定城镇土地国家所有,并具体规定

①　刘伟在《经济改革与发展的产权制度解释》(2004)中指出这些必要条件是:产权的单纯经济性质、交易主体之间产权明确的界区、权能的制度性分工。

了各级政府对土地征用和土地出让面积的行政审批权,而且还对土地管理部门和国有资产管理部门等政府部门的行政管理职能进行了分工,然而却并未明确规定谁是国有土地所有权的法定代表人。因此,城镇土地的国家所有既不表现为国家法人所有,也不表现为企业法人所有,而是从抽象的全民所有演化为抽象的国家所有。国有土地人格化产权代表的缺乏,造成了城镇土地所有权主体事实上的缺位,并进一步导致了以下两方面问题:一是中央政府与地方政府的土地财产权利关系模糊,由此形成了地方政府与中央政府进行经济博弈的外在条件。另外,产权主体的虚化和抽象化使所有权内容发生了转移,最明显的是城镇土地的所有权转移到各级地方政府的手中,进一步演化为事实上的部门所有和地方所有。地方政府在农地的非农化可带来较高的经济利益的驱动下,热衷于征地卖地,大办开发区。二是政府各部门对城镇土地管理的权利之争,结果不仅造成政府部门职能交叉、政出多门、效率低下,而且还产生了管理漏洞。国有土地产权的实施,表现为各级政府或政府部门对国有土地事实上的控制权之争,如行政审批权通过项目化整为零、多次审批的产权博弈得到扩张。在地方保护主义激励下,国家有关法律法规如同虚设,有法不依、执法不严的现象十分普遍,对国有土地的代理控制权逐渐变成地方政府事实上的所有权。这种由于土地所有权主体事实上缺位引起的地方政府与中央政府以及政府各管理部门之间的经济博弈,大大增加了城镇土地资源配置的管理成本或组织成本,即人为的扩大了的交易成本。1999年新的土地管理法虽然明确了国务院代表国家行使国家所有的土地所有权,但具体落实还需建立相应的配套制度。

　　②集体土地所有权主体虚置

　　我国集体土地产权是一种公有性质产权,虽然《宪法》第十条规定:"农村和城镇郊区的土地,除由法律规定属于国家所有以外,属于集体所有;宅基地和自留地、自留山,也属于集体所有。"《土地管理法》第十条规定:"农村集体所有的土地依法属于村农民集体所有的,由村集体经济组织或者村民委员会经营、管理;已经分别属于村内两个以上农村集体经济组织的农民集体所有的,由村内各农村集体经济组织或者村民小组经营、管理;已经属于乡(镇)农村集体所有的。由乡(镇)集体经济组织经营、管理。"但在实际中,产权主体却不明确。首先,集体这一概念就决定了农村土地产权排他性很弱。土地既是你的,又是我的,导致到最后当地方政府以低价或无偿手段强制征用集体土地时,谁也不去保护耕地的所有权。其次,在现实中,农村的土地所有权究竟是属于村民小组的全体农民所有呢? 还是属于全村农民集体所有? 或者是属于村、组集体经济组织所有? 目前,在同一个地区,既有村、村民小组,又有村、村民小组的集体经济组织,农地究竟属于谁所有? 谁又是真正的所有权主体? 这在有关法律法规中缺乏明确的界定,其结果出现了"一权多主"的现象。"一权多主"严重地背离了"一权一主"的产权准则和产权的排他性原则,致使产权的保护性功能严重削弱。有学者在深入农村调查中曾发现一宗农地所有权被一餐饭送掉的事例。集体产权的这种缺陷,只能加速征地的泛滥,导致存量土地的粗放型利用,降低了土地的使用效率。

(2)城镇土地产权初始配置缺乏严格制约

城镇土地产权市场化配置不足的现象具体表现在:行政划拨用地范围太广。国家规定可按行政划拨方式配置的建设用地包括:A. 国家机关用地和军事用地;B. 国家重点扶持的能源、交通、水利等项目用地;C. 城镇基础设施用地和公益事业用地;D. 法律、行政法规规定的其他用地。虽然有关法律规定,四大类建设用地中确属必需的可由县级以上人民政府依法批准划拨外,其他建设用地均应实行有偿出让制度,但由于在执行过程中缺乏严格制约措施,随意性大,使许多本应以出让方式配置的土地却仍按行政划拨方式配置。而且,改革开放以来,许多属于国家机关、军事单位以及事业单位的用地都不同程度地改变了原来用途,其中不少已经成为事实上的经营用地,但在用地性质上却仍属于这四类用地。在这四类新增的行政划拨建设用地中,又不断有部分用地演变为经营用地,但却由于用地单位的性质而模糊了土地的用途。土地产权市场化配置的不足最终导致取得土地的单位用地成本降低,从而使他们忽视了对土地的有效利用,这也可以用日常生活中一句话来解释:轻而易举得到的东西,人们往往不会珍惜它。非市场化低成本取得土地产权的方式,是当前城镇中土地闲置及低效利用现象出现的重要原因。

(3)城镇土地产权界定及交易程度的不规范

科斯认为,明晰的权利初始界定是进行市场交易的先决条件,"因为没有这种权利的初始界定,就不存在权利转让和重组的市场交易"。① 目前我国虽然以有偿出让方式获得的土地使用权具有相对完整的产权性质,而且这种建立在合约关系上的土地产权关系也应当是清晰的,但由于在建立合约关系和履行合约的环节上都存在不少问题,因而土地产权界定和产权关系的建立也并非十分明晰和健全。主要原因在于,土地使用权有偿出让和转让过程中缺乏严格规范的法制约束,孳生了权利寻租活动,并由此造成土地产权的不规范交易。例如:在交易中存在人为形成的合约漏洞,为产权受让人进行侵权提供了可乘之机;又如带有明显行政划拨痕迹的协议出让交易不能体现土地产权的真实价格,一些地方的优惠地价甚至低于征用土地的成本,还有的开发商获取土地产权的目的不是为了开发和利用土地,而是为了坐等土地升值。大批闲置土地难以按合约规定按期收回,而不符合转让条件的土地产权却可能已被炒作多次等。土地产权的模糊不清妨碍了城镇土地的有效流转,也进一步降低了城镇土地的使用效率。例如,当前我国城镇存量土地置换工作进展缓慢,就与很多企业的土地权属不清问题有关。因此,只有明晰产权,才能促进城镇土地顺利流转,才能使土地资源的配置达到帕累托最优状态。

(4)土地产权制度的运作不能适应市场经济的需要

美国著名经济学教授、新经济史学派代表人物道格拉斯·诺思认为产权的起源是缘于人口增长导致资源稀缺而产生的。而产权并非是一个

① [美]R.科斯、A.阿尔钦、D.诺思:《财产权利与制度变迁》,刘守英等译,上海人民出版社1994年版。

自然的范畴而是一个历史范畴,因此它所包含的内容会随着社会经济的不断发展而丰富。① 目前随着我国经济的高速发展,土地资源稀缺问题日益突出,由于土地稀缺而发生的经济关系越来越复杂。由此必然要求土地产权多样化和产权细分。对于某宗土地而言其物质实体是单一的,但依托在其上的权利却可以有多种。从历史上看,各国的产权设置都是通过法律制度规定的,并受到各国法律的保护。其中涉及土地权利设置的,主要是民法中对物权创设的规定。

虽然各国或地区对土地权利的设置有一定差异,表现在权利名称、内容以及权利的大小均不太一致,但除了中国大陆外,它们的共同点在于大都借鉴了罗马物权法,即在自物权的所有权上设定他物权,包括用益物权和担保物权,土地权利体系设定的前提条件是土地所有权可以在市场上进行流通,有的还增设了债权性质的租赁权。除了土地权利种类多达近十种外,各种土地权利还得到了进一步细分。在市场经济条件下,进入市场交易的既可以是土地产权中的单项独立权利,也可以是其中若干独立权利的组合,产权权利束的细分随着市场化的程度发生变化。例如,日本通过对不动产种别的划分,细分了不动产在各种地域和用途的类型,而通过对不动产类型的划分,则细分了土地的有形利用和由此产生的权利关系。又通过公法和私法对这些权利进行了明确界定。同时考虑到了城镇向地下和空间发展以及复杂的相邻关系等对土地权利的影响和制约,从而为有效解决外部性问题提供了法律手段。如日本的区分地上、地下权就是针对兴建地铁、高架铁路等涉及地下和空间一系列权利关系而在民法中增设的权利种类,以区别借地法中设置的以拥有建筑物所有权为目的的一般地上权。在美国,政府为了保护耕地,在土地所有权的基础上设置了土地发展权,政府通过购买耕地的发展权,使这些土地不再具有改变用途的其他发展权利。在规划许可的条件下,土地产权人或受让人也必

---

① [美]R. 科斯、A. 阿尔钦、D. 诺思:《财产权利与制度变迁》,刘守英等译,上海人民出版社 1994 年版。

须向政府购回发展权后才能改变土地的耕作用途。由此可见,土地产权是土地市场交易的基本内容,产权细分是土地市场发育的必然要求。在中国大陆,土地所有权市场是不存在的,征用农村集体土地只是政府垄断土地所有权单向转移的行为,法律许可的只有土地使用权市场。但由于人们对土地使用权性质的认识存在很大差异,对土地权利体系设定的前提条件有较大争议,因而造成了中国城镇土地产权制度建设的滞后。这不仅表现在土地权利设置的种类少,而且土地市场发育不全也制约了土地产权的细分。

（5）土地产权缺陷对土地无效或低效利用的综合影响

造成土地低效或无效利用的种种原因,可以归结到土地产权主体缺位和不明晰带来权利关系的失效或无序化,如图6-2所示,表现为:

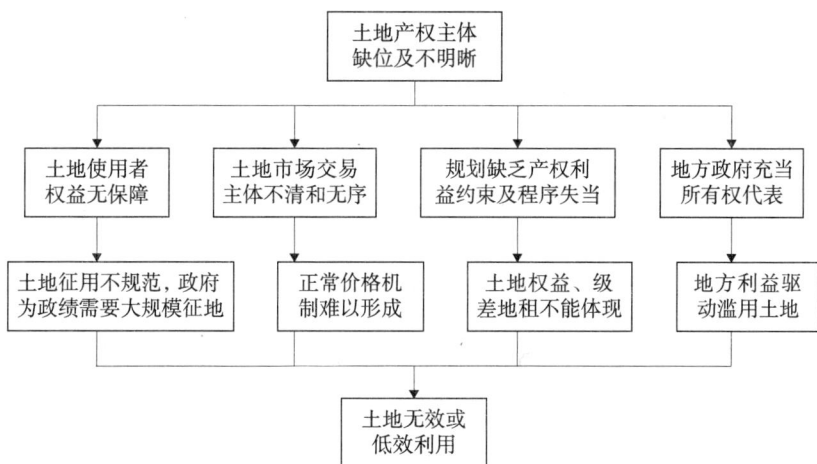

图6-2　土地产权状况对土地利用的影响因果图

一是所有权主体缺位及产权各项权能的不明晰,导致了实践中土地使用者权益不能保障,这就为地方政府大规模、不规范征地提供了客观条件,使得地方政府征地的难度降低。为了短时间内出政绩,地方政府就选择了大规模卖地这一快速增加财政收入的捷径。最为典型的例子就是曾经一度遍地开花的开发区建设。

二是任何市场行为只有在交易主客体明确的前提下,才能有效有序地进行,否则,市场交易会出现混乱、不规范现象。我国城镇土地产权各项权能的不清晰,造成了交易客体内涵的不明确;同时各项权能主体也由于转轨时期的过渡性而不具备合格的市场主体条件,①因此在主客体都不清晰的前提之下进行土地权能交易,势必造成土地市场无序。土地市场的不健全,必然降低了土地流转的效率,而最终导致土地利用效率的下降。

三是无论城市规划还是土地规划,其都包含着对城镇土地合理有效利用这一内容。但由于目前土地产权的不清晰,使得规划部门在规划工作中缺乏产权利益主体直接、有效的约束,一些规划被草率制定,朝夕令改,重复建设现象产生。结果使城镇土地权益及级差地租得不到体现,直接降低了土地利用效率。

四是由于所有权主体缺位,地方政府在现实中就充当了所有权的代表来实施各项权利。虽然目前省级以下已改革了土地管理体制,但实行垂直管理制度前的水平管理体系仍在发挥作用,地方政府对土地的控制权缺乏有效制约,从而导致滥圈、滥占、滥卖土地的现象屡禁不止。要阻止地方政府滥用土地的行为仍需要探求新的管理方法。

3. 借鉴西欧及日本城市土地利用的经验

(1)城市集约发展的欧洲模式

"欧洲模式"的特点就是强调"紧凑城市"理念,具体表现在控制一定的人口规模、大力发展公共交通、鼓励人们尽量采用骑自行车或步行的方式出行等方面,它为城市基础设施和自身资源的高效利用提供了可能,同时也减少了城市对周边地区及其生态环境的负面影响。多数欧洲国家政府认为,无论是大都市还是小城镇,无论从社会、经济发展抑或从保护环

---

① 主要原因是:a. 大量的国有企业(城镇土地使用者)还没有成为自主经营、自负盈亏的独立生产者和经营者,不具备合格的市场主体条件。b. 以房地产开发经营为主要业务的房地产公司很多是政府机关开设的,政企不分,也不是合格的市场主体。

境的视角,还是考虑到土地利用自然规律的限制,城市过度增长、无节制扩张都是行不通的。更为传统的"欧洲模式"似乎越来越得到人们的认可。当然,采用"欧洲模式"驾驭城市发展进程远比低密度利用土地的"美国模式"来得复杂,因为城市的开发者和管理者不得不面对怎样协调好发挥城市功能与高质量生活环境之间关系的挑战,为迎接挑战,城市管理者就必须比现在更集约地利用土地才能实现两者的平衡。因此,土地多功能集约利用才是城市发展的未来方向。

将土地低密度利用的洛杉矶模式与集约利用的欧洲模式进行对比,或许可以更明确看到我国应采用哪一种土地利用方式。[①] 以单一用途建筑、单一功能城区为特点的城市土地利用的"洛杉矶模式"是平面扩展的典型。其建筑之间一般有较大的距离,单栋建筑物的容积率普遍较低,城市扩张的面积很大,单位土地面积的产出率却较低。哥伦比亚大学地球研究所所长、联合国秘书长特别顾问杰弗瑞·萨克斯教授说:在洛杉矶人们不可能用步行的方式,从 A 点到 B 点,必须开车,因为洛杉矶这个城市的设计就是鼓励你使用汽车的。可以说,世界上没有哪一个城市像洛杉矶这样适合开车,而不适合步行,著名的"NOBODYWALKSINLA"(洛杉矶没有人步行)就是对此最好的诠释。由于住宅与服务设施之间的距离不断增加,对城市交通系统的要求和压力大幅提升,同时它几乎不对城市发展模式中的密度这一内在特质进行考虑和控制,因此该模式下城市公共交通系统的优势不能得到体现,发展公共交通的战略也就得不到重视。此外,在许多发展中国家,如果采用上述土地利用模式开发建设城市,电力和水资源的供应短缺问题也是不得不面对的现实问题。

(2)日本城市土地集约利用的经验

上世纪 70 年代中期,日本对《建筑基准法》进行了修改,容积率与限高的标准出现了变化,更有利于高层住宅的建设。一些大型公共住宅区在地方自治体或住宅公团收购来的工厂遗址上建设起来,如东京的江东

---

① 解放网(解放日报),www.jfdaily.com,2010-3-23。

区近代工业集中地,出现了一个中高层住宅建设高潮,不仅提高了入住户数,还专门规划了面积较大的公共空间,包括公园、商业网点、学校等公共设施,这些都对土地的集约利用起到了积极的作用。在土地集约利用方面,日本政府要求将废弃的工厂遗址及填埋形成的土地都列入城市开发用地范围,促进居住与工作接近的住宅提供方式,促进土地的流动;积极推进城市中心闲置土地的转换利用,与低利用及未利用地的集约相结合,引导公益设施及市中心住宅的建设;将建筑用地的集约化作为重点,推进整齐有序型土地区划整理事业;对有一定条件的闲置土地要提出方案和劝告,促进闲置地的利用;在调查的基础上全面系统地把握低利用及未利用土地的分布情况,进行适当引导,推进土地利用的特别策划。

东京中城是在原日本防卫厅旧址和赤坂九丁目的位置上进行规划再开发的,被称之为21世纪东京最大级别,将工作、居住、医疗、游玩和休憩高度融合为一体的新型街道综合开发项目。东京中城开发施工地域总面积约为7.8公顷,如果包括比邻的桧町公园,面积则达10.1公顷。自从2000年日本防卫厅搬迁以后,这块国有空地就开始新街道化的规划工作。一般讲国有土地在日本十分奇缺,而国有空地用于公共事业也是理所当然的。但是由于日本地价昂贵,土地所在地的港区没有力量开发,上级东京都也没有要拿下这块地的欲望,如果土地完全让民间来开发又是令人不放心的。于是政府、东京都以及港区共同协商,作为再开发地区计划,决定在尽可能满足公共利益的情况下进行土地利用的诱导。为了保证土地的有效集约使用,政府、东京都以及港区以"再开发地区计划"来对将来取得土地权的开发商进行一定程度的控制,并根据《关于国家行政机关转移后遗址利用的基本方针》,在招标前对土地的处理进行了深入的讨论并对土地利用提出要求。其主要内容:

一是在公用优先的原则下,以有利于都与区的都市环境及生活环境的改善为基本。

二是探索多层复合型的土地利用方法,探索将附近的公共设施用地一起包括进去统一利用的可能性;要用于对提高防灾性及舒适性的街道建设有贡献的项目,要用于对医疗、社会福利、教育文化设施等有利于地区居民的福利、生活品质的提高有贡献的项目,要作为优良住宅的用地,用于能对得起这块土地的项目。

三是对于地方公共团体而言,如有反映将来街道建设构想、用于公共服务的愿望的话,要考虑提前确保土地。招标后,政府及有关部门对项目的执行过程也进行了积极的干预,以保证土地能得到有效的集约利用。其结果是,获得土地的开发商将该地区建设得焕然一新,原来只有 1.6 公顷的桧町公园改建扩大到了 4 公顷,占总面积的 40%。此外,开发商还成功地将医院、美术馆等公共文化设施,以及酒店、公寓、高级租赁住宅等都导入了东京中城,充分满足了政府的各项要求。

日本 65% 的土地是私有的,土地的集约利用与国民有着十分密切的关系,在土地利用方面必须要有民众的参与,尤其是土地拥有者的参与。《都市计画法》中也强调城市规划要有市民的参与,大手町一丁目集约连锁换地都市再建计划遵循了这一法则,成功地推进了事业的发展,就是一个十分明显的例子。我国虽然没有私人拥有的土地,但区域的发展一样需要当地民众的参与协作,尤其是《物权法》出台以后,个人财产受到了尊重,在土地整顿开发过程中,在征地过程中,会遇到土地使用权的问题。另外,土地的开发、城市的建设,其目的都是为了民众的福祉,因此,民众参与城市土地利用规划是十分重要的。

4. 提高城市土地集约利用水平的可行对策

（1）集约式利用城市土地的基本思路

对我国面广量大的城市用地规模问题,必须以科学发展观为指导思想,严格核定各地城市扩展的规模与速度,走资源节约型的城市化道路。根据城市规划与建设的经验教训,有五个方面的原则必须重视。

①原有的城市用地规模,应根据城市发展的基本条件,特别是环境容量、用地承载力因子进行认真的分析。

②具有重要区位的省会城市、港口城市或交通枢纽城市,也不能无限

制地扩大规模,要防止"城市病"及诸多的环境问题。

③产业集聚、城市工业生产力扩张应与社会经济情况、投资效益和造成的环境污染等因素综合考虑,应当重视经济效益、社会效益和生态效益的协调发展问题。

④外商投资规模、产业种类和开发区数量、规模,应与城市发展的合理性保持一致,不能盲目求大求全。

⑤合理调控城乡人口流动,农业人口转移的规模、速度应与城市合理发展保持一致,做好城市、社会、人口规模扩大后的各种社会保障与社会安全问题,始终贯彻城市化发展的高质量原则。

根据住房和城乡建设部规划司研究的意见,计算城乡居民点用地应考虑两个因素,即居民点类型及其所居住的人口数量。居民点类型按城市、建制镇(包括县城)、集镇和村庄4个类型划分。城市人均用地按100平方米、建制镇人均用地按110平方米、集镇人均用地120平方米、村庄人均用地150平方米计算。通过与国内外那些土地资源有限、土地集约化利用最好的国家与地区进行比较(如日本、新加坡、荷兰和我国的台湾、香港地区等),我国城镇化的发展需要走一条"高密度、高效益、集约化、现代化"的道路,才符合本国国情,有利于我国整体生态环境的改善,也有利于农林牧各业的相互协调与合理发展。

到2020年,全国城乡总人口可能达15亿,城乡居民点总用地超过18.45万平方公里。依照我国的国情与资源状况,我国应从多方面多层次去节约有限的土地资源,为子孙后代谋福利,有助于我国的城市与环境的可持续发展。如果我们采用人多地少的日本模式集约化利用土地,采用我国台湾地区、香港地区集中紧凑发展城镇,单是从城镇建设、村庄规划建设一项就可以节约土地5万平方公里(相当于6000万亩耕地)。结合欧美城市增长管理政策及其产生背景,分析我国现存城市增长管理的问题,我国的城市用地的规划与指标调拨应实行严格的增长管理制度,政府应通过科学的城市规划与严格的建设用地审批制度来有效控制每一个城市增长的规模与速度,切忌主观随意性。目前我国实施严格的城乡建设用地调控政策是完全必要的。一方面,对于我国656个大、中、小城市,应依据各城市经济发展之需适当增加一部分非农土地,适当地扩大那些经济效益好、社会影响大的大中城市的规模,但也要有一定的合理界定;另一方面,应当严格控制小城市和小城镇的用地规模,因为目前大多数小城市的人均用地指标过高,经济效益又差,用地集约化的程度较低,应当严格用地审批,节约用地。

(2)创新土地产权,提高土地利用效率

有效的产权制度能够降低交易成本,包括缔约成本和监督履约成本,从而为市场有效运行提供良好的秩序。因此产权经济理论强调的是,产权权能的设置及其细分应能使产权主体在经济利益的调整中节省社会资源,产权内涵明确、边界清晰可以减少交易过程中的摩擦,从而降低交易成本。此外,明晰的产权还必须在竞争环境中自由流转,从而使市场机制实现资源的最优配置。而这些方面,正是我国城镇土地产权制度创新中应着重考虑的问题。

①明晰城镇土地由政府配置和市场配置的边界

从城镇土地的性质来看,它既是一种宝贵的生产要素,也是城镇居民赖以生存和发展的环境空间,人类必然根据自身需求对城镇土地按不同用途进行配置。城镇土地中既包括用于城镇经济发展的生产经营性用地,也包括居民生活用地,还包括基础设施和公共设施用地。我国将城镇用地划分为九大类。对这些用地比例的安排,应以城镇经济、生态、社会综合效益最大化为最终目标。对于产权排他性很弱,而社会和生态效益大的用地,包括公共设施、基础设施用地及生态环境用地,应采用政府配置。对于经营性用地,要坚决采用招标和拍卖的方式。必须杜绝一切通过寻租方式获得政府行政配置的土地再转变为经营性用地,从而获取暴利的途径,从法律制度和操作程序上明晰土地行政配置和市场配置的边界。

②建立以地上权为基础的城镇土地产权体系

必须按照效率和公平的原则建立以地上权为基础的城镇土地产权体

系。地上权,它是建立在他人土地上的一种用益物权。设立地上权的过程在一定意义上,是土地所有者将对土地事实上的占有状态,让渡给地上权人的过程。地上权具有高度的独立性,是独立的不动产物权。在地上权存续期间,土地所有者只保留对土地终极处置权和残余所有权,但也可按照法定原则对地上权给予一定的限制,如设置地上权的处罚或限制其处置权;政府为了公共利益可以强行收回土地权,或实施对土地使用用途的限定等权利。因此,地上权在存续期间,具有占有、使用、部分收益和一定限制的处置权,它不是一种单一权利,而是一组权利构成的物权。一般而言,取得地上权应支付代价,契约规定的权利期限一般都很长,政府也不能随意收回地上权,因而这种权利的稳定性具有法律保障。地上权与批租的土地使用权相比,两者的主要性质非常相似,而且地上权具有更多的优越性,因此,建立以地上权为基础的城镇土地产权体系既有必要又十分可行。

③创新集体土地产权制度

农地产权制度创新不是对农地所有制性质的改变,即既不是要实行农地的国有化,也不是要实行农地私有化。只能在坚持农地集体所有的前提下努力实现产权制度的创新,那就是在强化农地集体所有权的前提下,明晰农地产权,构筑适应市场经济的农地产权框架,清楚界定各产权主体的责、权、利关系。清晰的农地产权不仅可以使外在性内在化,而且可使产权排他性原则得到确立,产权主体得到明确,从而使产权主体能认真保护其产权。当耕地遭到城镇政府或其他有关部门的不合理侵犯时,产权主体会自行保护耕地不受侵犯,使耕地保护过程中的"搭便车"行为得以消除。也就是说,大规模的占用耕地在创新的农地产权制度中将受到产权的有效约束,使城镇在用地上首先进行内涵式开发利用,然后再根据土地产权市场的运行情况合理征购耕地。这样,占用耕地行为将受到有效遏制。同时,农地产权制度的创新有利于农民对土地的投入产出形成合理的预期,激励农民对农地进行投入和培肥地力,提高耕地质量。

创新农地产权制度,从根本上有待于创新农地所有权制度,就目前而言,农地所有权制度的创新应在清晰界定农村土地集体所有权与国家所有权客体界线的基础上,明确集体所有权的法定代表,对此学术界有各种观点。笔者认为由村民自治组织充当农地所有权主体较符合当前我国农村组织状况。此外,要明晰农地所有权的具体内容,这将有利于制约目前农地向市地单向强制性的流动,有利于提高城镇土地存量的利用效率。

(3)推行土地多功能集约利用

城市土地多功能集约利用,简单地说就是在不同时段、对大量用于满足不同功能需求的城市土地进行集约配置和高效使用,为城市居民、工作者和旅游者提供高质量服务和适宜的区域环境。它包含多功能利用和集约利用两大内涵,既有联系又有区别,是一个有机统一的整体。

①土地多功能利用

即同一块土地具有不同的功能,我们通过土地利用的多功能化来满足人们对有限土地的无限需求。就城市土地利用而言,其多功能性体现在办公、居住、休闲和商业等功能融为一体的综合性项目开发建设上,可分为3种类型(见图6-3):

土地混合利用,它的涵义最广,即用于不同功能土地的混合利用开发,通常都暗示了带有多功能土地利用的理念,这在众多历史名城的中心区域均有普遍反映;

土地空间多功能利用,是在土地混合利用的基础上发展而来的更高级的开发模式,不同的功能在同一土地空间上叠加,即就功能而言同一块土地被多次利用,当然,它也是有前提的,即不同的功能能够独立、互不干扰地得到实现,同时它们相互之间能否形成协同从而发挥系统效应和整体优势也是成功的关键因素;

土地时间多功能利用,即建筑物或公共空间在不同时段具有不同功能,由于受城市功能规划的限制,它在目前城市土地利用方式中的应用还很有限。

②土地集约利用

当开发建设地块面积过小或建设用地短缺时,通过土地集约利用以

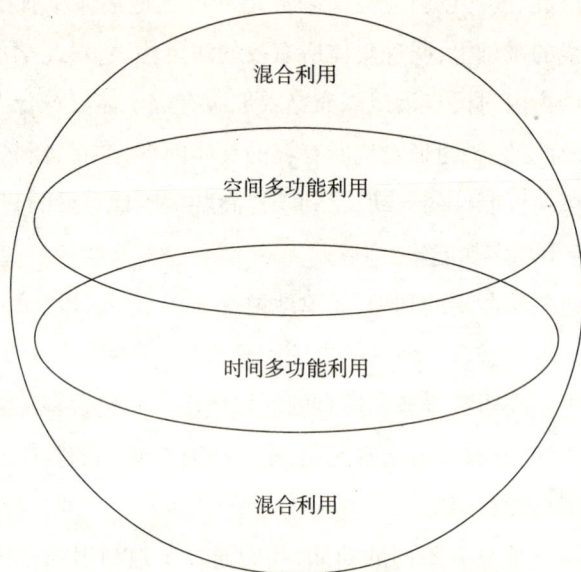

图 6 - 3　土地多功能利用的不同类型

实现城市高密度布局可以满足上述要求。但是,什么才是土地集约利用呢?对它的理解由于个人认识及文化背景的不同而有差异。如美国人眼中的土地集约利用在欧洲也许仅达到一般利用水平,同理,欧洲人所认为的土地集约利用在日本可能也只是一般利用强度,上述土地利用集约标准的差异完全取决于城市有多少空间可以利用以及有多少人来使用这些空间。

　　容积率指标可以用来对城市内部或城市之间的开发地利用强度进行比较。容积率用总建筑楼面面积与土地面积的比率来表示,如容积率为 2 意味着在 10000 平方米的土地上实现了 20000 平方米的建筑楼面空间。从世界范围来看,2000 年左右曼哈顿地区的容积率接近 6,而日本东京的部分地区早在 1965 年其容积率就已经达到了 10,比较而言欧洲绝大多数城市的容积率较低。土地集约利用也有时间维度。简单地说,如果一个地区每天自始至终、而不是仅在白天有限的一段时间有人类活动在进行,那么它将得到更集约地利用。例如,学校在白天是教学中心,但在晚上或者周末却可被用来满足其他功能。随着城市"24 小时经济"的兴起,上述现象将会越来越频繁。

③土地多功能集约利用

土地多功能集约利用是"多功能利用"和"集约利用"这两种理念的融合,它有如下 4 种实现途径:(1)复合多种功能,即单一功能分别需要大量土地,通过在一定量的可利用土地上对多种功能进行组合,达到节约土地利用总面积的目的;(2)加大服务于单一功能土地的空间利用强度;(3)空间多层利用,即从土地的三维空间出发(包括地下部分),在尽可能小的地块上实现尽可能多的利用目的;(4)时间集约,即每一个时期土地利用都要尽可能为多个目标服务,同时在每天的不同时段土地利用也应该有不同的用途。

城市土地多功能集约利用可以有多种具体的表现形式。在很多城市,最为普遍的做法就是对城市内部的废弃地(尤其是废弃工业用地等)进行改造或再开发,而不是单纯地在城市边缘不断往外新开发土地,如可以通过重新利用来获得比当前项目更高的建筑密度。另一条更集约利用空间的途径就是通过不同功能层的空间上下叠加来实现区域多功能化,大家所熟悉的在城市中心地带低层商业、中高层居住和办公、底层车库的土地利用模式就是最好的例证。当然,仅这些还是远远不够的,我们能够也应该做到通过复合多样化的城市功能,不仅更集约地利用城市土地,而且收获多功能土地利用带给经济社会的好处。

(4)抓住规划龙头,优化空间布局

规划是龙头,土地利用总体规划是实施土地用途管制制度,正确处理资源保护与经济发展关系的重要依据;应将规划的重点定位于探索妥善处理好耕地保护与发展经济关系、建立合理用地集约用地的引导机制上。在探索解决土地供需矛盾的有效途径中,坚持一手抓改进耕地保护方式,有效拓展建设用地空间,一手抓建设集约用地的评价体系和激励机制,保障土地高效经营和可持续利用,保障经济社会可持续发展。在土地规划中要千方百计多方面挖掘潜力,从一点一滴做起,利用好每一寸土地。积极鼓励一楼多厂、厂房加层、拆低建高,单位土地向空中发展。义乌等地创造了良好的经验,建一幢楼可以容纳多个工厂,地基加固、厂房加高后可以容纳更多企业共同使用。

绍兴县在实践中创造了土地利用的"九法",为我们做好集约利用土地的规划提供了良好的思路,包括:向"闲置"要地,向空间要地,向时间要地,向管理要地,向科技要地,向规划要地,向企业要地,向置换要地,向机制要地。①

(5)强化市场功能,有效配置资源

土地具有资源和资产双重属性。作为资源,土地的开发利用应该符合生态要求,实现可持续利用;作为资产,我们应充分挖掘土地的利用价值,实现土地利用的效益最大化。市场作为资源配置的基本方式,主要是通过价格机制、竞争机制影响下的供求关系实现资源在各种用途之间的合理分配以及开发利用程度的调节。一是运用价值规律和市场机制,通过土地市场来调节城市土地的供求关系,合理配置土地资源,优化城市结构,提高土地效益,达到集约用地、积累资金、促进城市经济发展的目的。这就要进一步深化土地使用制度改革。二是充分发挥"土地交易有形市场"的作用,将所有土地交易行为均公开在阳光下操作。三是按照国家要求各级地方政府对一级市场要垄断和控制、对二、三级市场要进行规范和搞活的基本政策,依靠经济调节作用优化土地配置,变资源优势为经济优势。四是要严格按照国家法规的要求:对经营性用地、工业用地一律采取招标、拍卖、挂牌的方式公开出让;对可以协议出让的项目用地,如有两个以上意向用地者的,也应采取公开出让方式;对协议出让和原行政划拨土地,改变为经营性用途的,应由政府收回,实行招标、拍卖、挂牌出让。既做到公开、公正、公平竞争,又优化土地资源配置。

城市土地资源配置首先应立足于走内涵式的道路,要依靠科技进步、

---

① 《浙江省绍兴县土地集约利用"九法"》,中国政府网 http://www.gov.cn/ztzl/ 2005-12/29/content_141378.htm。

产业结构调整、城市空间结构优化等方式经营与开发土地,对城市原有建设用地采用置换、盘活等办法进行优化再配置。另外,要按照市场经济条件下形成集聚效益和规模效益的经济规律,积极推行土地开发和房地产综合开发,以实行节地型、集约型的建设用地规划管理,使城市建设用地由数量扩张型转向质量提高型,使各经济单元向规模化、组团化发展,在空间格局上"以面代点",按照城市功能分区,形成工业园区化、居住小区化、商业街区化、办公中心化、服务社会化的城市空间结构形态,既节约用地又可有效提高土地效益。

三、发展高效低耗集约化的城市综合体

发展集约紧凑型城市需要在区块规划及建筑设计上进行创新,城市综合体正是基于这样目标,并以其集约化、高效率、低能耗的特点,逐渐在我国的许多大城市得到推广和应用。

1. 城市综合体的概念

城市综合体是城市中多种功能高度集约化的一种建筑组织形式。这些功能包括交通枢纽、大型商业、零售、餐饮、酒店、办公、居住、娱乐、展览、会议、公园等。将这些功能进行复合,形成一个相互作用、互为价值链的高度集约的街区建筑群体,也称之为 HOPSCA,即 Hotel、Office、Park、Shopping mall、Convention、Apartment。最基本的城市综合体通常具备其中三种功能:商业、酒店、办公,而复杂的城市综合体则常常是三种以上功能进行组合,并在各部分间建立一种相互依存、相互助益的能动关系,从而形成一个多功能、高效率的综合体。

城市综合体可根据其依托的主体功能,划分为交通枢纽城市综合体、会展城市综合体、商业城市综合体、商务城市综合体、文化城市综合体等。①

---

①　马宗国:《我国城市综合体发展途径探讨》,《城市发展研究》2011 年第 6 期。

城市综合体通常表现为集中在城市特定区域,通过城市公共空间相联系,由各种功能的建筑共同有机组成的建筑组群。这与建筑综合体不同。建筑综合体较为常见,如各种大商场、大型办公楼等,通常是单栋具有多种功能的建筑,或是若干栋建筑通过内部连廊相接,城市公共空间并未渗入建筑组群中。

2. 城市综合体的类型①

城市综合体其实并不是近年才出现,而是自有城市以来就存在。古时西方自给自足的城堡、我国古代王公贵族的城池,都是自成一体的建筑群。我国在计划经济时代,类城市综合体的组织形式在我国城市中大量存在,这就是"大院"。这可以说是世界上特有的一种城市组织形式,许多大型的厂矿、文化事业单位、大学校园、甚至政府部门、军事基地等都是一种自给自足式的实体形式,内部的城市功能也基本齐全,"大院"中人们的工作、生活和娱乐等活动可以不出院门就能全部完成,甚至发展为中小型的集镇,可以说是我国城市综合体的早期形式。虽然"大院"很大程度上是计划经济的产物,但以其工作、生活、娱乐一体化的便捷性仍然存在于我们当代的城市中,这是我国在发展建设集约紧凑型城市过程中值得借鉴的一种城市组织形式。无论是历史还是未来,城市综合体可以分为不同层次的两类:

(1)单体建筑综合体

随着城市的扩大和人口的增加,由于人类科技的发展而带来了产业的进一步分工,城市工业化的进程加剧,汽车成为主要的交通工具,从而改变了人们的出行方式,也带来了城市布局的变化。各种城市规划理论也开始出现,以单一的功能布局进行城市区域划分逐渐成为城市规划的主导理论。由于工业的发展,钢材的使用,建造高层、超高层建筑的技术在近现代有了飞速的进步,规模逐渐扩大,功能较为综合的单体建筑综合

---

① 以下内容参见曾月:《城市综合体的发展过程分析》,《中国城市经济》2011 年第 1 期。

体大量涌现。在19世纪末到20世纪的近一个世纪内,各国城市中的超高层建筑从此改变了长期以来传统的城市面貌。特别是在美国这个高层建筑的故乡,芝加哥西尔斯大厦、纽约帝国大厦、纽约双子塔等都是规模宏大的单体建筑综合体。现代主义建筑的旗手勒柯布西埃在20世纪50年代设计并建成的马赛公寓就是一个集合了住宅、学校、幼儿园、商店、餐馆、邮局、旅馆等城市功能的高度集约化的单体建筑综合体。1997年由日本建筑师原广司设计的京都新火车站建成,这可以说是建筑综合体的极致,在一个庞大的建筑体量里集火车站、五星级酒店、大型购物中心、零售商店步行街、影剧院、政府部门、餐馆、城市广场等于一体,成为古老京都最具现代城市活力的象征。由于能够实现对土地的高效利用,现代城市中仍大量存在建筑综合体。

(2)多体建筑功能综合体

由于发达国家的城市问题较早出现,因此在20世纪30年代就开始提出新的城市规划理论来应对。美国纽约在20世纪30年代中期建成的洛克菲勒中心,可以说是美国最早的大型多功能综合体之一,由具备办公、酒店、购物、居住、娱乐等功能的多栋单体建筑通过城市广场组合在一起,跨越了几个街区,使纽约成为世界最繁华热闹的城市中心。

二战后发达国家的城市综合体得到进一步的发展,特别是冷战结束后,世界经济的发展,促使许多欧美发达国家的城市改造运动,出现了许多城市综合体的项目,使城市重新焕发活力。较为成功的实例有美国纽约世界金融中心、德国柏林波茨坦广场的改造等。日本近年来城市综合体有较大的发展,大阪的难波公园、东京六本木新城(图6-4)及东京中城、东京汐留商业区、东京品川商业区等都是规模宏大,功能高度集约化的城市综合体。迪拜这个充满野心的新晋世界贸易中心也展示出其对城市综合体的狂热,即使是受到了金融危机的影响,超五星的金帆船酒店、异想天开的朱美拉棕榈树岛、世界岛、828米高的哈利法塔一次又一次的吸引着世界的注意。

90年代后我国经济开始高速发展,建筑综合体大量涌现,真正的城

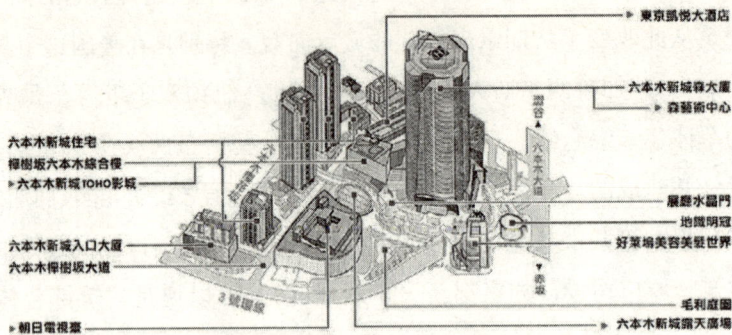

图6-4　日本六本木新城城市综合体示意图

注:引自六本木新城官方网站,http://www.roppongihills.com/cn。

市综合体在中国大陆则是近年来才逐渐出现,主要集中在北京、上海、杭州、西安、深圳等省会城市或一线发达城市,如北京的国贸、东方新天地,上海的新天地、深圳的万象城等。

3. 城市综合体的特点

（1）集约化的复合型城市功能

最基本的城市综合体通常具备三种功能:商业、酒店、办公,但大多数的城市综合体的功能则远不止于此。城市综合体中,城市的公共交通、公共休闲娱乐等多项城市公共功能与商业、零售、餐饮、酒店、办公、居住、娱乐、展览、会议等建筑功能高度集约,各部分之间密切联系,相互依存但又相对独立,共同组成了一个高效率的综合体。一个城市综合体基本上就是一座微型的城市,几乎人们的所有城市活动都可在内进行,集中复合了多样化的城市功能。

（2）立体型交通体系

城市综合体的交通系统看似复杂,其实是非常清晰明了的。城市综合体采用立体化的交通体系,做到严格的人车分流。机动车流有独立的出入口,结合地形进行地面或地下停车场的设置,并能方便快捷地达到综合体的各个部分;城市公共交通系统(地铁、轻轨、公交)也便捷地与综合体交通系统相结合,甚至成为主要的组成部分(如承担城市交通枢纽作用的城市综合体)。由于功能的高度集约化,居住、购物、休闲娱乐、商务办公等城市活动的完成仅仅通过步行就可解决。因此公共步行系统成为城市综合体的交通灵魂,地下、地面、空中、屋顶等多种立体化的步行空间的设计将综合体中各个激动人心的公共空间串联在一起,使建筑群成为一个有机整体的纽带。

(3)丰富多变的城市型开放空间

城市综合体以城市设计的方式来进行总体规划。城市综合体中的建筑设计,在形式上既可一致,也可以各有特色,但最终是通过城市设计的手法统一为一个整体。由于建筑密度和建筑容积率较高,主体建筑通常都能成为区域类的地标性建筑,形成独具特色的城市景观。综合体中在单体或是群体建筑的空间组织中引入城市公共空间的概念,并与综合体外的实际城市公共空间实行"无缝结合",实现建筑内部公共空间(包括室内空间和室外空间)与城市公共空间的相互渗透和整合。城市综合体中公共步行系统开放性也决定了综合体中各部分公共空间的开放性特征。曲折变化的体验型空间恰当地满足了商业和休闲的需要。结合自然地形或是建筑造型,充分利用地下空间、中庭空间、屋顶空间形成若干节点性的广场,采用天桥、峡谷、巷道等形式进行连接,并向城市的公共步行空间形成和谐自然的渗透过渡。

(4)地标性的建筑造型

城市综合体中的建筑设计,在形式上既可一致,也可以各有特色,但最终是通过城市设计的手法统一为一个整体。由于建筑密度和建筑容积率较高,主体建筑通常都能成为区域内的地标性建筑,形成独具特色的城市景观。

4. 城市综合体的优势

(1)高效利用土地资源

城市综合体的高度集约化功能,使各部分功能空间之间的距离大大缩短;同时由于开发商多为统一的经济实体(独立开发或是联合开发),这就使土地能够得到统一的总体规划和开发利用,从而更有利于节约用地,合理地充分利用建筑空间,最大限度地发挥土地的投资效益。

随着我国经济的发展和城市的扩大,城市的土地利用也发生了新的改变,例如城市中的城中村、旧厂区、旧仓库、旧大学校园、旧机场、旧军事基地等这些面积较大的土地如何有效地重新开发利用,是一个值得认真思考的课题。基于我国城市盲目扩张膨胀、土地资源越来越紧张的现状,建设紧凑型城市,高效利用土地资源正成为摆在目前的紧迫课题。即使是在人少地多的美国,也提出了"精明增长"的规划模式,贯彻紧凑社区、就近就业、降低开发和环境成本、尊重自然生态、混合土地使用等原则,实行最严格的城市规划与最严格的耕地保护,合理地利用土地。让城市保持一定的密度,避免盲目的居住"郊区化"现象,高效地建设和利用城市基础设施,从而节约土地资源。各种城市功能高度集约的城市综合体为旧城改造、土地的更新利用提供一个新的思路。

(2)降低投资成本

城市综合体由单个或是联合投资方统一策划开发和管理,有利于协调各项设施的设计、建设和营运,节省成本和时间。由于其规模大,前期投入的成本较高,但分摊到各个建筑单体,总的成本还是低于分散独立开发,特别是后续的维护管理成本可以在统一的管理下得到大大的节省,如使建筑中的雨水收集、空调制冷、采暖、电力等各类生态环保措施的整体化实施成为可能。城市综合体高效率、低能耗的特点越来越受到人们的重视。由伦佐·皮阿诺设计的德国柏林波茨坦广场戴姆勒奔驰地块城市综合体就是取得显著环保效益的实例。

(3)改善交通状况

城市综合体的功能高度混合集约化,并且密度也相对较高,使步行上班、购物、休闲娱乐成为更有效便捷的出行方式,这大大减轻了城市的机动车道路交通压力,特别是在上下班的车流高峰时期交通的拥堵情况,从而改变人们出行的习惯交通方式,减少在漫长的交通等待中对时间的浪费,极大地提高了工作效率和生活效率,人们可以把更多的时间用到提高生活质量这些更有价值的事情上。

(4)提升城市公共空间质量

公共空间是城市综合体的灵魂所在。为获取最大化的利益,投资方会对城市综合体的公共空间质量有较高的要求,也会在公共空间的建设上进行较高的投入,以期吸引大量的城市人流的到来。由于城市综合体公共空间的开放性,与城市的公共空间完全无缝融合,投资方对综合体公共空间的着力打造,自然也就提升了城市公共空间的品质,创造出丰富多变、高质量的现代都市景观。澳大利亚学者 Peter Newton 对城市的整体环境效益方面的研究具有代表性,他对墨尔本地区做了相关研究并得出结论:在交通能量消耗、污染物排放、温室气体排放方面,密集城市都有最佳的环境表现,一种趋向更为集中的城市形态的策略,不论如何定义,都将使城市环境的整体效益得到改善。由于城市综合体中机动车的利用频率大大降低,代之以步行或自行车出行,从而减少温室气体的排放,减轻大气污染,有利于生态可持续发展的环保城市建设,达到环境保护的目的,人们也由于经常的步行或骑自行车而得到了身体上的锻炼,对健康城市生活习惯的培养具有非常积极的意义。

5. 科学发展城市综合体的对策建议

我国人口众多,城市的承载力应当比发达国家更大一些,集约化的综合体可以发挥更大的作用。况且现在正处于城市化加速期,综合体开发的规模效应对消费者和商家都有利益,还可以避免"摊大饼"式的开发模式带来的城市问题。另外,大面积开发,商家承担了部分基础设施投入,可以减少政府投入,而所吸纳的集聚人口和产业则可以增加就业和税收,因而受到政府和市民的支持和欢迎。为了进一步科学发展城市综合体,建议实行以下对策:

(1)强化规划与招商,切实提高城市综合体开发品质,促进城市综合体有序推进

　　城市综合体的发展对一个城市或地区的经济基础、消费水平、城建配套等具有严格的要求。因此城市综合体的开发建设必须遵循一定的经济发展规律，接受城市建设的规划引导。要深入研究，探索城市综合体专项规划，促进城市综合体有序健康发展。同时要结合区域优势，推动城市综合体特色化发展。要发挥房企在规划设计方面的专业性，避免被动开发。传统的项目用地获取模式都是政府在开发商取得土地之前就对土地的用途及规划进行了详细的行政性规定，框定了项目的未来发展方向与空间，开发商无法对这些项目的规划和未来发展方向施加专业性、市场化的影响。很多情况下项目的规划甚至是违背市场发展规律和开发规律的，造成了开发商对项目的"被动开发"。城市综合体的开发使企业在项目用地的规划阶段拥有了更多的发言权，使企业能够根据项目的实际情况及企业的自身特点规划项目的未来发展，发挥房企在规划设计方面的专业性作用。

　　根据城市综合体开发实践，提高和保证开发品质的关键是招商。为此，一是要把好项目招商关。城市综合体投资大、建筑设计要求高、功能复合性强，因此要着力招引综合实力强、运作能力高和开发经验丰富的开发商参与项目开发，保证项目建设品质。二是要把好商户招引关，尤其是主力店经营商的招引。要积极引进或引导开发商引进知名度高、产品品质好的经营商户入驻，以高品质商户，保证综合体品质和形象。

　　（2）协调关系，兼顾城市发展中的各方利益。

　　一个城市综合体地产项目成功与否受到多方面的制约。前期的市场调研是否全面、市场定位是否准确；后期的物业管理策划、经营管理是否到位等因素都会对发展商的利润水平造成重大影响。大多数发展商抱着名利双收的心态投资城市综合体地产，但投资与收益往往有很大的差距。如何取得叫好又叫座的投资收益，均衡商户、小业主、发展商之间的利益是关键所在。其实，城市综合体地产是一种多赢投资模式，既要均衡几方投资者（发展商、小业主、商家、零售商）的回报，又要满足消费者的口味，因此，投资城市综合体地产项目需要理智应对，冷静分析。

（3）健全法律法规，规范和正确处理突出的敏感问题，避免因城市综合体开发带来的负面效应。

由于城市综合体规模较大、涉及范围较广，对于城市生态环境的影响、城市交通和物流的畅通、安全和社会稳定问题、城市均衡发展问题等，都是比较容易引起社会和民众关注的。有必要加紧制定相关的法律法规，以解决城市综合体开发过程中可能发生或正在发生的诸多矛盾。任何工程项目的开发都是有风险的，城市综合体这样的大型城市建设项目遇到的矛盾也必将是前所未有的，如土地征用、拆迁、安置问题，项目的投融资问题，项目与周边社区产业的关联问题，在城市不同方位的综合体规格、规模、空间设计标准问题，政府对开发商资质、自有资金规模、建设周期、公共责任分摊问题，等等，都需要有相应的法律法规和政策来加以规范。

（4）完善政府的政策与服务，为城市综合体开发提供有力保障。

城市综合体项目的开发需要大量的资金，开发成本耗资少则几亿，多则几十亿，对开发商的资金运作及开发融资能力要求很高，因此离不开政府的支持，尤其是信贷融资政策的支撑。为此，一是要梳理扩内需各项政策，千方百计为企业争取政策，提高政策对项目的惠及面。二是要鼓励企业创新融资模式，运用多种方式，如上市、发行信托产品、引入风险投资等，拓宽企业融资渠道，消除企业融资瓶颈，降低开发商投资的政策风险，提振开发商投资信心。城市综合体项目开发门槛较高，投资巨大，回收周期长，商业运作模式复杂，对开发商资金实力、运营能力等方面都是严峻的考验。为此，一是要鼓励企业发现和引进先进的商业运作模式，让先进开发理念和成功经验可以找到成功嫁接、复制的土壤。二是要做好项目服务对接工作，给予优质的城市综合体以优先开发的待遇。

（5）强化管理，促进城市综合体良好运营。

城市综合体的开发，并非项目规划、建设完成后即可宣告全部工作的结束，后期的物业、经营等管理对城市综合体的可持续发展更为重要。对于开发商而言，它是实现理想投资回报的关键。对于政府而言，它是城市管理的一部分,而且还是创新城市管理模式的重要内容。政府应主动创新城市管理的思路,大范围整合城市的资源,积极推进城市商业网点规划的落实,让城市综合体与其他商业网点功能互补,形成互促共赢的格局。

第七章　刚性就业效应下的经济
集约化障碍及对策

构建集约型经济体系的基础在于产业效率和经济效益的提升,关键在于有效利用资源并努力降低资源消耗、大力促进产业升级并加快低消耗高增值产业的发展等。然而改革开放以后的工业化进程表明,集约化进程面临着我国巨大的劳动力数量造成的就业压力的障碍,为了尽可能多地营造政绩和创造就业机会,全社会热衷于投资工业项目,导致大量资源被低效率地消耗,廉价劳动力替代技术应用,制约着产业技术的提高,从而影响经济集约化。本书拟对刚性就业效应下的经济集约化障碍及解决对策作一初步探讨。

一、刚性就业效应制约经济集约化的内在机理

多年来我国学者针对人口众多导致的就业压力,及其对劳动生产率的提高所构成的障碍进行的研究已有不少成果。首先是对我国的人口就业压力,即失业现象的统计判断。由于庞大的人口基数,我国不仅存在巨大的相对失业人口(摩擦性、结构性和周期性失业),更重要的是劳动力总供给大于劳动力总需求所造成的绝对过剩型失业,最悲观的估计为近3亿,最乐观的估计也在1亿以上。[①] 2008年以来,沿海地区在局部时段出现所谓"用工荒",中小企业招不到合格的劳动力,这似乎表明我国劳

---

① 钟朋荣:《谁为中国人造饭碗》,中国经济出版社1999年版,第35页。

动力过剩和就业压力巨大的时代已经过去,我国进入劳动力紧缺的时代。事实并非如此。首先,这种局部的用工短缺,只是表明我国现有的劳动力工资水平过低,在通货膨胀不断加强的形势下,大城市的生活成本提高使劳动者无法生存,而宁可选择在农村老家种地或就地打工。在这种形势下,即使剩余劳动力再多,他们也不会进入城市,企业也就找不到工人。其次,比较广泛的用工荒只是在春节之后的短时间出现,而在进入春季以后,情况就大有改观。再次,当一些企业适度提高工资水平,以保障民工在城市的基本生活以后,招工难问题也在很大程度上得到解决。因此,局部出现的用工荒,绝不是劳动力过剩状况已经改变的理由。相反,只要我国人口总量还在提高,只要产业的资本装备和技术水平导致就业弹性系数降低的趋势不改变,我国劳动力过剩以及刚性就业的状况就不会明显改变。

我们所提出的刚性就业概念,是指在人口大国大量人口的生存压力下,对社会、对企业形成的一种强制性就业机制。在巨大的人口压力下形成的刚性就业机制,是指人们以牺牲劳动生产率的提高为代价刚性地扩大就业机会,结果低效的经济增长使收入和需求增长缓慢,低收入使人口更易增长,于是有更多的富余劳动力拥挤在狭小的劳动力就业空间中,劳动生产率及产出水平增长速度相对缓慢,导致就业容量更小,形成恶性循环。① 在人口大国,经济集约化受到了刚性就业机制所造成的劳动力替代资本、技术等要素所形成的制约,②和由刚性就业机制所造成的低收入效应对需求升级的制约。需求升级障碍又以市场制约的方式阻碍了供给(产业)升级。对供给和需求的双重制约形成一种低层次自我循环。由此而形成的低层次替代包括低层次产业对高层次产业的替代、低层次技术对高层次技术替代和低层次产品对高层次产品的替代等。

刚性就业机制具体主要表现为:1. 在农业中,由于大量人口缺乏向

① 周天勇:《劳动与经济增长》,三联书店 1993 年版,第 195、81 页。
② 本文的就业是广义的,包括所有在第一、二、三产业中就业的劳动力。

非农产业转移的途径而滞留在农业中,制约着农业规模化经营和高效率技术和生产设备的运用,长期保持小生产的低效率生产方式。2. 无论在城市和农村,大量的剩余劳动力为自谋生路,以低廉的劳动力价格与一部份社会资本相结合,兴办起技术和资本含量都较低的小规模、低层次产业,这些企业在需求已经饱和的生产领域内,以低质量和可承受的最低价格与高层次企业进行常常趋于恶性的竞争,而且显示较强活力。3. 在政府及社会道德的压力下,不少企业不得不安置相当数量的企业本不需要的劳动力,企业内劳动力过剩和隐形失业同时存在,劳动力替代技术、资本的情况十分普遍。

从政府角度,由于维护社会安定是保障执政的前提,就业率是政绩的重要体现,往往会把就业问题置于首位来加以考虑;从社会角度,人们会趋向于把"人人有工作"作为基本的社会经济道德价值评价标准;对企业来说,一方面会迫于社会和道德压力而被迫安置不需要的劳动力,另一方面,在劳动力价格十分低廉的情况下,用劳动力取代资本的投入,或取代技术的应用,又常常不失于是一种有利于提高资本效益的途径。

刚性就业效应及其对经济集约化的制约表现于以下方面:

其一,巨大的就业压力是造成多数传统产业过度进入的重要原因。由人口刚性就业压力所推动创立的低层次企业和产品,是以大量资源的低效率利用为前提,造成资源的过度消耗和环境污染。

由于存在因失业而导致社会和政治问题的压力,在政府的驱动下,企业过度进入各传统行业,按照最低利润率标准、生产力最大闲置率标准以及最低市场集中度标准,我国都存在着产业过度进入的问题;①一旦进入又很难退出,从而使过度进入问题有增无减。

无论在城市和农村,大批劳动力为自谋生路,以低廉的劳动力价格与一部分社会资本相结合,兴办起技术和资本含量都较低的小规模、低层次产业,这些企业在需求已经饱和的生产领域内,以其叮承受的最低价格顺

---

① 焦强、龚勤林:《论产业过度进入的原因与对策》,《经济体制改革》2001 年第 2 期。

强地与高层次企业进行竞争。这种竞争不是建立在产品差异化基础之上的效率竞争，而是建立在产品同质性基础上的价格竞争，使企业之间陷入相互残杀乃至自我扼杀的低效率循环。这种竞争通常以模仿为前提。在创新期，任何一家企业生产出适销对路的创新产品，便会在极短时间内形成大量的模仿者，创新企业只能在极短的时间内获得创新利润。在非创新期，企业之间通过价格竞争赢得顾客，又转化为成本竞争。由广泛的成本竞争所带来的直接后果就是资源低效率的大量消耗。产生这种现象的原因在于：

1. 低层次企业以低价占领市场，通常是保持微利，为了生存和发展就必须扩大产量，并以低价扩大销售量，即所谓"跑量"取胜。为了扩大生产规模，就需要消耗更多的资源（无论是市场购买还是自行开采），最终都会导致资源的低效率利用。我们看到凡是低层次中小企业较多的地方，往往出现土地大量占用，水、电力、矿产资源等消耗量极大，但产品的质量和企业效益却并不高，有限的不可再生资源被粗放地投入加工过程，生产的产品被低价出卖，相应的环境污染也极为严重。例如在山西曾经遍地开花的小煤矿随意无序开采，不但事故频发而且煤层开挖混乱，矿脉被破坏，导致煤炭资源无法长期开采的局面，对于资源是极大的浪费。

2. 低层次企业由于技术水平和管理能力较低，通常对资源的加工利用能力也不高。但面对激烈的市场竞争，为了维持生存，又需要进行大规模生产，这种矛盾导致其对于资源的大量粗放式利用，消耗大而有效的产出不足，就出现一方面大量的资源被消耗，资源供应紧张，另一方面则是产成品的低质量，甚至是粗制滥造。小企业更难以建立循环经济的资源加工利用体系，而只能将生产过程中产生的中间副产品作为废弃物加以排放，造成的环境污染也比较严重。例如煤炭如果未能正确燃烧，形成的有害气体、烟雾必然较大；机械加工形成的固体废料只能堆积或填埋，难以再利用，既浪费资源又污染环境。

其二，由人口刚性就业压力所推动创立的低层次企业和产品，对高层次企业和产品构成强大的价格竞争，制约产业升级。

低层次企业为了生存,势必要与那些生产较优质产品的企业进行竞争,竞争的主要手段是低价格,为了维持低价格就需要降低生产成本。一些在技术上有优势的企业由于技术、资本和劳动力支出较大而不具有成本优势;大量低层次的企业虽然在技术上处于劣势,却在成本上由于劳动力价格的低廉而具有优势。在我国目前价格竞争仍居主要地位的市场状态下,那些技术落后的企业可以保留下来,而一部分技术上先进的企业却可能面临困境。低层次企业依靠价格优势不断进入,必然导致产业过度进入和低层次竞争加剧。由价格竞争转化而成的成本竞争对区域产业发展极为不利:

第一,成本竞争的结果使企业产生用低价的不熟练劳动力替代高价的熟练劳动力的倾向,企业更愿意雇用廉价的外来劳动力,并使劳动雇佣合同短期化,形成"流水型"的劳动雇佣机制,不利于劳动力素质的提高;低素质的劳动力为了避免失业,只能将可承受的工资额压到最低。由于低层次产品价值的构成主要为活劳动,劳动力价格被压低确实具有明显的降低成本作用。

第二,成本竞争也使企业产生用低质的原材料和生产工艺替代高质的原材料和生产工艺的倾向,不断降低产品的功能和品质(例如取消原有的较高功能、降低质量标准,改用质量档次较低的原材料等)以降低产品价格,从而争取更多的买主。企业争相依靠更大程度的低质低价来扩大市场销售。生产由"精益求精"向粗制滥造转变,而假冒伪劣产品正是其极端的表现。①

① 这种情况在我国传统中、低端产品生产领域近年相当普遍。以节能灯及灯具生产为例。据国家质量监督检验检疫总局抽查显示,全国市场上节能灯产品46.8%不合格(在上海市场上68.2%不合格),主要质量问题是塑料耐热性能差易变形,导线截面积小(有的小于正常50%以上),绝缘材料耐热性差易致火灾,外购件只求价格低廉、质量失控等,不少企业还生产假冒产品。正规节能灯厂的产品价格一般为20元以上,而这些低质产品价格仅5至6元,其寿命则仅为合格产品的五分之一,普遍存在光通量不足、安全隐患等问题。这些产品多数是农村不规范的小型乡镇企业所生产。(《人民日报》2000年10月31日,《新闻晨报》2001年8月17日,《北京青年报》2001年8月24日)。

第三,成本竞争带来的低利润又使企业的研究与开发投入不足,创新能力下降,产业升级的动力与活力不足。这些方面的作用又进一步强化了价格竞争,从而使产业不断进入价格竞争的自我扼杀循环。

与发达的高收入国家相比较,同样是由于生产过剩导致的市场竞争,其结果有极大的区别。高收入国家的过剩是在居民维持生存水平以上的"剩余"较多条件下的绝对过剩,而不是由于低收入缺乏货币购买力而形成的相对过剩,因而在需求方面也没有显著的低质低价趋向。采取降价的方式不可能激发大量的有效需求,从而竞争也不主要表现在由价格竞争而导致的成本竞争。同时,高收入国家劳动力供给相对有限,有较好的社会保障、失业救济的条件下,当收入低到一定的水平以下,劳动力就自愿退出而进入社会保障体系。因而较少中国这样的以生存为目标的就业竞争而形成的低价劳动力,企业主没有压低劳动力要素价格的空间,低成本竞争难以形成。在形成绝对过剩时,唯一的出路是谁的产品好(档次、质量),谁就卖得出,就能发展。较高的产品质量标准决定,如果产品不好,即使价格再低也要被淘汰。这样的竞争就形成了良性淘汰机制,推动经济集约化。

我国的生产过剩是在低收入水平导致的有效需求不足情况下的相对过剩。大量的潜在需求是由于低收入的需求者无法承受产品现行价格而难以形成有效需求。这时,供给方谁能够降低价格以适应低收入者,谁就能激发起有效需求并享有其份额,低成本竞争由此而形成。同时由于城市缺乏有效的社会保障体系及农村人口过多、收入过低,我国大量劳动力的生存性就业竞争而导致的低价劳动力,为低成本竞争提供了降低产品的主要成本构成——劳动力成本的可能性。

正常情况下,推动经济集约化的竞争性淘汰主要源于两方面:一是产品成本的竞争,高劳动力成本的产品会无法应对高效率产业的竞争而亏损破产;二是产品品质的竞争,低品质的产品会因缺乏需求而被淘汰出局;但在事实上,低层次产业可以以其生产要素供给和市场销售对象的特定群体特征而避免被淘汰。——"低质低价"效应顽强维持低层次企业的生存和活力。一方面,不断被压低的劳动力价格,使低层次产品即使长期采用落后的、低效率的技术和设备,仍然能保持相对较低的成本;另一方面,由于人口大国居民的收入多数还不高,相当一部分特定群体的收入绝对地处于低水平,并且正是由于低价劳动力形成的庞大的低收入群体,为低成本竞争形成的低质但尚可使用的产品提供了持续的需求,使其能够避免由于低品质产品而被淘汰的命运。这些企业靠低质低价生存,工人靠廉价劳动力生存。在这种状态下,低层次产业不可能有雄厚的资本积累以实现设备和技术更新,只能长期停留在低层次状态,从而形成低层次供需循环。

表 7-1　各产业低层次替代描述

产业	产品	生产方式及技术	与就业压力的关系
农业	传统农产品为主,产品品质参差不齐,与发达国家同类产品相比质次价低,近年为短期收益追求产量,大量采用激素类催产剂,使品质降低。	由于劳力过剩,机械化及高效生产方式的运用进程缓慢。人工耕作占较大比重。为保障农村就业(有地可种)的家庭承包制使小农经济固化。	为保障农村低水平充分就业,生存需要导致短期行为。
建筑业	城乡建筑风格基本雷同,缺乏多样化特色。农村住房结构简单落后(为满足更多人口成家立业)	大量采用传统砖块垒砌,手工劳动为主,多数工序仍主要或完全用人工。	廉价劳动力使采用高效率设备作业显得昂贵,大量民工可承受最艰苦劳动和低工资。
矿山采掘及木材采运	贫矿大量开采损害资源环境,为生存而进行破坏型开发。	大量小、土矿技术落后,滥采滥挖、破坏矿脉现象严重。安全隐患大,劳动条件艰苦,收入低。	为生存而盲目开发以获取最低生活来源。
食品饮料	农产品未经加工直接消费,消费适应度低。品质参差不齐,低质低价产品充斥市场。	生产标准化程度低,缺乏科技含量。民间地下生产经营的不合格食品加工业大量存在。	为生存而不顾生产经营行为合法性和合理性。
纺织服装日用轻工	国内市场及出口的主要为中低档产品,近年来过剩突出。	设备陈旧落后或有先进设备但无配套的人力资源和技术条件,仍只能生产低质产品。	廉价劳动力为基础,形成低素质和低资本配置。

产业	产品	生产方式及技术	与就业压力的关系
金属冶炼压延加工	大量生产普通、低质材料,过剩及污染严重。	设备落后小企业占较大比重,不符合规模经济及先进技术要求。	为生存不顾生产标准和生产经营行为合理性。
电子器材仪表设备及医药等	高技术产品多为进口国外零部件和高档原料组装,本国附加值低。为应付低价竞争,多出现降低功能品质的情况。	缺乏技术专利,侵害知识产权事例多。生产成本高于同类国外产品。	就业压力转化为低价压力,导致高技术产业的附加值和盈利能力不高。
化工及生产用原料等	产品品质参差不齐,小土群企业假冒伪劣多。	生产方式二元化(现代化和小生产并存),污染严重,设备及技术水平低,能耗及资源消耗高。	就业压力使资本密集型产业面临低价劳动密集产业的竞争。
电力煤气自来水等供应	品质不稳定,标准与发达国家相比过低。	消耗大、污染大,成本较高。	为适应低收入人群对必需品要求低价的特点而降低生产要求。
服务业	比重低于世界平均水平,远低于发达国家。传统服务业居多,高端(知识为中心)服务业比重低。	管理水平及服务质量欠佳,适应社会新需求的能力弱。	大量廉价劳动力排斥服务业层次及劳动力自身素质的提高。

在生产能力过剩的市场上,低层次产业及工作其中的低层次劳动力以尽可能的低价格与高层次产业顽强竞争,所形成的过度竞争的实质是就业竞争,是众多要生存的低层次劳动力要素,与技术及资本要素的竞争。这种竞争往往是成功的。结果是在相当程度上抵制了高层次产品的市场扩大,甚至将其已有份额排挤出去。以追求生存这一最低目标为宗旨的大量低层次企业的强迫性进入,其结果是在大部分行业中,引起包括高层次企业在内的多数企业盈利能力下降,甚至出现大面积亏损。一般而言,高层次产业及高档次的产品需要由高层次企业来开发,但这些企业被低层次企业的低层次竞争所压制,而无力开拓高新产业和产品。劣币驱逐良币的"格列欣规律"在企业和产品竞争的领域体现出来。在我国,

低层次替代在各产业上的表现结果不尽相同,我们列出表7-1作一简略的描述。应该看到,从以人为本的角度,廉价劳动力及由其构成的劳动密集型产业并非一种优势。其实质是社会能够承受这种低劳动生产率所带来的低收入,从而适宜发展资本使用较少、而劳均收入低的产业,用其廉价产品去与其他高资本同时具有高收入的产业进行交换。它使劳动者只能保持低收入,何以称得上是一种优势? 其实,真正能体现劳动密集型产业优势的,应该是那些活劳动投入比重高同时劳动者收入也高的产业。例如法国、意大利的服装业,同样是劳动密集型产业,但能保持高质高价和劳动者高收入,才是真正的优势。而中国目前多数是以廉价劳动力生产低质低价产品,在国际上争取一部分低收入人群的市场,这不应该是我们长期的目标所在。

其三,表现在产业内部,过剩劳动力的就业压力,会形成低层次技术对高层次技术的替代效应。

由于一项新技术和先进设备的运用而导致大量劳动力下岗成为技术改造面临的突出矛盾。在现实中,面对技术创新所带来的减少就业的矛盾,不少企业(尤其是公有制企业)和政府官员从社会稳定的特定目标出发,为了回避由于运用高效率技术和生产方式而大量减少劳动力导致的就业矛盾,而宁可选择低技术、低水平、劳动密集型生产方式。由于劳动力过剩导致的劳动力廉价和资本缺乏而导致的资本昂贵形成明显反差。对不少厂商而言,多用劳动力少用资本成为有利于提高效益的选择。因而,过剩人口就业的压力,在生产系统内部也会形成低技术对高技术的替代效应,从而使低层次产业成为一种产业定式难以改变。

由于劳动力就业对技术创新的影响所产生的结果较为直接地反映在劳动力就业与劳动生产率,以及劳动力就业与资本运用的相关关系上,以下我们分别来分析这两方面的问题。在劳动力就业与劳动生产率的关系上。可以确认,全部劳动力需求量(就业机会)L是国内生产总值G和劳动生产率P的函数,即有:

L=G/P

从该式可以推导出:劳动力需求增长率 e 约等于国内生产总值增长率 g 减去劳动生产率增长率 p,即有以下增长公式:

e≈g-p

劳动力的需求取决于劳动生产率增长率与国内生产总值增长率的比较。一般情况下,人们将劳动生产率作为自变量,劳动力需求作为应变量。但当一国的就业压力非常之大时,由于"就业优先"取向和劳动力成本低廉的原因,劳动力会有力地取代资本和技术。这时,劳动生产率的提高不再是自变量。相反,劳动力的刚性就业程度成为自变量,即有:

p≈g-e

这里,e 成为自变量,劳动生产率 p 成为应变量。当国内生产总值相对固定时,刚性就业程度决定了劳动生产率提高的幅度。刚性就业机制长期存在,对劳动生产率的提高形成反压,制约效率型技术创新和产业升级。

在就业与资本运用的关系上。钱纳里曾分析在不同的资本和劳动供求状况和相对价格前提下资本和劳动的替代状况。在资本紧缺、劳动力过剩,PK/PL(资本价格/劳动价格)较高时,劳动替代资本的倾向很明显。假定在正常情况下,使用资本和劳动各 500 个单位,总产出为 1000。如果在某个计划期内,为了保障充分就业,强制性地增加到 750 个单位的劳动力,图 7-1 表明,多增加的 250 的劳动力(比正常增加 50%)只可使资本减少使用 10%—28%①,边际替代率为 20%—56%。显然,由于边际替代率较低,劳动力的平均收入相对明显压低。钱纳里认为,对人口众多的发展中国家而言,"可以将劳动收入作为低收入阶层的收入代名词。"②

上述劳动力对资本的替代效应,较典型地反映在我国真正市场化的

---

① [美]钱纳里:《结构变化与发展政策》,朱东海等译,经济科学出版社 1991 年版,第 137—138 页。

② [美]钱纳里:《结构变化与发展政策》,朱东海等译,经济科学出版社 1991 年版,第 149 页。

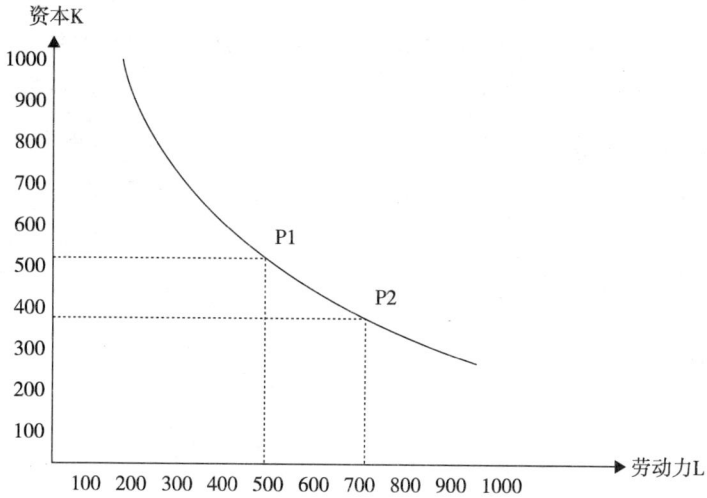

图 7−1 资本与劳动力的替代效应

企业中(例如非国有制的乡镇企业),由于劳动力价格的低廉,而形成劳动力替代资本有利于资本效益提高的特定相关性,往往表现出劳动投入多的劳动密集型企业比资本投入多的企业其资本收益率更高,在同等的外部条件下,资本收益率与资本投入量呈现负相关性,并由此导致企业资本装备水平和劳均资本装备水平的低度化倾向。

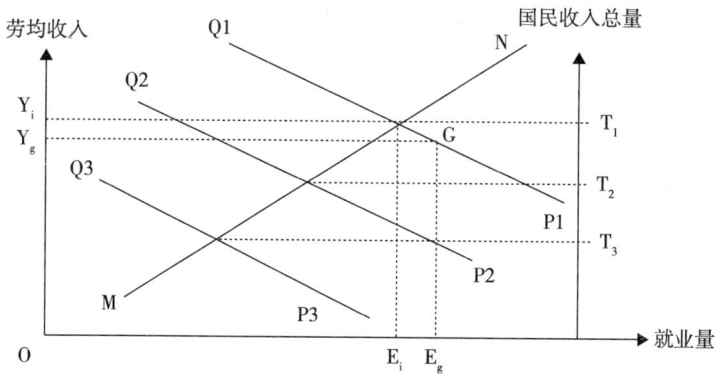

图 7−2 就业量与劳动者人均收入的替代效应

　　与上述情况同时发生的是就业量与劳动者人均收入的替代。在刚性就业机制下,由于劳动力的过多投入导致在职隐性失业,形成无效或低效劳动力,即由于存在多余劳动力而导致劳动力的边际生产率低于零,①同时整体平均劳动生产率的下降,必然引起劳动力平均收入的下降。显然,由于就业率是一个弹性很小的参数,为了保持这一参数的相对稳定,只能牺牲劳动力的收入。这一点,从宏观层面上也可以作出判断,即在相同的产出前提下,宏观上形成的就业量与收入的负相关性。见图 7-2:曲线 MN 是就业曲线,假定技术、资本不变,在国民收入提高时,就业量随之提高,国民收入为 T_1 时,就业量为 E_i,劳均收入为 Y_i。Q_1P_1 线是国民收入总额为 T_1 时随着资本、技术和管理水平的变化而变动的就业-人均收入线。同理,在国民收入为 T_2、T_3……时,分别有就业-人均收入曲线 Q_2P_2 和 Q3P3……。在国民收入总量不变(因为国民收入总量的变动很大程度上受制于总需求,但后者在一定期间内是稳定的)时,QP 线呈负相关有两种情况,一是在自然就业的前提下,由于资本技术和管理水平变化,所需劳动力发生增加或减少,从而人均收入相应的发生减少或增加,这时不存在隐性失业,也没有劳动力不足现象;二是在刚性增加就业的情况下,这时资本、技术和管理水平没有变化,由于剩余劳动力增加而形成强大的就业压力,为了分配的公平而人为增加就业,出现了隐性失业即劳动力资源的浪费,人均收入相应地减少。这时,过多的劳动力在长期中会阻碍资本、技术的运用。如图 7-2 所示,国民收入为 T_1 时的 Q_1P_1 线,如果按照自然发展趋势,由于技术水平不断提高,同等的国民收入所需就业量下降,则均衡点沿 Q_1P_1 线上升,就业量下降,失业人数增加,而在职的人员劳均收入上升。但如果刚性地增加就业,就业量沿 Q1P1 滑动至 Eg,劳均收入相应从 Y_i 下降到 Y_g。这种状况显然对于劳均收入的提高及长期趋势下资本、技术等水平的提高都是不利的。

　　从整体上看,我国巨大的人口就业压力所造成的对劳动生产率和人

---

① 牛仁亮:《劳力:冗员失业与企业效率》,中国财政经济出版社 1993 年版。

均收入提高的制约效应,最突出地体现在农业领域。我国30余年中在改革的巨大效应推动下,农业劳动生产力有了快速提升,但与提升同时的是农业劳动力的继续大幅度增加,其原因正是人口压力所造成的刚性就业机制。直至2009年,我国仍有近3亿劳动力、占总劳动人口38.1%的人在从事农业劳动。而美国2008年从事农业劳动的只有230万左右人口,美国用相当于我国农业劳动力一百三十分之一的劳动力,生产出相当于我国农业三分之一的农业增加值,与之相应的是世界最先进的农业生产装备和技术,以及最高的农业劳动生产率。有人说我国农业技术和装备落后,所以就需要更多劳动力,其实应该反过来,正是过多的农业劳动力,制约了农业技术和装备的提升。由于资本相对于人口数的不足,使非农产业的就业机会远远难以满足从低效率的劳动密集型农业中转移出来的劳动力。如果农业向运用现代技术的高效率、高层次转变,则更大规模的农村剩余劳动力将难以就业,而导致社会动荡和生存危机。显然,维护低效率、分散化、低层次的传统农业,以造成形式上"人人有地种,人人有饭吃"的农村充分就业,某种程度上成为一种社会需要。农业规模经营和高技术应用(大规模的家庭农场和高效率农业机械的运用,使几个农民就可生产出原来几百个农民所生产的农产品)难以推行,农业人均劳动生产率长期保持在低水平。农业中的刚性就业机制使农业劳动生产力提高的直接后果不是从农业中分离出更多劳动力,而是形成更大的农产品剩余,农民收入难以提高。

在劳动力数量不变的前提下,多用资本(通常企业规模也较大)有利于提高劳动者的收入,但不利于资本的收益。在这对矛盾面前,起决定作用的是资本。我国是一个资本缺乏的国家,资本是卖方市场,劳动力是买方市场。在资本收益和劳动力收益的关系上,保障资本收益成为决定资本和劳动力配置的主要因素。以上规律导致资本配置小规模化和人均资本低度化成为主导倾向,这势必使劳均利润从而劳均收入减少。但这种情况正符合我国人口就业压力大、劳动力对工作报酬要求较低的现实。

低资本、低技术、更多使用廉价劳动力的小规模企业在我国特定国情下有较好的资本收益率,但与产业升级所必然伴随的资本和技术构成的提高背道而驰。根据美国经济学家理查德·凯伍斯的研究,一个行业前10位规模企业的市场集中度应在40%以上。如果在一个行业中,一半以上企业未能达到起始规模经济,这个行业肯定不存在有效的产业组织。然而,问题就在于这样的低层次企业在我国具有特定的价格竞争优势,与高层次、规模化企业进行竞争,由此构成经济集约化的障碍将长期难以消除。

其四,由劳动力过剩而形成的对外贸易结构,也使我国产业不易摆脱低层次产业为主和低收入的状况。

我国的劳动力过剩和价格低廉,决定了主要出口价格较低的劳动密集型产品以取得外汇,用以进口附加值较高的国外高技术、高档次产品的格局,因而国外高层次产品占据了相当大一部分国内的高层次市场需求。也就是说,我国以国内高层次、高收入产品的市场换取国外低层次、低收入产品的市场。这直接影响高层次需求对我国高层次产业增长的拉动。根据有关统计分析,我国的国内产业竞争力优势与国际产业比较优势相互脱节。前者指产业的技术水平、劳动生产率和盈利率水平,国内比较在这方面有明显优势的是电子及通信设备制造、烟草加工、石油和天然气开采、医药制造等10个行业;后者指产业进入国际市场占有较大份额的能力,体现了国际间的产业优势,这方面的优势是服装及其他纤维品、文教体育用品、皮革毛皮羽绒、食品、纺织、家具等10个制造业。以上两种优势是明显错位的。① 进入国际市场具有国际比较优势的多是技术、效率和盈利水平较低的产业。这表明我国在国际分工中处于从属地位。其原因在于我国依靠的是劳动力价格低廉的“优势”进入国际市场形成产业比较优势,但其技术含量、加工度和盈利率都相对较低,这种“优势”以劳动力的低收入为代价,长期依赖和发展这种“优势”,必然引导资源大量

---

① 曹建海等:《弱势竞争和比较优势下的中国工业》,《中国经济时报》2001年6月14日。

向这些领域流入,将使我国产业结构形成一种"低位产业定势"而制约向高技术、高附加值、高盈利率的产业结构转移。

二、低层次替代及经济集约化障碍的系统条件

为分析形成经济集约化障碍的系统条件,我们可以分别从供给和需求两方面,观察在总供求平衡的前提下,劳动力要素投入的强度、技术创新、劳动者收入与一定收入条件下的总需求相互作用的机制。

先从总供给方面看,根据柯布—道格拉斯生产函数,可得

$$Y = AK^{\alpha}L^{\beta} \tag{1}$$

其中 Y 为国民收入总量,K 为资本投入量,L 为劳动力投入量;α 为劳动产出的弹性系数;β 为资本产出的弹性系数。因而,K^{α} 和 L^{β} 分别是资本和劳动对经济增长的贡献。A 为综合要素生产率对增长的贡献,我们可以把它概括为效率型技术创新对经济增长的贡献。

这里我们将技术(包括管理)创新分为效率型创新和开拓型创新两种。所谓效率型创新是指能够提高综合要素生产率的技术创新,主要表现为单位要投入能形成更多的产出;所谓开拓型创新,是能够开辟出新的生产领域从而激发起新领域的需求,或者能够通过创新激发起新的需求从而导出新的生产领域的创新。效率型创新和开拓型创新都是一种抽象。实践中,技术创新可能兼有效率效应和开拓效应两方面;总需求或总供给的增加,也都可能兼有效率型创新和开拓型创新的作用。但从发挥要素生产率的角度,主要是效率型创新产生作用,从激发某种新的需求的角度,主要是开拓型创新产生作用。

再从总需求方面看,在不考虑对外贸易的假定前提下,则有:

$$D = T^{\lambda}R^{\gamma}L^{\sigma} \tag{2}$$

其中 D 为现实需求总量,T 为投资率和消费率之和,R 为劳动力人均收入量(这里将所有人凭借各种要素如资本、技术等的收入均归结为劳动力收入),L 为就业劳动力总量。λ、γ、σ 分别为 T、R、L 三者对总需求

增长的影响因子。该式表明,总需求决定于劳动力总量、劳动力人均收入量,及投资率与消费率之和。

在均衡状态下,Y＝D,即总供给和总需求应该相等。则有:

$$AK^{\alpha}L^{\beta} = T^{\lambda}R^{\gamma}L^{\sigma} \tag{3}$$

投资和消费的增长取决于两方面:1. 潜在基本需求(因收入不足而暂时不能满足的需求,很大程度上与中低收入者有关)被激发为有效需求的程度。这在收入不断增长的条件下,主要取决于收入分配平均化程度。2. 全新的需求被创造和激发为有效需求的程度。这通常与中高收入者有关,主要取决于开拓型创新的程度。由于人均消费水平在一个特定时期的环境条件下,在满足当时一般和中等偏上水平后具有相对稳定性,人们在心理偏好(凯恩斯三大心理规律)的作用下,消费水平的提高会相对缓慢,与收入的提高相比明显滞后甚至停滞。同时,由于平均收入的提高过程通常也会伴随两极分化,少数人的高收入与多数人的收入增长缓慢并存,使消费水平提高更受限制。因而在收入平均水平不断增长的趋势下,如果没有相应的开拓型创新激发起新的需求,实际消费率就会有不断降低的趋势。由于投资最终由消费决定,如果消费未能消化投资的最终产出物,投资也将萎缩。

根据以上规律可以认为,在人均收入不断增长的趋势下,如果没有相应的开拓型创新,实际消费和投资率会趋于不断降低。如果将没有开拓型创新条件下一定期间的投资率和消费率之和设为T0,则有:

$$AK^{\alpha}L^{\beta} > T_0{}^{\lambda}R^{\gamma}L^{\sigma} \tag{4}$$

则总供给与总需求将发生长期的不平衡,总供给过剩的情况将日益突出。而在有开拓型创新的情况下,两者才能够形成平衡。如果设 A_1 为开拓型创新对总需求的激发效应(表现为对消费和投资率增长的促进),则有:

$$AK^{\alpha}L^{\beta} = A_1T_0{}^{\lambda}R^{\gamma}L^{\sigma} \tag{5}$$

在理论上,以上公式中,如果不存在巨大的人口压力及其产生的刚性就业,劳动力的供应与资本及技术的运用能形成合理的配比关系,并且效率型创新与开拓型创新也能形成合理配比关系,同时劳动力收入的增长R在劳动者之间的分配是相对平均的,这个等式两边都会按照规律不断增长,实现良性均衡。但事实上,在人口众多的大国经济发展的初期和中期阶段,通常会出现以下三种情况:

1. 劳动者收入出现不平等甚至十分严重,将会影响总需求,即出现"有钱者不再买(物质需求已充足),贫穷者买不起"的情况,导致总需求不足。但是这一问题一般不会发生到很严重的地步,并且政府可以通过转移支付使这一问题尽可能得到缓解。

2. 开拓型创新远跟不上效率型创新,即 $A_1 < A$,这是由于发展中国家经济水平较低,人们主要关注的是效率提高的问题,而将开拓新领域,激发新型需求置于第二位。这可以在很多领域中加以验证,如即使开拓型创新最明显的信息技术领域,对效率提高的作用也大于开拓新需求的作用。[①]

3. 劳动力的就业压力会导致刚性就业的形成。由于传统领域的不断的效率型创新,所需劳动力减少,但在体制和市场不完善的情况下,开拓型创新和第三产业发展显著滞后,传统产业转移的劳动力无法进入新领域,将发生的情况可能有两种:其一,大量失业人口的形成引发严重的社会动荡。在一些发展中国家发生的问题就是其表现。其二,在社会和政府追求平等和稳定的动机驱动下,在大量人口追求基本生活保障的强大动力下,在大量劳动力过剩形成的低价效应下,形成刚性就业机制。在上式(5)中,假定其他条件不变,当 L 刚性增大,即 L→max 时,由于劳动力替代资本和技术,则有 $AK^{\alpha} \to min$,

进一步分析劳动者平均收入 R 与 AK^{α} 的关系,一般情况下,劳动者平均收入与技术及资本装备状况成正比,即有函数:$R = F(dAK^{\alpha})$(d 为正)

因而当 $AK^{\alpha} \to min$ 时,则有:$min AK^{\alpha} max L^{\beta} = A_1 T_0{}^{\lambda} min R^{\gamma} max L^{\sigma}$　　(6)

可见由于人口众多而形成的劳动力刚性就业,而形成低技术、低资本

---

① 见课题组:《信息技术产业对国民经济影响程度的分析》,《经济研究》2001 年第12 期。

装备与劳动者低收入的低层次均衡,对经济集约化是不利的。

反之,如果开拓型创新得以大大增强,其对总需求的激发效应增量大于效率型创新的增量,则可以产生促进总需求增加的效应,从而减轻劳动力刚性就业压力对技术和资本运用的制约作用,这种连锁反应将会形成新的均衡等式:

$$\max AK^{\alpha}\max L^{\beta} = \max A_1 T_0{}^{\lambda} R^{\gamma}\max L^{\sigma} \tag{7}$$

将式(7)与式(6)进行比较,可以看到,由于开拓型创新增加了总需求,使总供给量得以增加,从而在较大量的劳动力使用的同时,效率型技术创新仍然可以不受制约地进行,实现最大化,进而劳动者收入也得以提高,总供给和总需求可以形成在高层次基础上的良性循环。可见,大力推动开拓型创新,是解决刚性就业所带来的经济集约化障碍和低层次循环的有效途径。

除了上述系统性条件外,刚性就业带来的经济集约化障碍还与以下我国现有体制和经济发展的阶段性特点有关:

其一,低层次产业和产品顽强生存并对高层次产品形成替代效应的原因,与缺乏一个有效评价和充分竞争的市场有关。显然,只有在一个有效、公平的竞争性市场上,优胜劣汰机制才会真正形成。超低价格并不是万能的武器。但是当低价格伴随着以下两方面因素的时候,低层次替代就自然形成:其一,产品真实信息及产品评价机制的缺乏。在发达的工业化国家,信息媒体、市场评价机构(中介组织)和市场经济的监管制度十分完善,从而对产品的品质、档次等真实状况及对产品评价的信息披露及时充分,消费者有多方面切实的实际知情权指导自己的需求行为。同时,市场监管体系对违规的低层次竞争行为严厉加以制约,这些都从根本上抵消了低层次竞争仅在价格方面的优势。而在我国,由于以上诸方面的不完善不健全,各种不道德的违规竞争行为往往畅行无阻地蒙骗产品的需求方。如我国市场上极为广泛的假冒伪劣行为,使消费者难辨真假。知识产权得不到保护,而侵害知识产权的仿冒产品畅行无阻。高层次生产者受到长期侵害而无法成长。这时,产品品质信号不起作用,只有价格信号引导需求方。导致低劣产品压倒优质产品。其二,不公平竞争的广泛存在。如低质低价产品往往以高回扣、行贿等手法,及基于各种人情关系、上级对下级的强制等,可以成功实现对优质产品的排挤而占领市场。

其二,在低层次的生存竞争中,地方政府往往起到不应有的支持乃至主导作用。地方政府政策选择上的偏移,首先是不适当地鼓励无论具备还是不具备生产条件的企业进入生产领域及市场,这是我国多数产业过度进入的重要原因。其次是各种形式的地方保护主义。地方政府为了将本地低质产品推销出去,而禁止外地优质产品进入本地市场。地方政府甚至明里暗里帮助制售假冒伪劣产品和侵害知识产权的违规者,这大大助长了低层次产品对高层次产品的替代。地方政府对本地企业和产品的保护,既是对本地利益的保护,也是对本地就业机会的保护。增加更多的就业机会和地方财政利益、保障社会安定与官员政绩是完全一致的。不少地方政府一方面不顾市场需求容量而鼓励厂商进行低水平投资,另一方面加强地方市场分割,保护本地产品,封锁外地产品,形成一个本地扭曲的价格。这两方面都导致许多行业中企业的过度进入,出现低层次的产品过剩。我国之所以形成地区经济同构和生产能力闲置,与此高度相关,结果是企业盈利下降和职工收入下降。

其三,从需求方面看,低层次产业的低收入构成了对低层次低价产品的稳定需求,维持了低层次供给的顽强生命力。可以从农业和非农产业两方面分析。

从农业看,由于刚性就业机制使农业中保留了大量的过剩劳动力,难以摆脱以人工为主、低水平、低效率的传统生产方式。这种低水平生产形成整个农业人口收入的低水平。农民成为低层次需求最主要的源泉。据我们2009年在浙江农村的调查,针对"在产品能够使用的前提下,你选择高质高价还是低质低价的商品?"这一问题,发达的萧山市农民选择后者的比例为48.8%。而欠发达的缙云县比例高达78.5%。在经济相对发达的浙江省尚且如此,在我国中西部相对欠发达地区则更可想而知了。

从非农产业看,前述低层次产业中就业的廉价劳动力显然是低收入的庞大群体。这个低收入阶层的需求及其提供的低层次供给在产业间形成低层次供求循环。在发达工业化国家,在制造业相对过剩和失业不断加剧的过程中,是通过第三产业的加速发展激发需求以缓解生产过剩的。同时,第三产业巨大的就业容量吸收了大量剩余劳动力,避免了由劳动力剩余引起的"低层次供给—低收入—低层次需求"的不良循环。而在人口大国,由于普遍的低收入导致对服务业尤其是新兴高层次服务业的需求不足,反过来使服务业难以成长。大量的人口只能拥挤在第一、二产业,难以改变劳动力过剩及廉价状况,势必维持了低层次竞争和低层次供求循环。我们将内在和外在的因素综合加以考虑,形成图7-3。

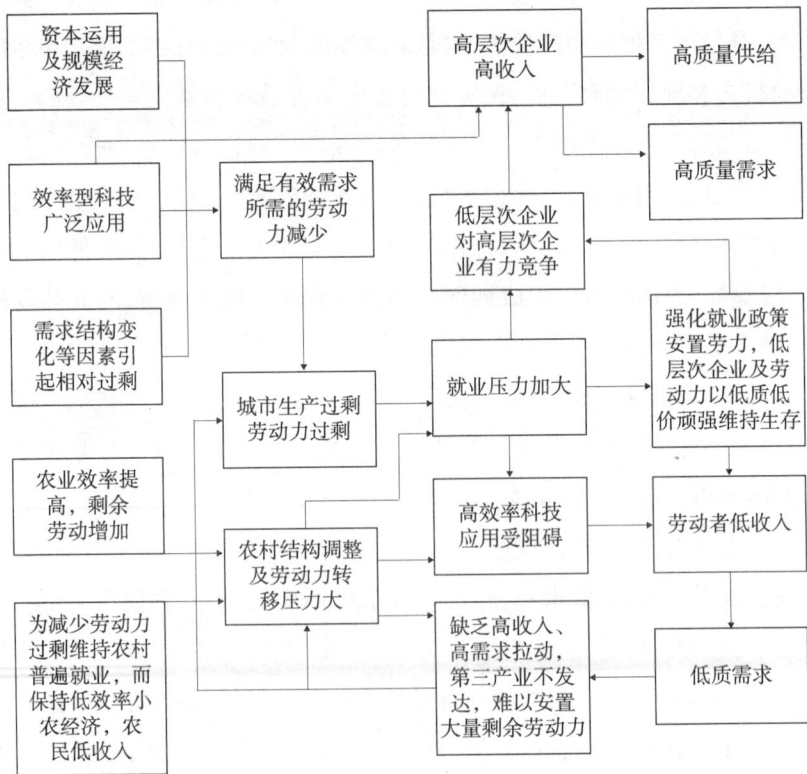

图7-3 低收入基础上的低度需求-供给循环

与此同时,社会并非均为低层次产业和低层次需求。人口中一部分人从事着高层次的生产。这些人一般素质较高,从事着资本密集和技术密集的工作,从而有着较高的收入。其需求层次也较高。这个高层次阶层的需求和企业提供的高层次供给形成高层次的供求循环,与前述低层次循环同时并行,相对独立又相互交叉,总体形成如刘易斯所提出的二元结构下的双重经济循环。在经济发展过程中,随着产业技术层次和收入水平的提高,人口大国的总趋势也应是低层次产业向高层次产业演变,直至实现高层次的一元化。决定这种演进速度的重要因素之一是人口与就业间的关系,即就业压力越大,低层次循环存在的必然性就越强。

三、消除刚性就业所构成的经济集约化障碍的对策

人口过剩的大国有两种选择,一种是以提高经济竞争力和经济效率为主导,坚定地走"科技——规模化"之路,立足于减少和消除无效劳力,同时注重尽可能创造更多就业机会以降低失业率。另一种是以最大程度的减少失业为主导,则刚性就业机制和低效、无效劳动将长期存在,并维持以劳动过密型为特征的低层次、低收入的产业发展路径。无疑,任何一种选择都不应偏废另一方面。但从长期发展的要求出发,我们主张前一种选择。因为这种选择将有利于国内经济集约化,高效率的技术和设备在所有可能的领域得到运用,并按照规模经济的一般规律发展生产,促进技术构成不断提高;在管理上杜绝劳动力的剩余现象,消除在职的隐性失业。在农业上,加速采用高效率的机械化和高新农业生产技术,推进规模经营。但这些方针都将使全社会的劳动参与率降低,失业率提高,就业与收入形态呈现两极分化,一部分人在高效率的产业中,取得很高的收入,另一部分人则受到失业的困扰。

虽然上述选择可能产生以上问题,但这种选择将有效地提高本国产业的整体水平,实现经济集约化,增强经济竞争力,国民收入总体水平将大大提高,其突出地反映在在职人员的收入上。同时国家也将因社会总体盈利水平和民众总所得的增加而增加财政收入,有能力对失业和部分

低收入者给予较多的社会保障,提高全社会福利水平。在我国劳动力供给绝对过剩的条件下,长期实行就业优先的方针对经济的远期发展并不有利。因为它将使刚性就业机制和无效劳动阻碍我国的经济集约化、经济竞争力的提高。而面对经济全球化和我国加入世界贸易组织后的新形势,竞争力的衰退就意味着产业占有国际市场份额的降低、就业岗位的减少,以及在职岗位的低效益、低收入。这将从根本上威胁我国的就业和国民的实际利益。从短期看,就业优先方针似乎有利于社会的稳定,但从长期看,对增强国力和全体人民的共同富裕是不利的。

根据前文的分析,在产业发展和就业政策上的总体方针应该将提高产业技术和管理水平、增强国际竞争力列为首要目标,以不造成社会动荡为解决劳动力就业的基本限度,通过人口控制和完善社会保障体系,从两头(控制劳动力来源和失业者保障)缓解刚性就业压力。大力推动开拓型创新,促进总需求的扩大以拉动经济增长,是使经济集约化与人口就业形成良性循环的关键。为此,应实行以下基本对策:

第一,在今后长期的经济结构调整、产业升级和产业组织创新、提高效率的过程中,改变原有的刚性就业机制,解决严重存在的无效、低效劳动力问题以及由此造成的低层次产业对高层次产业的竞争性压制。无论是在公有制企业还是在其他性质的企业中,坚决摒弃导致"三个人的活五个人干"隐性失业的刚性就业方针。这个问题应通过政企分开、企业用人自主权的确定和劳动力市场上的竞争逐步解决。我国的劳动参与率尤其是妇女的劳动参与率大大高于发达国家的水平,这是造成巨大就业压力的原因。1985 年总人口的劳动参与率为 47.3%,到 1997 年达 59.66%,而美国 1999 年仅为 51.0%。尤其是妇女的劳动参与率,我国 1997 年达到 55.9%,而美国则仅为 46.6%。① 我国总人口规模本已远远

---

① 中国数据根据 1997 年全国人口变动情况抽样调查数据:"全国分性别的从业和失业人数"(《中国人口统计年鉴——1998》第 88 页)计算。其中人口总数系按 16 岁以上人口占人口总数的 73.2% 的比例算出。美国数据参见美国劳动统计署网址:www.bls.gov/news.release/empsit.t01.htm。

高于发达国家,再要达到如此高的劳动参与率,显然是不现实的。降低劳动力参与率,让一部分劳动适龄人口自愿退出就业竞争,是国际上通行的做法。可考虑在理论上确认家庭劳动也是一种社会分工,以恰当方式计量其社会经济价值。国际劳工组织通过对家务劳动的经济性质的研究指出,第三产业是家务劳动市场化的结果。如果将家务劳动与具有经济价格的货币、财产及服务互相交换,其性质及价值就会显露出来。让一部分劳力主要从事家庭劳动(成为家庭内的第三产业),通过为在社会上工作的人分担家务劳动,分割后者从事高效工作所获得的高收入中的一部分,以实现地位上的平等。笔者不同意"妇女回家去"之类的口号,因为它建立在妇女必然不适宜社会劳动的陈旧观念上,而主张"让一部分企业暂不需要的人回家去"。但笔者也不赞成维护男女就业的"结果平等",反对刻意地在政策上对妇女就业特殊照顾以改变客观上妇女就业率低于男性的现实。应根据具体人(无论男女)的劳动性质、生理特点合理使用,提倡阶段性就业,以缓解就业压力。

第二,大量低素质、低效率、外部负效应强(包括假冒伪劣)的以追求生存为目的的小企业的存在,有利于短期的就业,但却是阻碍经济集约化的重要因素。应坚决地逐步予以淘汰。长期以来,我们将鼓励大力发展民营小企业作为提高就业率的重要途径是正确的。但对此应加以区分。对那些符合国家产业政策、技术先进、效率较高、产品品质档次较高、市场有需求的企业,应积极扶持。对低素质并恶性竞争的小企业则应予以淘汰。当然,对其中的职工应妥善安排其生活出路。地方保护主义是这些低素质小企业生存的重要依赖,必须去除。对农村剩余劳动力向二、三产业转移要以正确的方针引导其向高层次产业转移,而不是走改革初期那种原始、粗放式、用最低级技术兴办企业的路子。当前第二产业已相对饱和,而第三产业还有广阔的空间,并能最大程度安排就业,应主要发展第三产业以转移剩余劳动力。

我国农业是人口就业压力阻碍经济集约化最主要的领域。农业的发展和稳定应主要靠科技和规模化经营,而不是靠人海战术式的小农经济。

后者从长远看恰恰是最不稳定和低收益的。因而不应该为了短期稳定而减缓"农业科技——规模化"进程。凡有条件的地方,应大力鼓励土地流转和规模化经营,使土地向种田能手和资本实力强、有条件进行高效率生产经营的"农业资本家"集中,促进农业尽快现代化。这一过程在挤出农业中的"工作分摊"和低效率劳动力的同时,可能导致出现一批失去土地使用权而又找不到非农产业工作机会的劳动适龄人口和家庭。应通过政府支持他们兴办符合经济集约化要求的非农产业和进入城镇寻找工作(需要有城镇化的大发展),以及在农村建立社会保障体系来解决其生存问题。

第三,大力推动在技术和生产、需求领域的开拓型创新。前文等式(7)已经证明开拓型创新能够有效扩大在既定的总收入水平上的总需求,同时其本身也是经济集约化的强大动力和具体体现。在我国,比较突出的具有开拓型创新效应的产业有:信息产品生产与服务,是近年需求扩大最明显的领域;医疗保健领域;高等教育及精神、文化产品生产领域;交通运输领域(如家庭轿车等),家庭及个性化服务业领域;住宅建设领域;环境保护领域,以及所有能推出新产品、激发新需求的领域。以上方面的开拓型创新并不都是依靠技术创新成长,在世界范围也不一定是全新的产业和需求领域。但在我国,这些需求和生产领域,过去往往被种种制度和环境条件因素所制约。对我国而言,它们的发展无疑具有强有力的开拓效应。这些需求的扩大将拉动一系列关联产业的发展,其本身又多为高层次、高效率、高效益产业,从而能为就业和经济集约化奠定雄厚的基础。

城镇化和第三产业的滞后,已成为制约我国经济发展、就业扩大和产业升级的瓶颈。两者的发展既可同时推进就业和产业升级的进程,又能最大程度上化解就业和经济集约化存在的矛盾。因而必须在长时期中,采取最有力的政策措施,推进其加速发展。城市化将激发大量投资,并将为第三产业创造良好的环境,都为创造更多的就业机会奠定了基础。服务业的就业容量大,空间广阔。长期来看,人们的生活质量日趋提高,消费需求越来越向享受服务转变,使服务业具有极其广阔的发展空间,服务业劳动的市场价格也将不断提高。服务业的发展初期可能体现为低收入的人为高收入的人服务,但随着经济结构的变化,服务业工作者的收入可能明显超过第一、二产业,既改变第一、二产业中的刚性就业机制,又通过创造新的就业机会和收入的再分配使全社会共同受益。

第四,建立更健全的广覆盖的社会保障体系。用社会保障体系来维持失业群体的基本生活,比用隐性就业的方式更合理和较少副作用。必须拓展筹集失业保险金的渠道。其中,增税是比目前地方政府和企业多方征费更加制度化、更透明、更有效的措施,应实行费改税。一方面可靠"无痛苦"的增税,如发行专项社会保障彩票;另一方面可以与调节收入分配相结合,在烟酒消费税等税种中增加一定比例,专门用于失业保险金的补充。目前,部份失业人员生活仍较困难的现状,说明了弱势群体社会支持网络的脆弱。因此,要通过制度化的措施,使统一的社会保障机构与社区组织及各种市场中介机构密切衔接,建立广泛的弱势群体的社会支持网。政府应通过立法并采取有力的劳动就业政策,在所有有劳动能力的家庭中,保证每一个家庭都有能维持家庭生活达到一定水平的在职者,从而在家庭内部使正常收入者和失业者的收入一体化,消除两者的收入分化。

第五,以人才培养消除低层次替代效应,促进高新技术及产业的发展。我国的就业问题中重要的方面是结构性的失业。经济集约化的重要障碍也是人才结构上的低层次特征。相比而言,适应新兴产业的就业需求和经济集约化的人才远远不够。因此,通过人力资源开发和人才培训,以实现就业和经济集约化双重推进是重要途径。事实上,就业结构并不完全处于被动状态。如果能通过调整教育结构和职业培训、技能开发政策,引导就业结构调整方向,将对经济集约化起重要作用。大量新型的科技和管理人才的成长,将直接引致高新技术产业的相应发展,以及更大范围的传统产业的高层次改造。这些人才不仅自身扩展了就业门路,而且将给更广泛的人群创造出大量就业机会,实现就业和经济集约化的"双赢"。

此外,积极引进外资,加大外商投资力度;大力发展民间资本,鼓励民间投资;重塑劳动力输出体制,利用中国劳动力成本较低的特征开拓国际劳务市场;进一步缩减周工作时间,以减少单位劳动者的劳力供应量,增加一部分在职人员的闲暇时间(如带薪休假)和家庭生产时间,来换取更多的人的就业等举措,都是促进我国就业矛盾缓解,解决刚性就业机制与经济集约化矛盾的可行之方针。

四、利用新形势下劳动力成本上升的
条件推动集约型经济发展

1. 新形势下劳动力成本上升有利于形成集约型经济发展动力

在我国,虽然总体状况是劳动力过多形成的刚性就业压力导致劳动力成本低廉,廉价劳动力制约着技术和资本的应用,形成集约型经济发展的障碍。但是近年来出现的新情况是,一方面由于各种要素价格提升和生活成本的上升,另一方面是新一代年轻劳动力供给的减少,我国出现了劳动力成本逐渐上升的趋势。在沿海地区,就普通体力劳动者而言,月工资从原来的1,000元左右上升到1,500~2,000元,上升幅度达到50%至100%。而高技能劳动者的工资的上升幅度更大,有些紧缺工种甚至上升到数倍。劳动力的相对紧缺以及成本的上升,与刚性就业机制下大量廉价劳动力供应形成的经济集约化障碍正好相反,有利于推动产业升级及集约型经济的发展,如图7-4所示,它可以从四个方面形成集约型经济发展的动力。

第一,由于劳动力成本上升将促使一部分劳动密集型企业产生用技术和资本替代劳动力的倾向,积极提升装备水平,用高效率的设备进行生产,同时大幅度减少劳动力使用。例如浙江某一服装厂,原来在加工过程中大量使用普通操作工,在劳动力成本大幅上升以后,引进整套服装流水线进行标准化、规模化的生产,减少70%工人的使用。由于先进设备建

立在较高的技术、质量及消耗控制水平基础上,产品的质量和产量得以提升,原材料消耗也得以降低,劳动生产率大幅度提高,工人工资的增加也就顺理成章地进行。可见劳动力成本上升加强了技术和资本的应用,有利于转变原来劳动密集型生产中的低层次粗放式生产格局,先进设备本身包含的高技术和管理水平,能够实现对于资源的高效率利用,实现了集约化生产的目标。

第二,由于劳动力成本上升大多伴随着其他要素例如原材料和能源的成本上升,企业要实现盈利,除了提高产品销售价格(但这会降低产品的市场竞争力)以外,最有力的途径是提升产品档次、功能和质量,或者是转向产品价值链的高端,达到提升产品附加值的目标。通过这一途径可能争取到新的更高端的客户群,实现开拓新的市场、扩大市场销售的同时提高盈利水平的目标。近两年的实践证明,有一些企业在成本上升的倒逼之下,加强了产品开发和新技术的研发进程,原来在低成本条件下粗放式地扩大产量,日子还能过得下去,从而缺乏技术创新动力的企业,现在创新动力大大加强。正如这些企业家所说,"这都是被成本上升所逼出来的"。

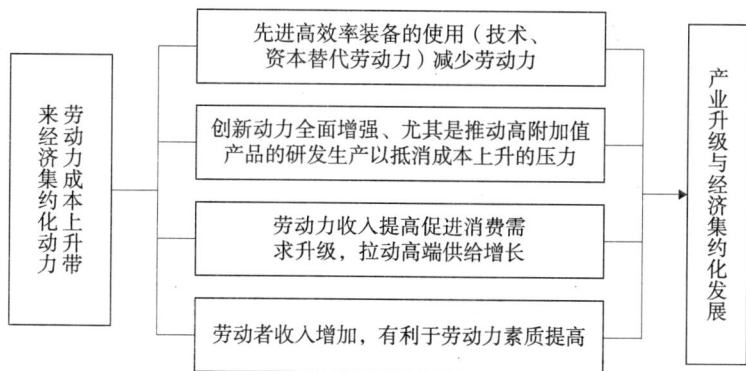

图7-4　劳动力成本上升条件下的经济集约化动力

第三,劳动力成本上升,使劳动者收入提高,消费需求升级,拉动产业升级与集约型经济的发展。

我国长期的低劳动力成本导致居民收入水平低,决定了消费结构停留在低层次上,没有足够的内部需求和市场空间以容纳更多高端产品大规模产能,高层级产业不能立足于国内市场逐步成长、壮大。目前我国工业制成品中,技术含量低和附加值低的产品以低廉价格在国际市场上具有一定的优势,而高技术含量、高利润的高端产品缺乏竞争优势,很大程度上源于国内需求的低层次。而通过提高劳动力成本从而增加居民收入,扩大高端产品的国内市场需求,有利于拉动和培育国内高端产业,并逐步增强高端产品在国际市场上的竞争力。

消费结构的调整与升级可以直接带动消费品生产行业的结构调整与升级,最终也带动了原材料、设备制造、能源等基础产业的结构调整与升级。消费结构的升级会带来新的商机,对产业技术的升级提出新的要求,要求企业改造传统产业,促进产品的更新换代,消费结构升级也是产业结构升级的强制力量,不但会迫使社会投资决策改变方向,而且还会通过挤压衰退产品及服务的市场空间和利润空间,促进存量资本的流动,从而促进产业结构的调整与升级。

第四,提高劳动力成本有利于劳动力素质提高,为经济集约化奠定基础。

劳动力成本低、劳动者收入低,是制约我国劳动力素质提高的一个重要因素。低收入势必会使劳动者缺乏足够的资源来提高自身素质及对下一代的教育投入,又会形成新的低素质廉价劳动力。由于教育、培训等投入不足,劳动力自身的价值无法得到提升,又影响到劳动者参与社会竞争的积极性,形成一个恶性循环。同时,低收入导致我国优秀人才流向高收入国家,或是从内资企业流向外资企业、合资企业。据统计,改革开放以来先后有几十万高学历人员出国留学,而学成归国的只占三分之一。许多外资企业进入我国后纷纷采取人才本土化政策,致使本土企业人才流失严重。据北京市工业系统 150 户大中型企业人才资源结构现状调查结果显示,国有企业从 1982 年以来引进的大学生以上人员流失率高达64%,大多数流入外企和合资公司,致使我国耗费巨额成本培养出来的高素质人才为他国所用。

提高劳动收入有利于为经济集约化提供高素质人才。在资本、技术、劳动力三者之中,劳动力是最重要的要素。只有高素质的劳动者才能把资本和技术高效率地结合起来,有效掌握科学技术,降低投入与提高产出,提高资源的使用效率和劳动生产效率,是经济集约化至关重要的保障。提高劳动力成本能够从两个方面为产业结构升级提供人才。一是劳动者收入快速增长,能够增强劳动者的稳定感和竞争积极性,使劳动者为提高自身素质而学习的动力大大增强,提高存量劳动力的素质;二是较高的劳动收入能减少优秀劳动力外流,并能够吸引国外高素质的劳动力资源为我国所用,增加我国可用优秀人才数量,形成经济集约化的人才基础。

2. 劳动力成本提高的条件下促进集约型经济发展的对策

劳动力成本是影响产业结构升级的重要因素,提高劳动力成本能够从扩大内需、提高劳动力素质和企业综合竞争力等方面促进产业结构升级,是经济发展和社会进步的必然要求。要将其作为我国未来经济发展中的一项基本策略坚定不移地推行下去。

第一,顺应劳动力成本提高的趋势,从政策上鼓励企业增加劳动者的工资水平和福利待遇,推动劳动者素质提高,改变原有劳动密集型产业的低效率状况。我国劳动力的比较优势应该是劳动资源成本和劳动资源效率二者的综合体现。我国劳动力成本的比较优势要变成竞争优势,必须是建立在高素质的劳动力和高效的劳动生产率基础上的相对低成本,而绝不是那种以劳动者的低素质甚至是仅能维持基本生存的低生活水平为代价的绝对低成本。为使劳动者成本提高确实起到提高劳动者素质的作用,可以鼓励企业将提高劳动者报酬中的一部分,直接以职业教育培训的方式体现,例如发放“教育培训券”等,当然这应该以劳动者的自愿为前提。我国劳动力的劣势突出表现在职业教育水平低、劳动力营养和保健水平较低,应该以国有、法人单位和社会团体乃至私人多渠道大力发展职业教育和培训事业,提高劳动者素质。为提高劳动者营养水平以增强体质,应促使企业为劳动者提供免费或享有补贴的营养工作餐,以及各种有利于劳动者素质提高的福利待遇,以切实将劳动力成本提高的效应转换为劳动者素质提升的结果。

第二,政府应支持企业在劳动力成本提高的倒逼机制下加快产业升级、技术创新与效率提高的步伐。一是适当减免企业,尤其是劳动密集型中小企业的税费负担,以便企业在成本压力下有能力进行相应的技术改造和研发创新活动。可以诸如"技术改造专项资金"的方式,向符合条件的企业提供转型升级的直接支持。二是政府出面组织产学研联合,进行技术研发,形成企业、政府、研究机构和金融组织风险共担、收益共享的机制。三是政府可以加强基础设施建设、加强社会保障程度等方式,为企业提供某些基础支持,或降低企业以往的社会负担,使企业能够有更多能力和更高的专注程度进行技术研发,提高竞争力与效益水平。

第三,创造更好的社会消费环境,使劳动者收入的提高能够转化为消费需求扩大的效果。首先,劳动者收入的普遍提高有利于社会分配的公平化,必然激发起原来被压抑的潜在消费需求的,使原来那些没有支出能力的"无效需求"转变为真正的有效需求;其次,要进一步加强失业、养老、医疗等社会保障体系建设,提高社会基础教育水平,消除劳动者的后顾之忧,从而能够放心地进行消费;再次,要加强城乡尤其是农村的消费环境建设,例如大型超级市场向农村延伸,各类生活以及文化娱乐服务业更加普及,积极推行家电下乡、小轿车下乡、房屋装修下乡。可以通过宣传引导、典型示范等途径,支持鼓励劳动者改变原来低收入状况下"只买便宜的,不买高档的"消费习惯,而逐步扩大对高端产品的需求。企业要为市场提供更多价格稍高但功能强、品质优的产品,促进中端和高端需求,从而拉动产业供给向高层次升级。

第八章　集约式增长的产业基础：
现代服务业的发展

　　集约型经济的发展是经济从主要依赖量的扩张转变为质的提升的过程,表现为由科技水平、人才培育、科学管理、信息化环境等方面基础条件支撑的产业竞争力和社会发展水平的全面提升,而所有这些基础条件都离不开现代服务业,尤其是科技,教育、管理、信息、创意、中介、金融等高端服务业的发展。我们认为,现代服务业是集约式增长的产业基础。如何促进现代服务业更加健康有效的发展,从而推动集约型经济加快建立,是我国经济发展的重大任务。

一、现代服务业是区域经济
转型升级的推进型产业

1. 产业升级必须依赖服务业的引领与支撑

　　服务业能否有效发展,很大程度上决定了第一和第二产业能否实现产业升级。尤其是当制造业已经达到一定的规模和技术水平,服务业为其进一步走向先进性和高技术领域提供基础。其二,服务业极大地扩大了消费领域,并且形成大量的开拓性创新,从而创造出巨大的需求,这在工业化中后期需求不足成为经济发展的重要制约的条件下,能够有效地扩大需求从而拉动经济的发展。其三,服务业相比第一和第二产业是就业弹性最高的产业领域,这对于在工业化中后期由于第二产业就业弹性大幅度降低,就业问题形成极其尖锐的社会矛盾的情况下,能够缓解就业矛盾,减少为了增加就业机会而制约效率提高和产业升级的倾向。其四,服务业对于资源的依赖性较低,生产过程较少污染物排放,符合节约型社会的要求,从而能够有效可持续发展。

2008年9月国务院发布关于进一步推进长江三角洲地区改革开放和经济社会发展的指导意见,文件将"努力形成以服务业为主的产业结构"提至未来十项工作的首位,表明长三角的发展定位已经由之前的以制造业为主向服务业发展转变。法国学者弗朗索瓦·佩鲁在上世纪中期提出,区域增长极的成长,大多是通过"推进型产业"的加快发展促进的,当时的"推进型产业"更多的是指冶金、机械、化工等重化工业。推进型产业具有社会需求拉动力强劲,产业发展前景良好,产业技术先进,经济效益显著,尤其是对其他产业关联性强,能够通过产业链拉动整体经济加速发展等特点,所以推进型产业不仅具有良好的内部性效益,更重要的是其具有很强的正外部效益。目前我国沿海地区已经进入工业化的中后期阶段,在这个阶段,经济增长主要不是体现为物质产品量的扩大,而是体现为质的提升,推进型产业不再是传统的重化工产业,而是对于产业升级具有重大关键性作用的现代服务业。现代服务业的适度超前发展,成为产业结构升级和产业竞争力提高的关键。

例如美国在1947年第二产业的比重为44.2%,第三产业的比重仅为38.9%。但是当经济进入工业化的后期乃至后工业化时代,工业的比重不断缩小,服务业的比重提升,2009年美国第三产业比重达到80.5%,而第二产业的比重降为18.5%。从我国看,一些地区已初步进入后工业时代,同样发生相应的结构变化。例如上海市2003年GDP中第二产业还占50.12%,第三产业占48.40%,到2009年两者分别变为39.9%和59.4%。虽然第二产业比重在缩小,但是国民经济却进入经济结构不断提升、经济运行质量(尤其是工业发展的质量),不断优化和走向现代化的进程。这时,工业发展和结构提升,主要依赖的是技术创新、管理的优化、信息化的加速等等,即主要依赖的是"软实力"的提高,而不是物质形态的投入。形成软实力的途径,很大程度上又是依靠科技、教育、信息、金融等现代服务业。高端服务业支撑了以质量提升为主要标志的工业化的深入,国民经济向优质化、高效化、现代化发展。工业化的进程恰恰是以工业比重适度让位于现代服务业的比重为必然前提,这就是产业发展的辩证逻辑。

学者郎咸平提出著名的"6+1理论",认为制造业的产业链包括产品设计、原料采购、仓储运输、加工制造、订单处理、批发经营、零售7个环节。而我国大量的低端生产制造企业仅仅在从事其中的加工制造组装环节,其余取得95%以上盈利的6环节,要么掌握在外国人手里,要么十分薄弱,导致产业长期处于低增值状况。笔者认为两端高附加值环节还应包括:投资及资本经营、品牌经营、市场开拓等(见图8-1)。事实上所谓"微笑曲线"的底端,就是加工制造组装环节;而微笑曲线的前端及后端,就是以上多个高增值环节。这些环节能否发展壮大,直接关系到产业升级的必要和充分条件。

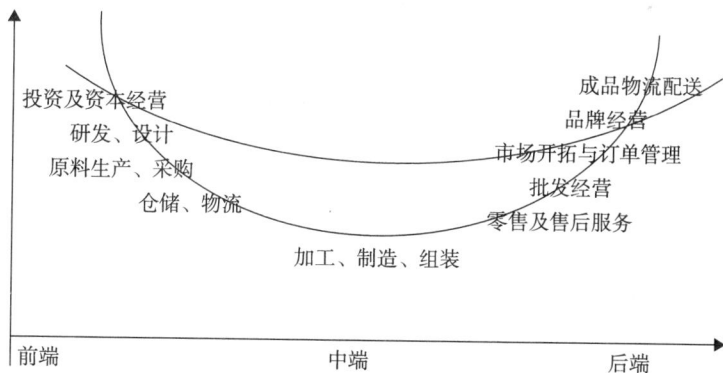

图8-1 制造业产业链——"微笑曲线"的前后端高增值环节

如果我们深入考察产业链前后端的高增值环节,不难发现这些环节的增强和提升,说到底依赖于现代服务业的发展。表8-1列出了位于前后端的高增值环节所赖以发展的主要的服务业行业,都是与高增值环节能否发展强化密切相关。例如对于支撑"研发、设计环节"的先导和基础领域,我们大致列出了7个主要部门,教育、科研、创意、技术中介以及专利服务部门、信息产业等,均为高端的现代服务业。说到底,这些服务业能否发展,决定了我们的制造业能否占领高增值环节,能否成为高效益的产业。

表8-1　制造业前后端所需要的服务业行业

序号	流程环节	所需要的服务业行业			
1	投资及资本经营	银行	信托投资公司	证券公司	会计事务所等鉴证类机构
2	研发、设计	科研机构	教育培训	创意产业	技术中介及技术市场 / 专利服务机构
		多样化、个性化设计部门		时尚及多样化需求调研	
3	原料生产、采购	资源及原材料信息提供	生产标准制定及服务		
4	仓储、物流	仓储业	物流运输	快递业	信息通讯业
5	成品包装及物流配送	包装装饰业	仓储业	物流运输	产品配送
6	品牌经营	品牌包装与宣传		品牌文化	企业形象设计推广 / 品牌营销战略推行
7	市场开拓与订单管理	国内及国际市场开拓		广告业	大规模定制及服务 / 订单确认与金融结算网络
8	批发经营	代理商和经销商组织架构		批发门店建设	
9	零售及售后服务	零售商组织架构		零售门店建设	售后服务(咨询、维修等)

如表8-2所示,美国在1950年三次产业所占百分比分别为6.8:35.7:57.6,到2009年演变为1.0:18.5:80.5,平均每3年上升1.1个百分点。此期间第一产业和第二产业的比重分别降为1.0%和18.5%,第三产业的比重从57.6%提高到80.5%。这一过程也就是美国产业竞争力迅速提高,成为世界第一强国的过程。第三产业对于整个经济集约

表8-2　美国三次产业结构演变的进程（占国内生产总值的比重　单位:%）

		1950	1960	1970	1980	1985	1990	1995	2000	2005	2008	2009
	第一产业	6.8	3.8	2.6	2.2	1.8	1.6	1.2	1.0	1.0	1.1	1.0
	第二产业	35.7	33.9	31.1	30.2	27.2	24.9	23.3	21.7	20.3	19.9	18.5
	其中制造业	27	25.3	22.7	20	17.8	16.7	15.9	14.2	12.4	11.6	11
	第三产业	57.6	62.4	66.4	67.5	70.9	73.5	75.5	77.2	78.3	79	80.5
普通服务业	批发贸易	6.4	6.6	6.5	6.7	6.4	6	6.2	6.2	5.7	5.7	5.6
	零售贸易	8.9	7.9	8	7.1	7.3	6.9	7.1	6.9	6.6	6	5.9
	运输与仓储	5.7	4.4	3.9	3.7	3.3	3	3.1	3	2.9	2.8	2.8
	房地产与租赁业	8.7	10.5	10.5	11.1	12	12.1	12.4	12.4	12.5	12.8	13
	其他服务	2.9	3	2.7	2.5	2.5	2.7	2.7	2.8	2.5	2.5	2.5
	文化娱乐、住宿与餐饮	3	2.8	2.9	3	3.1	3.4	3.4	3.8	3.8	3.8	3.8
	政府服务	10.7	13.2	15.2	13.7	13.8	13.9	13.4	12.2	12.5	12.8	13.6
高端服务业	金融与保险	2.8	3.7	4.2	4.9	5.5	6	6.6	7.7	8.1	8.3	8.4
	公司及事业单位管理	1.5	1.5	1.4	1.4	1.6	1.4	1.4	1.7	1.7	1.8	1.8
	教育、健康及社会援助	2	2.7	3.9	4.8	5.3	6.5	7.1	6.8	7.5	7.9	8.3
	行政及废弃物管理	0.6	0.8	1	1.3	1.6	2.1	2.3	2.8	2.9	2.9	2.8
	信息业	3	3.3	3.6	3.9	4.2	4.1	4.2	4.2	4.7	4.3	4.4
	专业及科学与技术服务	1.4	2	2.6	3.4	4.3	5.4	5.6	6.7	6.9	7.4	7.6
6大高端服务业占第三产业比重		19.62	22.44	25.15	29.19	31.73	34.69	36.03	38.73	40.61	41.27	41.37
6大高端服务业占GDP总额比重		11.3	14	16.7	19.7	22.5	25.5	27.2	29.9	31.8	32.6	33.3

数据来源:美国商务部经济分析局(U. S. Department of Commerce Bureau of Economic Analysis)网
站,http://www.bea.gov/。

化和高附加值化产生全面和决定性的作用:教育、科技、信息业、专业化管
理以及金融保险等高端服务业有力地支撑了第一、二产业的产业升级以

及竞争力的提高;同时美国的国际地位奠定了其第三产业服务于全世界的客户和服务对象,较少受到国内经济有限性的束缚,从而具有良好而巨大的发展空间。全世界的生产和消费对服务业提出强大的需求,使服务业在发展中形成良好的效益,服务业自身成为整个经济繁荣发展的强大实体和集中体现。相反,我国 2009 年第三产业比重为 42.6%,经济最发达的长三角地区两省一市,总体也为仅为 44.80%(见表 8 - 3),仅比美国比重的二分之一略多一些。再从第三产业的内在结构分析,第三产业中有一些是基本服务,如交通运输和仓储、批发零售业、房地产业、住宿餐饮等等;有一些是高端服务,如科技、教育、信息业、管理服务以及金融保险等,主要集中在生产服务业,对产业升级、提升竞争力具有重要甚至决定性的作用。表 8 - 2 显示 2009 年美国 6 大高端生产性服务业占第三产业及全部国内生产总值的比重分别达到 41.37% 和 33.3%。表 8 - 3 显示 2009 年我国经济最发达的上海、江苏、浙江三省市 6 大高端服务业①占第三产业及全部国内生产总值的比重分别为 36.35% 和 16.29%,差距之大十分明显。

为了更清楚地认识第三产业滞后对我国产业升级的瓶颈制约,现将我国与德国、日本的三次产业投入产出关系作一比较。由表 8 - 4 可见,日、德的一、二、三产业对第一、二产业的直接消耗系数多数(12 个数据中的 10 个)低于我国,而对第三产业的直接消耗系数则全部高于我国。如第一产业和第二产业对第三产业的直接消耗系数,日本分别为 0.1229 和 0.1743,德国分别为 0.1620 和 0.2123,比我国的 0.0695 和 0.1237 高出一至二倍。这种情况的唯一解释,是其高层次的农业和制造业需要更充分的第三产业服务的供给,而较充分的高层次第三产业的服务供给,保障了其产业的高层次和竞争力。

---

① 对于哪些服务行业可认定为高端服务业,观点并不一致。为便于国际比较,表 3 所归类的高端服务业,大致是参照表 2 所列的美国高端服务业所对应的行业确定的。

表 8 - 3　长三角三省市第三产业的结构与占比(2009 年)

产业		浙江		江苏		上海	
		增加值 (亿元)	占总值 比(%)	增加值 (亿元)	占总值 比(%)	增加值 (亿元)	占总值 比(%)
GDP 总额		22990.35		34457.30		15046.45	
第三产业总计		9918.78	100.0	13629.07	100	8930.85	100
普通服务业	交通运输、仓储和邮政业	888.02	9.0	1423.25	10.4	635.01	7.1
	居民服务和其他服务业	289.42	2.9	293.65	2.2	156.83	1.8
	批发和零售业	2119.39	21.4	3579.81	26.3	2183.85	24.5
	住宿和餐饮业	416.84	4.2	678.36	5.0	238.36	2.7
	房地产业	1316.83	13.3	2025.39	14.9	1237.56	13.9
	卫生、社会保障和社会福利业	337.07	3.4	416.40	3.1	227.47	2.5
	文化、体育和娱乐业	138.07	1.4	150.17	1.1	87.49	1.0
	公共管理和社会组织	754.21	7.6	1049.98	7.7	328.16	3.7
高端服务业	金融业	1899.33	19.1	1896.98	13.9	1804.28	20.2
	信息传输、计算机服务和软件业	515.4	5.2	526.52	3.9	601.73	6.7
	租赁和商务服务	364.97	3.7	555.72	4.1	641.97	7.2
	科研、技术服务、地质勘查	185.04	1.9	308.84	2.3	364.90	4.1
	水利、环境和公共设施管理业	87.63	0.9	154.49	1.1	45.06	0.5
	教育	606.56	6.1	869.51	6.4	378.18	4.2
6 大高端服务业		3658.9	36.9	4012.1	31.6	3836.1	43.0
苏浙沪第三产业占 GDP 比重		44.80					
苏浙沪 6 大高端服务业占服务业的比重占第三产业比重		36.35					
苏浙沪 6 大高端服务业占 GDP 总额比重		16.29					

数据来源:中国统计年鉴(2009)。

表 8-4 中、德、日三次产业的直接消耗系数

投入 产出 国家	第一产业			第二产业			第三产业		
	中国	德国	日本	中国	德国	日本	中国	德国	日本
第一产业	0.1568	0.1017	0.1305	0.0593	0.0212	0.0284	0.0143	0.0031	0.0028
第二产业	0.1872	0.2990	0.1714	0.5449	0.3827	0.6641	0.2575	0.1024	0.1265
第三产业	0.0695	0.1620	0.1229	0.1237	0.2123	0.1743	0.2146	0.3016	0.2240

注:以上数据,中国为 2007 年;德国为 1999 年;日本为 1998 年。中国数据来自《中国统计年鉴
(2008)》;德国数据来自 Federal statistical office Germany,"National accounts",http://www.
statistik-bund. de/basis/e/vgr/vgrinol. htm;日本数据来自《中国统计信息网/国际统计年鉴》,
http://210. 72. 32. 89/information/g. j97/0422)。

2. 自主创新需要服务业尤其是高端服务业的强大基础

产业升级的关键在于自主创新,自主创新需要高端服务业的支持,因
而高端服务业能否有效发展就成为创新强省的重要条件;而且高端服务
业的壮大,本身就是产业升级的重要内涵、条件和标志。

当前制约自主创新能力提升的一个关键问题,是作为市场主体的企
业尚未成为科技创新的主体,其有多方面原因,创新过程中的市场化动力
机制及支撑体系尚不完善是一个重要方面。科技创新仍然主要依靠政府
的投入,而政府更多地鼓励国有科研机构等供给方,而缺乏对以企业为主
体的需求方的激励。对技术供给的成本往往由政府买单,导致供给方置
市场于不顾,迎合政府兴趣。但政府的积极性往往是"剃头担子一头
热",政府买单的成果没有通过企业转化为生产力。其二,政府的科技创
新组织管理较为分散,各部门和各单位相互封闭,很多科技资源未能面向
社会开展服务,造成重复建设、资源利用率低和管理无序。科研经费分配
仍不尽合理,对重大课题的组织攻关能力不足,存在着因信息不畅和部门
分隔所造成的低水平的重复劳动。其三,在发达国家,由于知识产权的有
效保护,创新者可以通过市场充分享有技术创新成果的收益,而技术市
场、专利代理机构、风险投资公司等各类从事技术创新的市场化运作的机
构,也对企业的技术创新形成极大的推动和支持作用,他们会激发起企业

创新的潜能,同时也能帮助企业取得创新的支持和利益回报。但我国目前由于知识产权保护及技术创新的产业化水平不高,市场化进程缓慢。技术创新中介机构和服务体系薄弱,这种市场化动力明显不足。其四,目前已有的为创新服务的高端服务业往往还是依托于政府产生,缺乏市场化经营的动力机制和成熟经验,有些仍然具有行政垄断的特点,缺乏与企业结合、为企业服务从而取得盈利的主动性和积极性。导致企业创新所需的支撑体系不完善。

正如只有从依赖政府的计划经济转向依靠市场化推动的市场经济,才形成发展的强劲动力一样,我国的自主创新也必须从原来依靠政府推动和支持,真正转向依靠市场化动力和市场化的创新服务业支撑,才能形成持久的自发机制及供需双向互动的均衡状态,真正成为具有不竭动力的潮流。以企业为主体,以市场化机制为动力的创新机制,应该包括创新投入的市场化引导机制,创新成果的市场化评价、推广和产权保障机制,对创新者在市场上责权利相统一的法律地位的保障机制,公平公正的激励机制,创新风险的承担和退出机制等等。需要的支撑包括:教育、科技、金融、法律、咨询、信息、中介业等各类高端服务业的发展。尤其需要的是公正有效的技术市场、完善的技术咨询和推广组织、创新人才培训、创新信息服务、法律咨询和权利维护、知识产权的评估认证、技术专利的代理、从事风险投资的金融组织、为技术创新服务并且分担风险的技术中心等。只有当完善的市场化机制及支撑体系建立起来,才能真正使创新探索者有动力,创新成功者有利益,创新失败者有保障。

未来经济发展的决定因素越来越向软要素如科技、信息、人才等转变,服务业滞后已经成为我国经济发展的瓶颈。服务业的瓶颈确实不像交通、能源等会形成感觉强烈的硬约束,而是潜在的不明显的软性约束。但它们就如慢性病对人的摧残一样,使国民经济长期维持低质高耗运行,难以提升竞争力。我国制造业的相对落后,其实质是制造业的科技水平、人才层次、管理水平、信息化水平以及资本组合能力等的相对滞后,而这从根本上可以归结到高端服务业发展滞后所导致的瓶颈制约。

二、社会发展对经济转型升级的推动
需要相关高端服务业的支撑

除了经济的转型升级,我国社会发展的深入同样离不开现代服务业。如表8－5所示,我们列出社会发展在8个方面的表现,如政治与社会组织、教育与科技事业、就业与公平分配以及精神文明建设等,其中每一个方面都需要相关的服务业的发展。例如政治与社会组织的发展,就需要党派、社会团体及各类民间组织、网络与民意收集及表达机构、社区组织及服务等方面的加强;教育与科技事业的社会发展,需要科研机构、学校教育、各类培训组织、创意产业、多样化个性化设计部门、时尚及民风调查研究部门、技术中介及技术市场等等高端服务业的发展;促进生态与环境建设,需要环保中介机构、生态与循环经济商业中介、环保监测与评估机构、园林与绿化等服务业;促进就业与公平分配,需要就业培训与职业介绍机构、金融与中小企业融资机构、投资创业扶助基金、法律援助及劳动仲裁机构等服务业的发展。这些服务业的发展直接支持或推动经济的转型升级。在表8－5中我们也对这些体现为社会事业的服务业对转型升级的作用作出判断,毫无疑问,其作用是重要和不可替代的。

以人为本,推动经济与社会全面协调发展,是现代服务业发展的精髓。事实上,绝大多数展现为社会发展成果的服务业,都是围绕"人的需要"展开的。例如教育、科技、就业、公平分配、文化艺术、社会环境建设等等,最终都是为了提升人的生活质量,提高人的素质,满足人的多方面尤其是精神需求,实现人的价值。反之,经济发展质量的提高,实现转型升级,从根本上说必须依靠对人的培养,靠人的素质提高,靠人才功能的发挥,这都必须以全社会有一个良好的人才培育环境和健全的人才使用机制为前提,服务业的发展正是为了满足这种以人为中心的环境和机制的要求。因此对服务业发展的态度的区别,事实上就是对物和对人的重视程度的区别。在经济和社会发展之间,在工业和第三产业之间的选择,某种意义上就是在物和人之间的选择。如果是重视物而忽视人,就可能忽视服务业发展乃至忽视整个社会发展。

表8-5　各类社会事业发展所需要的服务业及其对经济转型升级的作用

序号	社会事业	所需要的服务业行业				对转型升级的作用
1	政治与社会组织	党派、社会团体各类民间组织	网络与民意收集及表达机构	社区组织及服务		保障社会安定,提高公民的工作、生产积极性
2	教育与科技事业	科研机构	学校教育	创意产业	各类培训机构	培养创新人才、加强技术创新支持转型升级
		多样化、个性化设计部门	时尚及多样化需求调查研究部门	技术中介及技术市场	专利服务机构	
3	社会文化事业	新闻传播与报刊杂志	互联网信息提供及服务	艺术表演与会展业	图书出版	以先进文化促进转型升级
4	企业及社会公共服务	家庭及生活消费服务	交通运输	邮电通讯、快递业	企业形象设计及品牌推广	公共服务的完善促进高效集约型社会经济的运行
5	生态与环境建设	环保中介机构	生态与循环经济商业中介	环保监测与评估机构	园林与绿化	促进资源节约和环境友好型社会的形成
6	就业与公平分配	就业培训与职业介绍机构	金融与中小企业融资机构	投资创业扶助基金	法律援助及劳动仲裁机构	提高劳动者积极性,充分发挥劳动力优势
7	民生与社会保障	医疗服务机构(医院等)	老人服务组织及养老院	扶贫济困及慈善组织		良好的民生保障有利于人力资源充分发挥作用
8	精神文明建设	文化艺术创作及其普及传播机构团体	惩恶扬善的民间团体或社会组织机构			优秀的精神文明和现代管理理念为集约型经济奠定社会思想基础

在计划经济时代,社会建设与发展的各项事业(包括城乡基础设施建

设、基本民生保障以及社会公共服务等),基本上是由政府承揽,设立机构,直接保障供给。例如学校的教育基本上是政府免费供给,城市社区环境、绿化也是由政府设立环卫部门,免费向社会提供服务。改革开放以来,随着市场经济的发展,很多社会事业由市场化的服务性产业来承担,例如教育,很多公立学校转而成为完全或部分具有商业化属性的教育产业,同时大量纯商业化的民办大中专院校诞生;城市社区环境管理,也大量采用物业公司的形式,有偿进行服务。但是这种进程却存在过度市场化、产业化的问题。例如教育收费过高,使普通百姓难以承受;高昂的物业管理收费,令收入有限的传统社区居民难以接受,甚至公共厕所也搞"承包权拍卖"由私人经营,其收费令百姓苦不堪言,等等。显然,在社会事业领域,由政府免费直接提供服务,或者完全由市场化、产业化的机构实行纯商业性收费服务,这两种极端均存在明显的缺陷。借鉴发达国家的经验,我们比较以下四种方式:

表8-6 政府支持社会事业发展及公共保障的不同方式的利弊比较

序号	社会事业发展及公共保障的方式	利	弊	评价
1	政府免费直接提供服务	决策迅速,效果直接	公有制下微观服务主体低效率	部分最基础领域必要及可行
2	政府向商业化服务业购买服务,免费提供给全社会	决策迅速,服务灵活周到,注重效率	易产生寻租和腐败	如能健全决策程序及法制监督则可行
3	政府以补贴方式支持民众向商业化服务业购买服务	服务灵活周到,注重效率	程序较复杂,易产生不均衡	如能建立健全高效的规则被居民接受则可行
4	由产业化的服务业实行纯商业性收费服务	企业利益取向下的服务灵活周到	商业化取向及高收费令居民难以承受	某些高端服务可行

由表8-6可见,在四种方式中,第1及第4种弊端比较明显,但在某些领域是可行的,例如第1种政府免费直接提供服务的方式,在基本的公共安全领域,如警察对全社会的安全服务,即使可能因为公有制产生低效率,也应由政府直接来提供保障(现某些地方将警察的巡逻执法工作转

包给保安公司极不妥当);又如第 4 种,在某些高端服务领域,如少数富人要求私人保健医生的服务,完全可以采取纯粹商业化模式进行。但是在多数社会事业和公共保障领域,比较合理的是采取第 2 和第 3 种方式。如果能够健全决策程序,建立高效的规则及法制监督,杜绝寻租腐败及不均衡现象,采用政府出资和商业化的服务供给相结合的方式,弊端较少并容易被居民所接受。同时很显然,社会服务业发展得越健全,服务质量越高成本越低,政府适度保障和商业化服务业相结合的模式越容易取得良好的效果,从而促进社会进步和公共福利的增进。

三、从长三角三省市比较看服务业与产业升级的关联性

在长三角三省市中,上海的产业层次和国际竞争力在全国处于领先地位。这与上海服务业的快速增长是密不可分的。如表 8-7 所示,上海第三产业比重从 2004 年的 50.8% 提高到 2009 年的 59.4% ,5 年上升 8.6 个百分点。其中高端服务业比重从 2004 年的 39.56% 提高到 2009 年的 43.0% ;第三产业及高端服务业的 GDP 年增长率分别为 13.2% 和 15.3% 。

江苏省是我国近几年产业转型升级的突出典范省份,围绕着"新兴产业倍增、服务业提速、传统产业升级"三大目标,取得了令全国为之惊叹的成就。2009 年江苏高新技术产业产值占规模以上工业比重 30.11% ;企业授权专利 4.7 万件,全国第一;高新技术产业新产品产值占全国五分之一;区域创新能力跃居全国之首。江苏多年来产业结构的特点是制造业比重大,服务业发展相对滞后,2004 年江苏第三产业比重仅为 34.6% 。但是随着江苏转型升级的加快,服务业比重同步迅速提高,2009 年比重达到 39.5% ,5 年之中上升了 4.9 个百分点。高端服务业的比重上升了 3.49 个百分点。相比之下,浙江由于 2004 年的产业结构中第三产业比重就达到 39.4% ,比江苏要高近 5 个百分点,因而增长的幅度稍低,2009 年达到 43% ,5 年中也提高了 3.6 个百分点。

表 8-7 三省市第三产业及其中高端服务业占
生产总值的比重变化(2004—2009,%)

省市	产业	2004	2005	2006	2007	2008	2009	五年提高百分点	GDP 年增长率
浙江	第三产业	39.4	40	40.1	40.4	41	43	3.60	14.3
	高端服务业	32.31	33.55	34.41	35.20	37.03	36.89	4.58	16.4
上海	第三产业	50.8	50.4	50.6	52.6	56	59.4	8.60	13.2
	高端服务业	39.56	40.30	41.62	44.87	41.98	43	3.44	15.3
江苏	第三产业	34.6	35.4	36.3	37.4	38.1	39.5	4.90	14.8
	高端服务业	28.15	28.10	28.15	30.81	30.80	31.64	3.49	17.4

注:数据来源于相关省市各年份的统计年鉴。第三产业比重系其占全部国内生产总值的百分比;高端服务业比重系其占全部服务业生产总值的百分比。高端服务业包括服务业中的教育、科研与技术服务及地质勘查、金融业、信息传输与计算机服务及软件业、租赁和商务服务、水利、环境和公共设施管理业 6 个行业的总和。

表 8-8 浙江与江苏省各地市第二、第三产业比重变化的比较(%)

江苏地市	2009年人均GDP(元)	第三产业占GDP比重	2008—2009年比重变化		2007—2009年比重变化		浙江地市	2009年人均GDP(元)	第三产业占GDP比重	2008—2009年比重变化		2007—2009年比重变化	
			第二产业	第三产业	第二产业	第三产业				第二产业	第三产业	第二产业	第三产业
苏州市	83696	39.41	-3.26	3.04	-4.96	4.84	杭州市	74924	48.51	-2.22	2.22	-2.41	2.67
无锡市	81146	41.30	-0.80	0.35	-1.70	1.25	宁波市	73998	42.31	-2.08	1.94	-1.95	2.00
常州市	56890	39.62	-2.18	1.64	-2.98	2.64	嘉兴市	56607	36.39	-1.78	1.99	-1.91	2.42
南京市	55290	51.31	-1.91	1.32	-3.31	2.92	舟山市	55106	43.80	-7.79	0.02	2.74	-1.49
镇江市	54732	37.32	-1.70	0.84	-1.60	0.94	绍兴市	54309	36.69	-1.72	1.73	-2.65	2.74
扬州市	41406	36.06	-0.93	0.59	-0.93	0.79	湖州市	42942	36.35	-1.78	1.69	-1.68	1.41
南通市	40231	35.81	-1.05	0.75	-0.75	0.75	金华市	38179	42.64	-1.56	1.67	-2.07	2.11
泰州市	35711	35.17	-1.22	0.99	-1.42	1.99	台州市	35148	42.19	-1.48	1.78	-2.56	2.64
徐州市	27514	37.29	-0.64	0.64	-0.24	1.24	温州市	32595	45.90	-2.14	2.14	-3.27	3.27
盐城市	25553	34.58	-0.36	0.30	1.24	0.50	衢州市	24764	35.67	-0.18	1.10	1.56	-0.26
淮安市	23277	36.49	-1.22	1.48	0.08	1.68	丽水市	21139	41.15	-0.48	0.69	1.61	-0.70

数据来源:江苏和浙江省各年份的统计年鉴。

总体而言,两省一市服务业的发展均高于经济的增长程度,5 年中年平均增长率达到 15.2%,正是这样的超前增长速度,使服务业起到了推进型产业的作用,有效地促进了区域经济的转型升级。如将长三角具有可比性的江苏和浙江两省进行比较,显然近年江苏产业转型升级以及服务业的发展速度较为突出,服务业在经济总量中的比例及人均水平提高较快。

我们再深入到地市这一层次作一分析,可更看到服务业与经济转型升级的关联性。表 8-8 列出 2007—2009 年间,浙江与江苏各 11 个地市第二、第三产业占 GDP 总量的比重变化的情况,可以看到,就第二产业而言,3 年中两省的大多数地市比重降低,少数地市上升(均为欠发达地市,如江苏的盐城、淮安;浙江的衢州、丽水以及具有海岛特殊性的舟山),就第三产业而言,江苏全部地市的第三产业比重均上升,且人均国内生产总值越高,上升的程度越高:例如前 4 位的苏州、无锡、常州、南京,分别上升4.84、1.25、2.64 和 2.92 个百分点。浙江有 8 个地市第三产业比重上升,下降的则是欠发达的衢州、丽水以及舟山。由此可以看到江浙两省近年产业升级和增长方式转变均有成效,与第三产业增强了对产业升级的服务功能有密切关系;而江苏相比浙江,产业升级和经济转型更为突出一些,第三产业比重的上升也是明显标志。

四、大力发展现代服务业需要解决的主要问题

首先,各地方政府出于政绩的需要对服务业发展推动不够积极。

与发展工业相比,服务业发展的周期长,要成为看得见的政绩,所需要的时间成本比发展工业高得多。有些投资见效本身需要若干年,例如教育、科技、信息业等,多数要依托人才培养,周期长,效果却很难评估,要产生经济效益,最终回收投资,所需时间也更长。反观工业投资,多数项目建设周期短则半年,长则两三年,就可以投产形成经济效益,投资回收期比较明确。这正是服务业往往对那些要求在短期内(例如在任职的三年之中,)就要产生政绩或者经济效益的干部来说,确实有点"远水救不

了近火"。

表8－9　浙江省三次产业增量资本与产出比率比较（2003—2009）

指标	产业	2003	2004	2005	2006	2007	2008	2009
固定资产投资(万元)	全部产业	41803791	53843784	61383891	69642812	77049017	85507062	99064618
	第一产业	141131	169404	201096	218538	330179	360715	572078
	第二产业	18133828	24312263	28537381	32308134	36185904	39389553	42868623
	第三产业	23528832	29362117	32645414	37116140	40532934	45756794	55623917
GDP(亿元)	全部产业	9395	11648.7	13437.85	15742.51	18638	21462.69	22990.35
	第一产业	728	814.1	892.83	925.1	1025	1095.96	1163.08
	第二产业	4941	6250.38	7166.15	8509.57	10092	11567.42	11908.49
	第三产业	3726	4584.22	5378.87	6307.85	7521	8799.31	9918.78
GDP增量（亿元,当年）	全部产业	1599	2253.7	1789.15	2304.66	2895.49	2824.69	1527.66
	第一产业	34	86.1	78.73	32.27	99.9	70.96	67.12
	第二产业	959	1309.38	915.77	1343.42	1582.43	1475.42	341.07
	第三产业	606	858.22	794.65	928.98	1213.15	1278.31	1119.47
GDP增量（亿元,2年平均）	全部产业	1926.35	2021.425	2046.905	2600.075	2860.09	2176.175	2882.155
	第一产业	60.05	82.415	55.5	66.085	85.43	69.04	132.52
	第二产业	1134.19	1112.575	1129.595	1462.925	1528.925	908.245	1276.79
	第三产业	732.11	826.435	861.815	1071.065	1245.73	1198.89	1472.845
增量资本与产出比(%,当年)	全部产业	2.614	2.389	3.431	3.022	2.661	3.027	6.485
	第一产业	0.415	0.197	0.255	0.677	0.331	0.508	0.852
	第二产业	1.891	1.857	3.116	2.405	2.287	2.670	12.569
	第三产业	3.883	3.421	4.108	3.995	3.341	3.579	4.969
增量资本与产出比(%,2年平均)	全部产业	2.170	2.664	2.999	2.678	2.694	3.929	3.437
	第一产业	0.235	0.206	0.362	0.331	0.386	0.522	0.432
	第二产业	1.599	2.185	2.526	2.208	2.367	4.337	3.358
	第三产业	3.214	3.553	3.788	3.465	3.254	3.817	3.777

资料来源：各年份的浙江省统计年鉴。

　　表8－9显示用增量资本与产出比率计算的近年来浙江分别在一、二、三产业领域的投资对于生产总值（GDP）增长的作用。增量资本与产出比率（Incremental Capital-Output Ratio, ICOR）即投资与增量产出之比。

增量资本与产出比率＝投资增加量/生产总值增加量。增量资本与产出比率越高，投资对于 GDP 增长的作用越低。我们分别以当年 GDP 增量和 2 年平均的 GDP 增量计算 ICOR。可以看出，2003 年至 2009 年，浙江省第三产业的 ICOR 均高于第二产业的 ICOR 达 50% 以上，其中 2003 及 2004 年接近甚至超过一倍。显然，第三产业的投资对 GDP 增长的效应远不如第二产业。但是应该看到近年来第二产业的 ICOR 与第三产业的 ICOR 差距是逐步缩小的。如 2003 年两者分别为 1.599 和 3.214，相差 1.615，达 1 倍多；而到了 2009 年，两者分别为 3.358 和 3.777，仅相差 0.419。其原因显然与 2008—2009 年美国金融危机冲击我国经济期间，为刺激经济增长，国家和浙江省实行大规模基础建设和工业项目投资，而这些投资形成产出的滞后期较长，更使得短期内的 ICOR 明显升高。但无论如何，服务业的单位 GDP 产出需要较多的投资仍然是明显的。这也可解释为什么地方政府官员对于投资第三产业不够积极的原因。未来发展服务业的关键是提高服务业投资的效率，既能发挥服务业有较高的就业容量的优势，又能达到用较少的投资形成较高的服务业产出和收入，这有利于调动全社会发展服务业的积极性，促进服务业更快发展。

其次，企业自主创新的市场化需求对高端服务业的拉动力不足。多数高端服务业作为一种市场化条件下形成的以营利为目的产业，不可能单纯依靠政府扶持、推动得到良好发展，而主要是依靠市场化的需求拉动而得以发展的。最重要的是企业进行技术研发、人才培养、管理改进、风险投资等方面的创新需求拉动这些服务产业的发展。企业通过这些自主创新增加了盈利，这些高端服务业自然也能获得高额回报，从而刺激其得以高速发展。目前拉动力不足的主要原因，一是较多中小企业仍然采取依靠资源和劳动力消耗和低水平规模扩张维持有限盈利的模式，在低质低价的同质化竞争面前，自主创新而形成的高端产品可能反而缺乏市场占有能力；创新成果的知识产权保障机制的缺乏，使努力创新的企业难以享受创新成果，相反却可能因无法补偿巨大的创新成本遭受损害，而一味依赖模仿的企业反而可能取得高盈利，这种效应势必遏制企业的创新动力。二是在政府主导技术创新的体制机制条件下,很多企业养成了依靠政府来获得技术创新的支持的思维定势,而不习惯于从市场化的服务业寻求技术创新的帮助,对于智力产品的较高定价也往往难以接受。三是即使有一些企业有从市场获取创新支持的要求,但由于需求主体与供给主体之间的信息不对称,产业平台与技术平台之间缺乏有效的沟通渠道,导致供给单位成果过剩与需求单位成果缺乏的现象长期并存。

其三,现有的人才和技术水平不适应高端服务业发展。由于生产性服务多体现无形性、异质性、不可分性、即时性、易逝性等特点,其知识多为内隐的,因此,生产性服务业的学习和创新难度也相对较大,依赖人力资源、知识和技术的特点比较明显。与制造业相比,高端服务业更加需要掌握特定技能的人才队伍。如高等教育、科技研发、特定的信息服务、金融保险、咨询业、各类生产技术服务行业、创意服务等,都极依赖于相应的高级专门人才。这种人才多数并不是从高校的本科、硕士或博士能够直接培养出来,而是需要在一定的期间内,通过实践才能磨炼出来。但是我国由于原有这类服务业基础不足,因而这类人才培养的基地也比较缺乏。这是真正顶用的人才十分缺乏的原因。

其四,城市化水平不适应服务业发展。服务业需要特定的人口集聚条件。如果人口居住分散,服务业生产和服务的距离成本(如运输、信息传递、人际沟通的费用)都比较高。就很难成规模地发展起来。我国目前城市化水平不高,人口集聚度相对较低,也是制约服务业发展的一个原因。

其五,制度层面的诸多问题制约服务业发展。服务业对制度安排比制造业更为敏感。我国目前不少重要服务业制度的特征仍是垄断性,即由国有部门或政府高度控制的民营部门占据支配性地位,尤其是一些涉及意识形态的服务业,由极少数部门集权控制,严重缺乏竞争。其结果,一是投资能力最大的民营经济无法进入,例如金融业、新闻出版业、广播电视业等,在发达国家民营化程度较高,但是在我国,国有经济和少数集团一统天下的局面并未被打破。二是缺乏有效的市场竞争。没有竞争就意味着没有动力,也就意味着供给者和需求者之间缺乏市场机制的有效调节,从而供求脱节、资源配置失衡、短缺和浪费同时存在的现象就难以避免。

五、将服务业建设为转型升级的推进型产业的建议

1. 深化改革,营造有利于服务业发展的体制机制

(1)从观念和制度上消除将经济发展等同于工业化,工业化等同于工业规模扩张的片面观念,进一步调整地方政府和干部的政绩考核机制和考核标准。

调整干部考核标准,进一步降低 GDP 规模指标的权重,同时可以考虑对于服务业的 GDP 规模设置较大的权重,凡培育发展有利于促进产业升级、消费扩大和就业效应明显的服务业尤其是高端服务业,可以增加一定的系数,有利于其政绩的提升,从而改变干部不重视服务业发展的倾向。

(2)全面推进服务业领域改革,形成多元化投入、多样化经营和有效竞争的发展格局。

加大市场准入制度改革与开放力度,大力发展民营高端服务业,鼓励民营资本参与公有服务型企业的改组改造,推进服务业的资源配置由政府为主向市场为主转变。加快垄断性高端服务行业的改革步伐,对于现有带有垄断性和行政职能的服务型企业要形成竞争压力,促进其改善服务。放宽金融、保险、通讯、公用事业经营限制,放宽教育、卫生、文化、中介服务的资格限制,构建竞争机制,强化市场竞争。改革服务业的定价收费和管理体制,减少政府行政干预,完善服务业市场的运行规则,营造公平、规范、快捷、有序的市场环境。满足社会对服务业的需求,使服务业真正促进产业升级和消费升级。

(3)加强城市化进程中的制度创新,以城市化推动服务消费增长、服务企业发展和服务就业的提高。

对包括户籍制度、就业制度、土地制度、社会保障制度、行政管理制

度、城镇建设投融资体制、市镇设置的法律制度等直接影响城市化的制度安排进行创新，培育服务业增长的主导力量。通过科研服务业这一桥梁，把大学和科研院所的科技优势真正转化为经济发展优势。而大力发展生产服务业，推动服务中间需求产业地位的上升已是现阶段服务业发展的当务之急。

2. 促进自主创新与高端服务业紧密互动发展

（1）激励企业创新动力，增强企业对市场化创新服务的需求。

首先，要使企业真正成为创新资本投入的主体、技术创新活动的主体和创新成果应用的主体。强化资源约束和差异化市场竞争的倒逼机制，遏制消耗资源的低水平规模扩张行为，对落后企业形成一个"釜底抽薪"的机制。促进企业变倒逼压力为动力，努力通过创新提高产品附加值获得盈利。那些积极创新的企业则面临一种机遇，因为这将使他们解除不堪承受的低层次竞争压力。优胜劣汰的机制会切实促进创新氛围的形成。

其次，以更大力度保护知识产权，提高侵犯知识产权的违法成本，在经济处罚的同时加大刑事处罚的力度。因为在一些人看来，一定量的经济处罚只是他们做生意的成本而已，他们会选择更大规模地违法以收回成本。只有使侵犯者受到严惩，才能对那些生产优质产品、具有创新能力的企业形成强大动力，使其真正通过创新获得良好收益。

再次，要促进企业积极从市场化的服务业寻求技术创新的帮助。现在不少企业认为智力产品和服务的定价过高，难以接受，很大程度上还是缘于原有的外延式发展的思维定势，重视"硬实力"，并没有真正重视人才、技术、管理、信息等"软实力"的巨大作用，或者没有运用从市场中获得的"软实力"取得高回报的经验，往往舍不得去寻求市场化的创新服务。因此需要更多加强对企业家及企业管理人员的培养，增强其适应知识经济时代依靠软实力取得竞争优势的理念，大力宣传通过市场化的创新服务取得企业经营业绩的典型经验，造成市场化创新服务的良好形象和社会氛围,真正将这方面需求"做大做强"。

(2)促进为创新服务的高端服务业健康有效发展。

首先,应进一步促进各类高端服务业的市场化进程,形成自主经营、自负盈亏机制,建立为企业服务获取盈利,促进自我发展的动力机制。大力发展民营高端服务业,改变很多领域仍然是国有制一统天下,或者行政垄断的局面,充分鼓励服务组织与企业紧密结合,了解企业需求,积极主动为企业服务,将高端服务业的成果在企业转化为生产力,将企业的创新需求转化为高端服务业的良好服务和适销对路的优良产品转化为确实产生经济效益的创新产品。

其次,发展高端服务业的切入点可以是以中小企业为主要对象的创新服务产业。由于大企业有资本、人才及规模经济优势,可以建立内部化的创新服务机构,其创新成果的应用效益比较有保障。但是中小企业为数众多,资本相对薄弱,对于创新风险的承受能力有限,因此中小企业的创新迫切需要社会化的、为所有中小企业共同服务的创新服务产业,这可以从德国分布广泛的技术中心主要为中小企业提供优质服务,并且不断扩大其效益就可见一斑。保持服务的低成本和较低价格是满足中小企业创新需求的重要条件。针对中小企业所急需的共性技术、适用性强的先进管理方式、企业共享的专业技术人才、共同需要的中介服务等,形成普遍性和规模化的创新服务,既可降低服务成本,又可以激励中小企业形成更强的服务需求。加强创新服务需求和供给的信息平台建设,形成供求双方交易的便捷通道和低成本的交易手段,真正使高端服务业的市场能满足企业的创新需求。

(3)政府努力营造自主创新与高端服务业互动发展的良好环境。

地方政府招商引资应该注重引入高端服务业,利用国内和国际已积累的成功经验发展高端服务业,不仅有利于以较短时间和较低成本实现跨越式发展,而且还能比较有效地带动本地区相关高端服务行业的发展。

发展高端服务业关键在于专业人才的支撑。要建设国际化的社会人才中介机构,积极培养和引进服务业人才,实施柔性引才的鼓励性政策,形成高端服务业人才聚集和流动的格局。对服务业高端紧缺人才甚至可以考虑实行一定额度的个人所得税免征。

努力营造总部经济,以总部经济促进高端服务业的形成和集聚。纵观国际上总部经济发达的城市,无一不是以资本、信息、技术、教育、管理等高端服务业控制了世界经济的特定领域,并且能够营造不断创新的动力和能力。浙江建设总部经济的过程,也就是促进自主创新和高端服务业互动发展的过程。

要把政府有关部门、科技中介组织的功能和市场配置科技资源的作用有机结合起来,企业的科技研发活动也可以分离出来,按照专业化、社会化要求独立经营,既为本系统服务,也可以为全社会提供有偿服务,使科技研发和应用成为服务业中一个新的增长点。通过科学规划、政策引导和市场激励,不断提高科技资源的使用效益。

3. 服务业提速重在提升专业化和社会化程度

目前我国很多服务业从属于第一、二产业,制造业企业包办了物流、采购、设计、培训等服务环节工作,这样的服务业发展受到一定的限制,难以形成专业化和规模化的发展趋势。应将这些服务业从母体中分离出来,通过"先分离,再融合"的路径,形成市场化、专业化、社会化经营的产业,构建合理的规模经济和多元化发展格局。拓展服务业与制造业的配套优势,服务业在专业化发展中壮大,制造业在服务业的强大支持下更快更好地转型升级。

服务外包也是提升服务业专业化程度的重要方式。如昆山市将服务外包产业作为重要的战略产业来抓,充分发挥区位、产业、载体建设、人力资源和政策环境等优势,打造各具特色的服务外包集聚区。昆山高新区把商贸物流园、清华科技园和现代产业服务园同时作为发展服务外包的载体,以吸引符合各自园区发展的服务外包产业;昆山软件园重点发展软件外包、动漫创意产业等,国际服务外包也已见明显成效。服务外包与上述服务业的"分离—再融合"齐头并进,将有力地促进对产业升级具有强大导向、支撑和拉动功能的现代服务产业的壮大。①

4. 面向全国拓展区域服务业

区域经济学理论表明，一个地区经济发展的动力关键看其"输出产业"的比重大小和发展程度，这很大程度上又是取决于供给对象地区的广泛程度。统计表明，人均收入 5,000 美元以上是服务业加速增长时期，服务业比重较快达到 60% 至 70%。② 浙江 2011 年人均 GDP 已达 9083 美元，应是服务业高速增长而工业比重相对下降时期。浙江及东部发达地区应该作为服务业的供方，最充分地满足中西部对服务业的需求。

（1）通过浙商网络强化在全国发展服务业的功能。

以连锁服务的形式，促进在各地从事制造业和商贸流通业的浙商，通过产业链"6+1 整合"，向"微笑曲线"两端即产业链具有高附加值的上下游延伸，进入服务业环节，着重向研发创意及设计服务、技术服务、信息服务、教育、现代物流、节能环保服务、专业维修服务、总集成总承包、品牌经营、市场营销、咨询等现代服务业发展。与发展制造业的总部经济一样，在浙江建立服务业的总部经济，形成在总部控制下的浙商服务业连锁经营。

（2）在全国创立和拓展浙江服务业的品牌。

有重点地推出若干浙江有优势的服务业，省和地方政府给予一定的支持，进行品牌战略规划和实施，在全国以加盟形式扩展网点，加强品牌营销。目前浙江已拓展至全国乃至国际上的服务业如"阿里巴巴"电子商务、"义乌商城"、"温州街"、"颐高电子"等等，主要还是商业服务类的，今后可向多种高端服务领域发展品牌，要在服务质量上加大力量提升，提高信誉度和知名度，真正把浙江服务业品牌推向全国。

（3）更紧密接轨上海，加强地区服务业合作，借上海之力扩展浙江服

---

① 张辉：《昆山：现代服务业提速》，《小康》2006 年第 11 期。
② 黄少军：《服务业与经济增长》，经济科学出版社 2000 年版，第 303 页。

务业网络。

上海服务业最先形成了服务全国的格局,也是全国服务业当之无愧的龙头。上海服务业既包括本国的若干服务业的龙头,也包括各类跨国公司以上海为基地,向全国延伸的服务。浙江通过与上海加强合作,借助上海实力"借船出海、借梯登高,借力发展、借市营销",把在上海的全国服务业龙头企业和跨国公司机构引进来,在提升浙江服务业层次的同时,借这些企业和机构之力把服务业之网撒向全国。

5. 促进制造业通过产业链整合延伸进入服务业环节

国际经验证明,以连锁经营的形式,促进制造业通过产业链整合,向"微笑曲线"两端即产业链具有高附加值的上下游延伸进入服务业环节,是发展壮大生产服务业的良好途径。

着重向研发创意及设计服务、技术服务、信息服务、教育、现代物流、节能环保服务、专业维修服务、总集成总承包、品牌经营、市场营销、咨询等现代服务业发展。与发展制造业的总部经济一样,建立服务业的总部经济,形成在总部控制下的服务业连锁经营。实现现代服务业与先进制造业的"深度融合",加快现代高新技术在产业中的运用,加快提升制造业附加值与竞争力,从而在更高层面参与国际竞争。

第九章　以主体内生利益机制
促进循环经济发展

循环经济是内部和外部效应兼有的系统。宏观上应建立以企业、政府、居民户的各自利益为导向,并且与资源环境互利互动的四位一体有效运行机制。微观上要形成以微观主体的经济人利益追求行为为核心、企业自主选择的循环经济主体内生机制。本章以浙江省各地发展循环经济取得盈利的案例为基础,分析当前循环经济发展存在的现实障碍,分析成功案例的特点和经验,在此基础上提出相应的以利益机制促进循环经济发展的对策。

一、循环经济利益机制作用的总体框架
——企业、政府、居民与资源环境互利互动的有效运行机制

循环经济是广义生态系统的一个子系统。企业或个人在生产和消费时将自己作为该系统的一个要素投入。循环经济在最初意义上主要注重于外部性问题,即有利于全社会长期的资源和环境保护。人们往往认为这些外部性问题都需要并且可以通过政府行政权力的运作来加以解决。事实上,政府的干预既不可缺少,政府的行政推动又是远远不够的。任何经济发展的目标如果仅仅是出于外部性的需要,单纯由政府依靠法律和行政等手段来加以驱动,很难形成强劲的自我发展和不断扩大的经济潮流。循环经济强调资源利用减量化及循环再利用的特征,既是政府解决外部性问题的需要,更应是企业及居民户追求自身利益最大化的要求。

正因为循环经济是一种内部和外部性兼有的系统,只有在市场经济的前提下,形成政府、企业、居民户及自然环境四位一体的有效运行机制,才能使其发展真正成为全社会的自发潮流。

如图9-1的四个方框内所示,企业、政府和居民户以及资源环境各自通过循环经济的发展可以满足特定目标实现和利益最大化的要求,达到人与人的社会,以及人与自然的和谐共处、互动互利关系,其中,作为生产主体的企业处于核心地位。1. 在企业和政府之间,政府建设循环经济保障了企业公共要素的供应及相关的组织协调,确保企业有充分而低成本的物质要素投入;反之,企业对三废的良好处理有利于政府实现良好环境营造的目标,企业通过循环经济提高盈利水平,也有利于政府增加税收收入。2. 在企业和居民户之间,企业向居民户提供低成本循环利用的绿色产品,获得居民的广泛支持,在很多情况下,居民甚至愿意以较高的价格购买循环再利用的绿色产品,有利于企业的快速成长。3. 在企业和自然环境之间,企业的集约利用资源节能减排行为有利于保护资源环境,而良好的自然环境可以保障企业长期可持续发展。

与此同时,政府、居民户和自然环境之间形成互动:1. 在政府和居民户之间,由于政府对资源环境的有效保护及生活资料的充分供应而获得了居民的良好评价,有利于政府政绩的实现,也有利于居民增强自觉纳税意识。2. 在政府和自然环境之间,政府运用法律、行政和经济等手段有效地保护资源环境,而资源环境的优化,使政府取信于民,体现更好的政绩,更有利于行使行政权力。3. 在居民户和自然环境之间,广大居民以实际行动有效利用资源、保护环境,良好的资源环境为居民的福利提供了根本保障。

在发达的市场经济国家,随着市场经济的发展及政府职能的适应性调整,上述四位一体的有效运行机制已经比较完善。一旦形成这样的机制,循环经济就不单是政府在努力建设,而且是企业和全体居民出于自身利益而共同关注的事业。这种机制的建立是与体制创新密切相关的。在我国,需要我们克服传统计划经济的影响,改变旧体制下企业及政府行为扭曲的问题,按照客观经济规律,形成全社会循环经济发展的前提条件和良好氛围。

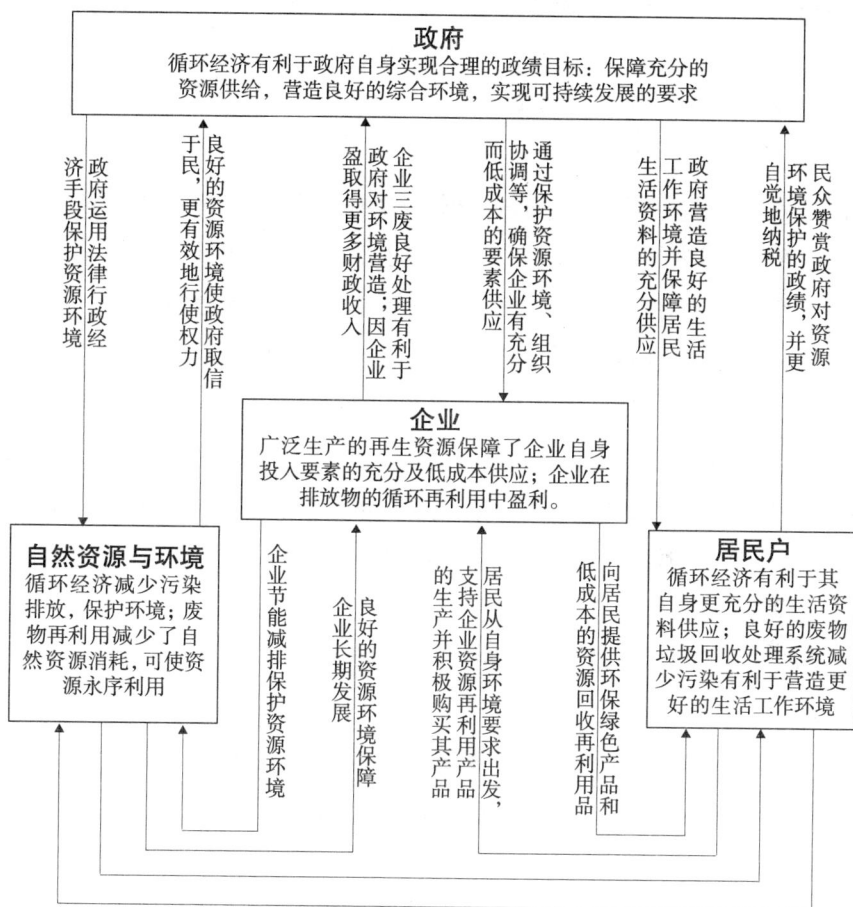

图9-1　循环经济系统四位一体有效运行机制的构建

二、以微观主体内生利益机制
为核心的循环经济发展

循环经济的发展显然要以企业为中心,只有当发展模式和发展目标能够切实符合企业以经济人利益追求行为为核心的自主选择的偏好时，才能够依靠其内生机制得以蓬勃发展。企业是在追求自身利益的动机下发展循环经济，这种行为模式才能不断增强。如图9-2所示，我们将企业层面发展循环经济分为三个并行的行为过程：这三个行为过程都可以转化为企业增进收益提高效益的途径。在受益途径项下，我们列出了三种行为分别可以达到的各种经济效应。企业因为发展循环经济的行为而受益，从而又推动了更进一步发展循环经济的积极性，这种积极性既是企业由经济人行为的利益机制所促进，同时又与国家法律、行政及社会道德激励相一致，从而形成企业积极的循环经济行为的良性循环。

要形成上述全过程，首先需要企业具有健全的内生因素：必须是产权明晰、机制灵活，既具有经济人合理的利益驱动，又能够承担社会责任的主体，在理性选择下，通过利益权衡、技术、资本、管理创新，形成机制健全的企业行为。同时，企业内生因素离不开外生因素相配合，即外部环境条件和政策作为前提。图9-2上方我们列出了相应的外部环境与政策条件：主要有6个方面。下方"企业行为"及"受益途径"中各项后的编号，即反映的是其所需要的相应条件。可以看到：

其一，为促使企业减少生产投入对自然资源的消耗，需要：

①资源价格必须合理，尤其不能人为地被低价控制。按照资源经济学原理，对于不可再生资源，要能够长期续存和应用，应该使这些资源具有资产增值的功能，遵循市场规律使其价格逐年有所提升。②政府应对资源消耗征收必要的税费，既体现国家对资源所拥有的产权收益，又体现保护资源的要求。这是促使企业避免一味依靠消耗相对廉价的资源扩大生产规模的粗放式生产模式，通过价格和税费杠杆引导企业尽可能节约资源。③从长远看，资源产权的明晰化（无论是国家拥有还是法人或私人拥有）是保障资源可持续利用的前提。如果产权模糊必然导致公众争相消耗以获取资源收益，形成"公地悲哀"的结果。④资源与环保的法律，以及由"供给短缺形成的倒逼机制及公众的环保约束"，则可以促使企业更重视从源头上减少资源的消耗和污染排放，以保障资源的可持续

利用和环境的有效保护,避免法律和社会对消耗行为的巨大压力乃至严厉惩治。

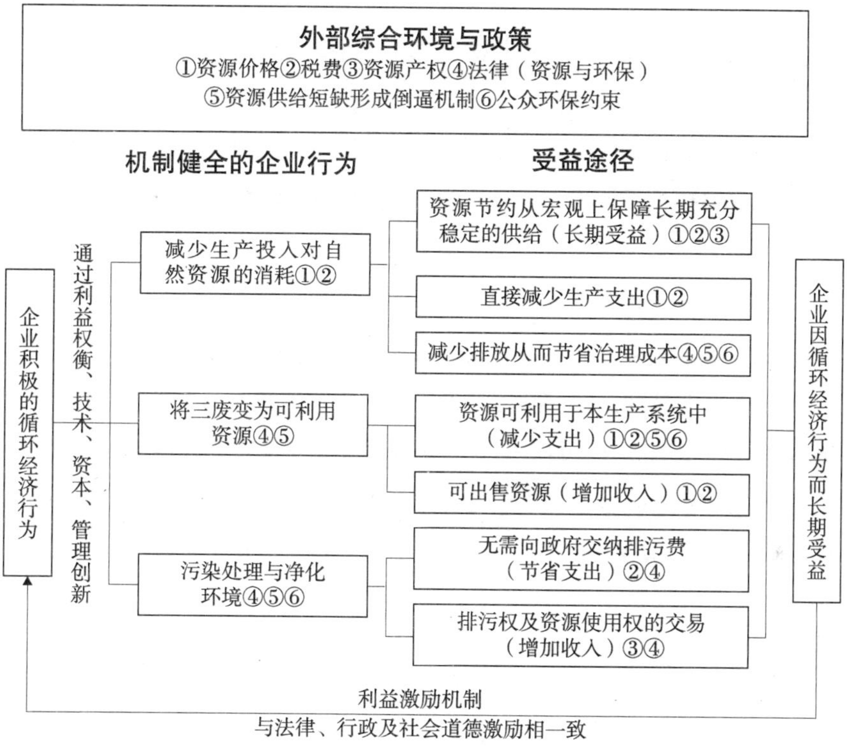

图9-2　以内生利益机制为核心的企业循环经济发展方式与外部环境

注:图下部各框中的带圈数字代表各行为和受益途径所需的"外部环境条件"中的相应支持,这些外部条件对循环经济机制运行过程形成重要影响。

其二,为促使企业将三废转化为可利用资源,需要:

①法律环境,尤其是严格的资源和环境保护的法律,可以增强企业再利用资源的积极性,当然相应的资源保持较高价格水平,也能促使企业在更大程度上对资源进行再利用。②由资源供给短缺形成的倒逼机制及公众的环保约束,以被动的机制迫使企业寻找最佳的途径解决生产消耗及污染排放与资源环境的矛盾,那就是将三废转化为可利用资源。可以看

到,无论是再利用的资源用于本生产系统中还是用于出售,较高的资源价格和相应税费,都可以形成较高的收益,从而促使企业在这方面的积极行为。

其三,为促进企业积极主动进行污染处理与净化环境,更直接地需要:

①资源与环保的法律。②供给短缺的倒逼机制。③公众的环保约束。企业的这种行为可以产生的增进效益的结果:一是无需向政府交纳排污费,有利于节省企业的支出,当法律对环保的规定比较严格,以及政府对环境污染的税费较高时,其从这种主动治理从而免责之中获得的比较收益将会更高。二是在法律制度明确规定并且存在较完善的排污权交易市场的条件下,当企业拥有排污权但由于其主动地进行污染处理和净化环境,就可以将其排污权进行交易,从而获得交易的收益。

以上三方面的企业行为使企业因循环经济行为而长期受益,这种利益激励机制,构成了企业内生性的基本行为动力,这种动力与社会法律、行政以及道德要求相一致,从而可以从后者得到强大的支持和鼓励。总之,经济人的利益激励动力与全社会广泛的精神激励形成互动,从而有利于循环经济在全社会的广泛深入发展。

三、循环经济内生利益机制存在的主要现实障碍

要建立上述基于企业利益驱动的循环经济机制,需要从企业内生机制和外部环境的各个方面创造条件。根据我们的调查,目前我国发展循环经济,在微观主体(主要是企业的层面)和宏观环境(主要是体制、法规、市场、价格和政策的层面),存在着诸多问题和制约因素,主要有以下方面:

1. 制度因素制约有效的内生利益驱动机制发挥作用

资源有效利用、污染治理及循环再生的市场化激励机制不足。由于

制度对资源开发和环境容量的价值衡量与监管有限,低效利用资源的成本往往远低于科学开发利用资源的成本。企业治理污染的投资及设备运行费用高,而违规排污受处罚的力度却有限。有些企业反映,现在重视三废处理和资源再利用的企业往往反而吃亏。浙江衢州某企业算过一笔账,被罚近一百年的偷排污罚款,才抵得上建污染处理厂的费用,这怎么鼓励企业建立循环经济生产方式?导致一些排污企业宁愿违法排污,多交排污费或罚款,也不愿建设、运行污染治理设施。

结果是企业资源浪费的损失和"超标排污"治理的成本转向由社会分担,而科学利用资源和"达标排污"的企业则"收益外溢",无利可图,甚至亏本。同时,由于社会的资源和环境都具有一定程度的公共性,因此社会层面的资源生态价值扭曲配置显现的外部性是:当因公共经济政策原因和公共环保投入不足而导致企业的资源浪费和环保成本上升,则可视为社会的"公共成本外溢"转向由市场的经济个体分担。

由于资源和环境具有影响空间的广泛性、科学管理的整体性以及物权、危害的公共性,因此发展循环经济的效益往往主要在全局中得以体现。而在社会化大生产的市场经济中,各经济主体独立和分散经营,市场机制按照价值规律发挥纽带作用,市场经济中的局部和个体漠视对资源、环境等实行全面、科学占用和管理的必要性,因此其局部的得失往往与全局的相左;此外,我国现行环境行政管理体制实行环境保护的属地化管理,而地方政府为了本地经济利益,往往对局部的违规企业实施地方保护,从而削弱了全局保护环境的力度。市场化激励机制的缺乏导致了经济外部化的利益失衡,需要通过公共部门的统一规划、结合市场机制科学开发利用、建立系统和协调的管理机制等来统筹平衡。

2. 短期投入高与回报周期长、私人利益与公众利益的不均衡

市场经济的法则是追求最少的成本投入和最多、快的投资效益,而发展社会化循环经济中的资源循环使用和环境保护等项目,往往投入巨大、收效期长,令投资者望而却步。因此即便不考虑"外部化"和社会责任等问题,也难以得到市场机制的支持,需要公共部门建立相应的政策机制来支撑。同时,由于资源和环境具有广泛的公共性和社会性,发展循环经济必然涉及每一个社会成员,但是社会成员中个体利益与价值观的差异性使得其与全体社会成员利益与选择难以统一,绿色社会建设就难以推广和维持。譬如:单个消费者往往不对其产品使用后的"废物化"承担社会责任,但全体社会消费者的"产品废物化"则会对社会的生态环境造成规模消减,造成全体社会成员利益的损失。

3. 中小企业由于规模、实力不足,发展循环经济的能力与效益难以保障

与一般生产系统一样,在循环经济系统中,也存在着资源再利用的规模经济效应。首先是资源→产品流程中的减量化投入,要达到资源的利用效率,需要生产过程符合良好的规模经济要求,从而降低单位产品的资源消耗成本。其次是产品→废弃物的减量化排放过程,不仅对产品的质量、技术提出了较高的要求,而且还需治理污染的大量投入,企业没有一定规模、不通过高效的分工是不能达到相应要求的。再次,废弃物的再利用、再循环过程,不仅需要特定的部门及资金投入来完成,同时"变废为宝"的过程更需要高端的科技支撑,就必须有较高的科技研发能力,这对于规模偏小、资金不足的中小企业难度较高。美国杜邦化学公司是发展循环经济较成功的典范,其创造性地将循环经济的3R原则发展成为与化工生产相结合的"3R制造法",其公司组织内部各生产工艺的物料循环并大力研发、设计多种对环境无害的产品和回收利用产品的新工艺,达到了"污染零排放"并取得了很大的经济效益。能够达到这种理想状态,依托于企业有相当大的规模与实力。

循环经济包括企业内部的、企业之间的及全社会的循环,这三种循环要形成经济效益,都必须达到一定的规模。在以下几种情形下,废物的加工再利用可以达到规模经济效应:一是该企业自身有足够大的规模,从而废物的产生也达到足够数量,进行再加工可以形成规模经济。二是在单

个企业的废物再加工达不到规模效益的情况下,由若干产生相同或相似废料的企业共同进行再加工,如可共同出资设立相应的达到规模的废料加工企业,其产出的再生品被这些企业或另外的规模化企业作为投入物加以利用。其三,当全社会在单个企业或居民户对废物的再利用普遍达不到规模经济要求的情况下,进行全社会的统一收集和统一加工再利用。例如一个城市的统一加工再利用,产品又为全市的企业和居民所消费,同样可以达到规模经济的要求。

　　根据有关报告,在欧盟范围内形成良好的循环经济生产系统的工业企业,90%的企业规模达到年销售额 5000 万欧元以上。① 而根据统计,我国工业企业总数中,99%是年销售额 3000 万元人民币以下的小企业,浙江省工业企业小型化特征更为明显。由于企业规模、实力所限,浙江省大多数的企业还难以承担循环经济发展所需的设备更新、技术研发引进等项目的巨大投资。虽然浙江省的块状经济一定程度上通过产业集聚规模的壮大克服了企业规模的偏小问题,但块状经济体系中各企业分散独立,各自为政的竞争格局使得企业合作发展循环经济的行为还不明显,这也就限制了循环经济机制作用的有效发挥。小企业独立进行废物再利用较难达到规模经济要求,当然也难以保障其效益。而在园区和全社会的层次发展循环经济可以达到规模经济的要求,但需增加物流成本和外部性成本,如果没有政府的支持就有较大的难度。这是循环经济发展的一个重要制约因素。

4. 相关领域的体制不能适应循环经济发展所需的利益协同共赢机制的需要

　　集约型发展及循环经济大量涉及企业、部门和区域之间协同运作的问题,需要所有主体之间的密切合作。园区循环经济的形成,需要协调企业之间的关系;全社会层面循环经济的形成,则需要协调各部门、行业乃

---

　　① 《世界银行发展报告》,中国财政经济出版社 2002 年版,第 92 页。

至区域之间的关系,即使是企业内部的循环经济,由于伴随范围经济的扩大,也需要其他企业和行业部门的配合。循环经济的协同运作机制主要表现为生态工业链体系的打造、控制与完善,要求为企业间及企业与个人间搭建要素流通的平台,不仅是"三废"物质及其再加工品等有形物质,也包含技术、信息等无形产品的交换与组合。废弃物输出和资源再利用所串联或并联企业越多,资源利用效率越高。协同运作首先以市场机制为前提,通过企业间自主的交易,或协作、联合行为,形成对资源的循环利用。同时,发达国家的经验表明,由于循环经济系统的技术运用、规划设计、利益分配、运行控制、制度建设等方面,大量涉及企业之间的关系,以及市场失灵的外部性问题,需要政府部门、行业组织、社会中介组织的支持和参与,以促进有效协作的形成。在我国现有体制下,需要计划、经贸、财政、环保、税收、农业、工商等综合职能部门的协调,也离不开各地方政府间的合作。

目前我国行业组织和经济中介组织还很不发达,许多在技术上容易构成的协同运作,在实际筹划中往往因为条块、地区行政分割的原因而难以达成;市场化程度不高、生产要素市场不健全和不规范,都使要素充分流通的平台难以建立;某些领域具体操作要求及扶持和规范政策上还缺乏可操作性,有待在区域层面上进一步加强;由于地方政府在追求规模扩张的同时,对于循环经济缺乏必要的重视,多数区域规划并不将企业和社会层面的循环经济加以考虑。这些都是协同运作机制不易建立起来的重要原因。例如清洁生产审验测评机构尚未建立,企业往往不明确实施清洁生产是否达到了标准,怎样才能达到标准。专业的审核和指导机构较少,不少企业感觉实施清洁生产认定,程序比较复杂,费用过高。管理体制中存在的缺陷也成为节约型社会建设工作的障碍。以宁波市水资源行政管理为例,城市给排水的组织框架由宁波市原水集团公司、宁波市自来水总公司和宁波市城市排水公司三家企业构成,分别负责原水、制水和排水业务的经营,同时分别由宁波市水利局和宁波市城管局作为原水集团和自来水公司、排水公司的行业主管部门,此外还有水环境办公室、环保局、财政局、节水办等单位分别负责水源保护、水环境治理、排水、排污以及节约用水的管理。上述水务行业的行政管理涉及多个主管部门,处于部门分割状态,由于不同部门之间的政策、规划和监督管理权限等存在较大差异,这种多头管理、政出多门的管理体制,不可避免地造成了分工不清晰、责任主体不明确,直接导致管理混乱,影响管理效率,使水资源无法得到最优的配置和利用,节约用水工作受到严重制约。①

5. 政府财税金融支持政策有待完善

在财政支持方面,全省的财政支出大部分用于社会污染治理、环境净化方面,对循环经济技术研发、信息平台构建的财政投入明显不足,财政支持在循环经济产品销售、使用、服务、回收、信息传播等方面几乎是一个空白。对企业发展循环经济的财政支持主要是集中于一些示范性项目的投资支持,示范项目、重点项目以外的企业发展循环经济很难得到相应的财政支持。

在税收支持方面,目前的税种中只有资源税和所得税涉及资源和环保问题,但缺乏相关的消费税收和生产税收激励政策,不利于企业节约自然资源和多利用再生资源。主体税种增值税对综合利用"三废"生产的项目没有优惠政策。又如1994年实行税制改革前,轮胎翻新企业只上交3%—5%的产品税,再生橡胶、硫化橡胶粉上交5%的产品税,税改后,废旧轮胎加工企业享受不到回收企业免交增值税的优惠政策,由于废旧轮胎从民间收购,小规模纳税人没有增值税发票,不能抵扣进项税,实际上造成了重复征税,使加工企业税赋增加了一倍,使本来微利的行业变成亏损,生存困难,更谈不上发展,有些企业勉强维持,有些企业濒临破产。国外对废旧轮胎实行无偿利用,还有补贴,并实行免税政策。在我国不仅不免税而且税率高于其他加工行业,不仅无补贴,废旧轮胎还要高价买,这

---

① 浙江省发改委课题组:《当前服务业发展面临的体制政策障碍及其对策建议(上)》,《浙江经济》2011年第2期。

种政策上的不平等不利于我国废旧轮胎回收利用行业的发展。

此外,目前针对企业发展循环经济的税收政策,基本上只采用税收减免这个单一措施,对国际上通用的投资抵免、再投资退税、加速折旧、延期纳税等其他财税政策手段没有广泛采用。而且税收调节支撑的范围,也多数集中于污染治理行为,对企业节能降耗和再利用资源的税收支撑较少。另外,资源税、耕地占用税和土地使用税应该是对资源节约起调剂作用的税种,通过征税,增加原生资源的开采成本,促进企业厉行节约,但我国现行资源税、耕地占用税和土地使用税实际上是一种级差地租,履行的是所得税的功能;消费税本来应该是配合国家产业结构优化政策,对限制发展的行业和资源消费等起调节作用的征税政策,但我国消费税主要调节的是人们对奢侈消费品的消费,对资源的消费税仅涉及柴油和汽油,且征税额度很低,其调节作用有限。

在金融支持方面,企业发展循环经济的融资渠道还主要限于银行贷款,融资渠道过分单一。而且银行在选择贷款对象时普遍倾向于大中型企业,数目众多的小企业面临着贷款难的现实问题,这也限制了多数企业投资循环经济发展的能力。

6. 公众舆论监督和民间组织作用有限

循环经济发展对我国都是一个新生事物,长期以来,循环经济的实践主要发生在企业层面,政府的循环经济宣传和管理也主要是针对企业行为展开的,这导致公众对循环经济发展的接触和认识还不多。政策上还未形成有效的引导激励机制。一些地方政府对集约型生产和节约型社会发展工作迄今没有明确的规划和部署,没有把它作为一种导向贯穿到推动工业经济发展的全过程中去。平时缺少认真的宣传发动,未开展全面的典型培育工作;对一些自发产生的先进企业在发展循环经济方面的经验未予及时总结推广,政策措施不够全面、系统等等。特别是还没有形成一个系统的扶持节约资源的政策,或是现行的一些鼓励政策对企业根本没有吸引力,这些都将严重影响资源节约工作的广泛推广。公众对循环经济发展意识的落后,一方面使得公众自身参与循环经济发展的能力和积极性降低,表现在生活垃圾分类意识还不强、生活中浪费水电的现象还较严重、包装上使用不可降解塑料、薄膜的比例还较大、不能从生活的点滴做好环保等等。另一方面,公众循环经济意识不强也弱化了对企业粗放生产行为和排污行为的约束监督作用,降低了企业实施循环经济、提供清洁产品的积极性。

在民间组织发展方面,涉及循环经济的民间组织主要集中在环保方面。目前我国共有各类环保民间组织 2800 余家,其中政府部门发起成立的有 1382 家;民间自发组成的有 202 家;学生环保社团及其联合体共1116 家;国际环保民间组织驻内地机构 68 家。浙江省环保组织发展相对滞后,目前较有影响力的环保组织主要有绿色浙江组织、浙大绿之源协会、乐清市志愿者协会等。这些民间组织通过组织活动、宣传环保、抵制污染以及为政府制定循环经济政策献计献策等方式积极投身到推动循环经济发展的实践之中,为循环经济的发展贡献了自己的一份力量。但是在目前阶段,这些民间组织面临着注册难、资金筹集难、成员身份尴尬等发展的困难。此外,从现有民间组织活动的范围来看,浙江省参与到废弃物回收行为中的中介组织还没有出现,这与德国的非盈利的 DSD 回收系统、瑞典五大包装废品回收组织、美国加州地毯回收组织等专门从事废物回收的中介组织的发展形成了鲜明的对比。浙江省循环经济民间组织的规模有限、活动范围狭窄都限制了民间组织对推动循环经济发展的贡献作用。①

7. 相关技术研发不足影响循环经济的推广与收益保障

循环经济的"3R"原则,对经济活动的各个环节均提出了较高的技术要求,这些技术包括:资源用途的开发技术——发现资源的新用途以减少

---

① 王亮:《我国循环经济技术支撑体系存在的主要问题分析》,《知识经济》2011 年第4 期。

排放或替代已有资源;资源的回收分类技术——减少因为资源共生、伴生下无法分离而不能使用所导致的资源浪费情况;资源循环利用技术——提高不可再生资源的利用率及加速可再生资源的再生速度;垃圾分离运输技术——以便对垃圾进行合理分装、分运、分离,提高其资源化程度;清洁生产技术——从源头上减少污染与提高资源利用效率;产业或系统间联合技术——加强产业链上联合,促进下游产业对上游产业废物的资源化等。

目前浙江在循环经济相关技术研究上尽管有了很大提高,但还存在很大的不足,一是多数企业离清洁生产的要求相差甚远,还存在污染大量生成及排放的情况,钱塘江污染事件及浙江大面积海域污染的事实都足以说明这点。清洁生产的不足造成了对污染的"源头失控",为治污及环境维护带来了高额成本。二是虽然浙江环保企业在数量上有了很大增加,但从前文对浙江环保企业的介绍可以看出,多数集中于对废弃物的利用及污染的治理,而提高资源利用效率的技术、开发新能源的技术还并不多。三是产业间联合技术缺乏,上、下游产业之间还未很好地衔接起来,还未形成"闭环型"的理想工业生产园区。

这些制约因素若得不到很好的解决,将成为今后浙江发展循环经济、建设生态省进程中的严重阻碍,因而浙江必须学习循环经济发展较好的发达国家及地区的经验,尽早的改善循环经济的发展条件,以促进其持续快速发展。

四、浙江省循环经济内生利益机制作用的实证分析

1. 浙江 75 个循环经济案例的经济效益概况

根据我们对浙江各地在微观经济层面(包括企业和工业园区)所采取的节约能源资源、发展循环经济等方面所作的调查,总共收集了 75 个具体案例,包含了各个产业领域以及全省 11 个地市的情况(见表 9-1)。这些案例里所采取的集约型和循环经济措施有些是单项的,比较简单。

有些是综合的,资源循环流程规模较大,也比较复杂。所采用的技术一部分是传统的,例如用动物排泄物生产沼气;但多数采取的是先进技术,乃至高科技手段。所涉及的行业包括第一、二、三产业,但重点是在工业、制造业领域。我们将这些案例分为 10 个方面,以下就每一方面基本情况和特征作一分析。

第一方面,农业资源生态循环利用。包括 5 个案例。主要是畜牧业和种植业之间的循环,以及畜牧业与能源生产(沼气)的产业链,对生物废弃物的再利用,例如杭州浙江蓝天生态农业开发有限公司的"猪、蚓、鳖、草/稻、梨/茶、羊"多元的新型农业循环经济模式、宁波宁海以沼气和畜禽粪便无害化处理为纽带的生态农业开发模式,均可为一举数得的科学举措:农业、畜牧业并行发展,能源问题得以解决,环境保护得到增进。总体上看,农业是一个十分广阔的领域,农林牧副渔五大方面资源具有极大的共性,通过生物链、生态链以及资源、能源的相互转换,可以形成多种多样的资源利用和再循环方式。但是农业循环经济发展很大程度上依赖于农业产业化的基础,即农业的商品化、规模化、企业化、科技化的发展。现有案例中基本上都有产业化的基础。反之,如果仍然保持一家一户小农经济的生产,虽然也能一定程度地发展循环经济方式,但其规模和深度以及前景都会受到极大的限制。

第二方面,水资源回收再利用。包括 5 个案例,其中有杭州钢铁厂的废水闭路循环,一水多用;化工厂、印染厂的有害废水进行无害化处理后再付诸使用;尤其是温州平阳圣雄皮革有限公司对皮革污水的循环处理实现重复使用,对于当地环境保护具有重大意义。由于水在工业领域的应用无所不在,有些企业是耗水大户,用水量占全社会较大比例,同时废水又是污染自然环境的主要源头之一,因而水资源回收再利用具有极为重要价值。然而由于各种废水具有完全不同的属性,处理和回收技术也就多种多样,通常需要高新技术,实现变废为宝等。同时根据我们调查,由于水处理设备需要较强的规模经济特征,如果企业偏小,往往难以实现经济效益。另一方面水处理设备运行的成本目前还较高,以至于有些企业即使已投资设备仍然不积极使用,处于闲置状态。因此需要通过技术攻关,降低运行成本,是水资源回收再利用能够广泛普及的关键。

第三方面,能源有效利用与可再生能源生产。包括 6 个案例。其中有钢铁厂、水泥厂的余热回收利用及余热发电、高炉煤气回收应用、农村沼气的广泛应用、化工厂的化学能源利用以及海岛火力发电厂的发电余热进行海水淡化等。在能源利用方面,目前企业的无形浪费广泛存在,有些企业常年排放高温废气、废渣和废水,不但使大量能源损失,而且造成环境污染。由于设备的设计不合理或者管理缺失和松弛,设备空转造成的耗能、摩擦耗能、光电转换、热电转换、光辐射、热辐射过程中的能源损失都相当惊人。在农村,一方面能源紧缺状况不时出现,另一方面诸如焚烧秸秆污染环境的现象又同时存在。但是目前真正普及沼气的地方并不很多。在交通运输上,车辆空驶率居高不下,既耗费车辆和燃油,又污染环境。可再生能源生产,浙江省可谓刚刚起步,在太阳能、风能、地热、水电、化学能、潮汐能等方面发展均具有极大的空间。浙江省在岱山等地已建风能发电站的,起到较好的示范效应。但是发展可再生能源当前的突出矛盾是成本(包括投资成本和运行成本)与化石能源相比相对较高,因而不利于其市场化普及。有必要通过技术创新和相关的制度和政策设计,以及全民绿色能源意识的加强,来促进其大幅度发展。

第四方面,固体废物回收再利用,包括 16 个案例。其中有杭州民生制胶有限公司的猪牛杂骨的再利用,生产骨胶以及水解蛋白等高附加值产品、热电公司的煤渣及粉煤灰制砖、生物垃圾的回收制作饲料、化工企业用工业废渣和废水生产新型早强剂、增强剂等化工产品、珍珠产业利用废弃蚌壳等生产工艺品、用废旧轮胎生产精细胶纷,以及温州冶炼总厂锌粉置换技术回收铟精矿等循环经济项目。从我们调查收集的案例看,对于固体废物回收利用的案例是最多的,与废水和废气相比,固体废弃物更容易被公众看见和关注,固体废弃物倾倒的成本也较高,故企业普遍比较重视固体废弃物的可再生处理。例如绍兴埃克森公司生产氟化工产品,每年产生大量的电石渣,与其花费大量成本运输填埋,不如直接加工转化变废为宝。一般来说，如果废弃物数量很大，企业加以再利用的积极性就较高，规模经济转化为范围经济表现明显。有一些固体废弃物经加工增值幅度惊人，例如用废弃蚌壳做成的工艺品，增值幅度可达数十倍到数百倍。固体废弃物转化为能源的途径也十分广泛，关键是要形成稳定的生产系统和需求数量，从而保障持续不断的再利用生产。垃圾发电也属于固体废物的能源转化，下文将专项说明。

　　第五方面，化工产品生产与再利用循环。化工产品的特点是可以按照科学的流程设计，通过有规律的化合作用，稳定实现各种物质之间的转换，形成广泛的物质循环利用。因而化工生产的资源综合利用产业链可谓是最为典型的，循环经济发展前景十分广大。这里包括11个案例。有浙江省衢州巨化集团、宁波镇海石油化工公司、杭州建德新安化工公司以及丽水开发区合成革化工产业区等。在某一生产过程中产生的化学副产品，对该生产过程可能是典型的"三废"，但对另一产品的生产则完全可能是不可多得的原材料。我们从案例中可以看到，诸如浙江新安化工公司的草甘膦→氯甲烷→有机硅→盐酸→草甘膦闭路循环系统、镇海炼化分公司的"溶剂脱沥青—脱油沥青气化—脱沥青油加氢进催化组合工艺"、巨化集团利用石油苯加氢气发展石油化工加工产品系列，形成环己酮、己内酰胺、环己醇和羟胺等系列石油加工延伸产品，等等，均使化工资源得到最大程度的应用，同时实现对自然界的零排放。这些企业的共同经验是将物质的转换看作是一个完整的生态系统，而将生产过程设计为与这种生态系统相一致的物质转换系统。因而在规划的初期，就要根据生态系统的理念，使化工生产资源的配置、技术创新和规模经济（化工企业尤为明显）相结合，形成低成本高效益的循环经济模式。事实上，这种物质转换生态系统的特点在其他所有产业领域都存在，只是由于化工产业各种形态的物质元素易于流动和组合，从而更容易构筑循环产业链而已。

　　第六方面，节能节地节水节材技术。共16个案例。包括沪杭甬高速公路将原六车道地面设计为八车道的节约土地方案、台州发电厂离心式一次风机变频调速节电、嵊州新中港热电有限公司循环流化床锅炉节能技术、长兴电厂二期等离子点火及台州发电厂微油点火技术、奉化新时代水洗厂利用废水进行水洗、奉化金龙水泥粉磨公司节约水泥包装用纸等案例。这些案例所显示的是,节约各种资源的方式是多种多样的,通常通过一项技术创新(例如变频技术、等离子点火技术)可实现十分有效的节约,事实上通过更广泛的方式都可以实现节约。例如理念上的变化(变用自来水冲洗改用江水冲洗地面)、规划上的变化(如公路车道规划)、工具上的变化(如用纸袋包装运输改为罐车运输)等都可以达到节约的目的。在微观领域,某些细微的变化,长年累月、积少成多就可以形成巨量的节约效应。因而建设节约型社会需要在思想观念上、制度安排上、生产和消费方式上、产品设计上、工具运用上进行广泛的革命,不能放松任何细微环节的安排,力求通过各方面的互相连锁影响而产生乘数化的节约效应。

第七方面,自然资源综合利用,共 10 个案例。包括奉化市茂森竹业有限公司的毛竹资源综合利用、湖州珍贝羊绒制品有限公司利用废弃动物毛生产新型蛋白纤维、台州玉环金和生物化学有限公司综合利用鱼虾蟹壳废弃物生产甲壳素及其衍生品、温岭市荣泰活性炭厂用工业废料锯末粉生产活性炭等。任何自然资源都包括多种物理和化学成分,适应于不同产品的生产。传统的生产理念是单一化的,即对某一自然资源多数是着眼于利用其最明显的直接可利用部分,而将其他部分加以废弃,造成环境污染。而按照综合利用的理念,则要将自然资源中的所有成分都加以有效利用。这种利用很多情况下是以废弃物回收—再投入生产的过程进行利用的,但在现实生产条件下,低成本的方式应该是在一个生产系统中同时对多种物质加以有效利用,同时形成多种产品,从而不存在任何哪怕是暂时的废弃物,从而大大降低生产成本,减少对环境的污染。

第八方面,废气治理和利用。包括乐清柳市绿色时代·环龙环保有限公司合成革生产过程中 DMF 废气回收及苯类物质回收治理、杭州西湖啤酒公司二氧化碳气体回收利用等等。工业废气是造成大气污染的重要来源,因而对废气进行治理,将废气中的有效成分回收后生产化工产品,具有极高的工业价值和环保价值。从以上实例看,回收再利用的产品均为本企业生产所需要的,有利于大大降低生产成本。而现实领域大量的产出物是可以出售给其他企业作为原料,为本企业创造经济效益。目前较大的问题是废气的回收治理成本相对较高,而再利用所产生的收益还无法抵消成本,从而产生本企业效益和环境效益的矛盾,有待于通过技术和管理创新,解决治理废气及回收再利用的成本问题,促进废气治理技术的广泛应用。

第九方面,垃圾焚烧发电。共3个案例。包括嘉兴桐乡、绍兴春晖集团、温州伟明环保工程有限公司等企业的垃圾焚烧发电项目。目前该方面项目在浙江省已广泛推开,众多项目在投资和运行。这种社会化的循环经济,利国利民利企业,发展空间极大。但是需要解决的是更加科学和制度化的垃圾分类回收管理制度,以及垃圾焚烧发电企业的规模经济问题。与发达国家相比,目前浙江省的这类企业规模普遍偏小,成本也偏高,都与缺乏完善的垃圾分类回收管理制度有关。由于垃圾焚烧发电有很强的外部性效应,需要政府给予更多的政策支持以及相应的基础设施建设配套,才能促进其健康发展

第十方面,紧缺资源替代利用。1个案例。各种资源的供求状况相差很大,有些资源供给日趋紧张,成本急剧上升,有些资源则相对供给宽松,甚至供过于求。在这种情况下,企业如果能通过技术创新,将原来在生产中使用的日益紧缺的资源,用供给相对宽松甚至供过于求的资源加以替代,并且不降低其实际效用,是一个缓解紧缺资源制约的重要途径。温州兴乐电器工业集团有限公司成功开发了"铜包铝和铜包铝/铜复合导体电线电缆"2项新产品,替代了十分紧缺的用于电缆制造的铜材料。这种替代,既用铝材替代了铜材,又能够实现原有功能,甚至在某些方面性能更佳,同时大大降低了成本,确是值得推广的有效技术。

表 9-1 浙江省各地发展循环经济的方式与收益的案例

目 录

一、农业资源生态循环利用(5 项)
二、水资源回收再利用(5 项)
三、能源有效利用与可再生能源(6 项)
四、固体废物回收再利用(16 项)
五、化工产品生产与再利用循环(11 项)
六、节能节地节水节材技术(16 项)
七、自然资源综合利用(10 项)
八、废气治理和利用(2 项)
九、垃圾焚烧发电(3 项)
十、紧缺资源替代利用(1 项)

项目分类	区域或单位	循环经济项目及技术	方式与路径	成果与效益
一、农业资源生态循环利用				
1—1	杭州浙江蓝天生态农业开发有限公司	猪场废弃物生态化处理与资源化利用	围绕创建"猪、蚓、鳖、草/稻、梨/茶、羊"多元的新型农业循环经济模式春末至秋末,猪场粪污经干湿分离后,猪粪熟化一部分送到大棚养蚯蚓,一部分到茶园、梨园施冬春肥。蚯蚓用作生态鳖基地的饵料,污水经生化处理后,作为浇灌牧草田哥黑麦草和水稻。生态鳖基地也形成小循环:蚯蚓喂甲鱼,甲鱼排泄物是鳙鱼食料,鳙鱼排泄物是塘底层螺蛳食料,螺蛳作为水中清道夫,生成的小螺蛳再给甲鱼当饵料,甲鱼干塘起捕池塘底泥又给堤坝上的梨树作有机肥。	产品获国家级"绿色"和"有机"双认证。年产猪 20000 头,有机肥 4000 吨,生态鳖 200 万只,优质黄花梨 300 吨,水稻 6 万公斤,湖羊种羊 2000 头,商品羊 3000 头。
1—2	杭州余杭区	农业生态循环	稻(茭)鸭共育。鸭子是天然"除虫剂"、"除草剂",鸭粪又是天然的有机肥。建立稻(茭)鸭共育示范点 9 个,面积达 1777 亩次。在实施稻鸭共育的稻田中,两年共放养鸭子 21.5 万羽,原先养在杭州市饮用水源——苕溪流域的 600 多万只鸭子可望全部上岸并以这种方式得以继续放养。	水稻增产 25.1 公斤/亩,亩增收 43.2 元,生产成本平均下降 40 元/亩,茭鸭共育的茭白生产成本平均下降 50 元/亩。

续表

项目分类	区域或单位	循环经济项目及技术	方式与路径	成果与效益
1—3	宁波宁海	生态农业循环园区	大力发展立体、循环型种养模式,如以沼气和畜禽粪便无害化处理为纽带的生态农业开发模式,以海水内循环养殖为代表的生态养殖模式,形成了"种养饲加"循环产业链。	60%以上农产品经优质加工达到转化,90%以上的农作物废弃物有效转化利用。
1—4	苍南龙港先清奶牛养殖场	排泄物沼气浸化	投入20万元建造容积260立方米的沼气浸化池,牛粪变沼气解决了能源问题,沼渣、沼液作肥料,养殖场经处理排放的水质,达到Ⅱ类三级标准。	节省肥料成本约1500元。
4—5	嘉兴南湖区新丰镇	生物废弃物利用	作为主要产业的生猪养殖,将生猪排泄物产生的沼气用于发电,沼液制作的有机肥用于蔬菜瓜果生产。	年增加效益50万元。
二、水资源回收再利用				
2—1	蓝星科技公司	废水循环技术改造	把下属印染厂和附近企业的有色碱性废水,经过技术处理,回收到热电公司用于烟尘脱硫、造纸厂化纸浆用水和热电工业冷却水等。	年节约300万元排污费,节约脱硫及造纸用水4500吨/天。
2—2	杭州钢铁厂	工业废水循环利用	主要工序全部实施总排废水闭路循环。一水多用。大型用水设备实行串联供水;在轧钢加热炉等设备上采用汽化冷却代替水冷却,将冶炼系统、轧钢系统产生的热水供居民取暖,用后的水再返回用于生产。	充分保障水的供应基础上年增效益1500万元。
2—3	嘉兴印染行业	水回收利用	印染行业的中水回用工作,积极推行"膜法"处理技术,提高纺织、建材等重点行业的资源循环利用水平。	
2—4	平阳圣雄皮革公司	水循环系统	建立以皮革污水处理厂为核心的水循环系统,使排出的水达到国家一级排放标准,全部实现重复利用。	公司实现每年节水100万吨。
2—5	舟山嵊泗县泗礁岛海水淡化厂	海水淡化技术	用电厂发电余热运行反渗透海水淡化装置,总规模为3750吨/日;另在建岱山本岛海水淡化等5个项目,总规模为41400吨/日。	不仅解决电厂本身用水的问题,还可调剂部分淡水供应周边群众。
三、能源有效利用与可再生能源				

项目分类	区域或单位	循环经济项目及技术	方式与路径	成果与效益
3—1	杭州钢铁厂	余热回收利用	充分利用高炉热风炉余热、烧结余热、炼钢蒸汽等能源,开发关键热补偿技术。向电炉热送铁水,对电炉炼钢降低电耗、强化冶炼起到了重要作用。实行钢坯热装热送工艺,热送平均温度在 600℃ 左右,推行集中供热模式,干熄焦工程在提高焦炭质量,减少原湿熄焦的用水、污水和废气排放的同时,年回收蒸汽 24 万吨左右,年发电量 3700 万 Kwh。	每吨钢可节约煤气 28m3,共产生经济效益 2700 万元。可创直接经济效益 2000 万元。
3—2	杭州钢铁厂	高炉煤气发电	回收利用生产过程中产生的高炉煤气、转炉煤气和焦炉煤气应用于生产、生活等方面。	年增效益 5000 万元。
3—3	嘉兴桐乡桐昆集团	电机变频项目节电	投资 300 万元实施电机变频项目节电改造。自 2005 年以来,政府在化纤行业积极推广变频调速技术已累计给予企业 1500 万元的节能技术改造补助。	年实现节电 1500 万度、节约成本 900 多万元。
3—4	湖州浙江三狮集团	水泥生产热回收利用	利用水泥生产废气余热资源,采用拥有全部自主知识产权的纯低温余热发电技术,配置 9MW 纯低温余热发电机组,能够满足企业自身用电 40% 的需求。减少了生产用水,降低了对环境的热污染、粉尘排放及 SO2、NXO 排放。	综合热利用率从 60% 提高到 90%。比燃煤电站节约标煤 2 万多吨,年创经济效益 3000 万元。
3—5	绍兴上虞嘉诚化工有限公司	化学能源利用	利用硫磺制酸产生大量热量,以背压发电技术发电,再通过热交换产生大量热水,作为生产生活用水。	10 万吨制酸项目的热量利用年效益 1200 万元以上。
3—6	舟山热电厂	余热用于海水淡化	利用大型火力发电厂发电余热进行海水淡化,并解决了发电锅炉补给水问题。	
四、固体废物回收再利用				
4—1	杭州钢铁厂	固废专业化处理	公司每年回收利用各种含铁尘泥 10 多万吨,作为炼铁生产的原料。为减少转炉污泥对环境的污染,与美国海穆公司合资合作,引进国际先进的钢渣处理生产线,对钢渣进行深加工处理和综合利用,为水泥、公路、建筑等行业提供优质材料;同时将分离出来的渣钢全部作为炼钢返回原料,减少了大量外购废钢。	1996 年至 2005 年共回收含铁尘泥 27.63 万吨,钢渣 274 万吨,分别创经济效益 8198 万元和 3344 万元。

续表

项目分类	区域或单位	循环经济项目及技术	方式与路径	成果与效益
4—2	杭州民生制胶有限公司	猪牛杂骨、猪牛鲜皮利用	通过科学环保的生产工艺,用废弃的猪牛杂骨、猪牛鲜皮生产骨胶、明胶、骨炭、动物水解蛋白等10种产品,	年利用废料1.5万吨,再生利用率达到95%。公司2004年上缴税收200多万元。
4—3	杭州塘栖热电有限公司	煤渣及粉煤灰利用	每月产生约5000吨。引进两条蒸压粉煤灰砖生产线,年生产能力可达3000万块砖。	
4—4	杭州海深特种鱼苗开发有限公司	生物垃圾再利用	把各农贸市场、畜禽屠宰点产生的大量鸡肠、鸭肠等内脏收集进行高温杀菌、速冻、加工,制成鱼饲料,既降低饲料成本,又消除了环境污染物。利用电厂余热养殖热带鱼,既节约了能源,又减少了烟尘污染。	年消纳2200吨动物下脚料,节约饲料成本137余万元,年节约煤炭1260吨,节约水资源20万吨。
4—5	嘉兴浙江新都公司	废弃物利用	初步形成了三个不同循环链。一是实施垃圾发电和热电联产;二是利用固体废弃物生产水泥;三是利用水泥生产线的余热进行发电。	
4—6	宁波市江北区	金属再生利用	金田铜业集团在国内广设网点,派精兵强将收购各种废杂铜,高品位废紫铜的直接利用、低品位废紫铜的二次精炼加工、废杂合金铜的直接利用等都达到了国内同行业较高的水平,目前,该公司拥有从废杂铜冶炼到铜管、铜棒、铜线、铜板带加工的各种生产线,拥有处理各种废杂铜的各种设备、技术与工艺,能够处理和加工几乎所有品种的废杂铜。	2005年共利用各种废杂铜30余万吨,利用总量已达到国内废杂铜年回收/进口量的15%左右。而且直接利用比例高,占总利用量的60%。
4—7	宁波市宁海临港循环经济试点区	资源循环式利用、产业循环式组合	以浙江国华宁海电厂为龙头,引进年产320万吨的海螺水泥粉磨站、年产3000万平方米的石膏板和年产15万立方米的新型墙材等下游企业,构建"煤—电—粉煤灰—水泥"、"煤—电—脱硫石膏—石膏板"、"煤—电—粉煤灰—新型墙材"等循环产业链。	全部建成后资源利用率可望达到90%以上。

续表

项目分类	区域或单位	循环经济项目及技术	方式与路径	成果与效益
4—8	镇海炼化分公司	固体资源的循环利用	一是将污水处理场油泥浮渣全部送炼油焦化装置回炼,并把焦化除焦水罐罐底污泥调和掺入碳黑中作 CFB 燃料。二是实现 CFB 锅炉电站飞灰再循环。使燃烧后废弃的飞灰通过 J 阀重新进入炉膛参与燃烧,充分利用飞灰中含有 20% 左右的 CaO。废弃物如油泥、浮渣、炉渣和飞灰等全部实现了资源综合利用。	既消除二次污染,又可回收含油组分,回收回炼量在 30 ~ 40 吨/日左右,产生可观的经济效益。
4—9	湖州浙江三狮集团	工业废弃物的利用	煤矸石、粉煤灰用于水泥生产,利用了其他企业大量的废弃物如煤矸石、粉煤灰、钢渣、矿渣、工业石膏等,并将水泥主业延伸到商品混凝土的生产销售。	
4—10	德清浙江五龙化工股份公司	工业废渣和废水利用	利用工业废渣和废水生产新型混凝土外加剂产品:早强剂、早强减水剂、缓凝高效泵送剂、抗裂防渗多功能增强剂等系列产品。实现废渣、废水的零排放。	多年为行业中产销规模、质量、市场占有率等领先企业。
4—11	绍兴埃克盛公司	电石渣利用	氟化工产品生产产生大量的废弃电石渣,经处理作为龙盛、闰土等化工企业的生产原料,变废为宝。	
4—12	绍兴市山下湖镇	珍珠产业循环经济	珍珠产业循环经济园区将原本剖蚌取珠的废弃物蚌壳、蚌肉和废水进行综合利用,生产珍珠工艺品、贝雕工艺品及蚌壳综合利用的各类产品。	减少环境和空气污染,新增产值7亿,就业岗位800多个。
4—13	绍兴嵊州绿环橡胶粉体工程有限公司	废旧轮胎再利用	在常温条件下利用废旧轮胎整胎工业化批量生产 40—200 目精细胶纷,生产过程没有二次污染,可使旧轮胎得到 100% 利用。	16 条万吨级废旧轮胎精细胶粉成套生产线。黑色污染变成了绿色财富。
4—14	金华东阳横店热电有限公司	矿物能源循环利用	采用先进的硫化床锅炉和电除尘设备等技术装备,重视对废弃物的回收利用,发电后蒸汽余热二次利用,煤灰是用于高速公路路面和水库大坝增强粘合度的上佳材料。	向企业日供工业用热气 1300 吨,煤耗热效率提高到 90%,年节约标煤 5 万吨。

续表

项目分类	区域或单位	循环经济项目及技术	方式与路径	成果与效益
4—15	温州冶炼总厂	锌粉置换技术回收铟精矿	在湿法炼锌生产过程中产生的冶炼废渣原来长期堆积在渣场,成为严重的安全和环保隐患。企业通过建立新的生产系统,通过锌粉置换技术回收铟精矿,将铟从锌生产系统中分离出来,再采用常规的萃取技术生产电解铟。	该技术被列为省科技创新项目,企业年新增产值2400万元,新增税收200多万元。
4—16	温州平阳浙江圣雄皮革有限公司	固体废弃物	对皮革生产大量产生的固体废弃物,采取"就近处理、降低污染、变废为宝"的原则,原皮去肉产生的油脂采用蒸汽炉处理制成工业用油。公司自建砖厂,采用高温煅烧的办法,使污泥中的贵金属得到有效降解。	企业效益逐年增长,生产规模不断扩大。
五、化工产品生产与再利用循环				
5—1	杭州建德新安化工	氯甲烷回收与有机硅单体生产循环	草甘膦生产过程中产生大量污染环境的废气氯甲烷,该公司创造性地建成了氯甲烷回收产业化装置,将氯甲烷回收变成有机硅单体生产的原料;而有机硅单体生产过程中又能产生大量废盐酸,经处理全部回用于草甘膦生产,形成独一无二的草甘膦→氯甲烷→有机硅→盐酸→草甘膦闭路循环系统。	已获国家科技进步二等奖。年回收氢气2000多万立方米,节约成本8000余万元。
5—2	杭州争光树脂有限公司	化学废弃物再利用	回收利用工业生产产生的化学母液,从中重新获取生产原料,节约了成本,又减少了有机污染物排放。	
5—3	杭州宇龙化工有限公司	化学废弃物再利用	引进对苯二酚回收技术,每生产1吨禾草灵可回收对苯二酚300~330千克。	节约成本1.4万元左右,全年收益达270万元左右。
5—4	衢州巨化集团	氟化工生产循环	巨化的传统主要产品甲醇、硫酸、液氯等大量用于氟化工,同时氟化工产生的大量副产氯化氢又可作为重要原料,用于扩大巨化原有的聚氯乙烯、氯化钙等生产规模。为资源综合利用、延伸产业产品链打下良好基础。	大幅降低了生产成本,使巨化的聚氯乙烯产品在激烈的市场竞争中,具有了自身的竞争优势。

项目分类	区域或单位	循环经济项目及技术	方式与路径	成果与效益
5—5	衢州巨化集团	煤化工循环产业链	实现煤化工生产废水、余热、废渣的循环利用。如在合成氨生产中，用多余的氧气、氮气、氩气和二氧化碳，进行液化形成液氧、液氮、液氩和液体二氧化碳系列产品生产。尿素解析液转送复合肥生产、造气驰放气余热发电，减少温室气体排放，实现资源的综合利用，采取温差控制、强制风冷等方法，先后投资建设合成循环水、甲醇循环水、尿素空分界区循环水等大型循环水装置。	减少温室气体排放，优化产品结构。总氨产能由年产 18 万吨提升至 23.5 万吨，水耗从亿吨降至不足 3000 万吨，年增效益 4200 万元。
5—6	衢州巨化集团	盐化工循环产业链	电化厂是巨化氯碱生产的源头企业，每天都有大量的电石渣排出，被热电厂作为烟尘脱硫的脱硫剂（该脱硫工艺开创了全国先例）；为氟化厂处理含氟废水、为硫酸厂中和含硫废水，余可作水泥厂原料。选用进口离子膜技术对氯碱生产进行升级改造，使氯碱生产具备了产品质量好、能耗低和清洁生产的特征。	更高起点的基础上逐步向资源循环型先进企业的目标迈进。
5—7	衢州巨化集团	石油化工加工产业链	副产的大量氢气原来大多低价值利用或放空处理，现依托化工联合体的优势，企业间形成以氢气资源为原料的产业链。重点利用石油苯加氢气发展石油化工加工产品系列。已形成环己酮、己内酰胺、环己醇和羟胺等系列石油加工延伸产品。	环己酮商品量已居国内前三位，成为巨化新的经济增长点。
5—8	宁波化工园区	石油化工资源循环综合利用	以设施共享和资源循环为特征，积极建设生态园区。按照"行业集聚、产业集中、土地集约、管理集成"的要求，合理延伸产业链，实现"三废"的循环利用。以"炼油乙烯"项目为支撑、以液体化工码头为依托，采取油头化尾、顺流而下（即从基本石化原料开始，逐步向后加工产业发展）与逆流而上（即从后加工开始，与上游原料产业对接）相结合的模式，以烯烃、芳烃为主要原料，形成三大合成材料及其深加工为特色的石油化工产业，配套发展基本化工原料产业。	上中下游一体化完善的石化产业链正在形成。目前园区已投产企业包括韩国 LG、荷兰阿克苏—诺贝尔等 120 余家，2005 年园区实现销售收入 630 亿元。

续表

项目分类	区域或单位	循环经济项目及技术	方式与路径	成果与效益
5—9	镇海炼化分公司	高硫油的内部综合利用型产业链　原工资循综利产业链	1. 常减压—加氢精制、加氢裂化(催化裂化)—硫磺回收产业链。采用先进的全加氢工艺和硫回收率达99.8%以上的硫磺回收工艺,成为全加氢炼油企业,形成清洁的汽油、柴油、航空煤油、液化石油气、丙烯、硫磺等产品生产链。	提升产品质量;产品中的硫、烯烃含量大大降低,回收原油中的大部分硫,大幅度削减碱渣产生量。
			2. 延迟焦化—CFB锅炉产业链。以延迟焦化装置将劣质渣油转化为液化石油气、汽油、柴油、蜡油等液体产品和石油焦,开发应用焦化—CFB锅炉组合工艺,以高硫石油焦为燃料的CFB锅炉,既综合利用了高硫石油焦,又能满足我公司自身用电,并向社会供电。	
			3. 溶剂脱沥青—脱油沥青气化—脱沥青油加氢产业链。国内首创"溶剂脱沥青—脱油沥青气化—脱沥青油加氢进催化组合工艺",解决了提高渣油处理能力、扩大蜡油资源及化肥原料劣质化"三大"技术难题。	月效益1113万元;为重油加工提供了一条除"脱碳"和"加氢"之外的全新路线。
			4. 炼油—化肥联合产业链。改变了炼油向化肥单向供原料的运行模式,通过优化化肥空分装置运行,实现化肥向炼油供氮气、工业风,进一步实现化肥向炼油供氢气;化肥煤代油锅炉改造工程,实现了向炼油的供电、供蒸汽。	形成多样化生产格局,生产成本更为节约,从而增强了抗风险能力。
5—10	绍兴市诸暨浙江菲达环保科技股份有限公司	循环半干法烟气脱硫技术	该技术利用电石渣活性再生装备,使原本团聚的电石渣等碱性废料的活性得到还原,质量接近优质消石灰,可用作脱硫剂,实现以废治废,大幅降低成本。脱硫后粉尘可作水泥添加剂、高速公路的路基填料、橡胶的填充料等等,实现废物再循环利用。	2004年获得国家科技进步二等奖。

项目分类	区域或单位	循环经济项目及技术	方式与路径	成果与效益
5—11	丽水开发区合成革产业	合成革化工产品循环产业链	通过以链招商,引入了上游的树脂项目和下游的制鞋、箱包等项目,初步建立了相互配套、产品循环使用的产业链。采用"清污分流—多级处理—循环利用"方式,树脂料桶中残存的树脂和溶剂 DMF 得到清洗回收,二甲胺有机废气和革基布废水中硫化氢臭气得到治理。DMF 废气资源化回收率达 90% 以上。	年回收 DMF 约 9000 多吨,可取得经济效益 3800 多万元。
六、节能节地节水节材技术				
6—1	奉化哈雷换热设备有限公司	节能技术	开发主干焊式节能换热板,被列为国家级科技项目。	
6—2	沪杭甬高速公路公司	"六"改"八"节地建设	外侧利用率不高的硬路肩调整为行车道,每隔 500 米增设 1 个应急停车带代替硬路肩;内侧将中央分隔带内移,减小土路肩宽度。按车型大小合理划分车道宽度,使已征六车道达到双向八车道的通行能力。	44 公里长的高速公路可少征 600 亩土地,每公里可节约投资约 400 万元。
6—3	杭州钱江新城建设	节地	完善规划,把保障供地与集约用地有机统一,对现有地块的规划逐个完善。制订新城核心区地下空间控制性详细规划,合理利用地下空间,深化土地集约利用。	
6—4	杭州钱江新城建设	节水	新城原来绿地浇灌、道路冲洗等用的都是自来水。现对原有的新塘河引水工程进行调整,通过加大泵站的取水能力、铺设专用管网等,引钱塘江水用于绿化浇灌、道路冲洗和绿化景观用水。	既可节约大量用水,又可年节约数十万养护资金。
6—5	乐清市经济开发区,	土地节约	"向天空要土地"。在符合总体规划和产业要求下,支持企业将容积率的上限从 1.2 提高至 1.5,已为 24 家企业追加生产建筑面积 6.8 万平方米。	按平均提高容积率 0.5 测算,可增面积几十万平方米。
6—6	嵊州新中港热电有限公司	循环流化床锅炉节能	循环流化床锅炉技术,该技术燃料适应性好、环保性能高、灰渣可综合利用、燃烧效率高,平均发电标煤耗比原来下降了 20% 以上。	在国内首家采用。每年节约标煤近 2 万吨。

续表

项目分类	区域或单位	循环经济项目及技术	方式与路径	成果与效益
6—7	浙能宁波天然气发电公司	土地节约	原设计使用土地790亩,通过对厂区总平布局反复进行优化设计,有效减少了生产用地。	与最初设计相比,少征用土地300余亩。
6—8	东阳经济开发区	"零耗地"招商	向存量土地要效益。利用好空置厂房,统一集约化建设厂房,并将厂房资源用于租赁,允许"一厂多企",鼓励企业将空置厂房出租。	
6—9	台州发电厂	变频调速节电	两台33万千瓦机组的离心式一次风机,经变频调速控制改造后,每年可节电677万千瓦时。	产生经济效益290万元左右。
6—10	临海工业区	节水	在高耗水企业建立"计量取水、计量收费"制度,对进管网的废水实现超浓度按级加倍征收处理费。鼓励高耗水企业采用循环供水、中水回用等节水新技术。	
6—11	奉化金龙水泥粉磨公司	节约包装用纸	去年生产散装水泥5万吨,节约包装用纸约300吨。	节约用纸折合木材1650立方米。
6—12	长兴电厂二期	等离子点火	4号机采用了等离子点火技术,在调试阶段就节约燃油15000吨,价值6000万元,同时也解决了烧油就不能运行电除尘装置的问题,较好地保护了环境。	
6—13	台州发电厂	微油点火技术	6号炉大修后的启动中使用了微油点火技术,共点火10次,均一次点火成功。	节油率97%,节约115万元。
6—14	奉化新时代水洗厂	循环用水资源	利用废水进行水洗,年产值达1500万元。	创利税190万元,
6—15	绍兴金鑫聚酯化纤有限公司	集约用地	总投资8亿元的熔体直纺项目,原来计划占地270亩,后来进行调整,落实在101亩的土地上,六层厂房总共高达45米,面积达8万平方米。	节约了100多亩地。
6—16	浙江玻璃股份有限公司	集约用地	投资4亿元新建高科技玻璃产品生产线。如择地另建,共需用地约300亩。现利用老厂区原有的绿地、仓库等,盘活了40亩存量土地,向下挖掘15米,地下室面积达1万平方米左右。	节约大量土地,还可与前五条生产线共用配套设施,节约配套投资5000万元。

项目分类	区域或单位	循环经济项目及技术	方式与路径	成果与效益
七、自然资源综合利用				
7—1	嘉兴桐乡大华人造板有限公司	木材综合利用	利用当地桑枝条、桑树、木材加工下脚料等为主要原料,生产中密度纤维板,不仅变废为宝,节约森林资源,而且增加了当地农民收入,为农业增效、农民增收找到了一条新途径。	
7—2	奉化市茂森竹业有限公司	毛竹资源综合利用	利用毛竹竹青加工后的废剩料—篾簧和竹粉,经胶粘热压合成板材,可在建筑业替代传统木模板。	年节约木材3000立方米,解决了毛竹废料污染环境难题。
7—3	奉化百利达高新生态肥料厂	毛竹资源综合利用	与浙江大学合作,以废弃笋壳为主要原料开发生产有机肥料。	除经济效益外还解决了笋壳污染难题。
7—4	安吉圣氏生物制品有限公司	竹提取物系列产品	竹叶提取物及其下游产品、竹笋提取物、竹菇提取物、竹糠提取物等。竹叶以前为废弃资源,现可以加工生产为竹叶黄酮和竹叶抗氧化物,以及二次产品如保健饮料、保健胶囊、竹颗粒饲料。	产品涉及医药中间体、保健品及原料、食品添加剂、饲料添加剂等多个行业。
7—5	长兴三山碳素有限公司	竹资源综合利用	将竹加工产生的废弃料加工为竹活性炭,具有极强的吸附和辐射能力,也是空气净化和水质净化的优质材料。生产过程产生的气体经收集、分离可制得竹醋液,具有杀菌消毒功能;废竹丝经分解等工艺制成竹纤维,可制成床上用品,具有吸湿、透气、抗菌等功能。	
7—6	湖州珍贝羊绒制品有限公司	生物资源再利用	利用废弃动物毛生产新型蛋白纤维,该纤维为新型生态、绿色、保健、高档纺织用纤维,具有18种对人体有益的氨基酸,起到营养和润滑肌肤的保鲜作用。	
7—7	湖州长广集团公司	自然资源综合利用	以多年废弃的煤矸石为原料,建设年产能力为1.6亿块煤矸石烧结多孔砖(折标砖)。	是目前我省规模最大的利用煤矸石的墙体材料生产线。

续表

项目分类	区域或单位	循环经济项目及技术	方式与路径	成果与效益
7—8	台州玉环金和生物化学有限公司	生物资源综合利用	综合利用鱼虾蟹壳废弃物,生产甲壳素及其衍生品。用于医药、化妆品、食品、保健、农业、水处理和环境保护等多个领域。从源头削减污染。年生产甲壳素及衍生物2,000多吨。	年节约盐酸1,200吨、酒精2700吨、烧碱300吨,节约用水6万吨。
7—9	温岭市荣泰活性炭厂	锯末粉生产活性炭	用工业废料锯末粉生产活性炭,该厂已形成锯末粉回收网络。开发出了30多类活性炭,产品供应10多家制药厂。	3.5吨锯末粉就可生产一吨活性炭(原耗木材25吨)。
7—10	台州浙江海正集团有限公司	废渣处理生产复混肥料	以玉米淀粉为原料生产新型塑料,产品能完全降解。抗生素生产的废渣传统主要通过焚烧,费用高并且造成环境污染,现使用新菌种重新发酵,开发利用成有机和无机复混肥料,用于城市绿化施肥。	
八、废气治理和利用				
8—1	乐清柳市绿色时代·环龙环保有限公司	合成革生产过程中DMF废气回收及苯类物质回收治理	根据DMF易溶于水的特点,采用高效填料塔吸收DMF,净化合成革生产过程中产生的大量可挥发性、对环境严重污染的DMF工业废气。苯类废气活性炭纤维吸附回收技术专门针对人造革生产企业排放的苯类物质的回收治理装置,经过蒸汽解吸,经冷凝,分离后得到纯度较高的苯类混合液,经调整比例后便可直接回用生产。	DMF废气回收装置年收益为203.6万元,一个季度即可收回投资。苯类废气吸附回收装置日运行成本3948元,日回收价值1.23万元。
8—2	杭州西湖啤酒公司	二氧化碳气体回收利用	该公司每年都要用100万元去购买1000吨的二氧化碳液体,成为一笔不小的开支。现以400万元从德国购买二氧化碳回收利用设备,本厂生产排放的二氧化碳100%回收利用。	不仅减少了空气污染,还节省了每年100万元的成本。
九、垃圾焚烧发电				
9—1	嘉兴	垃圾无害化焚烧发电	实施日处理700吨、400吨的步云、桐乡垃圾焚烧发电工程,工程已投入运行,其余6个生活垃圾无害化焚烧发电工程正抓紧实施。	
9—2	春晖集团	废弃物能源利用	垃圾焚烧发电项目。	既改善了生态环境,又创造了经济效益。

续表

项目分类	区域或单位	循环经济项目及技术	方式与路径	成果与效益
9—3	温州伟明环保工程有限公司	垃圾发电	采用 BOT 方式,相继投资建设了温州东庄垃圾发电厂、温州临江垃圾发电厂、温州永强垃圾发电厂、温州苍南垃圾发电厂等。	项目全部建成后,温州将实现生活垃圾 100%焚烧发电。
十、紧缺资源替代利用				
	温州兴乐电器工业集团有限公司	紧缺资源替代利用	针对铜价上涨压力,集团公司成功开发了"铜包铝和铜包铝/铜复合导体电线电缆"2 项新产品,由于具有良好的耐腐蚀性和焊接性,易于加工,电力电缆的铝代铜是一种发展趋势,使电缆生产企业回避高成本风险,节约铜资源。	与同等产品相比,成本下降20%—40%。

注:本表内容来自于实地或书面调查材料,出处难以一一注明。如有错误由作者负责。

2. 重点案例分析

为了更深入的在微观层面分析转变增长方式,建立节约型和循环经济的生产方式的微观路径和相应条件,以下我们对几个有代表性行业的企业具体案例作一分析,从中找出值得重视的经验和启示,也对前文所分析的转变增长方式、有效利用资源的正负面机制、效应进行一定的验证。

案例 1　宁海县农业企业循环经济

宁海县以废弃物资源化和资源利用集约化为重点,建立生态化种养业的循环经济模式。目前,全县受益于循环经济的农业产值已占农业总产值的 70%以上。海水养殖业发展可能造成富营养化污染海域;畜禽养殖多了,大量的排泄物会污染环境;农作物收获后,废弃物往往难以处理,而这些废弃物如果经过加工利用,可以成为生产的投入物,带来低成本和高效益。如何在发展农业经济、有效利用资源、保护生态环境三者中找到一条共赢的路子? 宁海确立了以"生态立县"来破解这一难题的思路。在成功创建全国生态示范区的基础上,积极构建以高效利用资源、发展循环经济为核心的生态经济体系。按照计划,2007 年,全县畜禽养殖粪便处理率要达到100%,资源化率达到90%以上,规模养殖场污染物全部实现达标排放,并建成三门湾沿岸20万亩生态型海水养殖带、浙江东海岸10万亩绿色农产品基地等。

"鱼虾—贝藻"海水生态养殖模式。见图9-3,海水养殖业是循环经济的最大得益者之一。宁海毗邻象山港和三门湾,近海养殖面积达23.8万亩,是浙江省最大的海水养殖基地。由于传统的网箱作业方式会产生很大污染,容易造成病害,破坏生态平衡,可能引发赤潮。县里主动调整养殖结构,控制大黄鱼、鲈鱼等上游品种的数量,积极鼓励养殖蛏子、牡蛎等中下游水产品,建立了"鱼虾—贝藻"海水生态养殖模式,通过生物循环,实现海洋环境的平衡净化。这是一种新型的最佳生态养殖模式,其特点是在养殖区合理搭配水产品养殖种类,创造最佳的生态环境:在养殖区内70%海域为藻类养殖,20%是滤食性贝类(扇贝、牡蛎、贻贝等),10%为投喂性水产品(鱼、鲍鱼、海胆等)。目前全县近海网箱养殖面积只有1500亩、虾塘8万亩,而贝类养殖面积已达到14万亩。这一养殖的比例符合海洋生物平衡规律。既最大程度地利用了海洋生物资源,又防止了海洋的生物性污染。

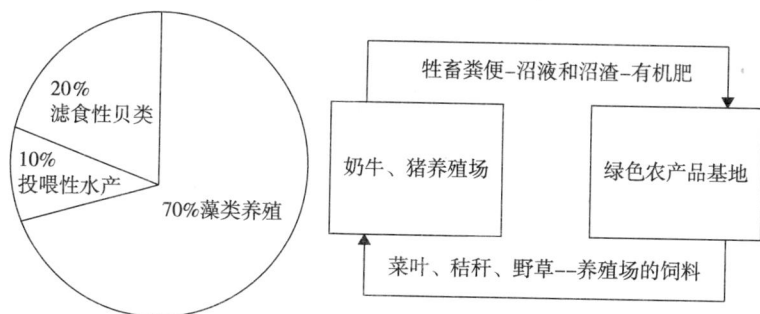

图9-3　宁海县海水生态养殖及种植、养殖业资源有效利用循环经济模式

"猪牛—果蔬"生态循环模式。见图9-3,在种植业和养殖业之间形成的"猪牛—果蔬"等循环模式,实现了废弃物和资源利用的最大化。宁海东海岸目前建成了10万亩绿色农产品基地,对有机肥的需求大增,这

恰好解决了处理问题。位于东海岸的利丰牧业公司与附近绿色农产品基地建立了互惠互利的密切关系：养殖场里奶牛和猪产生的排泄物形成了沼液和沼渣，成了农产品基地有机肥的来源；而农产品基地的废菜叶、秸秆、野草则成了养殖场的饲料。利丰牧业公司员工算了一笔账，公司2009 年生产有机肥 3500 吨，按市场价每吨 350 元计算，全年产值可达 122.5 万元，利润 52.5 万元。长街镇 2 万亩蔬菜基地仅农作物"下脚料"卖给畜牧场一项，就可以增收 80 余万元。

"猪、蚓、鳖、草/稻、梨/茶、羊"多元的新型农业循环。浙江蓝天生态农业开发有限公司围绕猪场废弃物生态化处理与资源化利用，摸索创建了"猪、蚓、鳖、草/稻、梨/茶、羊"多元的新型农业循环经济模式。园区年产生猪 20000 头，有机肥 4000 吨，生态鳖 200 万只，优质黄花梨 300 吨，优质水稻 6 万公斤，草料 50 万公斤，湖羊种羊 2000 头、商品羊 3000 头。春末至秋末，猪场粪污经干湿分离后，猪粪熟化一部分送到大棚养蚯蚓，一部分到茶园、梨园施冬春肥。蚯蚓用作生态鳖基地的饵料，污水经生化处理后，作为浇灌牧草田哥黑麦草和水稻。在生态鳖基地也形成生态小循环：蚯蚓喂甲鱼，甲鱼排泄物是鳙鱼食料，鳙鱼排泄物是塘底层螺蛳食料，螺蛳作为水中清道夫，生成的小螺蛳再给甲鱼当饵料，甲鱼干塘起捕池塘底泥又给堤坝上的梨树作有机肥。园区产品年产值达 4250 万元，产品已获取国家级"无公害"、"绿色"和"有机"双认证，认证后绿色产品附加升值 20%。

上述三个都属于农业生态循环的例子，包含了水产（渔业）、种植业、养殖业三方面的产业链连环。可以看到：

第一例，海水生态养殖模式，通过生物循环，实现海洋环境的平衡净化。其特点是在养殖区合理搭配水产品养殖种类，创造最佳的生态环境。其关键是形成合理的藻类、滤食性贝类和投喂性水产品比例（7∶2∶1），这一养殖的比例符合海洋生物平衡规律，既最大程度地利用了海洋生物资源，又防止了海洋的生物性污染。

第二例，在种植业和养殖业之间形成的"猪牛—果蔬"等循环模式，实现了废弃物和资源利用的最大化。使产出物和废弃物首尾相接,最有效地利用资源并减少对自然界的污染排放。废弃物都转化成有价值的投入物,从而实现经济效益和社会环境效益的双赢。其关键是从事畜牧业的利丰牧业公司与附近绿色农产品基地建立了互惠互利的密切关系:目前循环经济的一大制约因素是企业之间的合作机制缺乏,从而无法形成有效的产品生态循环链。在农村农业领域这一问题尤为突出,因而从这个例子可以给我们一定的启发。

第三例,"猪、蚓、鳖、草/稻、梨/茶、羊"多元的新型农业循环,可谓多环节的农业产品生产循环。涉及畜牧业(猪、羊)、水产养殖(蚓、鳖)和种植业(粮食、水果、茶)多系统的大农业生态循环,需要对于生物链形成规律和保持稳定平衡的条件做深入研究,因而必须以技术为前提,精心构筑良好的小生态环境。要求企业达到相当程度的规模经济要求,才可能形成良好经济效益。

在农业领域转变经济增长方式、发展循环经济,当前最大的问题是分散化的小农经济生产模式仍然占主导地位。如图 9-4 所示:独立分散的小农往往以小而全甚至半自给自足的生产方式独立进行生产,而排斥农户间的分工和合作,由于小农经济的小规模运作,循环经济所需的规模化生产难以形成,从而影响其经济效益,由于小规模运作而使单个生产主体势单力薄,从而难以进行技术研发和运用,而农户的自主创新能力更为薄弱。因而未来中国农村生产方式和经济制度的进一步变革,使小农经济向规模化、企业化、商品化经营方式转变,使小而全的独立生产向有效分工和协作的集约化经营转变,使小规模生产向大规模运作转变,使单个农户创新能力不足向规模化企业的强大创新能力转变,从而促使农业领域的集约化、规模化和循环经济生产得以广泛推广。

案例 2　浙江三狮集团有效利用资源,推行循环经济的经验

浙江三狮集团是一家建材企业,它虽是资源消耗型企业,但以追求资源利用最大化和污染排放最小化为目标,探索并走出了一条发展循环经济的路子。企业以资源综合利用为突破口,积极推广使用新技术、新工

一家一户承包制下的小农经济	→ 需解决的主要问题 ⇒	企业化的规模经营
小而全的独立生产单位	不利于生产者间的协作联系	关联协作机制促进循环经济形成
一家一户的小规模生产	不利于循环经济所需的规模条件	规模化的资源转换形成循环经济效益
传统程式化的个体经营	影响新技术的应用和创新	规模化企业的较强技术应用创新能力促进循环经济

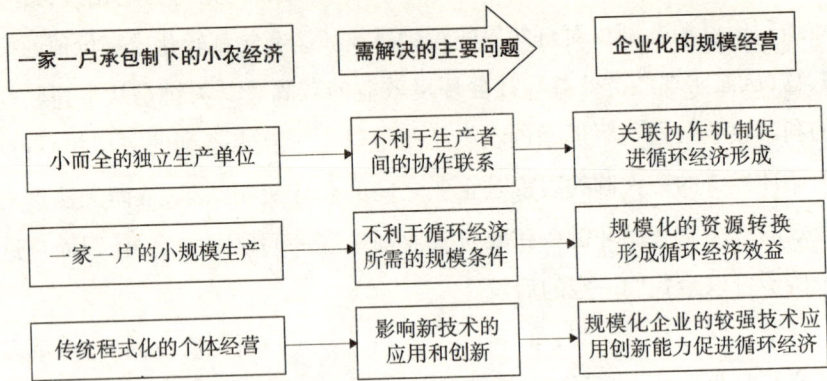

图9-4 发展循环经济必须促进小农实现规模经济和企业化

艺,在降低生产成本的同时,有效地提高了产品性能,实现了经济与社会效益的"双赢"。

如图9-5所示,三狮集团的循环经济首先建立在全面采用新型的干法生产线生产水泥,不仅生产过程中煤炭消耗比传统方式降低了50%,并且减少排放,产生环保效益。尤为突出的是,新型生产充分利用了电厂的粉煤灰、矿山的废矿石、钢铁厂的废钢渣,以及太湖疏浚出来的太湖淤泥,这些原先无处堆放,并且污染环境的废物,现在成为水泥生产的原料,大大降低了企业生产成本。在厂区,一车车的废矿石、废钢渣,还有一船船从太湖底挖出来的淤泥,源源不断地送进厂内,经过磨细、淘浆处理后,又被送进水泥生产窑。添加这些材料生产的水泥,在强度、防渗等性能上高于一般水泥,是建造水库大坝和高楼大厦的优等材料。目前公司1条日产1000吨的新型干法生产线每月利用太湖淤泥1万吨;浙江三狮集团每年用掉的电厂粉煤灰和冶金工业的各类废渣就达数十万吨。此外,利用垃圾煅烧水泥、生产新型墙体材料等项目也正加紧启动。

传统上建材业似乎与污染画等号。近年来,三狮集团加快用先进技术改造传统产业,大踏步淘汰落后生产方式。水泥生产流程全部由电脑控制,杜绝了跑冒滴漏;各个生产环节产生的废料和余热经多层次回收利用,使"三废"排放达到欧洲环保标准,而能源、原材料的消耗则大幅下

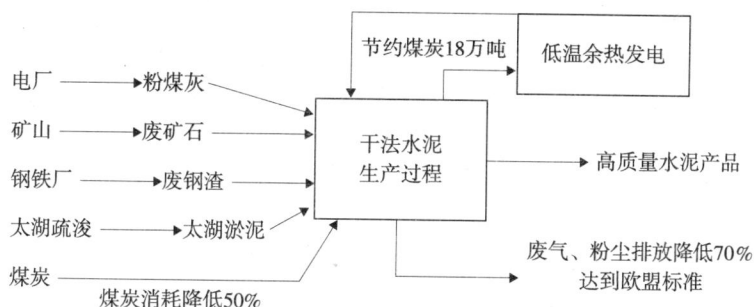

图 9-5　三狮集团水泥生产循环经济示意图

降。目前,"三狮"每吨水泥熟料的煤耗只有原先湿法工艺的一半左右,排放的废气、粉尘则是原先的三分之一。水泥生产线废气排放已达到了欧盟环保二号标准。过去尘土飞扬、浓烟滚滚的生产场景不见了,取而代之的是一家家洁净的花园式工厂。

以往水泥生产所产生的余热向空中排放,既浪费了大量能源,也不利于环境改善。通过新设备的投资和技术改造,目前已实现利用生产余热发电。在三狮集团的长兴生产基地,按照循环经济模式建设的浙江省首个日产 5000 吨新型干法水泥生产线纯低温余热发电项目已经提前并网试运行。该项目由浙江三狮集团、香港天达国际投资有限公司共同投资建设,总投资约 1500 万美元,设计装机容量为 9 千千瓦。该项目的建成投产每年将为企业提供 6000 万千瓦时的电力,增加利润 3000 万元。更重要的是,该项目建成后,相当于每年节约标准煤 3 万吨,大大降低了吨熟料的综合能耗,也降低了生产成本。该项目采用的先进的低温余热发电技术最大限度地利用水泥熟料生产线窑头、窑尾废气的余热进行发电,既改善了大气环境,也为企业带来良好的社会、经济效益。在全集团内完成此项目的改造后,每年可提供电力 3.5 亿千瓦时,增加利润 2 亿元,节约标准煤 18 万吨,它的建成同时也对浙江水泥行业的节能降耗和资源综合利用起到积极的推动作用。

总结该案例的特点是:

1. 水泥生产的技术创新是有效利用资源的基础。改变原来既高耗能又污染环境的传统生产方式,全面采用新型的干法生产线,既能生产出高质量的水泥,又大幅度降低了废气和粉尘排放,达到部门的环保标准,并使煤炭消耗降低50%,达到节约能源的目的。

2. 与其他企业的产业链连接,达到低成本获取本企业生产所需资源的目的,同时又有效利用了其他企业的废弃物(钢铁厂废钢渣,电厂粉煤灰,矿山废矿石等),既能够降低本企业的投入成本,又在一定程度上为其他企业的废弃物处理作出贡献,提高其他企业的收益,创造了良好的外部效应。

3. 在生产过程降低能源消耗的同时,最充分地利用能源,将生产中不可避免的外泄能源加以回收利用,采用低温余热发电的方法增加了本企业所需要的电力供给,节约了本企业的生产成本。

案例3　杭钢集团公司发展循环经济有效利用资源的成功典型①

杭钢集团公司是浙江省最大的国有工业企业之一。"九五"以来,在全国冶金行业中较早认识到发展循环经济的重要性。积极运用高新技术和先进适用技术改造传统产业,走出了一条经济、社会、环境协调发展的循环经济新路子。突出表现在建立了一整套废弃物循环利用体系

1. 杭钢通过节约生产和发展循环经济,有效利用资源的主要举措

杭钢以推行清洁生产为核心,建设生态型企业;以资源、能源综合利用为重点,建设资源节约型企业;以废旧物资的循环利用和污水处理为抓手,大力发展绿色环保产业;以实现可持续发展为目的,切实转变经济增长方式。主要举措是建立三大节约生产与循环经济体系:

(1)固废专业化处理体系。见图9-6,杭钢每年回收利用各种含铁尘泥10多万吨,作为炼铁生产的原料。如为减少转炉污泥对环境的污染,杭钢将转炉污泥烘干,在烧结工序中再利用,1996年至2009年共回

---

① 本文关于杭钢的资料主要来源于童云芳、袁明观:《以清洁生产为核心的生态型钢铁企业建设》,杭州钢铁厂编印。

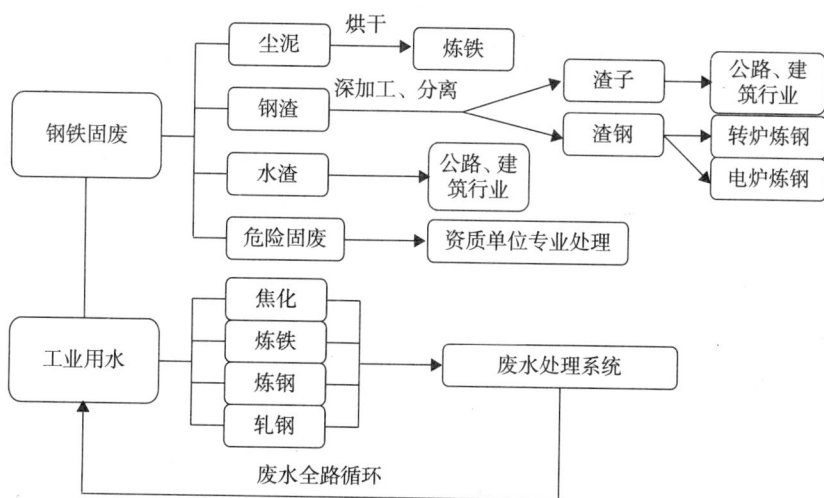

图9-6　杭钢废弃物循环利用体系

收36.26万吨,创经济效益近亿元。为了提高钢渣的处理利用水平,杭钢与美国海穆公司合资合作,引进国际先进的钢渣处理生产线,对钢渣进行深加工处理和综合利用,为水泥、公路、建筑等行业提供优质材料;同时将分离出来的渣钢全部作为炼钢返回原料,减少了大量外购废钢。从1996年到2009年,杭钢累计回收利用钢渣425万吨,增加经济效益8千多万元。同时,加强对危险固废的安全处置力度,杭钢花费100多万元资金对上世纪80年代封存的废旧电容器进行了专业处理,减轻了环境污染。杭钢新建年产40万吨的矿微粉生产线,对高炉水渣进行再加工利用,发展前景广阔。

(2)工业废水循环利用。焦化、炼铁、炼钢、轧钢工序全部实施总排废水闭路循环。2009年,工业废水重复利用率比1995年提高55.62%,外排污水量下降9175万 m3/年,基本实现了污水"零排放"。杭钢对供水工艺进行了调整,实行生产和生活用水分流,一水多用,减少新水供应量。在高炉、转炉等大型用水设备上,实行串联供水;在轧钢加热炉等设备上采用汽化冷却代替水冷却,将冶炼系统、轧钢系统产生的热水供居民取暖,用后的水再返回用于生产。通过治理、改造和加强管理等措施,杭钢高炉煤气全部采用干法除尘,每年减少原湿法除尘产生的除尘污水1200多万吨。

(3)二次能源综合利用体系。见图9-7,包括三个系统:

①余热回收利用。充分利用高炉热风炉余热、烧结余热、炼钢蒸汽等能源,开发关键热补偿技术。1999年起,杭钢成功向电炉热送铁水,对电炉炼钢降低电耗、强化冶炼起到了重要作用。通过实行钢坯热装热送工艺,连铸坯热送比例不断增大;1999年至2009年热送钢坯总量达到332万吨,热送平均温度在700—800℃,每吨节约煤气15—20m^3,共产生经济效益3211万元。推行集中供热模式,2000年以来,杭钢投入大量资金,彻底淘汰了26台燃煤锅炉,并在转炉、中轧和热带加热炉配备余热锅炉,实现了全公司的蒸汽联网。目前,杭钢正在实施焦化干熄焦工程,利用氮气熄焦回收焦炭显热,既提高了焦炭质量、减少了环境污染,又能增加发电量。通过这些节能技术的应用,有效地降低了公司的综合能耗。

②余压回收利用。杭钢在国内中小型高炉上首先成功采用了高炉炉顶余压发电技术(TRT),填补了我国110余座255m^3~1000m^3级高炉尚无余压发电装置的空白。这项技术的应用,既解决了煤气在降压过程中产生的噪声,又充分利用了高炉压差发电,有效缓解了当前用电紧张的矛盾,被国家发改委和中国钢铁工业协会作为先进典型在全国加以推广。该项目每天发电约5万千瓦时,至2009年底已累计发电2200万千瓦时,创造经济效益1320万元。

③余气回收利用。将动力制氧产生的氮气等副产品用于转炉溅渣护炉,不断提高转炉炉龄和作业率;同时充分回收利用生产过程中产生的高炉煤气、转炉煤气和焦炉煤气,应用于生产、生活等方面。通过改变燃料结构,在轧钢系统和热电锅炉全烧高炉煤气,解决了燃煤污染严重的问题。针对烟气捕集效果差、排放含尘量高、煤气不能有效回收等问题,公司投资5000多万元对转炉烟气除尘系统进行改造,不仅基本解决了除尘问题,而且使转炉煤气得到回收利用;一年就回收转炉煤气2300万m3,增收1000余万元。1996年至2009年,杭钢共回收焦炉煤气、高炉煤气

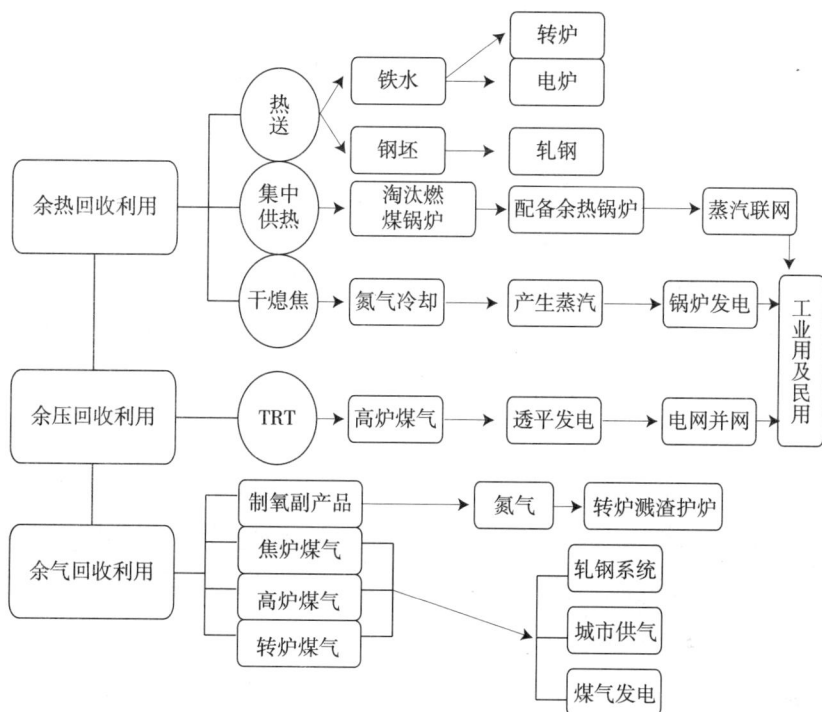

图9-7　杭钢二次能源综合利用体系

和转炉煤气折合623万吨标煤,创经济效益24亿元。在煤气自供的同时,杭钢还承担向社会供气的任务,2005年至今,杭钢共向杭州市供应城市煤气1.6亿m3,为杭州市经济发展作出了重要贡献。

2. 杭钢发展循环经济的实施效果

(1)技术经济指标明显改善。通过大力发展循环经济,积极应用节能降耗新技术、新工艺,杭钢多项技术经济指标在国内同类型企业中名列前茅。截止2009年底,杭钢吨钢综合能耗和转炉氧气消耗分别为0.603tce/t和45.78m3/t,均列全国排名第一;高炉利用系数为3.66t/m3.d,列全国排名第三。特别是在钢产量提高将近4倍的情况下,废水、COD.废油、烟尘等污染物反而下降了70%,SO2排放下降了46%。

(2)经济效益与企业形象显著提高。据测算,从1996年至2009年,杭钢通过发展循环经济累计实现直接经济效益 38.34 亿元。环境面貌得到根本性改善,社会效益不断提高。通过大量卓有成效的工作,杭钢下属的 5 个生产厂被原冶金部授予部级清洁工厂称号,2 个生产厂被授予省冶金系统清洁工厂称号,1 个生产厂被国家环保局授予全国环保先进企业荣誉称号;杭钢多次被浙江省评为环保及绿化先进单位。

3. 从典型案例可总结的经验

根据我们对浙江省各地转变增长方式,发展集约型生产和循环经济情况的调查,尤其是针对典型案例的分析,可以总结出以下一些特点和经验:

第一,循环经济发展需要以产权明晰、利益机制显著、确实有利于提升企业效益为前提。例如在台州,废物利用的循环经济产业发展十分繁荣,原因在于这类产业每年为企业带来巨大效益。台州是全国最大的废旧物资回收、再生和利用基地,旧钢铁、废塑料、零次布、锯末粉、煤渣(灰)等,都被勤劳的台州人"点石成金"、变废为宝。废物利用的循环经济,每年为台州带来几百亿财富和巨大的社会效益。台州发电厂每年要排出几十万吨煤灰(渣)。以前这些东西没办法处理,只能安装排尘专管,送到数公里外的海滩去填海。但如今的情形就大不一样了,台电的煤灰(渣)一出炉,就被几家民营水泥厂抢购一空,一级尘灰每吨售价高达110 元,统灰也要 20 元 1 吨。就是早年用去填海的尘灰,也被制成了新型建材用来建造高楼大厦。位于玉环大麦屿经济开发区的浙江佳诺水泥有限公司,投巨资购置 10 台大型罐车,每天来回台州发电厂,把刚下炉的煤灰煤渣,运回来后经科学配方,生产出高质量的水泥。变废为宝的水泥,质量好,价格实惠,成为市场上的抢手货。

第二,集约型生产和循环经济的发展需要差异化竞争机制的形成。与同质化的低价格过度竞争相反,无论是就产业还是就区域而言,如果是以产品的差异化为前提,凭借着产品的档次、质量、特色或品牌,形成良性竞争,这种竞争就会促使企业努力进行技术创新,开拓新的领域,开发新的产品,或通过提升产品的质量和档次,提高产品的附加值来获取更高的盈利。在这种情况下,尽可能降低资源的消耗,开发更多的可再生资源,大力发展循环经济,就会成为企业普遍的选择。例如在湖州,同为竹资源开发利用的两个企业虽然存在竞争,但其竞争手段是通过技术创新,各自运用自身优势达到最有效利用竹资源的目的。圣氏生物制品有限公司主要开发具有自主知识产权的竹提取物系列产品(竹叶提取物及其下游产品)、竹笋提取物、竹菇提取物、竹糠提取物、竹叶黄酮和竹叶抗氧化物,以及二次产品如保健饮料、保健胶囊、竹颗粒饲料等;三山碳素有限公司则将竹加工产生的废弃料加工为竹活性炭,是空气净化和水质净化的优质材料;生产过程产生的气体经收集、分离可制得竹醋液,具有杀菌消毒功能;废竹丝经分解等工艺制成竹纤维,可以制成床上用品,具有吸湿、透气、抗菌等功能。在奉化也有两个竹资源开发利用企业,其中百利达高新生态肥料厂,以废弃笋壳为主要原料,与浙江大学合作开发生产有机肥料,创造了不菲的经济效益;而茂森竹业有限公司利用毛竹竹青加工后的废剩料—篾簧和竹粉,变废为宝经胶粘热压合成板材,广泛应用于高层建筑、高架桥、立交桥、码头、隧道等建设工程项目,替代了传统木模板。以上四个企业都是生产竹制品的,但是产品各不相同,各有优势,互相之间不会形成直接竞争,而且可以相互连接和互补,形成良好的分工协作效应。这就是差异化竞争机制而不是同质化的过度竞争机制。我们应该努力促进有利于产业升级、效益提升的差异化竞争机制的加强。

第三,集约型生产和循环经济发展比较好的企业,多数是规模较大的企业,符合规模经济要求。例如杭州钢铁厂、宁波镇海石化集团、衢州巨化集团等行业内的特大型企业,在企业内部形成立体式、全方位、多层次的资源再利用和再循环结构。这首先在于,企业产品品种多门类齐全,但又从属于同一大门类,其投入物也是种类繁多,有利于构建完善的原料和产品的循环产业链;其次,由于企业生产规模较大,从而对于废弃物的再利用也能形成相当规模,而产生相应的经济效益;再者,由于循环经济需要较高的技术水平和一次性设备投资能力,一般情况下大企业容易具备这种能力。可见,循环经济在企业内部的发展本质上是一种范围经济的扩大,但这种范围经济需要规模经济为基础,规模经济效益能够促使与其互补的范围经济的形成。就此而言,我国工农业均需要将目前企业规模偏小的问题逐步加以解决,才能有利于转变增长方式,有效利用资源,同时提高产业竞争力。

第四,集约型生产和循环经济需要企业及区域间加强合作,从实例中可见,凡是构成企业间经济循环的事例,通常是以企业间的良好合作,以及园区的组团式生产和经济技术联系为基础的。如浙江海晨化工、中华化工等20家化工企业组成化工组团,推进企业之间、产品之间的废水、废气循环利用,不仅减少环境污染,还创造极为可观的经济效益。又如桐乡泉州工业区通过科学规划,精心营造企业间循环体系,优化工业结构,统筹协调循环经济的工业布局,促进了工业区良性快速发展。这种合作需要有政府支持、行业协会以及产业园区为依托,并以相关部门的整体规划为基础,以产权或共同的经济利益为纽带的。

第五,集约型生产和循环经济的发展需要政府的政策支持。凡是循环经济的发展较好、动力较强的地区,都是政府的政策实施有力,政府对产业经济的载体(如工业园区等)的建设较为完善的地区。例如宁海的浙江东海岸生态农业循环示范区以设施共享和资源循环为特征,积极建设生态园区。按照"行业集聚、产业集中、土地集约、管理集成"的要求,全市加大了对园区的生态化建设力度,通过整合提升,合理延伸产业链,实现"三废"的循环利用。在此全过程中都离不开政府的有力支持和有效的规划管理。循环经济的企业在这样的环境中能够得到较快发展,并且持续不断地通过循环经济发展而受益。

第六,循环经济的发展一般建立在比较发达的经济基础上,从浙江省的实例明显看到,杭州、宁波、嘉兴、绍兴等经济较发达的地区,由于经济总量较大,其资源制约的问题十分突出,经济高密度又使环境的脆弱性尤为明显,从而使这些地区发展循环经济的迫切性更为强烈,而另一方面由于经济技术实力较强,对于资源节约、三废再利用的高新技术投资能力也较强,这都是经济越发达的地区,循环经济相应发展得越健全的原因。

4. 企业内部循环经济管理的科学方式:"有效益的环境成本管理(EoCM)"

（1）EoCM 简介

有效益的环境成本管理(EoCM)是德国学者费舍尔(Fischer)开发的一套环境成本管理(ECM)方案中的一个主要工具。EoCM 方案在德国库纳特纺织厂(Kunert)初次使用,降低了企业的生产成本并提高了环境绩效。1997 年德国技术合作公司(GTZ)的"促进发展中国家企业环境管理的示范项目"(P3U)首次在发展中国家的企业凯恩斯食品厂(Cairns Food)运用了此方案,并进行了原则性改动和深入开发,新的方法被称为有效益的环境成本管理(EoCM),在津巴布韦成功试用后推广到了亚洲、非洲、拉丁美洲和中美洲等地区和国家。

EoCM 的核心概念是"非产品产出(NPO)"的管理,所谓的 NPO(Non-Product Output,简称 NPO),是指企业在生产过程中,所有参与了生产过程却未能转换成最终产品的各种物料和能源,包括全部的固体废物、废水和废气等(见表 9-2"最普遍的 NPO 例举")。EoCM 管理工具的基本目标是使企业通过调整生产流程、更新管理理念,系统、持续地减少NPO,从而最大程度地降低生产经营成本,减少对环境的不利影响,同时通过 EoCM 管理工具的培训和应用提升企业员工的凝聚力,最终实现经济效益、环境效益和组织效益的"三赢"目标。

（2）EoCM 管理工具在浙江省的发展情况

EoCM 管理工具在浙江省的引入,其溯源是浙江省环境保护局、浙江省经济贸易委员会等机构与德国技术合作公司(GTZ)的技术合作项目"浙江省企业环保咨询(EECZ)"。EECZ 项目于 2002 年底在浙江省正式启动,该项目致力于在浙江省减少由危险废物及工业行为而引起的环境污染。2003 年,EECZ 项目为配合浙江省生态省的试点建设工作,结合浙江省企业需求的现状,在浙江省正式引入了 GTZ 专门为发展中国家的中小企业(SME)开发的 EoCM 管理工具。EECZ 项目连续三年开展了 EoCM 管理工具试点企业的咨询培训和对清洁生产审核机构的能力建设。2007 年 3 月 27 日,浙江省经济贸易委员会资源节约与综合利用处正式对浙江省各市经贸委资源处下发了《浙江省有效益的环境成本管理(EoCM)验收暂行办法》的通知,为 EoCM 工具的市场化推广奠定了政策基础。推广至今已经取得良好的资源节约和提升效益的成果。

表 9-2 最普遍的 NPO 例举

生产过程中的固体废物、废水和能源损耗;
无法使用或者无法销售的原料和产品的处置;
质量不合格需要返工的半成品;
需要销毁或低价处理的不合格产品;
蒸汽产生或发电过程中的热损耗;
办公区域产生的固体废物和废水;
储存、运输和分销过程中原料、能源和成品的损耗;
包装过程中产生的固体废物;
低于成本价销售的副产品;
顾客不愿意支付的或可能降低最终产品质量的过度填充,包括过度包装。

(3)EoCM 管理工具的循环经济机制

作为循环经济应用的一个典型工具,它的一个主要特色是企业作用的主体性。这一特色体现在:1.EoCM 是企业在发展循环经济实践过程中不断累积和改进的经验总结,在注重适应社会环境要求的同时反映了企业经济利益的诉求,是能够有效协调企业经营生产活动的环境效益和经济效益的工具;2.EoCM 的推广和应用过程全部在企业层面展开,从 EoCM 工具的开发、培训,到 EoCM 的应用和审核,主要工作都由 EoCM 工具开发培训机构和 EoCM 应用企业全程参与,政府只在这一过程中承担引导和宣传的工作,因而发展循环经济的成本和收益主要在培训机构和企业之间进行协调分配;3. EoCM 工具是企业主动要求学习应用的,不带有政府强制性,体现了企业自身发展循环经济的愿望,其应用效果是企业自身发展循环经济的决策能力、组织能力、学习能力和执行能力的综合体现,因而比政府强制性的循环经济管理更具有执行力。EoCM 工具的企业主体特色,是循环经济机制在企业层面具体形成的重要体现和保障。

EoCM 工具管理的核心是处置 NPO,持续减少 NPO 的产生和输出,这一核心,包含了本文前述的企业发展循环经济的 3 个行为的内容:

第一,防治污染,净化环境

NPO 的减少,直接减少了企业向外的非产品输出,是防治污染净化环境的行为表现。NPO 的内涵对传统的三废进行了有益的拓展,将处理三废的目标不单锁定在生产活动层面,也包括了处理办公区域产生的三废、包装储运等环节产生的三废,以此最大限度地减少企业生产生活所产生的环境污染。这些企业通过处理 NPO 减少污染排放的行为,直接为企业带来了成本节省和收益增加的绩效:一方面,由于排污量的减少直接节约了排污费用的交纳,如温州美拉五金公司投资 20 万在废水处理设施中增加沉淀池,提高已有治污设施的废水处理能力,可以每年为其节约排污费用 4.68 万元;浙江中辉皮草有限公司在转木糠工序中使用封闭式滚筒,大大减少了木糠对空气的污染,该措施总投入 2.2 万元,却能为中辉皮草公司每年带来 6.8 万元的成本节约;大型印染企业浙江蓝星控股集团减少废水排放 775,000 吨,减少废气排放 317 吨,减少固废排放 2025 吨,这些污染的减排直接为蓝星带来每年 70 万元的排污费节约;另一方面,企业通过污染减排使得自己的排污指标产生剩余,这些剩余的排污指标,虽然在目前产权交易市场尚未建立的情况下不能通过出售来直接获取收入,但企业可以充分利用这些剩余的排污指标扩大企业的产能。以蓝星集团为例,环保局允许蓝星的日排放指标为 1450 吨,但蓝星的实际日排放量仅为 700 多吨,这样,蓝星在周边其他印染企业因减排指标限制而无法提高产能的时候,就可以利用剩余的减排指标充分释放自己的产能,从而提高企业业务规模和收益。①

第二,减少生产过程对自然资源的消耗

NPO 的管理要求企业尽最大可能降低能源消耗、减少热损耗、避免生产生活中的无意浪费、减少不必要的过度包装,这些措施极大地减少了企业对自然资源和能源的消耗。浙江新东海医药化工有限公司通过在原料分装过程中设计安装一台分装器,减少原材料的洒落,同时制定管理措施,规范员工的操作行为,使得分装过程中原料损失减少 60% ,该措施投入仅 2000 元,每年节约的成本达 3.2 万元。绍兴永盛轧染厂在 33 台印染机器和油锅炉主泵等设备上安装了变频器,控制生产所需的压力、染液流量及织物的运行速度,达到了很好的节电效果,这一措施总投入 55 万元,年节约成本 126 万元,经济效益显著。温州美拉五金有限公司通过采用最优用电方案,发现每晚车间停止供电 2 小时并不影响生产,每年直接节约用电成本 2.48 万元。浙江蓝星科技有限公司在印染工序中把蒸汽管道阀门换成节能阀以调节蒸汽管道压力减少蒸汽浪费,措施投资 2.2 万元,实现成本年节约 25.8 万元。浙江富邦集团有限公司对锅炉的上煤系统进行技术改进,提高锅炉热效率以节约锅炉用煤,措施投资 3 万元,每年实现成本节约 10 万元。

第三,废弃资源再利用

NPO 管理中通过对三废的回收再利用、注重对半成品、不合格产品的再加工改造,实现了废弃资源再利用的目标。浙江江南印染股份有限公司投资 185 万元安装了碱液收集装置,使生产中剩余的碱液可以重新收集、储存和利用,每年可节约成本 96 万元,两年即可收回全部投资成本。浙江富邦集团有限公司在皮革补伤车间安装散热装置,将绷板机蒸汽的热能引到该车间,为车间进行保温,防止化料冻结或皮坯冻裂,装置总投入 1.5 万元,成本节约每年 4 万元。EoCM 管理在鼓励企业再利用

---

① 《循环经济变废为宝,每天废物淘宝 3 万元》,中国广播网(www. cnr. cn),2007-8-19。

废弃物时还注重废弃物之间的综合利用,最大可能地降低措施的实施成本。如浙江新东海医药化工有限公司就是通过在烘箱排气处安装一台经修复的旧冷凝器再回收利用废气中的甲醇,这一措施,结合了废冷凝器和甲醇的再利用,措施总投入仅 1000 元,却能带来每年 2 万元的成本节约,实现了巨大的经济效益。

EoCM 管理中企业的三个循环经济行为多数情况下不是割裂开的,企业对某一 NPO 的处置往往同时包含了三个循环经济行为,典型的如废水的处理再利用,既包含了企业治污,减少污染排放的内容,也包含了废弃资源再利用的内容,最后又通过处理后废水的再利用实现了水资源消耗的减少。这种三个循环经济行为结合的情况在 EoCM 实施企业中有很多例子,以蓝星集团为例,印染厂的废水从排污管出来后,被送到热电厂,用于烟气脱硫和冲渣。这个环节可以改变以往外购电石渣处理脱硫的方法,既节约成本又减少二次污染;印染污水通过冲渣,经过煤渣中的活性炭吸附后,颜色由黑色变成浅黄色,完成了脱色。这些污水再经过生化处理变成中水,供造纸厂和热电厂做纸浆生产用水、冷却水和消防水。蓝星印染的废水生化处理循环系统日处理能力为 4200 吨,全年可处理 153 万吨废水,回用处理成本费为 0.6~0.7 元/吨,其处理利用率为 86%,按照水资源 1 元/吨,污水排污费 1.6 元/吨计算,该废水处理循环系统通过废水的再利用每年可为企业带来 235.5~250.8 万元的废水排污费和水资源购买费的节约。废气、废渣也以不同的方式进行循环利用。热电厂的余热被用到造纸和印染后整理项目上。热电公司的固体废物煤渣,直接掺入原煤中,用作回炉燃料。这样不但能再次利用煤渣中残留的热量,还能增加原煤中的含氧量,促进煤炭充分燃烧。热电厂每天排出的 110 吨煤渣和 50~60 吨粉煤灰直接卖给水泥厂、砖窑厂作为辅助材料。其造纸厂每天产生的 10 吨纸片渣,用做锅炉的混烧燃料,每天可节约 3 吨原煤。造纸厂每天产生的 6 吨纤液泥,晒干后也可以掺入原煤中用于燃烧。造纸厂的废包装带及废铁丝,也卖给了回收公司作塑料品及制钉之用。废水处理系统每天产生的 2.5~3 万吨污泥,也被直接作为全公司花木肥料或者给磷肥厂作原材料使用。①

　　上述三个方面的 EoCM 管理工具应用企业的行为和受益,主要描述了企业发展循环经济的经济效益,这一经济效益最为集中和明显地体现在成本节约上。经验表明,NPO 成本占企业生产总成本的 10%—30%,而浙江省的经验表明,对于一些特色行业如制革行业的企业,NPO 成本比例最高达到 40% 以上,因而通过 NPO 处置,可以显著地降低企业生产的总成本。

　　循环经济运行机制在 EoCM 管理中的体现,不仅包含了上述的三个企业循环经济行为和受益,也包含了内部支撑因素在其中的作用。首先,EoCM 培训,机构对企业特定的 NPO 产出,会负责提供针对性的技术解决方案,包括向企业介绍国内外相应的先进技术、为企业引进技术提供相应的指导服务等,并注重通过对管理人员、技术人员和员工的技能培训,培养企业自身的技术创新能力。其次,EoCM 管理本身作为专门为中小企业发展循环经济而开发的一套工具,特别强调了措施方案的制定应与企业现有生产结构和规模的实际相结合,方案的优选过程严格按照企业行为调整的成本最低、效益最大的原则进行,保障方案的可执行性和可控性。从浙江省企业实施 EoCM 管理所采取的方案措施来看,低费、无费方案占据了企业方案总数的大部分,如浙江天能电池有限公司在其 EoCM 管理共采取的 43 项措施中,就有 30 项零/低成本方案。浙江车头制药有限公司在其全部 31 项节约成本措施中,有 22 项为零/低费措施。这些零/低费方案措施的制定就是在充分考虑浙江企业生产结构和经济规模的基础上制定的。再次,EoCM 管理尤其注重利用信息来指导企业 NPO 的处置行为,企业在制定 NPO 处置方案之前,EoCM 培训指导机构会要求企业提供广泛的涉及经营活动各环节、各部门的信息资料,并且通过召开由各部门管理层和员工共同参加的会议进一步详细地掌握企业的生产

---

　　①　以上蓝星集团的数据来源于《综合利用,减污增效》,《绍兴环境通讯》2006 年第 11 期。

信息,从而为方案的制定提供科学依据。在方案的执行过程中,企业会通过标语、口号、海报、规章制度等方式为企业员工执行方案提供信息指导。同时,企业还注重通过信息反馈、交流渠道的建立不断调整其 NPO 处置行为,使得其行为效果不断提高。

总之,EoCM 管理综合体现了循环经济机制的行为、受益的过程和支撑因素的作用,企业通过 EoCM 管理工具的应用获得了经济效益、环境效益和组织效益的三赢绩效,进而形成了企业自主实施循环经济行为的有力激励。同时由于企业在应用 EoCM 管理工具中的每一个步骤都是严格按照利益最大化的效率标准来操作的,所以 EoCM 管理工具所暗含的循环经济机制除了提供给企业实施循环经济行为的动力之外,更保障了企业循环经济行为的效率,这充分显示出循环经济机制在促使企业发展循环经济方面的优越性。

五、进一步以利益机制促进循环经济发展的对策

1. 国际上运用多种手段推进循环经济发展的经验

在欧美和日本等发达国家,大力发展循环经济的战略方针早在20世纪六、七十年代就已深入地推行,尤其是政府从各方面强有力的支持,使循环经济得到迅速发展,形成企业和民众的共识,创造了良好的经验。归纳各国的经验,主要是运用以下手段推进循环经济发展。

(1)以法律为保障强力推进循环经济发展。在循环经济模式下,政府需对法律调整机制做出变革,以处理社会资源的配置方式和社会主体之间的利益关系。纵观那些循环经济发展较为完善的发达国家,有效的法律在保障循环经济发展时均发挥了关键性的作用,其中日本、德国被认为是循环经济立法最完善的两个国家,他们将一些基本法律制度相互衔接,共同促进了循环经济体系的形成与发展。德国的循环经济法律架构包括法律、条例和指南三个层次。制定了《废弃物处理法》(1972年),《循环经济和废物处置法》(1994年)、《再生能源法》(2003年)等大量的

```
┌──────────────────────────────────────────┐
│                                资源有效利用促进法（2000年）│
│                          ┌────────────────────────────┐
│                          │  容器包装循环利用法（1995年）│
│                          │  废旧家电循环利用法（1998年）│
│  环 环 推 推            循│  食品残留物循环利用法（2000年）│
│  境 境 进 进            环│  建筑残留物循环利用法（2000年）│
│  基 基 循 循            型│  报废汽车循环利用法（2002年）│
│  本 本 环 环            社│  绿色（再生产品）购买法│
│  法 计 型 型            会│    （2000年）│
│  （ 划 社 社            建│
│  1 （ 会 会            设│
│  9 1 形 形              │
│  9 9 成 成              │
│  3 9 基 基              │
│  年 4 本 本              │
│  ） 年 计 法              │
│    ） 划 （              │
│      （ 2              │
│      2 0              │
│      0 0              │
│      0 0              │
│      年 年              │
│      ） ）              │
```

特定物质管理与处置 → 改正废弃物处理法（2000年）　废弃物处理紧急措（1972年）　产业废弃物特定处理整备促进法（1992年）　特定有害废弃物进出口规制法（1992年）　特定化学物质管理促进法（1999年）　剧毒农药类对策特别措施法（1999年）

环境保护

地球温暖化对策推进法（1998年）　臭氧层保护法（1998年）　大气污染防治法（1968年）　水质污浊防治法（1970年）　土壤污染对策法（2002年）　噪音规制法（1968年）　自然环境保全法（1972年）　环境影响评价法（1997年）

地球环境问题　公害防治问题　自然保护　政策评价

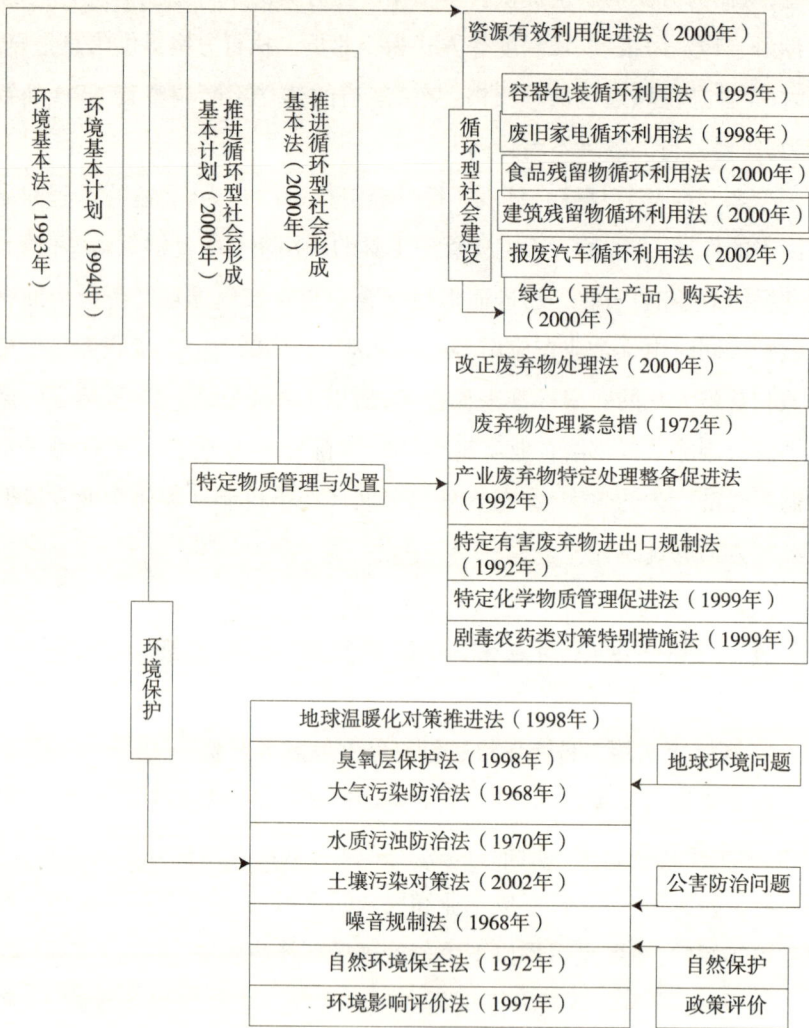

表9-3　日本主要的资源环境关联法体系

法律。这些立法措施极大地推动了德国循环经济的发展,有效地保护了资源,将消费和生产纳入统一的循环经济系统,已经超出了一般意义上的环境法。日本通过多年的立法形成了主要的资源环境关联法体系。如表9-3所示,早在1993年,日本就制定了较系统的《环境基本法》,并于次年制定了具体的《环境基本计划》。至2002和2003年分别制定了《推进循环型社会形成基本法》和《推进循环型社会形成基本计划》；日本虽然制定建立循环型社会的法律起步较晚，但其起点高，采取的法律措施比较全面与坚决，所取得的环境和经济效果都比较显著。从立法方式上讲，德国与日本分别采取了不同的方式。前者先对个别领域立法，再制定统一规范的立法；后者却先建立基本法，然后是综合法、单项法，采用的是自上而下、从宏观到具体的方式。《基本计划》是基本法确立的原则与各项具体实施策略之间的桥梁，或者说，是为了使各项具体政策能综合地、有计划地推进而确立的核心框架。从我国的实际情况出发，可借鉴德国，先从各个领域着手，分阶段立法，待时机成熟再制定综合性的循环经济法律。

　　各国为发展循环经济制定的主要税收政策：一是征收新鲜材料税，目的是促使人们少用原生材料，多使用再生的材料。二是征收资源与生态税。德国对除风能、太阳能等可再生能源外的其他一次性能源都收取生态税，比如 1 升汽油，要加收 6 芬尼的生态税。并且对一次性饮料瓶征税，每个瓶子征税额度从 0.15 马克～0.30 马克不等。瑞典对燃料征收能源税，主要包括增值税、电力税等。这些税已经占到税收体系的重要部分。美国新泽西州和宾西法尼亚州征收垃圾填埋和焚烧税，英国在 1972 年开征垃圾税，美国对每吨碳征收 6 美元～30 美元的碳税。爱尔兰对使用塑料购物袋征税，每使用一个塑料购物袋要缴纳 15 欧分税款，实施半年后，爱尔兰塑料袋的使用量骤降 90%。三是对于有利于资源环境保护的税收优惠。美国规定对从事循环经济的厂商奖以得分，并允许这些厂商将其得分卖给成绩较差的厂商；美国亚利桑纳州 1999 年颁布的有关法规中，对分期付款购买回用再生资源及污染控制型设备的企业减销售税 10%。美国康奈狄克州对前来落户的再生资源加工利用企业除给予低息风险资本小额商业贷款外，还相应减免州级企业所得税、设备销售税及财产税。

表9－4　发达国家发展循环经济的财政补贴政策

国家财政补贴政策	日本	德国	美国	法国	丹麦	荷兰
直接性财政补贴政策	对从事环境技术开发项目补贴研发费用的50%	对建造节能设施所耗费用补贴25%	对设置资源回收系统的企业提供10%—90%的财政补贴	对从事有关环境技术开发项目补贴50%左右的科研经费	对能为公共行业或社会带来效益的项目可提供高达100%的补贴	对采用清洁生产技术的企业补贴设备费用的15%—40%
间接性财政补贴政策	对废塑料制品类再生处理设备给予普通退税和14%特别退税	企业环保设施购置或建造,在财政年度内折旧60%以后每年按成本的10%折旧	对购买使用再生资源及污染控制型设备的企业减免销售税10%	对生产电力和热能的设施12个月的特优折旧	对使用减少污染排放的技术、水资源循环再利用设备给予加速折旧、减免所得税	对采用革新性清洁生产或污染控制技术的企业按1年折旧其投资

资料来源:董敏、贺晓波:《发展循环经济的经济手段:国际借鉴和政策选择》,《绿色经济》2006年第5期。

　　(2)广泛采取经济手段。如财政补贴政策、税收政策、信贷政策、购买性支出政策、押金制和奖金政策。表9－4为一些发达国家促进循环经济发展的相关财政补贴政策和信贷政策。日本各大金融机构对循环经济、环保型设施投入的贷款利率极低(1%—2%),且偿还期限长,一般在10年以上,这些信贷措施对循环经济发展的融资是一种很大的推动。

　　购买性支出政策。政府的购买性支出分为政府消费和政府投资两部分,它可以对市场机制难以有效进行资源配置的基础设施建设和事关国计民生的一些投资项目进行投资。国外政府已制定出许多相关的购买性支出政策。如1993年克林顿政府发布行政命令,要求政府机构采购的所有纸张必须含有至少20%用过的废纸,这些政策极大地促进资源节约型和环保性产品的发展。

　　押金制和奖金政策。美国、德国、荷兰、瑞典等国均对包装物品如啤酒瓶、饮料瓶等加收押金,用户把这些潜在的污染物送回收集系统即退还押金。目前各国政府都在试图强化押金制的作用。日本对创造型的技术研究开发实行补助金制度,对废弃物再资源化工艺设备的生产者给予补助,对引进先导型合理利用能源设备予以补贴,推进循环型社会结构技术实用化补助优惠政策。

（3）中介机构的整合与推动。中介组织能整合社会各方面的力量,与政府结成伙伴关系,使市民、企业、政府形成一体,通过沟通信息、调剂余缺,极大地降低一个社会发展循环经济的成本。以日本为例,其具有全国影响的循环经济促进组织有:铝罐再利用协会、医疗废弃物研究会、氯乙烯工业环境协会、玻璃瓶再利用促进协会等等。全国性的回收情报网络专门发布旧货信息,介绍各类旧物再利用的有关资料。

（4）形成公众参与的良好氛围。发达国家非常重视运用舆论传媒等手段加强对循环经济的社会宣传,以提高市民对零排放或低排放社会的意识。教育市民和单位尽可能减少排出垃圾,增进反复利用意识,对购买的一次性易耗品,应加强反复使用和多次使用。

（5）政府规划与切实推动下的生态工业园区建设。生态工业园区是20世纪60年代兴起的生态化运动和80年代兴起的可持续发展运动的产物,是依据循环经济理论和工业生态学原理而设计成的一种新型工业组织形态,是生态工业的聚集场所,它有计划地进行材料和能源交换,寻求能源与原材料使用的最小化、废物最小化,建立可持续的经济、生态和社会关系。20世纪90年代以来,生态工业园区开始成为世界工业园区发展领域的主题。

2. 进一步加强利益机制促进循环经济发展的对策

（1）广泛运用经济手段增强循环经济发展的利益调节与推动机制。

①增加财政补贴的力度和方法,加大补贴政策的透明度和监控力度。可采取物价补贴、企业亏损补贴、财政贴息以及对生产过程中使用的无污染或减少污染的设备进行加速折旧等制度,以增加间接财政补贴的方法并且加大对开展循环经济企业直接财政补贴的力度;同时,补贴政策应公

开且必须完善监控机制,确保资金到位和设备正常运转。

②健全银行的环保信贷政策,扩大其他金融机构的积极性、影响力。银行要确保将优惠信贷政策和严格的信贷政策结合使用,对生态环境保护及可持续发展有利的项目实施优惠信贷政策,反之则实施严格的信贷政策。另外,政府应采取鼓励性的政策,来充分调动其他金融机构投资环保事业的积极性。

③增加政府购买性支出。政府应增加有利于循环经济发展的消费性支出和投资性支出的力度,同时应制定相关的采购政策,优先购买具有绿色标志的、包装环保、可再循环利用以及使用环保设备和配件生产的产品,以影响企业的生产方向和消费者的消费方向。同时还应着重增加对促进循环经济发展的公共设施建设的投资,例如废物处理的公共设施、大型水利工程、生态工业园区等,为企业创造循环经济发展的良好条件。

④加大使用"交易权"制度的范围。加大"交易权"制度的实施范围,使企业可根据自身的情况以及市场条件选择自行削减或购买排污指标,从而减少整个社会的排污量。

⑤对可能造成污染的产品实行押金制。借鉴发达国家的经验,对可能造成污染的产品,如啤酒瓶、饮料瓶、电池等加收一份额度合理的押金,当把这些潜在的污染物送回收集系统时退还押金,而不仅仅是利用效果较差的废品回收方法来减少污染、保护环境。

⑥调整紧缺资源商品的价格,提高其交易价格,减少资源的消耗。建立起一个有效保护生态环境与产权体系相应的资源价格体系。

⑦开征环境保护税,将现行的排污、水污染、大气污染、工业废弃物、城市生活废弃物、噪音等收费制度改为征收环境保护税。

(2)进一步调整和理顺资源产品价格,形成良好的价格导向机制。

逐步提高一次性资源尤其是不可再生资源的价格。按照资源经济学原理,要使人们有效地保护、循序渐进地使用资源,必须以等于或略高于年贴现率的水平逐年提高不可再生资源价格,使保存的资源成为能够不断增值的资本,否则人们将趋于尽快地将所有资源消耗殆尽以获得最大近期收益。因此从人类的长远利益出发,不可再生资源的价格上涨是必然趋势。如果为了企业和居民的短期承受力而不适当地控制价格,最终是不利于资源有效配置和长远发展的。当然应在保障经济稳定增长的前提下逐年适度提高其价格水平,形成差别化、阶梯式、累进制的价格体系,同时配套以相应的政策措施,例如对相关公共产品价格的调整,以及税收、收入分配政策的实施等,使价格调整后各部门及经济主体保持协调局面。资源价格的适度提高,能使企业和居民真正珍惜和有效使用每一单位资源,并最大程度地建设和利用循环经济的设施。政府可设立专门基金,重点支持"三废"回收处理和再利用技术的研究、开发与推广应用。在政府采购中,应确定购买循环经济产品的法定比例,以推动政府绿色采购,并营造使循环经济产品能够以较高价格出售的氛围。政府应努力将其广泛运用于社会公共事业使其发挥最大社会效益。

(3)调整政绩考核机制及建立绿色核算制度,完善地方政府及企业行为的动力机制。

第一,要积极构建绿色 GDP 核算、绿色会计、绿色审计制度。在衡量经济发展状况时候,既考虑生产活动中生产出的满足自身需求的产品(正效应),同时考虑由生产活动外部不经济性所带来的生存环境损害(负效应),开展环保活动(资源恢复和污染治理)所需的资源环境消耗(包括进行环保活动而新产生的资源消耗和环境污染等"自然品"的消耗)及由环保部门所创造的增加值。政府应促使相关部门、经济体在评价企业经营状况时,充分考虑资源、环境状况及企业绿色利润及环境经济责任,促进绿色会计、绿色审计的普及。

第二,改变对政府和官员政绩的评价标准。使经济规模和速度指标在政绩评价中的权重降低,与循环经济密切相关的经济效益指标、竞争力指标和社会发展指标的权重大幅度提高,并明确将循环经济的指标纳入政府部门的政绩考核体系。明确规定各级政府、各级部门在发展循环经济中的义务和责任。可自上而下分层签订循环经济建设目标责任书,督促地方当局行使促进循环经济的职能,抑制狭隘的地方保护主义。强化对公共资源开发利用和环境保护的管理,统一制定国家资源与环境的储备、开发、利用和再生的规划与政策,使之与循环经济的发展相适应。

(4)促进政府指导下的全社会协同运作机制的形成。

加强部门间和区域政府间循环经济的合作,真正打破条块分割的体制障碍。建立部门及区域间循环经济体系。要求在尊重其他主体利益的前提下争取本地利益,或自觉地让渡部分本地利益。应将各地域的环境治理状况与其在循环合作经济中的收益程度挂钩。对于在环境治理方面的"搭便车"行为,要通过完善规则使其付出治理成本,同时获得多于成本的回报。使不愿付出成本的经济主体受到制度的惩罚。在发达的市场经济国家,多数涉及企业间和外部性的问题是由行业组织和社会中介组织通过市场机制来协调解决,我国这方面远远不够。因而要大力发展地区行业组织和社会中介组织,使其在企业间联合发展循环经济的谈判和交易中发挥关键作用。

(5)构建产业规模经济与循环经济互动发展的机制。

要鼓励发展规模经济,促进小企业的合并,大中型企业组建企业集团。对现有小企业要进一步建设和完善企业集群,创建工业园区,支持企业集群更好地组织和联合起来发展循环经济。在政策上鼓励企业以循环经济建设的合作途径为契机,逐步形成产权联合和兼并机制,变小企业为规模化的大中型企业。形成规模化企业有利于发展循环经济,循环经济又有利于企业联合和规模化重组,从而促进企业规模经济与循环经济的互动机制,既有利于企业经济效益的提高,又有利于宏观领域和外部性问题的解决。

(6)强化倒逼机制促进生产方式创新。

发展循环经济需要经济驱动力。这种动力可以是主动的,也可以是被动的。主动的动力来自于新理念、新目标、新的技术基础等,顺理成章地孕育创新,当然是最理想的状态。被动的动力往往是在环境条件、资源供给发生不利于维持现有生产过程的改变的情况下,生产者为了生存和发展而被迫进行的创新,其动力大小、创新的规模和成果往往比主动创新毫不逊色。这是由于被动创新的背后往往是生死存亡的压力,所以很多情况下恰恰会产生人们所意想不到的创新成果。近几年,资源和环境约束的"倒逼"带来的新技术、新举措的应用,产生人们始而未觉的进展,甚至解决了多年未能解决的问题,人们意识到,这是在经济领域引发一场"循环经济创新革命"的历史性机遇。谁先抓住这个倒逼的机遇,谁就在发展中赢得先机并赢得未来。

在严峻的资源和环境约束"倒逼"下,强化资源有效利用标准和环境保护标准,遏制低效消耗资源和损害环境的投资生产行为,促使企业创新以实现集约和可持续发展。例如对单位产出的能耗及土地、矿产(或其转化的原材料)、水资源等的消耗,都要规定更严格的有效利用标准。低于此标准的不得进入生产领域和进入市场,从而对落后企业形成一个"釜底抽薪"的机制。同样也要制定更严厉的减少有害排放、保护环境的标准,实行环境损害"一票否决制"。标准的严格及优胜劣汰的机制必然会对企业形成更强的倒逼压力,推动其在生产技术、管理和人员素质上进行创新,促进循环经济的形成。

第十章　集约式发展的引进外资策略

——以外商直接投资提升内资集约化水平

在开放经济的条件下,引进外资是促进本国经济发展的重要力量。由引进外商直接投资带来的先进技术、管理、产业链的关联性、国际市场资源等,更是对于推动本国经济竞争力提高和产业升级,具有不可替代的作用。我国改革开放以来尤其是 21 世纪以后,各地招商引资成为极大的热点,甚至成为地方政府工作的"一号工程",对于区域经济产生重大作用。但是,事实证明,在引进的外商直接投资中既有对本地经济转型升级产生巨大推动作用的,也有产业粗放特征明显、资源环境损害严重,甚至带有掠夺性的、欺骗性的行为,造成十分负面的影响。在建设集约型经济体系过程中,如何科学选择和发挥外商直接投资的作用,值得我们高度重视。

一、外商直接投资对于提升内资集约化水平的意义

根据国际经验,处于工业化中期的国家在产业升级进程中,吸收外国直接投资并与本国资本有机结合,所取得的技术溢出、产业关联、管理示范、人才支持、品牌运用等方面的好处,比获得更多的资本具有更为重要的意义。如 20 世纪 20 年代的日本改变以往排斥外资的政策,大力吸收外国直接投资。美国、英国、德国和瑞典的大公司,包括国际标准公司(美)、英国电气公司(英)、西门子公司(德)等积极投资于当时属于高技术新兴产业的电机、石油、汽车、橡胶以及人造丝等重要的新兴工业部门,

使当时处于重化工业发展初期的日本取得了关键性的资本扶持、技术创新和管理升级效应，对于日本重化工业的发展具有决定性意义。根据统计，当时外国投资中，直接投资的三分之二系合资经营，主要是外资与日本原有的本国财阀资本，如三井、三菱、住友、古河等大财阀合资经营。以日本本国资本为主体，注重外资引进，取得了以美国为首的资本主义国家在资金、技术和管理等方面的全面支持，推动了日本重化工业的发展。①二次大战以后，日本的汽车工业更是在引进外资促进本国产业发展的模式下创立和提升的。从 50 年代开始，日本政府就鼓励日本汽车公司向外国跨国公司学习，政府批准合资企业，并用稀缺的外汇进口外国组装产品中的某些部件，从而按外国的模型要求进行局部装配。被批准的合资企业有：1952 年日产公司与英国奥斯汀建立的合资企业；1953 年五十铃公司与英国罗斯公司建立的合资企业；1953 年日野公司与法国雷诺公司建立的合资企业；1953 年三菱重工与美国公司建立的合资企业，其汽车部分后来成为三菱摩托和奥弗莱的合资合营企业。② 这些合资企业在期限上都很短，其主要功能是为了帮助日本汽车厂商学习大规模生产的基本技术。日本学者认为，这种收益不高的生产的目的是为了学习技术和管理，使之成为未来竞争优势的来源。日本的汽车厂商开始先从西方汽车跨国公司那里得到技术转让，但他们并不满足于局部装配生产，而是系统改革了生产组织和管理，最后成为世界汽车工业的有力竞争者，而且还通过对外积极投资，使英国和美国的汽车工业发生了结构变革。

　　日本鼓励外商独资企业尤其是合资企业在本国的发展，目的非常明确，主要是为了引进国外先进技术，促进本国的技术创新。1965 年以前，主要是积极引进欧美先进技术发展本国制造业；1965 年以后又强调引进技术的同时，要进行自主的技术创新。到 80 年代日本政府提出，要从过

---

　　① ［日］长冈新吉、田中修、西川博史：《近代日本经济史》，日本经济评论社 1980 年版，第 136 页。

　　② Ozawa(1994)，japan's external asymmetries and assembly industries lean production as a source of competitive advantage，Transnational Corporations，3，3，pp. 25 - 52.

去的"改良型"(或叫"收割型技术")转变为"播种培育型技术",通过开发智力资源,进一步提高技术水平,推进创造性自主技术研究开发,并使之产业化。据日本政府统计,引进技术在 50 年代每年平均 230 件,60 年代增加为 1000 件,进入 70 年代后每年超过 2000 件,至 1975 年 3 月,日本共引进外国技术 25777 件。

1. 外商直接投资对本地经济集约化的积极效应

纵观历史,除日本之外,亚洲的韩国、泰国、马来西亚、印度、新加坡、我国的台湾省,以及南美、东欧的许多国家,都有丰富的以外国直接投资促进本国经济发展和提升竞争力的经验。归纳国际上以外资促进本国经济集约化及提升竞争力的基本路径,主要有以下方面:

(1)外商直接投资促进东道国新兴资本的形成。

关于外资企业活动的实证分析表明,外资企业越来越意识到当地生产者的作用,并与之建立起越来越多的联系。一个区域配套产业的基础如何,成为外资企业对于本地投资环境评价的重要标准。当地资源在外资企业投入物中的比例随着时间的推移而呈现上升的趋势。例如,1981年日本跨国公司在亚洲各国的分支机构所需投入物中,在当地采购的比例为 29%,到 1988 年该比例上升到 44%。另一些案例研究也表明,跨国公司国外分支机构广泛利用东道国供应商网络为其服务,往往也向供应商们提供资金上的帮助,例如一项关于墨西哥制造业 63 家大型外国公司的调查发现,采取当地分包形式的比例几乎达到三分之二。① 产业连锁效应为东道国当地企业创造和扩展了新的投资机会,而其所产生的乘数效应则更是十分可观的。

(2)外商直接投资对东道国产业结构的演进效应。

多数情况下,发展中东道国原来只能生产中低档次的产品,有限的竞

---

① 联合国跨国公司中心编:《1992 年世界投资报告》,储祥银等译,对外贸易教育出版社 1993 年版,第 117—118 页。

争力主要集中在成本竞争上,产业升级的动力不足。而跨国公司直接投资则多为产业层次和质量标准较高、产品比较新颖的行业,他们进入东道国后,竞争向产品差异化的方向发展,从而与产品质量改进、不断求新求异的设计、改进售前售后服务方面结合起来,使产业结构的提升体现在产品的生产、营销的各方面。同时,由于外国投资普遍需要东道国产业提供低成本、高质量的协作与配套,会通过其多方面的示范和带动效应,促进东道国产业结构的演进。如果当地企业不能提供符合标准的中间产品和服务,外资企业会通过其技术和管理知识传授以及示范效应,帮助当地企业进行技术改造和创新,实现产业升级;由于外国直接投资的进入而带来的市场竞争加剧,迫使当地企业进行技术革新、提高生产效率,从而使东道国原来因缺少资本和竞争而形成的分散、小规模的低效率生产,发展成为高效率的大规模生产。

(3)跨国公司直接投资推动东道国技术进步。

表现为两种途径:

一个途径是技术转让:其一是将先进技术转让给其所属的国外子公司,虽然技术是在跨国公司体系内部转让,但对东道国仍然有很强的示范效应。其二是在东道国建立合资公司,将技术转让给合资公司。对东道国来讲,既可以通过外资企业的生产和销售,获得本国所需的硬件技术和技术信息,使外资企业成为东道国技术进步的先导力量和支撑主体,也可以通过国内企业的观察和模仿,使本国获得生产创新技术产品的能力,并掌握技术设计、技术创新和技术管理所需的知识。当然,跨国公司是从自身利益最大化角度出发对外转让技术的,东道国能否从这种技术转让中获得较大的比较利益,主要取决于技术在短期和中长期中,对本国的适用性及其效益,以及技术转让的代价。

另一途径是外商直接投资带来的外部效应和溢出效应。外国直接投资者带来的技术溢出效应多数是通过跨国公司在东道国的分支机构与当地供应商和客户间的前、后向关联表现出来的。一是跨国公司帮助当地有发展前途的工厂建立生产设施。如在印度生产卡车的外资企业花费巨大的精力帮助当地已有的和潜在的供应商建立各种设施,帮助后者提高管理和技术水平。二是为提高产品质量和推动产品创新而向当地供应商提供技术援助和信息支持。三是对当地供应商在原材料和中间产品采购方面提供技术和管理方面的帮助。四是为当地雇员提供培训,包括简单的生产操作员,也包括高级技术和管理专家。

(4)外商直接投资推动东道国提升对外贸易竞争力。

这不但表现为跨国公司产品的直接出口,是东道国对外贸易的重要创造者,更突出表现为外商直接投资对东道国企业对外贸易的促进作用:一是通过与跨国公司的合资或合作加入跨国公司的国际市场营销网络,利用跨国公司的垄断优势,排除市场进入障碍,迅速扩大出口规模,使合资和合作双方受益。二是当地企业在外资企业的竞争压力下增强出口能力,压力变成了出口的动力。三是通过跨国零售商和贸易公司的关系,东道国企业增强了与国外消费者的联系。四是外资企业的当地采购和零部件分包安排,增强了东道国企业与国际市场的联系。五是跨国公司培训专门从事出口贸易的当地雇员,这些员工"跳槽"后,其技能及其与国外客户的联系会扩散到当地企业中。

总之,我国为应对传统产业所面临的挑战,注重引进外资及其所带来的外溢效应具有重要意义。然而本地民营资本比较充裕的浙江省,曾经在较长时间似乎并不重视引进外资,原因是一些人在观念上放大了外资对民营经济的挤出效应或控制效应,而对引进外资心存疑虑。但随着外商直接投资的不断进入和发挥作用,这些疑虑逐步消除。根据我们对浙江305家企业经营者的问卷调查,在关于浙江引进外资的必要性问题,认为"十分必要"的占82%,认为"必要"的占18%,认为"不必要"的为0。在关于浙江引进外资第一位作用是什么(七个选项选一)的问题时,认为是引进技术的占23.7%,引进管理20.3%,发挥龙头带动相关产业15.3%,促进海外市场销售13.6%,引进资金13.5%,引进人才11.9%,引进品牌2%。无疑,根据外资进入我国市场的行为,有针对性地采取政策措施提升其溢出效应,促进内外资融合十分必要。

首先,浙江省民间资本充裕的表象往往掩盖着产业技术与资本密集度低、投资领域相对狭窄、投资规模不经济、产业升级能力不足的事实。民营经济在高新技术领域投资不足,多数企业规模偏小。要改变这种局面,现有的民间资本总量是远远不够的,需要引进外资以填补缺口。第二,要促进民营资本在高新领域的投资,必须有相应的技术和管理层次及市场空间,目前民营资本恰恰存在不足,以致出现因缺乏产业投资能力而闲置的现象。引进外资能带来较高的技术、管理和市场空间,有利于引导民间资本进行高质量和高层次的投资。发达国家向外转移的制造业中,多数对我国而言是较高层次的产业,技术和管理比我国产业要相对先进。虽然许多产业的核心技术可能不会转让给我们,但是其产品是市场需求潜力巨大的高技术产品。因而吸引外商有较高技术含量的产业投资,不但能促进经济景气度提高和循环加速,而且能通过关联性带动相关产业升级,有效改善总体层次偏低的产业结构。第三,现有民营资本存在产业链偏短的问题,包括上游产业投入物的供给往往存在成本高、质量不稳定的问题,下游产业加工度不够、附加值不高,从而使产品档次长期处于低水平,效益难以提高。引进外资有利于加长产业链,"以两头促中间",增强整个产业的发展能力和竞争实力。第四,现有民营资本处在扩张期的要求与家族制企业封闭式的产权和管理方式将产生越来越突出的矛盾。国际资本与民营企业相融合,以国际先进的管理方式改造传统企业,有利于促进民营资本创立开放式、现代化的企业管理模式。浙江改革以来,民营企业中涌现出大量企业家,但多数还是"小、土、群"的企业家,要培养出大企业家,外资企业的带动是有效的。第五,民营企业与外资企业的结合,有利于民营企业借外企之船出海,更便捷、更大规模地进入国际市场参与国际竞争,进行国际化经营。

2. 外商直接投资对本地经济可能的负面效应

然而,外商直接投资对东道国也会产生若干不利的影响。这既表现在直接效应的两面性,也表现为间接效应的两面性。如图 10 - 1 所示:直接效应方面,给本国带来的收益包括促进本国经济增长等5个方面;本国所付出的成本,则包括土地价格优惠等4个方面;间接效应方面,正面作用是所产生的外溢效应,包括技术、信息扩散效应等6个方面,所产生的挤出效应,包括对本国企业形成的争夺市场的竞争等5个方面。关于外商直接投资的溢出效益和挤出效应,后文将有较详尽的讨论。这里值得注意的是本国所付出的吸引外资的成本,目前来看值得引起各方重视。

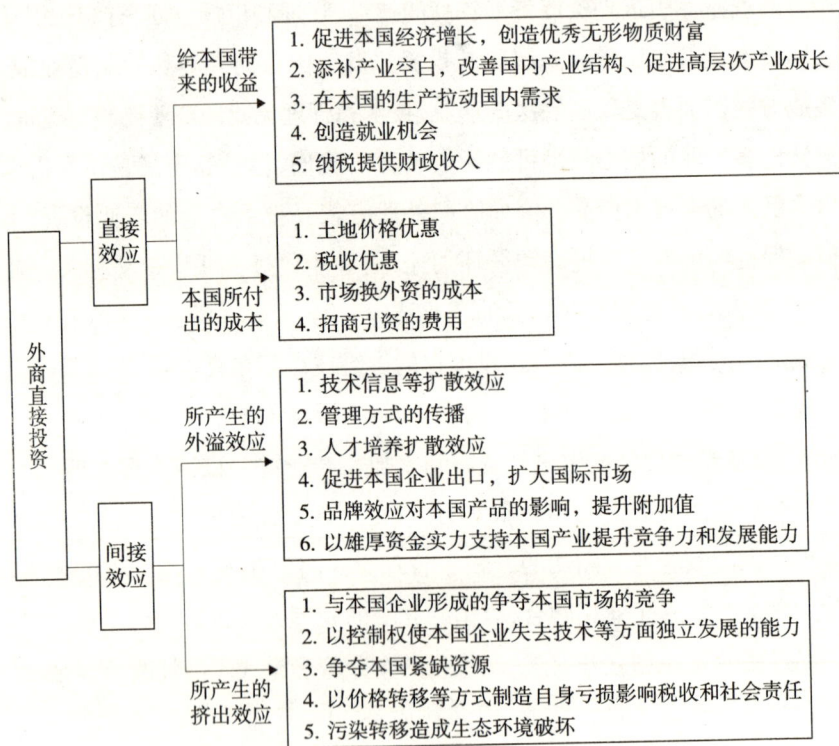

图 10-1　外商直接投资对东道国效应示意图

　　第一,各地政府为了吸引外资纷纷出台优惠政策,如所得税减免,土地使用费减免等措施。这部分措施(优惠)已被当然视为引资的"必要成本",全然不计背后的利益损失。更为严重的是有些地方为了引进项目,不断向国外投资者倾斜,提出更加优惠的政策,甚至不惜损害地方利益。以土地转让为例,珠江三角洲某地土地的市场价格是25万元一亩,而地方政府出让给外资的土地价格只要 5 万元一亩，个别地方甚至更低。而事实上，成熟的开发区用于基础设施的投入和其他土地成本总计在 15 万元一亩的水平。这样，本地政府每亩要倒贴近 10 万元。根据公共选择理论的观点，政府机构及官员是缺乏追求利润、降低成本的激励机制和动机的，他们的目标不是追求利润的最大化，而是追求机构人员规模的最大化，为此增加自己的升迁机会和扩大自己的势力范围。可以说在单一以经济增长指标进行考评的官员考评体系下，各地方政府官员为了完成各自的 GDP 指标，必然会采取"不计代价"引资的做法，而损害的只能是当地经济的长远发展。

第二，以市场、利益换外资的成本。由于自身发展水平低，且不具备专有技术。为了弥补这种"后发劣势"，一些地方采用以市场换技术，以利益换外资的做法，试图转变为"后发优势"。尽管这方面国内不乏成功的例子，如家电行业。但其实施仍有较大风险，必须审慎评估其交易成本。外商投资看中的是每年 20000 亿的社会消费品零售总额，13 亿人口的市场。比如在某些合资企业中，外商似乎不看中企业能否盈利，而是牢牢控制采购和外销权，这样企业不管能否盈利，只要经过他们母公司采购，至少可得到 5% 的附加费用，合资企业出口或许不盈利，但只要通过他们母公司出口，外商绝对不会赔钱。① 许多国内企业在让出市场换取外资之后被外资企业挤出了市场。当然，客观上外资确实带动了当地经济的发展，提供了更多的就业机会。

第三，其他隐性成本。引进外资"重数量，轻质量"导致企业的重复引进，并且企业技术含量低，污染比较严重。这些在以后的环境治理和结构调整时，必然会付出更多的费用。另外，更为令人担心的是现在各地的招商引资大多通过"行政推动"的方式进行。大量的公共资源被扭曲使用，而在急需政府投资（关注）的教育、卫生等公共领域，却很少被顾及。

---

① 胡继妹：《"长三角"地区"行政推动"招商引资的经济学分析》，《战略与管理》2004 年第 3 期。

引进外资,提升本国经济的整体水平无疑是正确的。尤其是"以民引外,以外促民"更是独特而现实的选择。然而如果在引资过程中不能谨慎思考引资的成本收益,很可能会造成盲目决策,最终达不到设想的效果。因此各地政府在引资过程中必须树立正确的指导思想,意识到引资的目的在于促进当地经济的长远发展,而不是"为引资而引资"或者"为升迁而引资"。当然这方面需要官员考评体系的改进,告别单一的经济指标,转为包含科技、教育、卫生等指标的综合考评体系,从而使政府的职能回归到公共事业领域。

近年来,国内也有不少学者对于引进外资所带来的效应,包括外溢效应和挤出效应的程度做过不少定量分析,总体来看,我国改革开放以来引进的外资形成正的外溢效应。① 在通过外溢效应带动我国产业升级和技术创新具有重要的意义的前提下,以东道国优势寻求引入高技术外资,并促进内外资的有效结合,是强化外溢效应的必然前提。优势的发挥,则要根据外资的进入行为偏好,有针对性地采取相应的方式。因此有必要研究促进外资增强外溢效应的导向性条件,以调整我方引进外资及相应技术的取向和政策。

二、从"以市场换技术"转向"以优势引技术"

我国自 20 世纪 90 年代实行"以市场换技术"的战略方针,国内市场的开放吸引来大批外商直接投资,其所带进的技术促进了我国产业的创新。但目前以市场换技术的效果不尽如人意。随着技术实力的增强,中国沿着既定技术轨道向上攀升的速度减慢,阻力越来越大。中国高技术产业"没芯没肺"的问题也越来越严重。② 而且由于跨国公司所享有的技术优势,可能迫使我国企业放弃已有一定基础的技术开发能力,转而形成

---

① 沈坤荣、耿强:《外国直接投资、技术外溢与内生经济增长》,《中国社会科学》2001年第 5 期。

② 钟昱、刘国旺:《大市场为何没能换来高技术》,《中国财经报》2005 年 3 月 8 日。

对跨国公司的技术依赖。① 对此我们的解释是：外资和东道国之间技术与市场的交换形成一个博弈过程。开放市场的方式对于引进外资不同层次和不同生命周期、对企业竞争力所起的作用不同的技术，其有效性是不一样的，"以市场换技术"的效应有一个边际效率递减的趋势。

如图 10-2 所示：随着市场开放程度的提高，总体上技术引进程度也不断加强。这种加强不仅表现为引进技术数量的增加，也表现为引进技术先进程度的提高，我们在图中以曲线 PQ 表示：在市场开放初期，市场开放程度在 O 到 T1 之间，引进的是成熟技术，这种技术往往仅比本国的技术水平略高一些，引进外资主要目的在于增加资金和生产能力。在此期间，市场开放程度的提高对于技术引进的数量的边际作用很强；此后，市场开放程度从 T1 提高到 T2，引进的是较先进技术，这种技术比本国技术水平明显要高，虽然还不是外资的先进技术，但已经能够对我国的技术和生产力水平起到明显的促进作用。在此期间，市场开放程度的提高对于技术引进的数量的边际作用不如前一时期，也就是需要更多的市场开放程度才能引进相应数量的技术；东道国的市场开放程度从 T2 到 T3 之间时，力图引进国际上先进的技术，包括最新的核心技术，外资对其内部化程度很高，多采取独资企业形式应用这种技术。这时市场开放程度的提高对于技术引进的边际作用大大降低，甚至在 T3 以后，开放市场已经起不到引进先进技术的作用。

面对这种趋势，有人认为，对跨国公司而言，只要掌握了核心技术，在全球任何角落扩展市场都只是时间问题。相反，如为市场而转让核心技术，就失去了关键优势，即使已占领的市场也只得拱手相让。因此，东道国想以市场换核心技术只是一厢情愿的想法。② 此虽不无道理，但并不能否定以广义的市场资源"换"技术的动态有效性。

由于任何领域核心技术的内涵都是动态变化和分层次的，外商投资

① 商务部研究院管理咨询部产业投资趋势调研课题组：《2005—2007 年跨国公司对华产业投资趋势调研报告》综述，商务部网站，跨国公司研究中心网页，2005 年 2 月 14 日。
② 林涌：《"以市场换技术"战略的反思》，《统计与决策》2002 年第 9 期。

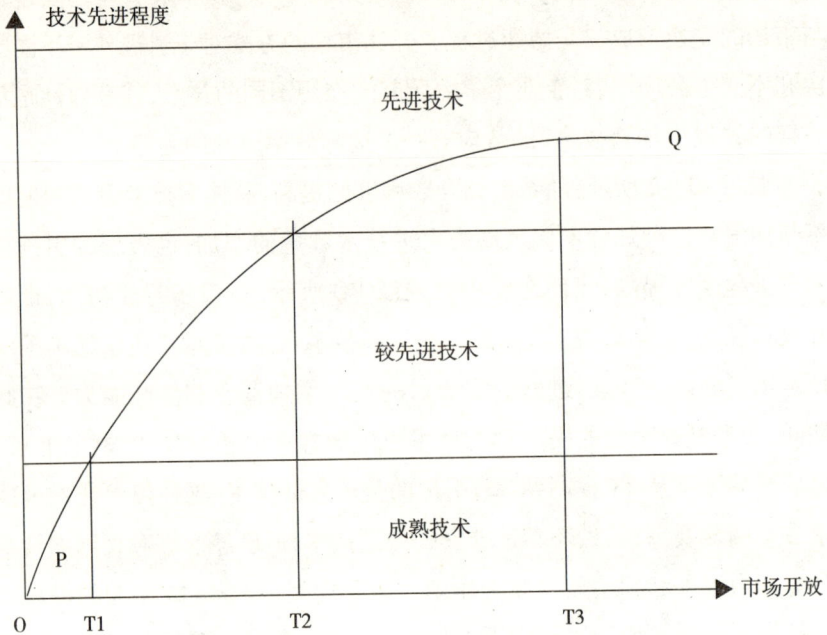

图 10 - 2　市场开放程度对于不同先进性的技术引进所产生的促进效应变化示意图

出于利益最大化的考虑,在以高新技术换市场问题上也是采取灵活策略,其首先要权衡以技术换来的市场究竟包括哪些具体内涵,除包含"市场准入程度"外,更重要的应包括市场的投资环境,尤其是外资的先进技术得以运用和产生效率的软硬环境。① 其次,外资会根据技术本身生命周期的状况进行权衡。当一项核心技术逐步趋于成熟而可能被超越时,外资会理性地将其用于交换所需要的市场资源,而不是封闭地死守技术。其三,在方式上,外商的直接技术转让将会减少,而各种形式的技术外溢效应将占领主要地位,而外溢效应的强弱又主要取决于东道国的优势及企业的学习能力。东道国如何根据外商的利益取向行为,注重发挥自身相应的优势就十分重要。

因此,从"以市场换技术"转向"以优势引技术",应更为合理。

---

① 胡景岩:《论开放市场与引进技术》,中国对外经济贸易出版社 2003 年版。

跨国公司投资最终目的是为了获取最大的收益,技术的投入和转移当然也以此为根本目的。能不能以东道国的优势最大化,促成 FDI 技术的效益最大化,取决于 FDI 的技术能不能与东道国的特定优势形成优化组合。例如外资先进技术与东道国配套的劳动力、生产能力、技术人才等优势相结合,就容易产生较高的技术收益。也就是说,这些要素和特征构成了相对于高新技术而言的特定优势,东道国如果能充分发挥这种优势,促进其与 FDI 技术的结合,将能够更直接地推动 FDI 技术的转移与外溢,形成比开放市场换取技术有效得多的效应。

如图 10 - 3 所示,在 O 至 T2 区间,即以技术换市场阶段,其边际作用开始很显著,而后趋向于递减。但在 T2 以后,转换为通过充分发挥优势换取外资的先进技术,其边际作用又会趋于十分显著,有利于引进最先进的技术。当然这并不是一劳永逸的。当原有优势的边际作用又趋于减弱时,又要注重发挥新的优势,来吸引外资最先进的技术。

问题的关键在于外资的外溢效应如何在东道国发挥相应优势的条件下才能增强?这首先要明确外溢效应主要通过什么途径和机制而产生及增强;其次是如何通过发挥优势来扩大这些途径和机制。

对外商直接投资技术溢出效应理论的探讨,最早可以追溯到 20 世纪 60 年代初期。起先是麦克多加(MacDougall, 1960),随后是科登(Cooden,1960)、卡维斯(Caves,1971)、芬德莱(Findlay,1978)、科伊朱密和科佩斯(Koizumi & Kopecky),他们都从不同侧面和不同程度对技术溢出效应问题作了研究。[1] 90 年代以后,国际上该领域著名的研究者瑞典斯德哥尔摩大学的 Magnus Blomstrom 教授和他的同事 Ari kokko 教授在 1996 年和 2001 年在有关外商直接投资溢出效应的两次综述中,对外商直接投资溢出效应的属性和方式进行了较准确的论证。[2]

他们认为,溢出效应是指由于跨国企业的进入和参与,东道国本土企

---

[1]　陈明森:《产业升级外向推动与利用外资战略调整》,科学出版社 2004 年版。

[2]　Magnus Blomstrom and Ari kokko : Foreign direct investment and spillovers of technology; International Journal of Technology Management , Vol. 22 Nos. 5/6,20016.

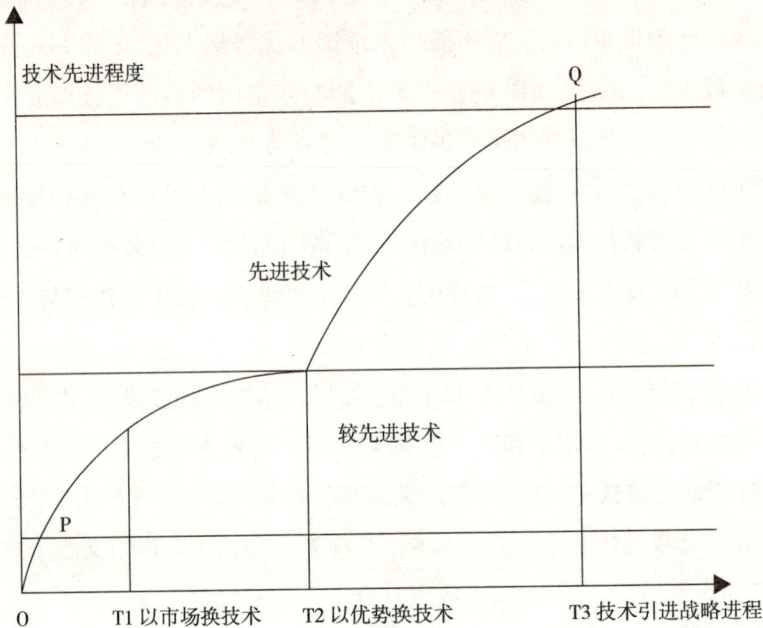

图 10－3　市场和优势对于不同先进性的技术引进所产生的促进效应变化示意图

业所获得的在其劳动生产率方面的进步。溢出效应的发生：是由于跨国企业在东道国投资时，并不能完全获取其劳动生产率和运作效率方面的优势所带来的全部好处，从而使东道国的本土企业从中受益。总括起来，他们提出跨国投资的技术溢出有四种主要形式：

一是示范与模仿效应。外国公司向东道国的分支机构进行新产品、新技术转移的过程，同时也是其向东道国进行产品、技术、工艺和管理方式信息传播与扩散的过程。这一效应在合资、合作、加工贸易和战略联盟等企业运作形式中尤其突出。它通过个人接触、倒序制造、模仿渠道，形成能够促进东道国技术提升的产业集群，使当地企业在对外开放中了解、学习国外先进技术和管理水平，同时还可以增强当地企业的危机感与竞争意识，促进当地企业改进技术并提高劳动生产率。

表 10-1 对应于 FDI 外溢效应机制的东道国优势发挥方式

外溢效应的途径和机制	旨在促进 FDI 外溢效应扩大的东道国相应优势发挥方式
示范与模仿效应	1. 发挥本国生产要素禀赋的优势。多数外商投资是着眼于利用我国有优势的生产要素资源(相对低成本的劳动力及自然资源)而进入的,尤其当外资拥有先进的技术,本国又没有条件实现经济性、商品性转化时,会倾向于把先进技术投入到我国以产生效益,适当放松技术外部化的条件。东道国可以利用这种外资所需要的生产要素优势作为谈判筹码,要求给予本国企业更多示范与模仿的机会,从而促进技术和竞争力的提高。 2. 发挥本国对某些产品需求空间大的优势。外资看中民营企业所拥有的市场网络资源和深厚的人脉资源,通过合作扩大其产品在中国市场的销售份额。外资往往以帮助内资企业提高技术和扩大国内品牌在国外的市场份额作为对等条件,形成双向合作共赢的效果。 3. 发挥本国若干产业和产品已有的生产能力的优势。根据相关研究,外溢效应要求东道国与外资的技术差距不能太大。只有具备一定的产业基础,才能有效地吸收外资技术。因此注重发挥本国已有的生产能力优势有利于促进外溢效应。同时,外溢效应的实际效果是与内资企业的学习性投资相关的。与外资企业的技术差距缩小,使内资企业的学习性投资容易获得实效。
产业关联效应	发挥本国配套生产能力的优势。企业在某一特定生产领域已有的生产能力能够与外资的产业发展意图形成默契,利于合作互补,形成产业关联、整体扩张效应和规模经济效益,就可能对外资有较大吸引力,从而形成生产者与生产者,或生产者与技术提供者、国际市场经营者、品牌资源拥有者等的合资合作。产业集群中的民营企业容易成为合资载体,就是因为其有独特的专业生产能力优势。其所引来的不仅仅是资金,而且是先进的技术和产品,促进本国企业提升竞争力。
人力资本流动效应	发挥我国相对廉价而丰富的技术人才资源的吸引作用。我国目前在某些新兴技术领域人才培养上并不落后。但相当一部分人才由于缺乏有效的技术领先者带领,而未能组织起研究和开发团队,部分人才甚至处于学非所用状态。因此,制定可行的政策吸引跨国公司将研发中心转移到我国,发挥技术龙头作用,有效组织和利用我国相对廉价而丰富的优秀工程技术人才,既有利于跨国公司降低研发成本,又有利于外资对我国人才的事实上的培养,通过人才流动及人脉网络的信息流动,形成外溢效应。
企业竞争效应	1. 发挥内资的竞争优势。在本地市场上,内外资企业的竞争越激烈,内资企业在压力下对学习过程的投资越大,越将促使外资增大技术投入以适应竞争,从而进一步增强外溢效应。形成内外资技术创新和生产力提高的互动共赢机制。 2. 发挥国内、国际贸易合作地位的优势。外资企业面临国际市场和东道国市场的竞争压力,除了其自身不断提高技术水平外,会更加注重与东道国企业在市场竞争中的供给和销售合作。在东道国国内会加强与原材料供应商或产品销售代理商的合作;在国际市场会加强与东道国外贸出口商和进口商的合作。为加强这种合作,外资会在相当程度上以技术转让和各种形式的技术外部化为筹码,内资可以贸易方面的优势来寻求相应的技术获取利益。我国一些地区(如浙江宁波、绍兴)注重把外贸伙伴变为投资合作者和先进技术供给者,在发展外贸过程中有选择性地引进技术先进的外资,化外贸优势为引进资本和技术的优势。

二是产业关联效应。包括前向关联效应与后向关联效应。后向关联效应是指由东道国当地厂商为跨国公司子公司提供零部件、原材料,为满足跨国公司对中间产品质量的标准要求,主动学习,而带来的效率和技术提高;前向关联效应是指由东道国当地厂商为跨国公司的子公司提供产品的市场营销服务,或对其半成品、零部件和原材料提供加工组装服务,而造成技术向东道国厂商的溢出。一般认为,后向关联效应比前向关联效应对东道国的技术扩散和技术升级更为重要。

三是人力资本流动效应。跨国公司普遍重视对当地雇员的培训。经过培训的技术和管理人员一旦流向其他企业或独立创办企业时,其所学到的各种技术也随着外溢。西蒙(Simon)1991年在研究台湾技术发展时发现,当地技术扩散的主要媒体是技术人员的流动,他们在外资企业工作若干年后,用其所学到的技术信息和管理经验创立自己的企业。美国硅谷的人际网络往往使一种高度保密的芯片在其首次面世后不久,就成为国际半导体社会的一般知识。[①]

四是内外资企业之间的竞争效应。根据 Blomstrom、Kokko(1995)和 Zejan(1994)的检验结果表明,[②]内资企业总资本的增加量与外资企业对母公司支付的技术转让费用之间存在着明显的正相关关系,反映了外资企业引进技术的数量明显受到本地市场的竞争状况的影响。市场竞争激烈,外资为了维持其竞争地位,会从其母公司引进更多的先进技术,从而产生更多有形或无形的外溢效应。

近年来,国内也有不少学者对于引进外资所带来的效应,包括外溢效应和挤出效应的程度做过不少定量分析,总体来看,我国改革开放以来引

---

① Fredrik Simon. Technology Gap, Competition and Spillovers from Direct Foreign Investment: Evidence from Establishment Data; The Journal of Development Studies, London, Oct. 1991.

② Blomstrom, Kokko & Mario Zejan. Foreign Direct Investment Firm And Host Country Strategies.

进的外资形成正的外溢效应。① 至于东道国如何通过发挥相应的优势来促进技术外溢效应的扩大,表 10 - 1 是我们的一个概括。

总而言之,在通过外溢效应带动我国产业升级和技术创新具有重要的意义的前提下,以东道国优势寻求引入高技术外资,并促进内外资的有效结合,是强化外溢效应的必然前提。优势的发挥,则要根据外资的进入行为偏好,有针对性地采取相应的方式。因此有必要研究促进外资增强外溢效应的导向性条件,以调整我方引进外资及相应技术的取向和政策。

三、外资进入模式及民营经济吸收外资的行为特点研究

研究如何促进内外资融合的前提,是对于内外资双方行为有尽可能清晰的了解,需要对外资进入我国的模式及民营经济吸收外资的行为特点作出分析。

1. 外资进入模式及其行为的利益权衡取向

按照跨国公司进入的目的加以区分,可以将进入模式分为四大类:一、建立产业组织链的目的,其具有明显的整体战略意图。公司成长与风险是进入模式决策的标准。组团式进入就是实现建立产业组织链目的具体方式。二、降低交易成本的目的。未来交易特征是影响进入模式的关键,而决策的标准在于最小化交易成本。三、提升组织能力目的。未来公司的能力特别是 Know-how 是影响进入模式的关键,进入模式决定的标准在于价值与成本的取舍。四、综合架构。整合交易成本理论、国际贸易理论、资源基础理论,以所有权优势、区位优势及内部化优势来决定进入模式。

---

① 沈坤荣、耿强:《外国直接投资、技术外溢与内生经济增长》,《中国社会科学》2001 年第 5 期。

　　米诺(Minor)等人从多方面的客观条件出发,认为影响进入模式的因素主要有 5 方面:一、当地经济环境具有吸引力;二、产业市场具有吸引力和竞争激烈;三、产品生命周期处于早期阶段;四、服务的需求较多、市场较大;五、厂商具有丰富的国际化经验。当以上 5 方面程度较高时,厂商会采取高控制进入模式,以求长期绩效表现;反之,则会采取低控制进入模式。

　　一般而言,外资在合资、合作企业中的特定行为导向主要显示为两个方面:

　　第一,对企业控制权的适度要求。按照母公司控制程度,可将 FDI 进入模式分为两个极端:一个是最高程度控制的独资企业;另一个是最小程度控制的、东道国占绝大多数股权的合资企业。从理论上讲,当 FDI 资产特定性越强时,控制程度应越高,以使交易成本降低;当东道国环境越复杂,投入的特定资产越多时,控制程度应该越高;当公司积累的国际经营经验越多、竞争者越多时,控制程度应该越高。莱库奥(1984)对在亚洲经营的 153 家跨国公司子公司的资料进行回归分析得出的结论是,跨国公司控制程度随着技术领导作用、广告强度及出口比重的增加而增强;随着东道国的吸引力、其他跨国公司竞争强度的上升而减弱;与时序呈现负相关关系。[①]

　　第二,机会主义行为,即利用合资所带来的各种机会谋取自身利益,而在一定程度上损害合资企业整体利益和东道国合资方利益的行为。例如 2003 年外商投资企业在中国亏损面达 51% 至 55%。而同时外资不断进入,2004 年 1 至 5 月全国合同外资金额同比增长近 50%。一方面大面积亏损,一方面投资热情升温,看似悖论的背后隐藏着外商的机会主义行为。亏损企业三分之二属于非经营性的原因,其重要手段是以转移价格的方式造就亏损:在华子公司通过高价向海外母公司购进原材料,又以低

---

　　①　参见崔新健:《外商对华直接投资的决定因素》,中国发展出版社 2001 年版,第139—140 页。

于成本的价格返销母公司,结果自然是子公司亏损,母公司大幅度赢利。
而合资企业的中方因为无力弥补大面积亏损,只能以出售公司股权减少
损失,从而逐步丧失对公司的所有权。例如苏州的一家企业在与外资合
作的 7 年中,每年亏损将近 1 个亿,结果中方不但一分钱没有盈利,所持
股权也几乎全部为外方收购。由于各地在招商引资中表现的急功近利,
加剧了这种不利状况。

　　值得注意的是外国直接投资存在的挤出效应。这种挤出效应发生在
金融市场,也发生在产品市场。在国内资金总量一定的情况下,外商如果
在我国借款进行投资,将会使我国的国内利率提高,导致国内本地企业因
此无法借款。如果外商所需的这部分资金从国外筹集,那么我国的投资
总额将会增加,增加的数量相当于由于外商在我国国内筹资使利率提高
而最终导致的那部分无法进行的国内投资。正是由于外商在我国借款,
所以挤出了这部分国内投资。外商投资对技术提升的不利影响。外商投
资的技术溢出效应是明显的。技术引进已经成为我国进行学习的最重要
的初始投入。但是,使用引进技术的效果取决于我国对深化吸收技术的
努力,并非所有技术引进方式都同样有助于学习。技术引进需要与互补
要素高度结合,而且技术引进更不能替代我国自身科研能力的发展。目
前部分外资注重于控股经营削弱了我国国内企业的科研能力。外资在控
股以后,凭借其控股后获得的权力,大力取消国内企业原有技术科研开发
机构,把中方置于从属地位。他们利用控股优势把持着合资企业技术、科
研、销售等重要部门,用境外母公司科研机构提供的技术来组织企业生
产,并对中方实行技术封锁、保密,这对我国的技术提升是很不利的。在
我国的外资很大部分是由于看中我国廉价的劳动力资源,因而把劳动密
集型的生产环节放在我国,而那些创新性的研究开发都投向发达工业国
家,我国吸收的子公司的研究活动只占很小的比例,并且其中大部分与生
产有关,而与创新无关。如果我国缺乏一套持续性的技术创新体系,较容
易导致对外资的技术依赖,并将永远跟不上最先进技术发展趋势。

　　为了探讨究竟在什么条件下外资能够更好地发挥外溢效应带动民营

经济发展,我们进行了一项外资意愿的问卷调查,共对 120 家企业发放问卷,收回 109 张问卷。由于外商独资企业与合资企业中的外资运行方式有较大不同,我们主要是对合资企业中的外商发放问卷。在企业选择上,条件是技术、产品、管理、品牌等方面有比较强实力,投资起点高的企业。问卷分别列出能够形成正的外溢效应的行为的 6 种外资行为,针对每一种行为,可以有 11 种相关的条件进行选择,答卷者可以在 11 个相关条件中选择最主要的选项,即在这些条件中哪 3 项对于形成这种行为最为重要。在能够形成正的外溢效应的外资行为所包括的 6 个方面中,前 3 个方面,即高新技术投入运用、国际先进管理方式、高层次人才引进与培养,属于为实现企业提升产业层次的目标;后 3 个方面,即外销渠道开拓和国际化程度提升、在东道国本地寻求配套产业、与各类内资企业构建更密切的合作关系,则基本属于通过产业和经济的关联效应,带动本地经济的扩张、市场开拓以及规模经济的目标。

表 10-2　外资形成正的外溢效应的行为对相关条件的要求(被选项比重%)

序号	外资对相关条件的要求	形成正的外溢效应的外资行为						百分比合计
		高新技术投入	运用国际先进管理方式	高层次人才引进与培养	外销渠道开拓和国际化程度提升	在东道国本地寻求配套产业	与相关本地企业构建更密切合作关系	
1	对企业的控股权	35.3	29.5	21.2	13.4		15.6	115.0
2	加强知识产权保护	17.7		14.8	5	10.6		48.1
3	市场前景良好	16.1	16.0			15.0	6.6	53.7
4	本地高级要素供应充分	9.4	15.1	18.3	11.7			54.5
5	本地形成理想配套企业	5.1			11.8	50.0	6.4	73.3
6	本地法制环境良好		14.5	14.8		5.4	11.6	46.3

续表

序号	外资对相关条件的要求	形成正的外溢效应的外资行为						
		高新技术投入	运用国际先进管理方式	高层次人才引进与培养	外销渠道开拓和国际化程度提升	在东道国本地寻求配套产业	与相关本地企业构建更密切合作关系	百分比合计
7	政策稳定性与透明性	9.9			9.8		12.1	31.8
8	国内竞争较充分且产业优势明显	6.5		17.5	15.7			39.7
9	国内市场及主体之间交往的诚信度较高		11.3		7.7	5.6	26.1	50.7
10	本地生产成本优势明显				20.1	13.4	11.7	45.2
11	各类信息的充裕度、透明化和快捷传递		13.6	13.4	4.8		9.9	41.7
12	百分比总计	100.0	100.0	100.0	100.0	100.0	100.0	600.0

　　表 10-2 列出了对每一行为所需相关的条件选择的百分比。表 10-3 列出了外资形成正的外溢行为对相关条件的前 3 位要求。可以看到，一、在高技术投入、运用国际先进管理方式和高层次人才引进与培养这 3 个方面，第一位的要求都是对企业的控股权；而后 3 方面行为中也多包括了这一要求。可见，在合资企业中如果外资加大高层次要素投入形成更强的外溢效应，其掌握控股权的要求非常之强烈。二、对于高技术投入，要求加强知识产权保护，明显是针对我国目前对于国外先进技术的知识产权保护不够，因而往往由于担心侵权，而阻碍其技术投入。三、在前 3 方面属于提升产业层次的外溢行为中，把市场前景良好和本地高级要素供应充分作为重要条件，这两点均属于较为基本和长期发生作用的因素，表明了外资对于长期发展环境条件的关注。四、在属于促进本国开拓市场以及实现规模经济目标的后 3 方面，外资比较注重的是本地生产成本

的优势,本地理想的配套企业以及政府和市场主体行为的规范性、诚信度等方面,显然也具有很强的针对性。第五,在没有列入前3位的条件中,基本是属于形成一个完善的经济环境的要求,例如本地法律、法制环境良好、政府政策稳定性与透明性、各类信息的充裕度、透明化和快捷传递,在这些都是目前我国尚存在比较多的问题的方面。

如果把所有的条件综合起来,我们可以从表10-3看到,形成正的外溢效应的外资行为所有11方面条件中按照比重的大小排序:1. 对企业的控股权;2. 本地可形成理想的配套企业;3. 本地高级要素供应充分;4. 市场前景良好;5. 国内市场及主体之间交往的诚信度较高;6. 加强知识产权保护;7. 本地法律、法制环境良好;8. 本地生产成本优势明显;9. 各类信息的充裕度、透明化和快捷传递;10. 国内竞争较充分且产业优势明显;11. 政府政策稳定性与透明性。

表10-3　外资形成正的外溢行为对相关条件的前三位要求

形成正的外溢效应的外资行为	外资对相关条件的要求		
	1	2	3
高新技术投入	对企业的控股权	加强知识产权保护	本国市场前景良好
运用国际先进管理方式	对企业的控股权	市场前景良好	本地高级要素供应充分
高层次人才引进与培养	对企业的控股权	本地高级要素供应充分	国内竞争较充分且产业优势明显
外销渠道开拓和国际化程度提升	本地生产成本优势明显	国内竞争较充分且产业优势明显	对企业的控股权
在东道国本地寻求配套产业	本地可形成理想的配套企业	市场前景良好	本地生产成本优势明显
与相关中方企业构建更密切的合作关系	国内市场及主体之间交往的诚信度较高	对企业的控股权	政府政策稳定性与透明性

2. 本国资本与外资结合的行为与利益权衡取向

任何国家引进外资的目的,都包括量和质两方面,前者着眼于引进更多的国外资本填补本国产业空白,以形成相对完整的产业体系,或扩大已有产业的规模,以保障对国民经济的供给能力;后者着眼于引进产业的高层次、高技术和产品的高质量,以起到带动本国产业升级,提高竞争力的作用。显然,对民营经济而言,主要目的在于后者。数量和质量是相辅相成的,提升我国产业质量的目标不能不依托于引进外资的必要数量,而外资的数量如果没有一定的质量为前提,不但不能提升本国产业竞争力,而且会损害本国民族经济的发展。在改革开放的进程中,浙江各地区的民营经济已经创造了众多利用外资推进民营经济发展、提升竞争力的经验。从形式上看可以分为宏观的结合和微观的结合两个方面。

区域层面的有效结合包括:(1)以"错位式"发展的思路引进高层次、高技术、管理先进、具有规模优势的外资企业,通过其产业关联性,带动本地民营经济的发展;(2)通过产业链的关联作用提高浙江省民营经济的附加值及高层次的配套条件,以增强民营经济的竞争力和效益;(3)引进外资的服务型企业,形成对民营企业多方面的高层次服务,以增强民营企业的产业层次、技术与管理水平和国际竞争力,拓展国际市场。

微观层面的结合,即以中外企业间合资、合作的形式,实现民营资本与外资的结合,形成资产融合、技术合作、管理一体化,促进外资推动民营经济的资本、技术、人才、管理实力的提高,以外资带动民营经济的产业升级。

(1)区域层面的结合分析。

我们重点调研了浙江省几个发达地市的5个有突出优势的块状经济,其特点是:

①嘉善木业——以人才为主要载体的要素横向扩散,形成产业区的典型;

②海宁经编业——"嫁接型"引资,延长产业链和提升产业整体实力的典型;

③平湖服装业——通过加工贸易型合资企业的扩展,形成特色产业群的典型;

④绍兴纺织业——通过与外资贸易商的结合,引进外资推动块状经济产业升级的典型;

⑤宁波鄞州——政府推动下"以民资引外资",降低引进外资的物质要素成本的典型。

以上5个案例的共同之处是:

其一,都注重将区域特色产业、产业集群作为一个整体与外资结合,加强构筑与外资的产业链的对接、扩展及深化,用"以民引外"的方式使外资起到带动产业群整体竞争力提升的作用。民营经济的优势突出表现在区域特色产业群上,因而从产业群的角度,将其作为一个整体,作为一个虽然内部有众多分立的产权主体,但在经济技术上又可以视为一个大企业主体与外资进行结合,从而形成我方的经济技术优势和谈判优势,在与国际资本的结合上占据主动地位。以块状经济为主,用块状经济嫁接外资。由于不同块状经济拥有不同的产业属性,形成了多种多样的嫁接外资的方式———嫁接关键在于外资的本地化。外资企业扎根于产业群中,形成紧密的投入产出关系。如果外商投资单纯为了利用当地廉价的生产要素,就有可能在某个时候迁移到要素价格更低的区域。对外资的真正吸引力,来自块状经济的特定比较优势,尤其是产业群有效的技术吸收和低成本生产组织能力。而对本土经济来说,引资的目的在于提升竞争力。引资的过程就是本地企业与外资企业实现产业对接的过程,两者分别居于产业链中的不同位置,互为配套。具有技术、规模和品牌优势的外资起了提升当地产业链竞争力的作用。

其二,都注重通过"以外引外"的方式,促使具有相同国家(地区)和产业的背景、较高层次的外资的不断进入。吸引外资不断进入的强大"磁场",是本地适合外资发展的良好环境,尤其是产业配套的基础。根据我们的调查,"以外引外"的途径,有的是外商的亲戚朋友由于亲情的关系而来;有的是在本国专业商会的带动下,引导同业至同一个地方;有的则完全是由于先来者对于本地的良好口碑而被吸引过来。所有这些途径必须有一个前提,即本地具备良好的投资环境、生产经营环境和外商生活环境。而当地无论是政府还是企业都高度重视利用外商的人脉资源引进外资,则是重要的关键。

其三,当地政府都起了重要的作用。从外资最初进入时,当地政府就以十分积极的态度营造"安商、亲商、富商"的氛围。除了特定的优惠政策外,政府在民营经济和外资之间牵线搭桥,促进协作,起到至关重要的作用。政府所创建的活动平台,成为引导内外资相结合的良好条件。例如海宁引进的台资经编企业,不少是在政府举办的大型招商活动、外商考察活动和各种联谊会上促成其进入本地,并与本地企业形成良好的合资、合作关系的。

除了共同之处,以上5例又各有特色。平湖以外资促进国际市场的扩大为主,其加工贸易的形式保障了国际市场销售,形成稳定的生产系统,而较高品质的生产系统又促进其在世界市场的份额不断扩大,形成加工贸易产业的良性循环。海宁以前后向延伸产业链为主,后向延伸达到提高原料品质的目的,前向延伸是通过印染及后整理工艺的优化,达到深加工、高增值目的。嘉善木业则以外资的横向扩散为主,其主要媒介则是外资企业培养出的人力资源,以人为载体,促使技术、管理、市场以及各种独特智力资源的推广运用,起到提升本地产业层次的效果。绍兴纺织业的特点是其外贸出口优势非常突出,充分地将外贸的优势转变为外资的优势,并能够有选择地引进外资,把外贸伙伴变为投资合作者,在运作过程中始终处于主动地位。

(2)微观层面结合的分析。

民营企业和地方政府为了促进企业振兴和经济发展,有必要主动出击,寻找最有利的外商合作者。各地在实践中创造的各种适合本地情况的吸引外资的方式,达到促进外资与本地民营企业有效结合提高竞争力的目的,主要可以概括为以下几种:

一是贸易合作关系吸引,即所谓"以贸引资",也就是把外贸伙伴变为投资合作者,化外贸优势为引资优势。长期的贸易合作关系也是一种重要资源,在外贸出口旺盛的地区,这种资源会带来其他外部经济资源。

最初多来自于生产型出口企业与客户之间的合作。如绍兴县通过"以贸引资"方式引进的外资大约占到全县利用外资总额的七成左右。企业在壮大自身的同时发展外贸,在发展外贸的过程中有选择性地引进外资。虽然"以贸引资"这种模式起步较晚,但也有它的优势:因为有产业依托,企业掌控了主动权,所以在与外资的合作中得到的效益也十分可观。

二是生产能力配套吸引。企业在某一特定生产领域已有的生产能力能够与外资的产业发展意图形成默契,利于合作互补、形成整体扩张效应和规模经济效益,就可能对外资有较大吸引力,从而形成生产者与生产者,或生产者与技术提供者、国际市场经营者、品牌资源拥有者等的合资合作。"块状经济"中的民营企业容易成为合资载体,就是因为其有独特的专业生产能力优势。其所引来的不仅仅是资金,而且是符合"先进制造业基地"水准的产品,带出了"推陈出新"的产业延伸效应,带来了"借力攀高"的素质提升效应。

三是生产要素优势吸引。加工贸易型的合资企业通常是外资着眼于利用当地有优势的生产要素资源而形成的,较为突出的是企业具备一定专业技能又相对低成本的劳动力或专业技术人员和管理人员。

四是本国市场吸引。外资看中民营企业所拥有的市场网络资源和深厚的人脉资源,通过合作扩大其产品在中国市场的销售份额,对著名品牌而言,则着眼于提升该品牌在中国市场的影响力。许多情况下,外资会以帮助扩大内资企业产品和品牌在国外的市场份额作为对等条件,形成双向开拓市场、合作共赢的效果。

四、营造有利于外资促进本地经济集约化的制度和政策选择

1. 确立外资质量的定量判断标准并作为引进 FDI 的参考依据

在有关外资的政策法规的制定以及合同订立等方面,应该将外资能否形成有效的外溢效应作为重要的考虑因素和条件,体现在每一个层面

和细节上。既要激励外资在高层次、知识性要素投入上的积极性,给予切实的利益回报,也要对那些在高层次要素投入上的封闭保守甚至遏制我国技术创新,强化挤出效应的行为,加以限制乃至禁止。吸收外商直接投资除了要有必要的数量标准,更应该注重质量的标准。衡量质量的标准,就是根据外资能在多大程度上全面改善本国供给水平和供给结构,全面提升东道国产业竞争力。总体上可以分为两方面:一是外资本身直接对本国经济的推进作用,例如外资形成的供给满足增长需求的程度,外资对改善东道国产业结构的效果等;二是外资对本国产业产生的影响,是挤出效应为主还是外溢效应为主。对一个外资企业而言,挤出效应和外溢效应两者兼而有之。即一方面其产品在国内市场上的销售会增强当地企业的竞争压力,而产生挤出效应,另一方面其在本地的生产、合作和关联,又会产生外溢效应。[①] 如果一个外资企业有较强的竞争力和扩张力,客观上必然有挤出效应,但同时其外溢效应可能也会相应较强,促使东道国企业增强竞争能力,抵消其挤出效应。这时,判断其总体影响,可以在理论上以两者相抵消后产生的"净外溢"来反映。如果其外溢效应大于挤出效益,则净外溢为正,如果其挤出效应大于外溢效应,则净外溢为负。

如图 10-4 所示,净外溢的变化与外资企业由资本、技术、管理等所决定的综合实力(规模经济、竞争力等)成一定的非线性关系。设横轴为外资强度,纵轴为净外溢程度(假定为从-5 到+10 的一个区间),ON 为竞争性挤出线,表示一个以占领东道国市场为目标的外资,其综合实力越强,挤出效应越强,也就是净外溢为越大的负值;但另一方面,OP 为外溢带动线,表示外资越强,其带动东道国产业的外溢能力越强。两线坐标值之和为 K,即其实际净外溢的量(K=P+N)。图 10-5 表示,当外资的质量越高、外部制度安排越完善,竞争性挤出线和外溢带动线的位置越上移,意味着可以使外资企业对东道国经济的挤出效应相对减弱,带动效应则加强,从而使实际净外溢得以增大。将图 10-4 和图 10-5 相对比,可

---

① 陈涛涛:《外商直接投资行业内溢出效应》,经济科学出版社 2004 年版。

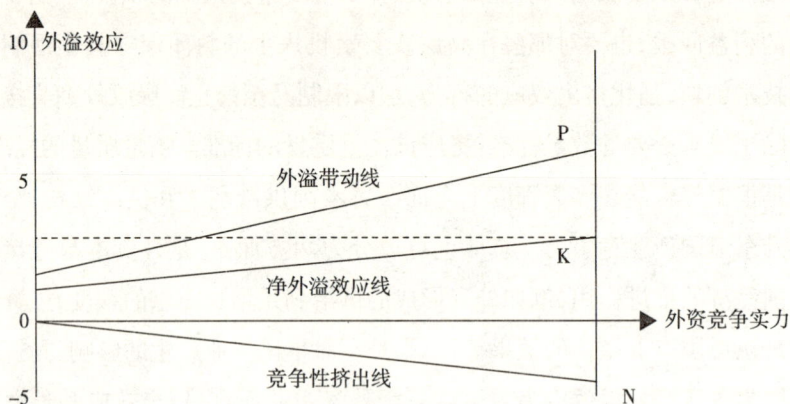

图 10-4 外资质量及制度环境一般情况下的净外溢效应

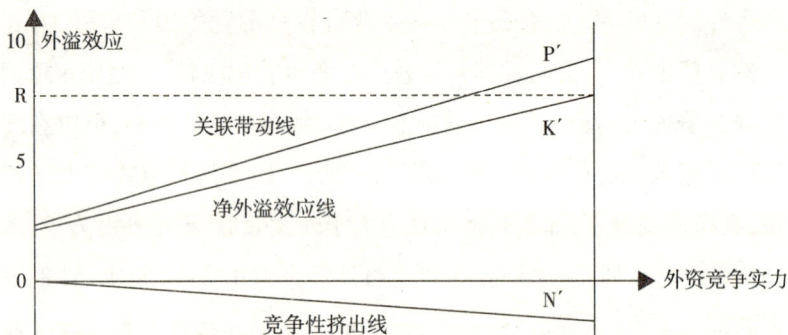

图 10-5 外资质量较高及制度环境较完善情况下的净外溢效应

见图 10-4 的 OP 和 ON 变为图 10-5 的 OP' 和 ON',表示净外溢的 OK 线上移至 OK',显示净外溢增大。

较高的外资质量和完善的外部制度安排可以增强外资的净外溢效应,但外资质量属于外生变量,而制度安排则在很大程度上是可以由区域政府加以制定和调整的。一个好的制度安排,具体表现为一系法律法规、方针、政策,可以使引进外资质量较高,引进以后有利于充分发挥其外溢效应,缩小其挤出效应。

表 10－4　外资质量参考评价标准

分类	序号	权重(%)	外资特点与质量评价标准	对东道国经济的作用
外资对东道国经济的直接作用	1	13	产业与本国产业的互补性（本国或本地中、短期内无能力发展的产业）	有利于改善东道国产业结构，提高综合竞争力
	2	8	产业技术高低（生产技术，产品技术）	有利于提升东道国技术水平
	3	5	外贸出口水平	提升我国国际贸易地位和创汇
	4	5	占用本国紧缺资源程度	避免本国资源的瓶颈制约
	5	3	促进本国就业	促进本国人力资源利用，提高收入水平
	6	7	纳税的能力	增加本国财政收入
	7	7	环境资源保护程度	避免东道国环境和资源的破坏
外资对东道国经济的间接作用	8	15	技术的传播、外溢效应	东道国相关产业技术改进和层次的提高
	9	15	通过产业链关联带动本地经济的作用	东道国关联产业的成长和提升
	10	7	管理方式的先进性	对东道国企业管理的示范作用
	11	3	品牌的知名度	对本地相关产品的品牌关联带动
	12	4	国际生产经营网络分布程度	对东道国企业国际化程度的促进
	13	4	出口的国际市场关联空间	对东道国进出口贸易的促进
	14	4	对本地人才培养	人才的扩散效应

　　为形成一个好的制度安排，必须能够根据外资对国民经济的综合影响，对其质量作准确的判断。因此，正确地设置引进外商直接投资的质量标准就是基本前提。以下我们试图制定出一个参考评价标准体系。见表 10－4，这个体系分为两部分，一是反映外资对东道国经济的直接作用的若干标准，共有 7 个标准；二是反映外资对东道国经济的间接作用的若干标准，也有 7 个标准。每一个标准按照最理想的状况为满分 100 分，但是各个标准的权重是不同的，所有权重的总和为 100% 。

表 10 - 5　应用质量指标计算外资质量得分示例

质量指标序号	1	2	3	4	5	6	7	8	9	10	11	12	13	14	合计
权重(%)	13	8	5	5	3	7	7	15	15	7	3	4	4	4	100
A公司初始分值	85	90	90	85	70	82	78	60	50	90	85	50	70	60	1045
B公司初始分值	95	90	88	88	90	90	80	95	70	90	85	80	85	85	1211
A公司加权分值	11.0	7.2	4.5	4.3	2.1	5.7	5.5	9	7.5	6.3	2.6	2	2.8	2.4	72.9
B公司加权分值	12.4	7.2	4.4	4.4	2.7	6.3	5.6	14.3	10.5	6.3	2.6	3.2	3.4	3.4	86.6

根据上述标准,我们可以计算一个外资企业质量的分值。如表10 - 5所示,我们给某两个外商投资企业 A 公司和 B 公司所打的初始分值进行加权计算,得出的加权总得分为 72.9 和 86.6,即其质量得分。将质量总得分除以 100,得出质量系数为 0.729 和 0.866,可用此系数决定应该给某个外商投资企业以多大程度的优惠政策支持。例如在税收上,如果 A 和 B 公司都是属于新建企业,根据实行"三免二减半"优惠政策,其税收的优惠政策为减免 100%,但今后取消过度优惠、对外资实行同等"国民待遇"是必然趋势。在今后的过渡期可以逐步采取对不同质量的外资企业实行按质量系数确定优惠程度的方针,例如可以得出:

A 公司实际减免幅度 = 100% · 0.729 = 72.9%

B 公司实际减免幅度 = 100% · 0.866 = 86.6%

可以看到,B 公司由于其达到高的质量标准,其优惠程度比较高,A 公司则由于其质量标准较低,优惠程度则偏低,从而有利于激励两个公司进一步发挥其积极效应,以争取更多优惠。

类似的差别优惠还可以体现在融资、土地价格、各种要素供给以及各种配套服务等方面。这样的差别优惠可以起到激励外商提高质量,从而有利于区域经济发展,通过外溢效应带动民营经济提升竞争力。

外资的政策法规的制定以及合同订立等方面,应该将外资能否形成有效的外溢效应作为重要的考虑因素和条件,体现在每一个层面和细节上。既要激励外资在高层次、知识性要素投入上的积极性,给予切实的利益回报,也要对那些在高层次要素投入上的封闭保守甚至遏制我国技术创新,强化挤出效应的行为,加以限制乃至禁止。要促使合资企业的股权结构有利于外资技术溢出效应的扩大。虽然加入 WTO 以后不可能再用制度规定的方式限制外商采取独资方式,但可以用政策引导的方式,鼓励外资采取合资方式以增强对民营经济的带动力,鼓励那些对合资企业进行关键技术、高新技术投入从而形成技术溢出效应的投资行为。创造条件使跨国公司的高新技术资源源源不断进入我国。运用加速折旧政策鼓励外商投资企业使用更先进的技术;通过提供土地、建筑、电信、运输、电力等基础设施,免征资本品、设备、原材料等的进口税,鼓励跨国公司在中国设立研发机构,为开发新技术和提高质量控制的培训提供服务帮助。

2. 建立中小企业利用外商投资专门支持系统

中小企业属于国民经济主体中的弱势群体,在利用外资中要有更大的斩获,离不开政府协调、整合社会多方面的帮助,建立一种全面的支持系统。这一系统应该包括:政府部门、行业支援组织(各种培训机构、中介组织)、工商机构及民间团体(各类工会协会)、大专院校。支持系统各部分有各自侧重的方面,他们相互补充,协调地工作,为中小企业吸收外商投资提供支持。

首先,政府部门除了应该设立专门的中小企业吸引外资的投资机构之外,尤其应注意与中小企业的联系和沟通,相关的政策披露、信息发布制度应该健全,保证中小企业易于和及时获得有关外资的信息。可以借鉴其他国家建设现代企业网络支持系统的经验,帮助中小企业寻求合作伙伴。建议政府利用现有的行业协会等机构,设立专门的中小企业吸引外商投资的服务中心,这种面向全省的中心可以设立专门的工作人员,直接了解中小企业在利用外资中的需求,协助解决中小企业面临的引资问题;建立一个面向中小企业吸引外商投资的专门咨询机构,帮助众多拥有技术优势的中小企业设计出有竞争力的项目规划,以吸引外商投资。同时也可以大大降低外国投资者搜集信息的交易成本,对国外投资者具有很强的吸引力。

其次,推动建立完善的中小企业资信评定体系.改变中小企业与外商投资者之间的信息不对称。需要建立起一套统一的资信评定标准,可以参照国际信用机构所执行的标准以及行业规范加以制定。合格的资信评定机构可以由政府设立,也可以是民间设立,也可以是外资企业。应引进国外的资信评估公司、评估机构。这类公司进入中国,带来的不仅仅是多少份资信报告,它们对我国国内整个资讯体系的构建以及信用制度的完善带来很大好处。要依靠法律系统维护管理,增加对中小企业信用问题的约束力;经济主体要按照现代企业制度要求形成全程信用管理模式。

再次,建立完善的法律系统,支持中小企业吸收外商投资。不少国家都为本国的中小企业建立了比较完善的法律体系。我国可制定《中小企业吸引外商投资管理法》,并发挥由政府支持的行业协会等援助机构的作用,促进中小企业吸引外商投资。

3. 鼓励内资企业与外商投资企业形成有机的配套

将跨国公司目前普遍实行的外包、合同生产、战略联盟及供销商合同等非产权形式,与跨国公司收购本地企业等产权形式相结合,来促进企业的学习和吸收的效率。以跨国公司与内资企业建立分包商和供应商的关系,促进内资企业与外商投资企业形成产业链,从而使跨国公司在华的生产不断延伸,让跨国公司的技术在中国真正落地生根。对外资所在的本地企业和政府来说,要树立强烈的产业链意识,注重最大程度地在产业链的前向和后向关联性上形成与外资企业的联动作用。这就需要政府通过提供信息、资金援助以及提升技术等手段促进跨国公司与国内企业的关联。

我们不能满足于与跨国公司建立后向关联,仅仅成为向跨国公司提供原材料和零部件的供应商,否则,民营经济的产业结构就不能得到有效提升,将会受制于跨国公司的全球化战略。我们应该努力加强与跨国公司的前向关联。这就要求各级政府根据各个地区的实际发展情况,制定切实有效的政策,在上游产业发展的良好基础上积极扶植下游产业的发展,吸引跨国公司全球价值链中的高附加值环节到我国投资,带动产业发展和升级。譬如,发达地区如果能够及时地根据当地的条件制定一些可行的政策,利用当地相对便宜的优秀研发和工程技术人才,吸引跨国公司将研发中心转移到我国,对我国民营经济的发展具有重要作用。

4. 提高民营企业的素质,促进外资投入高层次要素提升企业竞争力

美国学者 Kokko(1994)在 1994 年利用墨西哥制造业的数据进行的经验研究中,利用外商直接投资与反映技术差距的内外资企业的劳动生产率的差值相乘构成的连乘变量说明,技术差距的加大会对外商直接投资的溢出效应产生明显的不利影响;反之,在那些内外资企业之间存在着直接竞争,也就是技术差距较小的行业,外商直接投资的溢出效应会更重要。他的解释是,小的或是中等程度的技术差距反映了那些行业中外资企业的技术对内资企业是有用处的。因为,只有那些技术差距较小的行业,内资企业才有能力去学习和实践;而那些差距较大的行业,一方面外资所采用的技术可能是与国内资企业所采用的技术完全不相关,另一方面,内资企业相对薄弱从而没有能力去学习。[①] 因此,政府应该对企业家提供低成本的学习和深造的条件。促进家族企业的技术和管理创新,形成科学的、与国际接轨的企业制度,改变封闭式的狭隘的家族管理理念和方式,强化规则意识,才能尽可能缩短与高层次外资企业的距离,加强其与我方合作的意愿。加快提高民营企业家的素质,完善民营企业的产业组织和制度安排,加强知识产权的保护势在必行。必须在全社会形成学习型社会的氛围,创造条件鼓励企业家不断在干中学,结合经营管理实践进行培训。政府应该承担义不容辞的责任,对企业家提供低成本的学习

---

① Kokko, A., R. Tansini and M. Zejan, Local Technologcal Capability And Spillovers from FDI in the Uruguayan Manufacturing Sector, 1994, Journal of Development Studies, Vol. 34.

和深造的条件,促进家族企业的管理创新,形成科学的、与国际接轨的企业制度,改变封闭式的狭隘的家族管理理念和方式,强化规则意识,才能尽可能缩短与高层次外资企业的距离,加强其与我方合作的意愿。值得提出的是,浙江的民营企业多数是在原有不合理的计划经济规则下,以"反规则"的理念和行为方式,走出一条先发性的市场化的道路而取得成功的。然而在今后经济全球化和知识经济化的时代,遵循科学制定的社会化大生产和市场经济的规则,才能树立诚信的形象,吸引更多的合作者,才能不断提高自身的层次和经济效益。因而从"反规则"到"重规则",是从传统走向现代化的必由之路,是民营企业加快提高素质的重要方面,也是取得更多国外合作者的根本。目前浙江许多"泥腿子"出身的企业经营者通过长期与外商合作,逐步成长为精通国际规则、行为规范、科学思维敏捷的真正的企业家,确实是广大民营企业家的典范。

5. 加强知识产权的保护和立法,更是融入国际经济的必要前提

必须下决心彻底治理各种违法违规行为。目前出现的情况往往是,我们对国内企业的知识产权保护相对重视,而对国外知识产权的保护却不够重视,其原因可能是国内的代表者就在眼前,而国外的知识产权代表往往因距离遥远而顾及不到。这种现状更加深了外资对自身的知识产权能否得到保护的担忧。政府部门应该作出更加详尽和切实可行的制度安排,保护知识产权,惩治违法者,这是促进与外资合作和国外科技成果运用的关键。

参 考 文 献

王国爱、李同升:《"新城市主义"与"精明增长"理论进展与评述》,《规划师》2009 年第 4 期。

王慧:《新城市主义的理念与实践、理想与现实》,《国外城市规划》2002 年第 3 期。

刘昌寿、沈清基:《新城市主义"的思想内涵及其启示》,《现代城市研究》2002 年第 1 期。

洪银兴:《经济增长方式转变研究》,《江苏社会科学》2000 年第 2 期。

刘国光:《论经济改革与经济调整》,江苏人民出版社 1983 年版,第 212 页。

吴敬琏:《怎样才能实现经济增长方式的转变》,《经济研究》1995 年第 11 期。

吴敬琏:《中国增长模式抉择》,上海远东出版社 2006 年版,第 178 页。

厉无为、王振:《转变经济增长方式研究》,学林出版社 2006 年版,第 21 页。

林毅夫:《经济发展战略与公平和效率》,《宏观经济研究》2005 年第 10 期。

林毅夫:《当前经济的主要矛盾是穷人太穷》,《发展》2005 年第 11 期。

张永奇:《城市综合体开发的城市化效应》,《山西财经大学学报》

2011 年第 3 期. 。

马宗国:《我国城市综合体发展途径探讨》,《城市发展研究》2011 年第 6 期。

曾月:《城市综合体的发展过程分析》,《中国城市经济》2011 年第 1 期。

张辉:《昆山:现代服务业提速》,《小康》2006 年第 11 期。

白津夫:《"十一五"期间我国经济增长中的主要矛盾》,《经济参考报》2005 年 8 月 27 日。

白培技:《谈自主创新基本体制的构建》,《生产力研究》2006 年第 8 期。

鲍键强等:《循环经济:席卷全球的发展新理念》,《浙江经济》2004 年第 5 期。

蔡健:《结构调整是突破发展瓶颈的战略选择》,《浙江经济》2004 年第 5 期。

曹凤中等:《生态全息论对发展循环经济的启示》,《环境污染与防治》2002 年第 6 期。

曹建海:《中国城市土地高效利用研究》,经济管理出版社 2002 年版。

曹建海等:《弱势竞争和比较优势下的中国工业》,《中国经济时报》2001 年 6 月 14 日。

曹秋菊:《外商直接投资影响中国产业安全:理论与机理》,《湖南商学院学报》2011 年第 1 期。

曹银贵、袁春:《1997—2005 年区域城市土地集约度变化与影响因子分析》,《地理科学进展》2008 年第 3 期。

陈静:《宁波市外商直接投资环境综合评价》,《宁波大学学报(人文科学版)》2011 年第 2 期。

陈明森:《产业升级外向推动与利用外资战略调整》,科学出版社 2004 年版。

陈庆修:《节能降耗,建设资源节约型社会》,《人民论坛》2005 年第 2 期。

陈秋华等:《体制转换、结构变迁与就业》,中国财政经济出版社 2000 年版。

陈涛涛:《外商直接投资行业内溢出效应》,经济科学出版社 2004 年版。

陈亚娟、苏志浩:《谈廊坊农业向集约型经济发展的可行性》,《商业时代》2010 年第 10 期。

陈毅然:《从三方面推进转变经济增长方式》,《文汇报》2005 年 7 月 30 日。

陈自芳、胡敏:《循环经济的有效机制及其现实障碍的克服》,《理论与现代化》2007 年第 2 期。

陈自芳:《FDI 对内资的竞争力的影响与区域投资环境》,《社会科学》2006 年第 6 期。

陈自芳:《促进区域民营经济与国际资本的结合》,《浙江经济》2003 年第 12 期。

陈自芳:《促进自主创新与高端服务业的紧密互动》,《浙江经济》2008 年第 13 期。

陈自芳:《刚性就业与我国产业升级障碍及对策》,《社会科学》2002 年第 9 期。

陈自芳:《经济增长与第三产业瓶颈》,《经济学家》2001 年第 3 期。

陈自芳:《强化倒逼机制促进产业创新》,《浙江经济》2007 年第 18 期。

陈自芳:《外资进入行为与技术外溢效应探讨——兼论浙江引进外资促进民营经济提升竞争力》,《中共浙江省委党校学报》2004 年第 4 期。

陈自芳:《我国资源禀赋特征与产业发展的要素投入结构选择》,《当代经济研究》2007 年第 2 期。

陈自芳:《浙江发展中的物质要素制约应对策略》,浙江省区域经济与社会发展研究会:《浙江区域经济发展报告(2005)》,中国财政经济出版社 2006 年版。

陈自芳:《浙江区域集约式增长的约束条件及推进对策》,《中共浙江省委党校学报》2007 年第 5 期。

陈自芳:《资源禀赋与中国经济增长的要素投入配比选择》,《中共浙江省委党校学报》2006 年第 5 期。

陈自芳等:《关于浙江省农民消费意愿的调查》(未刊稿)。

成思危:《让消费的马力更强更大》,《四川党的建设(城市版)》2009 年第 3 期。

崔砺金:《浙江民企遭遇"成长瓶颈"》,《经济参考报》2004 年 3 月 7 日。

崔新健:《外商对华直接投资的决定因素》,中国发展出版社 2001 年版。

崔莹:《城市化进程中的土地集约利用》,《广东土地科学》2006 年第 1 期。

邓冬梅:《粗放型经济向集约型经济发展中的自主创新》,《当代经济》2009 年第 15 期。

定惠等:《城市土地集约化利用的对策探讨》,《湖北大学学报(自然科学版)》2003 年第 4 期。

董敏、贺晓波:《发展循环经济的经济手段:国际借鉴和政策选择》,《生态经济》2006 年第 5 期。

樊勇明:《中国的工业化与外国直接投资》,上海社会科学出版社 1992 年版。

冯之浚:《循环经济导论》,人民出版社 2004 年版。

冯之浚:《循环经济与立法研究》,《中国软科学》2006 年第 1 期。

龚昌成主编:《浙江现象:八八战略与科学发展观在的实践》,中共中央党校出版社 2006 年版。

构建社会主义和谐社会问题研究课题组:《构建和谐社会与转变经

济增长方式》,《经济研究参考》2005 年第 21 期。

郭爱请、葛金凤:《河北省城市土地集约利用潜力评价方法探讨》,《资源科学》2006 年第 4 期。

郭昌欣:《新形势下提升自主创新能力的若干思考》,《科技日报》2007 年 6 月 8 日。

郭金龙:《经济增长方式转变的国际比较》,中国经济出版社 2000 年版。

郭励弘:《为企业自主创新清除体制障碍》,《中国改革》2006 年第 9 期。

郝寿义:《中国城市化快速发展期城市规划体系建设》,华中工业大学出版社 2005 年版。

何芳、吴正训:《国内外城市土地集约利用研究综述与分析》,《国土经济》2002 年第 3 期。

何芳:《城市土地集约利用及其潜力评价》,同济大学出版社 2003 年版。

何俊:《现代服务业集聚区是加快我国现代服务业发展的突破口》,《经济纵横》2008 年第 3 期。

洪银兴等:《经济增长方式转变研究》,南京大学出版社 2000 年版。

侯凤华、赵国杰:《我国东部省市的区域创新能力研究》,《科学管理研究》2008 年第 2 期。

侯玉亭:《城市化进程中的土地集约利用》,《江西农业大学学报(社会科学版)》2004 年第 12 期。

胡继妹:《"长三角"地区"行政推动"招商引资的经济学分析》,《战略与管理》2004 年第 3 期。

胡景岩:《论开放市场与引进技术》,中国对外经济贸易出版社 2003 年版。

胡治宇:《节约型社会之我见》,《重庆邮电学院学报》2005 年第 3 期。

黄海峰等:《中国建立循环经济体系的必要性及对策研究》,《中国经济时报》2005 年 5 月 23 日。

黄少军:《服务业与经济增长》,经济科学出版社 2000 年版。

黄毅诚:《可再生能源——中国的必然选择》,《浙江能源》2006 年第 2 期。

黄毓哲:《从粗放型到集约型的转变——江西转变经济发展方式析论》,《当代江西》2008 年第 12 期。

江彦:《以数字建模为核心的创新价值贡献度构成研究——数字化提升制造业集约经济能力》,《中国制造业信息化》2008 年第 20 期。

蒋泰维:《浙江科技发展报告》,浙江科学技术出版社 2006 年版。

焦强、龚勤林:《论产业过度进入的原因与对策》,《经济体制改革》2001 年第 2 期。

焦晓林、张国华、袁敬文:《浅议我国集约型经济的发展》,《中小企业管理与科技》2009 年第 12 期。

解振华:《关于循环经济理论与政策的几点思考》,《光明日报》2003 年 11 月 3 日。

金芳:《现代服务业在国际大都市发展中的作用》,《中国经贸》2008 年第 3 期。

靳香玲:《实现循环经济理念下的城市群集约化发展》,《中国财政》2009 年第 23 期。

经济增长前沿课题组:《高投资、宏观成本与经济增长的持续性》,《经济研究》2005 年第 10 期。

课题组:《信息技术产业对国民经济影响程度的分析》,《经济研究》2001 年第 12 期。

孔令友:《增强自主创新能力的关键在于完善自主创新的体制机制》,《南京社会科学》2006 年第 7 期。

孔刘柳、谢乔昕:《基于投入产出视角的浙江省产业结构分析》,《商业经济与管理》2009 年第 7 期。

黎一畅、周寅康、吴林等：《城市土地集约利用的空间差异研究——以江苏省为例》，《南京大学学报（自然科学版）》2006年第3期。

李扬、殷剑峰：《劳动力转移过程中的高储蓄、高投资和中国经济增长》，《经济研究》2005年第2期。

李灿：《我国经济增长方式转变问题综述》，《改革》1995年第6期。

李东阳：《国际直接投资与经济发展》，经济科学出版社2002年版。

李冠霖：《第三产业投入产出分析》，中国物价出版社2002年版。

李国鼎：《台湾的对外技术合作与外资利用》，东南大学出版社1994年版。

李海峰、李江华：《日本在循环社会和生态城市建设上的实践》，《自然资源学报》2003年第2期。

李红远：《外商直接投资对河南经济发展影响的实证分析》，《金融理论与实践》2011年第3期。

李华：《解析循环经济的思维方式根据》，《知识经济》2011年第4期。

李强、薛天栋主编：《中国经济发展部门分析兼新编可比价投入产出系列表》，中国统计出版社1999年版。

李强：《中国经济发展部门分析》，中国统计出版社1998年版。

李善同、侯永志等：《中国经济增长潜力与经济增长前景分析》，《管理世界》2005年第9期。

李文秀：《中国服务业集群的培育与发展研究》，《中国社会科学院研究生院学报》2011年第2期。

李秀彬、朱会义等：《土地利用集约度的测度方法》，《地理科学进展》2008年第6期。

李扬、殷剑峰：《劳动力转移过程中的高储蓄、高投资和中国经济增长》，《经济研究》2005年第2期。

李玉锋、张天柱：《资源型城市循环经济评价指标体系研究》，《科学学与科学技术管理》2005年第8期。

李忠时:《综合利用,减污增效》,《绍兴环境通讯》2006 年第 11 期。

厉无为、王振主编:《转变经济增长方式研究》,学林出版社 2006 年版。

厉以宁:《转变经济增长方式的关键》,《人民日报(海外版)》2005 年 3 月 12 日。

连军:《城市土地集约利用的对策研究》,《当代经理人》2006 年第 2 期。

联合国跨国公司与投资司:《1999 年世界投资报告》,冼国明译,中国财政经济出版社 2000 年版。

联合国跨国公司中心编:《1992 年世界投资报告》,储祥银等译,对外贸易教育出版社 1993 年版。

练绪宁:《简析循环经济的含义、运行原则和实现形式》,《重庆环境科学》2003 年第 11 期。

梁东黎:《粗放型经济向效率型经济转化的症结》,《山西财经大学学报》2006 年第 5 期。

廖明球:《经济、资源、环境投入产出模型研究》,首都经济贸易大学出版社 2004 年版。

林高瑞、鱼晓惠:《以循环经济理念引导生态旅游区建设》,《中国商贸》2011 年第 9 期。

林吉双:《我国本轮经济增长存在的问题及对策》,《改革》2005 年第 2 期。

林毅夫:《实现经济增长方式的转变,谋求科学发展》,新华网,2005,10,17。

林涌:《"以市场换技术"战略的反思》,《统计与决策》2002 年第 9 期。

林志伟:《我国异质型人力资本与经济增长的关系》,《山西财经大学学报》2006 年第 5 期。

刘彬、王汀汀:《研究投入、技术进步与经济增长》,《山西财经大学学报》2006 年第 5 期。

刘贵富:《循环经济的循环模式及结构模型研究》,《工业技术经济》2004 年第 8 期。

刘国光:《论经济改革与经济调整》,江苏人民出版社 1983 年版。

刘红波、吴恒:《论科学技术对循环经济发展的影响》,《天津经济》2011 年第 2 期。

刘俊章等:《我国农业可持续发展面临的资源制约与对策》,《德州师院学报》2003 年第 2 期。

刘茂松:《经济发展方式转变的"集约化、集群化、集聚化"战略》,《湖湘论坛》2011 年第 1 期。

刘敏:《土地集约利用的理论分析与对策研究》,《安徽农业科学》2009 年第 13 期。

刘青英:《我国服务业利用外商直接投资的现状及发展政策》,《中国外资》2011 年第 2 期。

刘世锦:《对"新型工业化"要有正确理解》,《国务院发展研究中心:经济要参》2006 年第 4 期。

刘新卫、张定祥、陈百明:《快速城镇化过程中的中国城镇土地利用特征》,《地理学报》2008 年第 3 期。

刘新卫:《中国土地资源集约利用研究》,中国地质出版社 2006 年版。

柳欣、张颖熙:《财政政策与经济增长》,《山西财经大学学报》2006 年第 3 期。

楼玉华:《义乌小商品市场低价竞争的隐患及对策分析》,《中共浙江省委党校学报》2006 年第 6 期。

卢新海:《开发区发展与土地利用》,中国财政经济出版社 2005 年版。

吕祖善:《努力推进浙江发展模式全面转型》,《浙江区域经济发展报告(2004)》,浙江区域经济与社会发展研究会编印。

罗明忠:《自主创新、发展转型与体制改革——广东经济学会年会综述》,《南方经济》2007 年第 2 期。

马进亮:《GDP 的"变大"与"变轻"》,《文汇报》2004 年 3 月 18 日。

马凯:《发展循环经济是落实科学发展观的重要途径》,《宏观经济研究》2005 年第 4 期。

马凯:《树立和落实科学发展观,推进经济增长方式的根本性转变》,《宏观经济研究》2004 年第 3 期。

马凯:《科学的发展观与经济增长方式的根本转变》,《求是》2004 年第 8 期。

马廷奇:《大学自主创新与科技体制改革》,2006 年高等教育国际论坛论文汇编。

马学慧:《生产要素紧张、收入差距等问题影响我省经济发展》,浙江在线新闻网站,2004,1,17。

毛如柏、冯之浚:《论循环经济》,经济科学出版社 2003 年版。

莫荣:《2005 年就业趋势和工作重点》,《2005 年中国就业报告》,中国劳动社会保障出版社 2003 年版。

倪杰:《我国城市化进程中土地集约利用问题及对策》,《经济纵横》2006 年第 11 期。

牛仁亮:《劳力:冗员失业与企业效率》,中国财政经济出版社 1993 年版。

潘海平:《浙江该如何应对大生产要素缺位》,《浙江经济》2004 年第 8 期。

裴长洪:《利用外资与产业竞争力》,社会科学文献出版社 1998 年版。

齐建国:《关于循环经济理论与政策的思考》,《新视野》2004 年第 4 期。

钱建新:《优化浙江产业结构的战略取向》,《浙江经济》2003 年第 16 期。

钱雪亚、江维薇:《浙江经济结构调整与环境保护的相关性及其边际效应分析》,《浙江统计》2004 年第 1 期。

秦成令:《论我国循环经济发展的障碍与对策》,《中国新技术新产品》2011 年第 2 期。

曲格平:《发展循环经济是 21 世纪的大趋势》,《当代生态农业》2002 年第 21 期。

任勇等:《我国循环经济的发展模式》,《中国人口资源与环境》2005 年第 5 期。

日本《东洋经济》周刊 1983 年 4 月号《软化》专辑。

商务部研究院管理咨询部产业投资趋势调研课题组:《2005—2007 年跨国公司对华产业投资趋势调研报告》,商务部网站,跨国公司研究中心网页,2005 年 2 月 14 日。

邵晓梅、王静:《小城镇开发区土地集约利用评价研究》,《地理科学进展》2007 年第 1 期。

沈坤荣、耿强:《外国直接投资、技术外溢与内生经济增长》,《中国社会科学》2001 年第 5 期。

盛世豪、朱家良:《产业结构演变模式与专业化竞争优势——兼论粤苏浙三省产业结构演变特点》,《浙江社会科学》2003 年第 3 期。

施利民、吴国庆、吴志鹏:《透视浙江"民工短缺"现象》,《浙江经济》2004 年第 18 期。

史忠良:《国有资产管理体制改革新探》,经济管理出版社 2002 年版。

束芬荣等:《寻求产业发展与空间资源的合理配置》,金版电子出版公司 2005 年版。

四川省科学技术厅:《推进科技体制改革,增强自主创新能力》,《四川改革》2006 年第 3 期。

宋晓梧主编:《中国人力资源开发与就业》,中国劳动出版社 1997 年版。

宋耘、曾进泽：《技术体制的企业自主创新程度影响的实证研究》，《学术研究》2007 年第 6 期。

苏承明、张如丽、屈胜男：《循环经济和闭环供应链理论》，《中国外资》2011 年第 2 期。

苏刚：《完善我国第三产业政策的几点思考》，《管理世界》1998 年第 3 期。

苏伟忠、杨桂山、甄峰：《长江三角洲生态用地破碎度及其城市化关联》，《地理学报》2007 年第 12 期。

苏杨等：《发展循环经济的几个基本问题》，《经济理论与经济研究》2004 年第 10 期。

孙赫、董钰：《基于制造业和服务业的外商直接投资流入动机分析》，《商业研究》2011 年第 3 期。

孙立平：《粗放型增长模式已经走到了尽头》，《党政干部文摘》2006 年第 4 期。

孙文营：《循环经济消费观的伦理诉求》，《天府新论》2011 年第 2 期。

孙佑海：《循环经济立法问题研究》，《法制与管理》2005 年第 1 期。

孙致陆、肖海峰：《外商直接投资对东道国国内投资的"挤入"与"挤出"效应——来自中国数据的经验证据》，《亚太经济》2011 年第 2 期。

台州市发改委课题组：《循环经济：台州的必然选择》，《浙江经济》2011 年第 1 期。

唐宜红：《外资进入行为研究》，人民出版社 2003 年版。

陶志红：《城市土地集约利用几个基本问题的探讨》，《中国土地科学》2000 年第 5 期。

陶志红：《中国城市土地集约利用研究》，北京大学 2002 年博士学位论文。

滕颖：《外商直接投资与环境污染的经验证据》，《企业家天地（理论版）》2011 年第 1 期。

田成诗、盖美:《劳动生产率、劳动参与率对经济增长的影响》,《山西财经大学学报》2005 年第 2 期。

田春生、李涛主编:《经济增长方式研究》,江苏人民出版社 2002 年版。

童云芳、袁明观:《以清洁生产为核心的生态型钢铁企业建设》,杭州钢铁厂编印。

汪波、王伟华:《城市土地集约利用的内涵及对策研究》,《重庆大学学报(社会科学版)》2005 年第 5 期。

王晨:《区域循环工业发展评价指标体系的构建及应用》,《环境保护科学》2005 年第 4 期。

王家庭、季凯文:《城市土地集约利用动力机制研究》,《城市问题》2008 年第 8 期。

王杰、陈红、戴敏等:《浙江省产业结构转变与能源效率演进》,《浙江统计》2009 年第 5 期。

王乐、武春友:《区域循环经济概念及发展模式研究综述》,《现代管理科学》2011 年第 4 期。

王力:《环境约束下江苏省产业结构优化研究》,江南大学 2008 年硕士学位论文。

王立春、王秋实:《服务业发展与经济发展方式转变——以浙江省服务业发展为例》,《西安交通大学学报(社会科学版)》2011 年第 2 期。

王亮:《我国循环经济技术支撑体系存在的主要问题分析》,《知识经济》2011 年第 4 期。

王明远:《"循环经济"概念辨析》,《中国人口、资源与环境》2005 年第 6 期。

王青云、李金华:《关于循环经济的理论辨析》,《中国软科学》2004 年第 7 期。

王蓉:《循环经济立定法的理论分析和实践思考》,《中国环境报》2004 年 1 月 6 日。

王婷婷:《上海经济增长与就业的投入产出分析》,博士论文文库,2004 年。

王晓乐、刘树勇:《财经信息服务业竞争力分析及其对专业出版的启示》,《中国出版》2011 年第 6 期。

王杨、宋戈:《黑龙江省城市土地集约利用潜力时空差异规律》,《经济地理》2007 年第 2 期。

王志新:《体制改革是提高我国科技自主创新能力的关键》,《科技导报》2006 年第 2 期。

王子先:《当前国际上服务业创新的新趋势》,商务部网站,2008,4,17。

卫兴华:《市场经济与政府功能组合论》,经济科学出版社 1999 年版。

吴江平、云鹤:《浙江产业结构优化与增长方式转变的实证分析》,《浙江理工大学学报》2008 年第 25 期。

吴敬琏:《怎样才能实现增长方式的转变》,《经济研究》1995 年第 11 期。

吴敬琏:《中国增长模式抉择》,上海远东出版社 2006 年版。

吴敬琏:《破解增长模式新课题》,《文汇报》2005 年 3 月 9 日。

吴良镛:《面对城市规划"第三个春天"的冷静思考》,《城市规划》2002 年第 2 期。

吴郁玲、曲福田:《中国城市土地集约利用的影响机理:理论与实证研究》,《资源科学》2007 年第 6 期。

夏冰:《论以循环经济理念改造工业园区的途径》,《经济问题》2004 年第 4 期。

夏晴:《服务业 FDI 流入与制造业生产率:基于中国的经验研究》,《浙江树人大学学报(人文社会科学版)》2011 年第 1 期。

肖金成等:《工业化、城镇化过程中土地的管理与运用》,《宏观经济研究》2006 年第 4 期。

谢家平、孔令丞:《基于循环经济的工业园区生态化研究》,《中国工业经济》2005 年第 4 期。

谢永清:《构建我国集约型社会的税收政策》,《国际技术经济研究》2005 年第 3 期。

谢正峰:《浅议土地的集约利用和可持续利用》,《国土与自然资源研究》2002 年第 4 期。

徐浩:《我市进一步拓展资源综合利用领域》,《经委动态》2006 年 4 月 6 日。

徐杰超:《浙北城市群服务业集聚度分析》,《中国商贸》2011 年第 8 期。

徐匡迪:《努力打造自主创新的基本体制架构》,《当代经济》2006 年第 2 期。

徐亚静、王华:《开放条件下的外商直接投资与中国技术创新》,《国际贸易问题》2011 年第 2 期。

许标文、董微:《外商直接投资的技术外溢对农产品加工业影响研究》,《台湾农业探索》2011 年第 1 期。

许可、何雁明:《2008 年中小企业倒闭潮:中国经济增长模式转变的需要和必然》,《法制与社会》2008 年第 32 期。

许艳、濮励杰等:《土地集约利用与经济发展时空差异研究——以江苏省为例》,《南京大学学报(自然科学版)》2009 年第 6 期。

杨敏英:《利用信息,发展物质、能量节约型社会》,《数量经济与技术经济研究》1994 年第 1 期。

杨亚琴、王丹:《国际大都下现代服务业集群发展的比较研究——以纽约、伦敦、东京为例的分析》,《世界经济研究》2005 年第 1 期。

杨重光:《城市土地管理与可持续发展》,中国大地出版社 1996 年版。

叶静:《浙江产业转移与产业结构调整研究》,合肥工业大学 2009 年硕士学位论文。

尹君、谢俊奇、王力等：《基于 RS 的城市土地集约利用评价方法研究》，《自然资源学报》2007 年第 5 期。

尹晓蕊、刘洪武：《欧盟鼓励服务业创新活动的政策措施》，《科学与管理》2008 年第 2 期。

尹子民、孙晖：《全要素生产效率与集约经济效益的分析研究》，《科技管理研究》2008 年第 3 期。

于林、宋付朋、张民等：《沿海经济发达区种植业集约度评价研究》，《山东农业大学学报（社会科学版）》2008 年第 1 期。

余传青：《生产性服务业对我国服装制造业的影响研究》，《现代商业》2011 年第 5 期。

余玲：《我国利用外商直接投资的现状及发展思路》，《中国国情国力》2011 年第 2 期。

喻金田等：《第三产业结构合理化与高级化及其评价》，《中国技术经济科学》1996 年第 3 期。

袁军：《构建有利于自主创新的体制机制》，《宏观经济管理》2007 年第 10 期。

曾繁华：《中国经济增长方式战略转变的阶段划分与目标定位》，《中国工业经济》1996 年第 10 期。

翟文侠、黄贤金、张强等：《城市开发区土地集约利用潜力研究——以江苏省典型开发区为例》，《资源科学》2006 年第 2 期。

张波：《济南市城区土地集约利用潜力评价》，山东师范大学 2002 年学术论文。

张国良：《循环经济与资源型企业的集约化经营》，《内蒙古财经学院学报》2006 年第 3 期。

张建华：《浅谈制造业企业分离发展生产性服务业的机制构建》，《中国乡镇企业会计》2011 年第 3 期。

张瑾、陈丽珍、陈海波：《长三角地区生产性服务业的产业关联比较研究》，《中国科技论坛》2011 年第 3 期。

张坤:《循环经济理论与实践》,中国环境科学出版社2003年版。

张小兰:《论实行循环经济的制度障碍》,《经济问题》2005年第2期。

张燕:《我国城市化加速发展时期的土地问题》,《临沂师范学院学报》2006年第2期。

张亚卿:《城市土地集约利用评价研究》,河北师范大学2005年学术论文。

张叶、聂献忠:《浙江突破资源制约的战略选择》,浙商网,2005,3,10。

张卓元:《深化改革,推进粗放型经济增长方式转变》,《经济研究》2005年第11期。

赵金铎、王树恩:《发展区域循环经济,推进经济集约型增长》,《天津大学学报(社会科学版)》2006年第4期。

赵明芳:《循环经济与构建资源节约型社会》,《中共中央党校学报》2005年第5期。

赵鹏军、彭建:《城市土地高效集约化利用及其评价指标体系》,《资源科学》2001年第5期。

赵振华:《低效率劳动研究》,中国财政经济出版社1997年版。

浙江省发改委课题组:《当前服务业发展面临的体制政策障碍及其对策建议》,《浙江经济》2011年第2期。

浙江省统计局:《浙江GDP增长过程中的代价分析》,浙商网(www.ezjsr.com),2004.12.16。

浙江省统计局课题组:《浙江省科技创新发展研究》,2010年12月,浙江省统计局网站,http://www.zj.stats.gov.cn/art/2010/12/28/art_281_43614.html。

中国社会科学院工业经济研究所:《中国工业发展报告——资源与环境约束下的中国工业发展》,经济管理出版社2005年版。

中国政务景气监测中心:《以自主创新为核心实现东部地区率先发

展》，《领导决策信息》2006 年第 13 期。

钟朋荣：《谁为中国人造饭碗》，中国经济出版社 1999 年版。

钟昱、刘国旺：《大市场为何没能换来高技术》，《中国财经报》2005
年 3 月 8 日。

周国梅、彭昊、曹凤中：《循环经济和工业生态效率指标体系》，《城市
环境与城市生态》2003 年第 6 期。

周国美等：《发展循环经济的国际经验和对我国的启示》，《中国人
口、资源与环境》2000 年第 4 期。

周明鉴：《建设节约型社会国际研讨会新闻综述》，《中国发展观察》
2005 年第 7 期。

周鹏、余珊萍、胡凯：《生产性服务业与制造业空间布局升级间相关
性分析》，《统计与决策》2011 年第 5 期。

周颂红：《城市化进程中的土地集约利用》，《国土资源》2006 年第
4 期。

周天勇：《劳动与经济增长》，三联书店 1993 年版。

朱家良：《转型创新，制度建设》，《浙江经济》2004 年第 2 期。

朱敏、吴会香：《更好地发挥现代服务业的就业促进作用》，《中国财
政》2011 年第 2 期。

朱天明、杨桂山、苏伟忠等：《长三角地区城市土地集约利用与经济
社会发展协调评价》，《资源科学》2009 年第 7 期。

诸大建等：《C 模式：中国发展循环经济的战略选择》，《中国人口、资
源与环境》2005 年第 6 期。

祝合良：《开放条件下的中国工业化》，经济管理出版社 2002 年版。

[美]阿兰·兰德尔：《资源经济学》，施以正译，商务印书馆 1997
年版。

[美]理查德·瑞吉斯特：《生态城市：建设与自然平衡的人居环境》，
社会科学文献出版社 2002 年版。

[美]RA.尤利达：《中国古代的物理学和自然观》，《科学史译丛》

1983 年第 4 期。

　　[美]布坎南:《自由、市场和国家》,吴良健等译,北京经济学院出版社 1988 年版。

　　[美]钱纳里:《结构变化与发展政策》,朱东海等译,经济科学出版社 1991 年版。

　　[日]长岗新吉、田中修、西川博史:《近代日本经济史》,日本经济评论社 1980 年版。

　　[日]宫崎义一:《日本经济的结构和演变》,中国对外经济贸易出版社 1990 年版。

Clark colin. Mathematical Bioeconomics: The Optimal Management of Renewable Resources[M]. New York: Wiley-Interscience,1976 .

Fredrik Simon. Technology Gap, Competition and Spillovers from Direct Foreign Investment: Evidence from Establishment Data[J]. The Journal of Development Studies, London, Oct. 1991.

Kokko A. , R. Tansini and M. Zejan, Local Technologcal Capability And Spillovers from FDI in the Uruguayan Manufacturing Sector[J]. Journal of Development Studies, Vol. 34, 1994.

Magnus Blomstrom and Ari kokko. Foreign direct investment and spillovers of technoliogy[J]. International Journal of Technology Management, Vol. 22 Nos. 5/6,2001,6.

Ozawa. Japan's external asymmetries and assembly industries lean production as a source of competitive advantage[J]. Transnational Corporations, Vol. 3,2001.

Westfall, R. S. The Construction of Modern Science: Mechanism and Mechanics[M]. Cambridge University Press,1977.